Wahrnehmungsorientierte Schulentwicklung – innere Schulentwicklung unter Berücksichtigung der Wahrnehmung von Schulqualität durch Lehrkräfte

Klaus Wild

Inaugural-Dissertation

Erziehungswissenschaftliche Fakultät
der Friedrich-Alexander-Universität
Erlangen-Nürnberg

Für Susanne und Antonia

Impressum

2. Auflage 2010

Titelgestaltung: dtp S. Duschl, München

Titelfoto: Josef Duschl

printed in Germany

ISBN 978-3-937438-32-0

Vorwort

Wer sich vornimmt, eine Dissertation zur inneren Schulentwicklung mit der Absicht zu verfassen, zentrale Ergebnisse der Schulqualitätsforschung für die Schulentwicklungsforschung fruchtbar zu machen, eine Konzeption daraus entwickeln, diese an sechs Schulen über ein Jahr zu erproben und die Wirkungen wissenschaftlich zu erforschen, begibt sich auf ein sehr komplexes Terrain, das nur mit umsichtiger Begleitung und tatkräftiger Unterstützung zu begehen ist. Den Personen, die mich auf diesem Weg begleitet und unterstützt haben, möchte ich danken.

Mein besonderer Dank gilt meinem Doktorvater Prof. Dr. Dieter Spanhel, der mich mit großer fachlicher und menschlicher Kompetenz beriet und förderte. Besonders bedanken möchte ich mich auch bei Prof. Dr. Ralf Kohnen, der mir bei der Diskussion und Bewältigung statistischer Fragen höchst kompetent und unermüdlich zur Seite stand.

Danken möchte ich auch Prof. Dr. Annette Scheunpflug, Prof. Dr. Johannes Lähnemann und Dr. Werner Haußmann für wichtige Fachgespräche und einfühlsame Begleitung. Weiterhin möchte ich mich bei Prof. Dr. Hans-Günter Rolff, Dr. Wolfgang Eckart sowie Dr. Otmar Schießl für ermutigende Rückmeldungen bezüglich meines Untersuchungsdesigns bedanken.

Meine Konzeption zur inneren Schulentwicklung wurde an sechs nordbayerischen Schulen mit großer Offenheit angenommen und mit viel Elan umgesetzt. Hierfür danke ich den beteiligten Schulleitungen, Kollegien, Schülern und Schulräten. Mein Dank gilt weiterhin zehn bayerischen Experten für innere Schulentwicklung, die als Teilnehmende einer Studie die Evaluation der Praxisdaten ermöglichten.

Besonders bedanken möchte ich mich bei meinem Freund und Kollegen Dr. Hubert Kleber. Seine fachliche und menschliche Begleitung hat maßgeblich dazu beigetragen, dass ich das Dissertationsvorhaben mit steter Zuversicht weiter verfolgen und abschließen konnte.

Abschließend danke ich meiner Frau Susanne von ganzem Herzen dafür, dass sie mich fortwährend mit umfassender Kompetenz und großem Engagement bei der Arbeit unterstützte. Darüber hinaus hat sie gemeinsam mit unserer Tochter Antonia über all die Jahre die Belastungen wissenschaftlicher Arbeit mitgetragen und so zum Gelingen der Dissertation maßgeblich beigetragen.

Klaus Wild

Inhaltsverzeichnis

Anhang

Abbildungs- und Tabellenverzeichnis

4 Design

5 Verlauf der Erprobung

Anhang:

„Fast immer sind ‚Schulreformen‘ suggestive Patentlösungen,
die für eine überraschende und aussichtsreich scheinende
Wendung der Systementwicklung sorgen wollen,
ohne nennenswert erprobt zu sein.“
(OELKERS, 2000, S. 207)

1 Grundlegung

Mit der Aussage, dass „die einzelne Schule (..) der Ort der Veränderung“ und der „Motor“ von Schulentwicklung sei (DALIN, ROLFF & BUCHEN, 1990, S. 34), wurde zu Beginn der neunziger Jahre in der Bundesrepublik ein Paradigmenwechsel in der Bildungspolitik und in der Bildungsforschung vollzogen. Dieses veränderte Denken bezog sich auf eine neues Verständnis von Schulreform im Sinne des Reduzierens von zentraler äußerer Steuerung des Bildungswesens zugunsten einer bewussten inneren Entwicklung der einzelnen Schule. Nach ROLFF (1998) geriet in diesem Zeitraum „die Einzelschule nicht nur aus pädagogischen Gründen ins Zentrum, sondern aufgrund einer weltweiten ‚Krise der Außensteuerung‘“ sowie neuer Erkenntnisse der Systemtheorie, die belegten, dass „die Schulen selbst“ entschieden, „ob und wie sie“ auf äußere Interventionen „von zentralen Behörden“ reagierten (S. 296-297).[1] In den Jahren nach 1990 vollzogen „diesen Perspektivenwechsel (..) Bildungspolitiker wie Bildungsforscher, Lehrerfortbildner wie Verleger und Herausgeber“ (S. 297).[2]

1 Die Quellen, die dieser Arbeit zugrunde liegen, basieren teilweise auf den überholten, teilweise auf den reformierten deutschen Schreibregeln; in Fällen mit mehreren gleichermaßen korrekten Schreibweisen werden in unterschiedlichen Quellen oft unterschiedliche Schreibweisen gewählt. Damit innerhalb der vorliegenden Arbeit Korrektheit und Einheitlichkeit in der Rechtschreibung gewährleistet ist, werden in Zitaten gegebenenfalls diesbezügliche Modifikationen vorgenommen.

2 Zur leichteren Lesbarkeit der Arbeit umfassen Bezeichnungen von Personengruppen in der Regel weibliche und männliche Personen.

In Bayern wurde der Wechsel vor allem auf schulpolitischer Ebene mit Lehrgängen zur inneren Schulentwicklung, welche die AKADEMIE FÜR LEHRERFORTBILDUNG UND PERSONALFÜHRUNG DILLINGEN im Auftrag des BAYERISCHEN STAATSMINISTERIUMS FÜR UNTERRICHT, KULTUS, WISSENSCHAFT UND KUNST (1996) ab Herbst 1996 durchführte, sowie dem Kongress „Schulinnovation 2000 – Schulen auf dem Weg“, den das BAYERISCHE STAATSMINISTERIUM FÜR UNTERRICHT UND KULTUS (2000) im Frühjahr 2000 veranstaltete, offensichtlich.

Als Lehrer, der von 1985 bis 1997 an bayerischen Hauptschulen überwiegend als Klassenleiter unterrichtete, konnte ich erleben, wie nötig vor allem für diese Schulart ein derartiger Paradigmenwechsel war. Die in der Forschungsliteratur beschriebenen beruflichen Belastungen von Lehrerinnen und Lehrern an Grund- und Hauptschulen (SPANHEL & HÜBER, 1995) nahm ich in verschieden Schulen bei Kolleginnen und Kollegen sowie mir selbst wahr. Eine wesentliche Möglichkeit, diesen Belastungen besser gewachsen zu sein, sah ich in den theoretischen Ausführungen und praktischen Umsetzungsmöglichkeiten, die sich im Rahmen innerer Schulentwicklung ergaben. Vor allem der Gedanke, über eine verstärkte kollegiale Kooperation die Qualität der Schule vor Ort zu stärken (SCHLEY, 1991), sowie Berichte über erfolgreiche Schulentwicklungsarbeit (BUHREN & ROLFF, 1996), motivierten meine Auseinandersetzung mit dieser Reformbewegung.

Als sich im Jahr 1997 die Möglichkeit bot, für einige Jahre als wissenschaftlicher Assistent an den Lehrstuhl für Schulpädagogik der Erziehungswissenschaftlichen Fakultät der Universität Erlangen-Nürnberg zu wechseln, wählte ich innere Schulentwicklung als Themenbereich für die Dissertation im Rahmen meiner Promotion aus. Mit der vorliegenden Arbeit möchte ich einen Beitrag zur Erforschung innerer Schulentwicklung sowie zur Weiterentwicklung der bayerischen Hauptschule leisten.

1.1 Erforschung innerer Schulentwicklung

1.1.1 Zum Desiderat innerer Schulentwicklungsforschung

Ende der sechziger Jahre hob FÜRSTENAU (1969) hervor, dass „nur durch eine Änderung der Organisationsform unseres Schulwesens (..) die starken persönlichen Belastungen, die die Arbeit im Bereich der Schule auf allen Ebenen (..) lähmen, in produktive, vorantreibende Spannungen und Konflikte miteinander kooperierender Funktionsgruppen verwandelt werden“ (S. 65) könnten. Diese Aussage charakterisierte eine zentrale Tendenz schulischer Reformpolitik in der Bundesrepublik, die in den sechziger Jahren ihren Anfang nahm und bis in die frühen siebziger Jahre reichte: Die Schule sollte über äußere organisatorische Eingriffe grundlegend weiterentwickelt werden.[3] Diese erfolgten auf der Basis von Schulentwicklungstheorien, die sich hauptsächlich an Bildungsökonomie und Bildungssoziologie orientierten (ROLFF, 1995, S. 105).

Ein Beispiel hierfür stellte der Bildungsgesamtplan der BUND-LÄNDER-KOMMISSION FÜR BILDUNGSPLANUNG (1973) dar. In ihn wurden die Ergebnisse dieser Schulentwicklungsforschung eingearbeitet. Der Gesamtplan zeigte, wie über diese zentral geplante Form von Schulentwicklung versucht wurde, von außen auf die Schulen einzuwirken. Eine weitere wichtige Ausprägung einer solchen äußeren Schulreform war in der im gleichen Zeitraum stattfindenden Curriculumrevision zu erkennen (ROBINSOHN, 1967). Die direkt Betroffenen hatten kaum Einflussmöglichkeiten auf die Erstellung derartiger Schulentwicklungspläne (ROLFF & TILLMANN, 1988, S. 91-92). Dies war ein wesentlicher Grund dafür, dass in der zweiten Hälfte der siebziger Jahre „Stagnation und Krise der Schulreform unübersehbar“ (ROLFF & TILLMANN, S. 92) wurden. Die enttäuschten Hoffnungen in äußere Schulentwicklung führten zu einem Abflauen dieser „extern erzwungenen Reformen“ (TENORTH, 1993, S. 20). Gleichzeitig

3 Während der Blütezeit äußerer Schulreform erschien im Jahr 1972 in der Bundesrepublik im Zusammenhang mit der Gründung eines Instituts, der Dortmunder „Arbeitsstelle für Schulentwicklungsforschung“, erstmalig der Terminus „Schulentwicklung“. In dieser Institution spielte das aktuelle Verständnis von innerer Schulentwicklung als Entwicklung der Einzelschule zunächst keine Rolle. Man verstand unter Schulentwicklung in dieser Anfangsphase vor allem äußere Planung und Reform (ROLFF, 1998, S. 295-296).

interessierten sich Forscher für „die einzelne Schule und ihre Qualität" (STEFFENS & BARGEL, 1987, S. 2). Die Ergebnisse deutscher Schulklimaforschung (FEND, 1977) und der Einfluss angloamerikanischer Schulwirkungsstudien (RUTTER, MAUGHAN, MORTIMORE & OUSTON, 1980; PURKEY & SMITH, 1991)[4] lenkten in den achtziger Jahren die Blickrichtung der Schulforschung in der Bundesrepublik auf „die einzelne Schule als pädagogische Handlungseinheit" (FEND, 1986a, S. 275).

Die Leitfrage dieser neuen Forschungsperspektive, die mit dem Begriff Schulqualitätsforschung beschrieben wurde, lautete: „Was ist eine gute Schule?" (FEND, 1986b; HAENISCH, 1987; TILLMANN, 1989). Ein wesentliches Forschungsergebnis zeigte sich durch die Publikation verschiedener Merkmalskataloge, die gute Schulen beschrieben (AURIN, 1991; HOLTAPPELS, 1995). Die Diskussion jener Qualitätskriterien verdeutlichte schnell, dass „die Schulentwicklung (..) von der Entwicklung der Einzelschule immer abhängiger" wurde und dass „die Funktionsfähigkeit eines komplexen Systems wie des Bildungswesens (..) letztlich nicht aus einer Zentralperspektive, qua Weisung und behördlichen Auflagen, gesichert werden" (COMBE, 1997, S. 16) konnte. Ende der achtziger Jahre wurde deshalb eine weitere wesentliche Frage der Schulqualitätsforschung aufgegriffen: „Was ist eine gute Schule und wie ist sie zu verwirklichen?" (STEFFENS & BARGEL, 1987, S. 1). Die Beantwortung dieser Doppelfrage wurde zur Hauptaufgabe der entstehenden inneren Schulentwicklungsforschung. Die neue Forschungsrichtung sollte klären, wie die Resultate der Schulqualitätsforschung in der Praxis umgesetzt werden könnten (SPECHT, 1994; HOLTAPPELS, 1995). Dieser Klärungsbedarf verstärkte sich durch ernüchternde Ergebnisse, die sich für die Bundesrepublik im Rahmen einer internationalen Vergleichsstudie zum mathematisch-naturwissenschaftlichen Unterricht ergaben.[5] Um relevante Antworten finden zu können, sollten sich Schulentwicklungsforscher in die schulische Praxis begeben und über

---

4 PURKEY und SMITH publizierten ihre Studie im Jahr 1983. Jahre später wurde sie von AURIN (1991) in deutscher Übersetzung veröffentlicht.

5 Im Zeitraum von 1994 bis 1996 wurde von der „Organisation for Economic Cooperation and Development" (OECD) eine internationale Vergleichsstudie bezüglich der Schülerleistungen im mathematisch-naturwissenschaftlichen Unterricht in 41 Ländern durchgeführt. Die Ergebnisse dieser „Third International Mathematics and Science Study (TIMSS)" wiesen der Bundesrepublik einen Platz im Mittelfeld zu (BAUMERT, 1997).

„mikrologische Forschung“ Erkenntnisse „über die Zusammenhänge und Bedingungen des Gelingens oder Scheiterns eines Schulentwicklungsprozesses in Hinsicht auf entsprechende Entwicklungsaufgaben“ (COMBE & REH, 2000, S. 27-28) gewinnen.[6] Einen derartigen Forschungsauftrag begründete GRUNDER (1999) mit dem Hinweis, dass „die Erforschung einer Schulentwicklung ‚von unten‘ (..) nicht in der unbeteiligten Perspektive ‚von oben‘ zu realisieren“ (S. 333) sei.

Dieser Auftrag legte das Aufgreifen von „Handlungsforschung bzw. Aktionsforschung oder Praxisforschung“ als methodischen Ansatz im Zusammenhang mit einem derartigen „basiszentrierten Schulentwicklungskonzept“ (KLAFKI, 2002, S. 216) nahe. Mittels dieses Ansatzes „definieren Wissenschaftler zusammen mit den Betroffenen die Problemstellung, suchen nach Ursachen (Hypothesengenerierung, Theoriebildung) und entwerfen Lösungsvorschläge (Interventionen)“ (BORTZ & DÖRING, 2002, S. 54). Im Rahmen der Erforschung innerer Schulentwicklung setzten viele Wissenschaftler diese Forschungsmethodik ein. Der Einsatz von Handlungsforschung verwies damit gleichzeitig auf ein akutes Theoriedefizit im Zusammenhang mit der wissenschaftlichen Erforschung innerer Schulentwicklung. FRIED (2002) belegte diesen Mangel im Rahmen einer Analyse von Schultheorien, die sie der geisteswissenschaftlichen, empirischen, kritischen und postmodernen Erziehungswissenschaft sowie der pädagogischen Systemtheorie entnommen hatte. Sie kam zum Schluss, dass „sich die vorfindbaren Schultheorien (...) infolge ihrer jeweils begrenzten Reichweite“ als Grundlage für Schulentwicklungsforschung „als ungeeignet“ (S. 176) erwiesen hätten.[7] Ein Überblick über andere aktuelle Publikationen zur Theorie der Schule (APEL, 1995; BENNER, 1995; DIEDERICH & TENORTH, 1997; WIATER, 2002; WINKEL, 1997) belegte diese Einschätzung. Trotz erster Ansätze zur Formulierung einer eigenständigen forschungsleitenden Theorie der inneren Schulentwicklung (FRIED, 2002; WARNKEN, 2001) musste der These von

6 Diese Beschreibung des Auftrags innerer Schulentwicklungsforschung wurde wegen ihrer Prägnanz gewählt. Andere Forscher formulierten die Aufgabenstellung ungenauer (z. B. ROLFF, 1998, S. 323-325; WARNKEN, 2001, S. 10-12).

7 Auf Basis der Systemtheorie skizzierte FRIED (2002) daher erste Ansatzpunkte für eine Forschung, bei der „sich die SchulentwicklungstheoretikerInnen vornehmlich für die ‚Beobachtung‘ des Verlaufs der Schulentwicklung und die SchulentwicklungspraktikerInnen in erster Linie für die ‚Selbstbeobachtung‘ während der Gestaltung der Schulentwicklung verantwortlich fühlen sollten“ (S. 183).

ROLFF (1998), dass es „im Bereich der Schulentwicklung (...) wenig Theorie" (S. 317) gäbe, noch immer Gültigkeit beigemessen werden.

Ungeachtet dieses Mangels an Theorie veröffentlichten Wissenschaftler seit dem Ende der achtziger Jahre[8] eine große Anzahl an Arbeiten zum Thema „Innere Schulentwicklung". Im Rahmen des folgenden Forschungsberichts soll diese Literatur vorgestellt und hinsichtlich der von COMBE und REH (2000) gestellten Aufgabe diskutiert werden.

1.1.2 Schwerpunkte innerer Schulentwicklungsforschung

Für den Forschungsbericht werden nur diejenigen Arbeiten ausgewählt, die einen nennenswerten Beitrag zur Bewältigung der beschriebenen Aufgabe leisteten. Hierbei ist von besonderer Bedeutung, dass tatsächlich Schulentwicklung im Sinne eines inneren Prozesses reflektiert und untersucht wurde. Zusätzlich muss klar sein, welche Bereiche der Einzelschule entwickelt wurden. Die Differenzierungen sind notwendig, da in vielen Publikationen der Fachbegriff „Schulentwicklung" bis in die Gegenwart „vieldeutig und unscharf verwendet" wird und dies dazu führt, dass unter diesem Terminus „alle möglichen Handlungen und Projekte (...) subsumiert" (BÜELER, 2000, S. 19) werden.[9]

Um die inhaltlich relevanten Arbeiten besser erkennen zu können, wird daher folgende Definition, die den Prozesscharakter und die wesentlichen Arbeitsfelder innerer Schulentwicklung treffend charakterisiert, als zusätzliches Auswahlkriterium verwendet:

---

8 Während ROLFF (1998) den Beginn der Erforschung innerer Schulentwicklung in Deutschland im Jahr 1980 ansiedelte (S. 296), sah WARNKEN (2001) die Anfänge in den frühen neunziger Jahren (S. 27). Ein Überblick über die Forschungsliteratur zur inneren Schulentwicklung zeigte, dass Ende der achtziger Jahre der Bereich der Organisationsentwicklung als Weg zur Steigerung von Schulqualität erforscht wurde (PHILIPP, 1987). Wissenschaftliche Arbeiten zu anderen Möglichkeiten der Förderung schulischer Qualität erschienen erst in den neunziger Jahren. Damit zeigte sich, dass WARNKENS Terminierung zutreffender war.

9 In den bislang vorliegenden Berichten über den Forschungsstand innerer Schulentwicklung wurden die Kriterien zur Auswahl der vorgestellten Literatur nur rudimentär begründet (ROLFF, 1998; SCHNAITMANN, 1999; HUBER & HAMEYER, 2000; WARNKEN, 2001). Für den Leser erschien die darin getroffene Auswahl daher recht willkürlich.

„Schulentwicklung ist ein planmäßiges, zielorientiertes und langfristiges Vorgehen der Schulleitung und der Lehrerschaft einer einzelnen Schule zur Steigerung der Wirksamkeit der Schule in konzeptioneller, pädagogischer und administrativ / organisatorisch / wirtschaftlicher Hinsicht innerhalb eines gesetzlich definierten Autonomieraumes. Dieses Vorgehen wird geprägt durch Lernprozesse aller Lehrkräfte in allen Schulbereichen sowie durch eine gute Leadership der Schulleitung, wodurch Neuerungen zum Wohle der Lernenden und Lehrenden sowie der Schule als menschliche Gemeinschaft herbeigeführt werden sollen“ (DUBS, 2000, S. 61).[10]

Die nach diesen Kriterien ausgewählten Publikationen werden anschließend nach methodischen Schwerpunktsetzungen[11] klassifiziert und innerhalb dieser Rubriken nach drei Themenschwerpunkten, der Organisations-, der Unterrichts- sowie der Personalentwicklung, kategorisiert. Die inhaltlichen Kategorien entsprechen einer Definition, die ROLFF (1998) vornahm:

Er definierte „Schulentwicklung“ als „Lernprozess“, der in „Lernende(n) Schulen“[12] im Rahmen einer „Synthese von Organisations-, Unterrichts- und Personalenwicklung“ von „Lehrpersonen“ ausgeht (S. 325-326). Mittels der in Abbildung 1-1 wiedergegebenen Grafik nahm er eine Präzisierung der inhaltlichen Aspekte der Entwicklungsbereiche vor und verdeutlichte zusätzlich deren Wechselwirkung:[13]

---

10 Bezeichnenderweise wurden bei DUBS und in anderen Definitionen für „Schulentwicklung“ (ROLFF, 1998, S. 325-326; DALIN, 1999, S. 210-216) weder die Schülerinnen und Schüler noch die Elternschaft erwähnt.

11 Neben Publikationen mit quantitativen oder qualitativen Schwerpunktsetzungen wurden zusätzlich von Wissenschaftlern publizierte Praxisanleitungen analysiert, die im Sinne der Handlungsforschung „Lösungsvorschläge (Interventionen)“ (BORTZ & DÖRING, 2002, S. 54) für die schulische Praxis boten.

12 Unter einer „Lernenden Schule“ versteht MEYER (1997) „eine Einzelschule, die ihre Profilbildung durch selbst gesetzte Entwicklungsaufgaben voranbringt, die ein System interner und externer Hilfen aufbaut und die ihren Entwicklungsprozess mit geeigneten Mitteln evaluiert“ (S. 115).

13 Ohne nähere Ausführungen verwies ROLFF (1998) auf die „Sozialpsychologie (...) und die humanistische Psychologie“ sowie „die evolutionäre Systemtheorie“ als „Bezugstheorien von Organisationsentwicklung“ (S. 299). Für die Begriffe „Unterrichtsentwicklung“ und „Personalentwicklung“ sowie deren Wechselwirkung mit „Organisationsentwicklung“ gab er keine Bezugstheorien an. Trotz eines von ROLFF eingestandenen Theoriemangels (S. 295) fanden die von ihm geprägten Begriffe und der ihnen zugestandene Wechselbezug in der Forschungsliteratur breite Berücksichtigung.

Abbildung 1-1: „Drei-Wege-Modell der Schulentwicklung“ (ROLFF, 1998, S. 305)

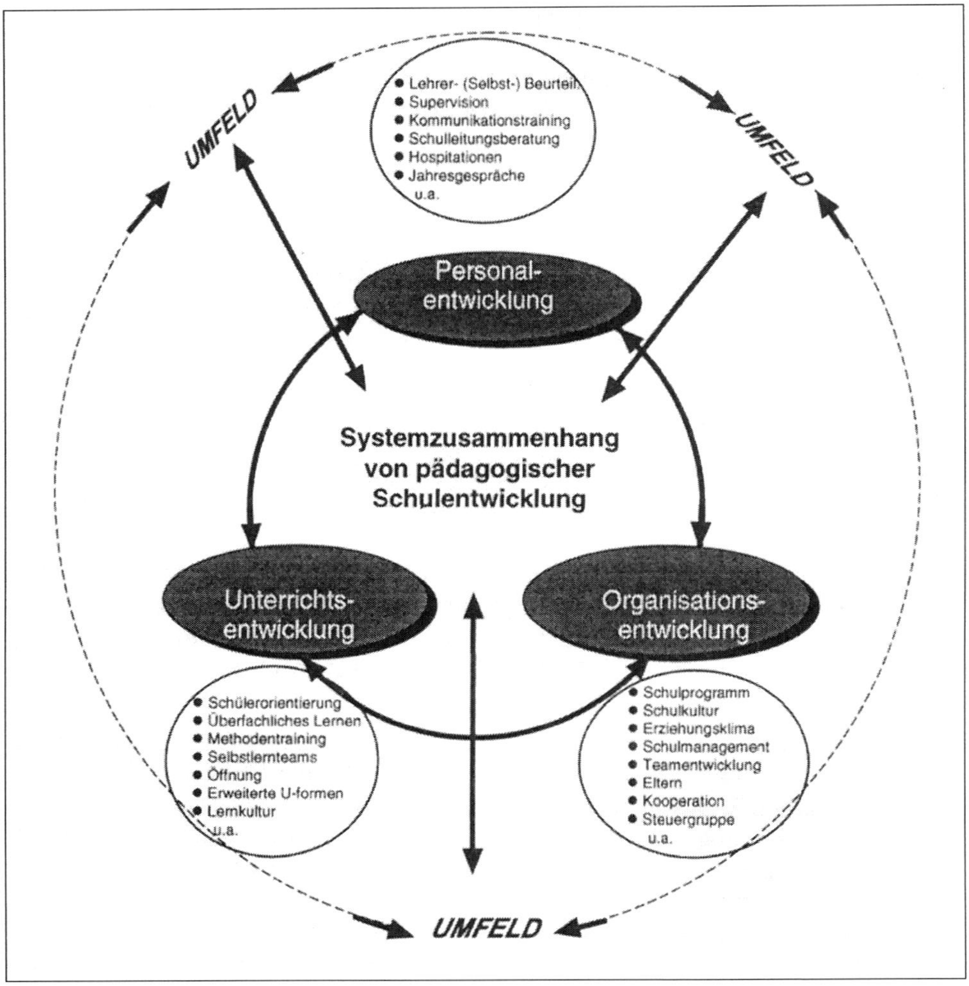

1.1.2.1 Quantitative Erforschung innerer Schulentwicklung

Erforschung von Organisationsentwicklung

Die quantitative Erforschung von Organisationsentwicklung konnte bis 1987 zurückverfolgt werden: PHILIPP (1987) publizierte Forschungsergebnisse zur schulischen Organisationsentwicklung anhand der Methode des Befragungs-Feedbacks. Um die Wirkung an zwei hessischen Gesamtschulen quantitativ erforschen zu können, verwendete er Lehrer- und Schülerfragebögen, deren Skalen er einer früheren Veröffentlichung entnahm (TILLMANN, BUSSIGEL, PHILIPP & RÖSNER, 1979). Das Forschungsdesign ergänzte PHILIPP (1987) durch offene Lehrer- und Schülerinterviews. Die quantitativen und qualitativen Interviewdaten nutzte er für Befragungs-Feedbacks an den beiden Schulen.[14] Auf eine vertiefende empirische Auswertung der Daten zur Bestätigung seiner Forschungsergebnisse verzichtete PHILIPP. Die am Ende der Arbeit diskutierten Resultate basierten daher mehr auf den Praxiserfahrungen. Im Rahmen dieser Erfahrungen wurde zunächst eine Abfolge von Maßnahmen, die zur „Einführung einer kooperativen Schulstruktur“ (S. 163) an Gesamtschulen nötig seien, skizziert. Im Rahmen dieser Maßnahmen sollte in einem ersten Schritt die Kommunikation zwischen Lehrkräften und Schülern verbessert werden. Der nächste Schritt sah die Verbesserung der unterrichtlichen Kooperation zwischen den Lehrkräften vor. Dieses Vorgehen sollte durch die Gründung heterogener Schülerlerngruppen ergänzt werden.

Darüber hinaus nutzte PHILIPP die Erfahrungen zur Verbesserung von Organisationsentwicklung, indem er „Instrumente und Verfahren im Rahmen des Daten-Feedbacks (...), Theorie und Normen“ sowie „inhaltliche Bedingungen“ der Organisationsentwicklung diskutierte (S. 167).

Einen weiteren Beitrag zur quantitativen Erforschung schulischer Organisations-entwicklung leistete WIECHMANN (1994). Er definierte innere Schulentwicklung als pädagogische Selbsterneuerung im Sinne von Reformansätzen, die „von einzelnen

---

14 Eine ausführliche Diskussion der Bedeutung quantitativer Daten für das Befragungs-Feedback erfolgt in Kapitel 4.

Lehrerinnen und Lehrern“ (S. 135) getragen werden und untersuchte sie an 101 allgemeinbildenden Schulen im Kreis Pinneberg in Schleswig-Holstein. Die Untersuchung erfolgte anhand item- und faktorenanalytisch überprüfter Fragebögen für Schulleitungen und Personalräte. Zusätzlich wurde die gleiche Personengruppe an neun dieser Schulen mittels offener Interviews befragt. Die Untersuchungsergebnisse, die WIECHMANN über die quantitative Auswertung der Fragebögen und die qualitative Analyse der Interviews erhielt, bestätigten die Richtigkeit der These von der Einzelschule als Motor von Schulentwicklung (DALIN, ROLFF & BUCHEN, 1990, S. 34). Basierend auf diesen Ergebnissen verifizierte er auch ein Modell zur Erklärung von Entwicklungsunterschieden zwischen einzelnen Schulen, das aus den Komponenten „Prozess“, „Programmatik“, „Schule als Organisation“, „Person des Lehrers“ und „Schulumwelt“ (WIECHMANN, 1994, S. 135) bestand. Dabei betonte er, dass „Bewegungen innerhalb einer der Komponenten (...) immer Konsequenzen in anderen Komponenten nach sich“ (S. 136) zögen. Gleichzeitig wies WIECHMANN auch darauf hin, dass sich Schulentwicklung „als vieldimensionales, mehrfach begrenztes Balanceproblem“ darstelle, „in dem es keine dauerhaft stabilen Zustände, sondern lediglich labile Prozessgleichgewichte geben“ (S. 136) könne.

HUBER (2001) interpretierte die Ergebnisse einer empirischen Erhebung, die das bayerische Staatsinstitut für Schulpädagogik und Bildungsforschung an 25 Gymnasien, Förder-, Grund-, Haupt-, Real- und Berufsschulen durchgeführt hatte. Die Lehrkräfte und Schüler der beteiligten Schulen beantworteten im Zeitraum von 1994 bis 1997 zweimal einen Fragebogen, der item- und faktorenanalytisch überprüft und durch fünf offene Fragen ergänzt war. HUBER wollte mit seiner Interpretation der Daten zur Analyse innerer Schulentwicklung aus organisationssoziologischer Sicht beitragen. Wesentliches Ergebnis der quantitativen und qualitativen Datenauswertung war, dass „durch Schulentwicklung die gemeinsame Basis für die berufliche Arbeit von Lehrern geschaffen“ werden könne, „auf deren Grundlage auch eine Verbesserung des Unterrichts zu erwarten“ (S. 287) sei.

Schule als Organisation aus Sicht von Schulleitung und Lehrkräften erforschte KUPER (2001). Grundlage seiner Analyse waren Teilergebnisse einer Befragung, die 1997 an 141 Berliner Gymnasien, Grund-, Haupt-, Real-, Haupt- / Real- und Gesamtschulen durchgeführt worden war. Der hierzu eingesetzte Fragebogen mit sechs Items zur individuellen Verantwortlichkeit von Lehrkräften, zur schulinternen Arbeitskoordinierung sowie zur Verbindlichkeit von gemeinsamen Absprachen war sowohl item- als auch faktorenanalytisch geprüft. Das wichtigste Ergebnis der quantitativen Auswertung der Untersuchungsdaten bestand darin, dass die Sichtweisen, die Schulleitung und Lehrerschaft hinsichtlich der in den Items beschriebenen organisatorischen Struktur ihrer Schule hatten, heterogen waren. Dies zeigte sich vor allem darin, dass die Lehrkräfte „die Eigenständigkeit ihres Handelns in stärkerem Maße“ betonten und „sie als bedeutsameres Element ihrer Berufsausübung“ verstanden „als es bei Rektoren der Fall“ (S. 77) war. KUPER verdeutlichte damit, dass bei innerer Schulentwicklung, die in der Organisationsentwicklung ihren Schwerpunkt haben sollte, diese „Unterschiedlichkeit der Wahrnehmungen“ (S. 83) berücksichtigt werden müsste.

Erforschung von Unterrichtsentwicklung

Zur quantitativen Erforschung innerer Schulentwicklung durch Unterrichtsentwicklung als inhaltlichem Schwerpunkt lagen zwei Untersuchungen vor.

BAUER und KANDERS (2000) überprüften in ihrer Untersuchung die Wirkungen von Unterrichtsentwicklung auf Lehrkräfte und Schüler. Unterrichtsentwicklung definierten sie dabei über die Variablen „Diskussion von Lehrer und Klasse, Gruppenarbeit, selbständige Arbeit der Schüler an selbstgewählten Aufgaben, Schüler führen eigene Untersuchungen durch, externe Experten werden in den Unterricht geholt, Schüler arbeiten am Computer, Schüler nutzen Multimedia und Internet“ (S. 306). Die Untersuchungsdaten entnahmen sie zwei bundesweit durchgeführten Erhebungen (KANDERS, 2000). Im Rahmen von item- und faktorenanalytisch geprüften, standardisierten mündlichen Befragungen wurden 2222 Schüler sowie 984 Lehrkräfte der Sekundarstufe I erfasst. BAUER und KANDERS stellten als Ergebnis einer quantitativen Datenauswertung fest, dass Unterrichtsentwicklung „ein geeignetes Instrument zur Verbesserung vor allem der pädagogischen Effektivität schulischen Lernens, zur Erhöhung von Schulfreude der Schüler und zur Verstärkung von positiven arbeitsbezogenen Einstellungen der Lehrer“ sei (S. 325).

DITTON (2002a) untersuchte an 62 Gymnasien, 62 Haupt- und 54 Realschulen in Bayern die 4316 Schülerinnen und Schüler der neunten Jahrgangsstufe bezüglich deren Wahrnehmung des Mathematikunterrichts und der das Fach erteilenden Lehrkraft. Hierbei wurden „u. a. Klarheit, Strukturiertheit, Angemessenheit, Interessantheit, Klassenmanagement (sowie) Zeitnutzung“ (S. 269) als Unterrichtsmerkmale analysiert. Die betroffenen Lehrerinnen und Lehrer wurden ebenfalls befragt. Sie sollten vor allem einschätzen, „wie die Schüler ihren Unterricht wahrnehmen“ (S. 273).

Die Ergebnisse einer Analyse der Daten, die über item- und faktorenanalytisch geprüfte, standardisierte Fragebögen erhoben wurden, zeigten, dass aus Schülersicht „die Wahrnehmung der Lehrkräfte primär in Zusammenhang mit Merkmalen der Qualität des Unterrichts“ (S. 262) stand. Es wurden „vor allem (..) solche Lehrkräfte positiv wahrgenommen, die einen klaren, strukturierten, interessanten und anregenden Unterricht“ hielten, „die Zeit zur Einübung des Stoffes“ ließen „und das Lernen motivierend“ (S. 281) unterstützten. Weiterhin zeigte sich, dass „die Übereinstimmungen zwischen den Aussagen der Schüler und den Erwartungen der Lehrer bezüglich der Schülerantworten (..) in den untersuchten Dimensionen höher“ (S. 282) als erwartet waren.

Erforschung von Personalentwicklung

Die quantitative Erforschung von Personalentwicklung als inhaltlichem Schwerpunkt erfolgte bislang im Rahmen dreier Arbeiten.

In der ersten Untersuchung befassten sich MELZER und STENKE (1996) mit dem Zusammenwirken von „Schulkultur und Schülerbefindlichkeiten“ (S. 326). Als „Dimensionen von Schulkultur“ legten die Forscher „Schulklima“, „professionelles Lehrerhandeln“, „Schülerpartizipation“ und „Schulökologie“ (S. 326) fest. Unter „Schülerbefindlichkeiten“ rubrizierten sie Merkmale wie „Leistungsstatus“, „Schulfreude / Sinn des Lernens“, „positive Leistungseinschätzung“, „Angst“, „Belastung“, „Außenseiter“ sowie „positives Selbstkonzept“ (S. 326). MELZER und STENKE ermittelten das relevante Datenmaterial über die schriftliche Befragung von 4000 Schülern an sächsischen Mittelschulen und Gymnasien. Der hierzu verwendete Fragebogen wurde vorab item- und faktorenanalytisch überprüft. Die Forscher kamen nach der quantitativen Auswertung der Daten zu dem Ergebnis, dass es Schulen unter Berücksichtigung der genannten Dimensionen und Merkmale gelingen könne, „eine positive Schulkultur“ in ihren „Wechselwirkungen mit individuellen

Schülerbefindlichkeiten" (S. 327) zu gestalten. Eine derartige Kultur steigere „die Schulfreude" und ließe „Schülern den Sinn des Lernens erkennen" (S. 333).

GRUNDMANN und KÖTTERS (2001) befassten sich in einer weiteren Publikation mit dem Klima an Schulen in Sachsen-Anhalt aus der Sicht von Lehrern und Schülern unter dem Aspekt „Schülerpartizipation" (S. 171). Schulklima wurde dabei „mit den Dimensionen schulische pädagogische Orientierungen, schulische Partizipationsmöglichkeiten, schulische Beziehungs- und Umgangsformen, schulische unterrichtlich-methodische Orientierungen, schulische Grundatmosphäre und Schulorganisation / Öffnung der Schule erfasst" (S. 165). Mittels der „Schülerpartizipation" wurden „schulische Partizipationsmöglichkeiten im Unterricht", in der „Gestaltung des Schullebens" sowie im Rahmen der „Bedeutung der Schülermitverantwortung" (S. 166) analysiert. Hierbei verwendeten die Wissenschaftler Ergebnisse einer durch das Kultusministerium Sachsen-Anhalts in Auftrag gegebenen empirischen Erhebung an 14 Gymnasien, Sekundar- und Gesamtschulen. Im Rahmen einer Erst- und einer Wiederholungsmessung wurden Fragebögen verwendet, über deren statistische Gütekriterien die Autoren keine Angaben machten. Aufgrund der quantitativen Analyse der relevanten Daten kamen GRUNDMANN und KÖTTERS zum Schluss, dass die Partizipation von Schülern an den untersuchten Schulen „grundsätzlich entwicklungsbedürftig" sei und dass ein Zusammenhang zwischen schulischen Erfolgserlebnissen und den Partizipationsmöglichkeiten der Schüler bestünde (S. 189-190).

JÜRGENS und KOCH (2001) publizierten die Ergebnisse einer empirischen Studie zur Frage, ob Schulen, die „Schulprogramm und Selbstevaluation (als) Instrumente zur Steuerung (ihres) Wandels" einsetzen wollten, „einen Bedarf an Fortbildung anmelden" (S. 25) würden. Schulleitungen von 99 Grund-, 35 Sonder-, 24 Haupt-, elf Real-, elf Gesamtschulen und 15 Gymnasien in Nordrhein-Westfalen wurden mit einem Fragebogen, der geschlossene und offene Fragen enthielt, befragt. Die Publikation enthielt keine Angaben über die statistischen Gütekriterien des Instruments. Die quantitative Auswertung der im Rahmen der Studie gewonnenen Daten zeigte, dass die Mehrheit der Befragten sowohl „schulexterne Lehrerfortbildung" im Sinne eines „Beratungsbedarf(s) als Vermittlung von Fachwissen" (S. 32) als auch „schulinterne Lehrerfortbildung" im Rahmen eines „Beratungsbedarfs als Prozessunterstützung" (S. 41) einforderten.

Zusätzlich vertraten viele Schulleitungen die Meinung, dass dieser Bedarf durch die staatlichen Fortbildungsangebote nicht gedeckt würde.

1.1.2.2 Qualitative Erforschung innerer Schulentwicklung

Erforschung von Organisationsentwicklung

BUHREN und ROLFF (1996) leisteten einen Beitrag zur qualitativen Erforschung innerer Schulentwicklung mit Organisationsentwicklung als inhaltlichem Schwerpunkt, indem sie zwölf Fallstudien zum Verhältnis von innerer Schulentwicklung und externer Beratung auf Basis der Konzeption des „Institutionellen Schulentwicklungs-Prozesses" (DALIN, ROLFF & BUCHEN, 1995)[15] veröffentlichten. Mittels des von außen angetragenen Konzepts betrieben eine Grund-, eine Haupt-, eine Real- und sechs Gesamtschulen sowie drei Gymnasien aus der Bundesrepublik, der Schweiz und Österreich Organisationsentwicklung in der Startphase ihrer inneren Entwicklung. Die Entwicklungsprozesse wurden von verschiedenen Forschern durch offene Interviews und nonreaktive Verfahren in den Kollegien untersucht. In jeder dieser Fallstudien wurde auf der Basis einer qualitativen Auswertung der Daten die Bedeutung des „Institutionellen Schulentwicklungs-Prozesses" für Organisationsentwicklung als wesentliches Ergebnis hervorgehoben.

Auch KLEIN (1997) befasste sich mit dem Zusammenhang von externer Beratung und innerer Schulentwicklung. Durch nonreaktive Untersuchungsverfahren gewonnene Daten wertete er qualitativ aus und entwickelte auf Basis der Ergebnisse ein Modell für eine kollegiumsorientierte Innovationsberatung. Mittels dieses Modells, dessen Kategorien mit den Begriffen „Schultheorie", „Evaluationskompetenz", „Berufsauffassung", „visionäres Denken", „organisationales Lernen", „Perspektivenerweiterung" sowie „Selbst-erforschungskompetenz" (S. 186-205) beschrieben wurden, sollten Schulen mit ihren Kollegien angeregt werden, „ihre pädagogische Kultur permanent zu reflektieren, zu

---

15 Diese Konzeption zur inneren Schulentwicklung wird in Kapitel 2.2.1 vorgestellt und analysiert.

evaluieren und weiterzuentwickeln“ (S. 213). Damit Schulen dies leisten könnten, forderte KLEIN die „Bereitstellung eines systematischen Handapparats von verschiedenen Techniken und Methoden zur Strukturierung, Steuerung und Unterstützung des gesamten Innovationsprozesses in all seinen Teilschritten von der Problemstellung bis zur abschließenden Evaluation“ (S. 213). In diesem Zusammenhang wies er auch darauf hin, „dass nicht nur Innovation und Beratung als Lernprozesse zu betrachten“ seien, „sondern sich die Innovationsforschung selbst im Prozess“ (S. 214) befände.

Ein weiteres Modell zur Beratung der einzelnen Schule im Rahmen innerer Schulentwicklung legte SCHÖNIG (1999) vor. Wie KLEIN benutzte er zur Datensammlung nonreaktive Verfahren. Basierend auf Ergebnissen, die durch die qualitative Auswertung der Daten gewonnen wurden, entwickelte SCHÖNIG das Modell einer „mehrdimensionalen Organisationsberatung“ (S. 340) zur Berücksichtigung des konkreten Beratungsbedarfs der Einzelschulen. Mit Hilfe des Modells sollten Schulen zunächst klären, ob „Veränderungen durch die spezifische Situation der Organisation selbst (intern) oder aber durch ihre Umgebung (extern) herausgefordert“ (S. 168) würden. Des weiteren enthielt das Modell die Dimensionen „Organisationstiefe der Entwicklung“, „Zeit“ und „Komplexität der Beratung“ (S. 167). Diese Dimensionen mit ihren jeweiligen Stufungen[16] sollten eine „graduelle Differenzierung (...) der Organisationsberatung“ (S. 168) ermöglichen. Weiterhin wies SCHÖNIG darauf hin, „dass die Selbstorganisationskompetenz der Schule, die schulexterne professionelle und auch die semi-professionelle Beratung durch andere Schulen miteinander kombiniert werden sollten“ (S. 340).

Mit einem wichtigen Teilbereich externer Beratung, der Evaluation von Qualitätsentwicklung durch die Schulaufsicht, befasste sich BURKARD (1998). Diese Art der Evaluation sollte „sowohl Auskunft über die ‚Qualität‘ einzelner Schulen geben als auch zur Weiterentwicklung und Verbesserung ihrer Arbeit und Angebote dienen“ (S. 88).

---

16 Die Dimension „Organisationstiefe der Entwicklung“ enthielt die aufeinander aufbauenden Stufungen „periphere Veränderung“, „Teilsysteme“ sowie „Organisationskultur“ (S. 167). Die zweite Dimension „Zeit“ wurde von SCHÖNIG mit den Stufen „punktuell“, „mittelfristig“ und „langfristig“ (S. 167) versehen. Die „Komplexität der Beratung“ als dritte Dimension wurde über die Stufung „instrumentelle Beratung: Hilfe, Dienst, Rat, Unterweisung“, „Supervision, Mediation“ sowie „Aktionsforschung, Organisationsdiagnose, Organisationsentwicklung“ (S. 167) abgebildet.

Im Rahmen einer Studie analysierte er Daten, die er über die Befragung und Beobachtung von 15 Schulaufsichtsbeamten sowie von Lehrkräften an drei Grund-, vier Haupt-, drei Real-, zwei Gesamtschulen, zwei berufsbildenden Schulen und an fünf Gymnasien in Nordrhein-Westfalen erhoben hatte. Aufgrund der qualitativen Auswertung der Daten formulierte BURKARD „zwei Grundsätze schulaufsichtlichen Handelns bei der Evaluation von Schulen" (S. 236):

Die Schulaufsicht sollte „die Begleitung, Unterstützung und Qualitätssicherung von schulinterner Evaluation sowie (...) die (Mit)Gestaltung von externer Evaluation" leisten. Weiterhin müsste „das konkrete Handeln mit den einzelnen Schulen nicht nur von einzelnen Schulaufsichtsbeamten/innen getragen (..), sondern in der jeweiligen Behörde verankert" (S. 236-237) werden.

Einen anderen wichtigen Aspekt der Evaluation der Organisation Schule untersuchten BUHREN, KILLUS und MÜLLER (1998). Mittels offener Interviews von Schulleitungen und einzelnen Lehrkräften an zwei Hauptschulen, zwei Realschulen, drei Gymnasien und fünf Gesamtschulen in Brandenburg und Nordrhein-Westfalen versuchten sie herauszufinden, wie Lehrkräfte Selbstevaluation einschätzten. Selbstevaluation wurde dabei „im Sinne von Schulentwicklung mit gezielten Datenerhebungen", die „über die Perspektive des einzelnen Lehrers mit seinem Unterricht" (S. 244) hinausgingen, verstanden. Diese Form der Evaluation wurde weiterhin als Aufforderung an Lehrkräfte, „sich selbst und ihren Kollegen Rechenschaft über ihre eigene Arbeit abzugeben" (S. 244), definiert. Ziel einer derartigen Selbstevaluation sollte „die Optimierung des eigenen Unterrichts und damit der Qualitätsverbesserung der Schule insgesamt" (S. 244) sein. Die Ergebnisse der qualitativen und quantitativen Datenauswertung ergaben eine „positiv-reservierte Haltung" (S. 269) der befragten Lehrkräfte gegenüber einem derartigen Verständnis von Selbstevaluation.

In einer Studie über Möglichkeiten und Wirkungen von Selbstevaluation in der Schule als Organisation kamen HAENISCH und KINDERVATER (1999) zu einem ähnlichen Ergebnis. Die Autoren werteten im Rahmen ihrer Arbeit Daten qualitativ aus, die sie auf Basis offener Befragungen von Lehrkräften an neun deutschen Schulen gewonnen hatten. Die befragten Lehrerinnen und Lehrer hatten mit ihren Schulen an einem „Pilotprojekt" teilgenommen, mit dem geprüft werden sollte, „wie Schulen ihre Qualität selbst evaluieren können" (S. 71). Die Auswertungsergebnisse offenbarten, dass die im Rahmen dieser

Studie interviewten Lehrkräfte Selbstevaluation besser bewerteten als die von BUHREN, KILLUS und MÜLLER erfassten Pädagogen.

Einen möglichen organisationsspezifischen Ausgangspunkt von Evaluation, die durch Schulaufsicht verordnete Programmarbeit, erforschten BASTIAN, CZARNETZKI, MOLESCH und REH (2000) am Beispiel zweier Hamburger Schulen. Die Kollegien dieser Institutionen sollten im Auftrag der Schulbehörde ein Programm „zur Gestaltung von Unterricht, Schulleben, Organisation und Kommunikation“ formulieren. Über Sitzungsprotokolle und Interviews, deren Gütekriterien nicht dargelegt wurden, erfassten die Forscher Schulleitung und Lehrkräfte einer Grund-, Haupt- und Realschule sowie eines Gymnasiums. Dabei stand für BASTIAN, CZARNETZKI, MOLESCH und REH die Frage „was unter Schulprogrammarbeit in diesen Hamburger Schulen verstanden wird und welche Bedeutung“ diese Arbeit im Rahmen „von Entwicklungsprozessen in diesen Schulen haben kann“ (S. 108) im Zentrum des Forschungsinteresses. Als wesentliches Ergebnis der qualitativen Datenauswertung hielten die Wissenschaftler fest, dass an den untersuchten Schulen durch eine von außen auferlegte Schulprogrammarbeit „kein neuer Entwicklungsstand“ (S. 141) zu erreichen war.

Mit der Beteiligung der Schülerschaft an der Zielfindungsphase von Organisationsentwicklung befasste sich MÜLLER (1996). Im Rahmen einer Fallstudie analysierte die Forscherin Möglichkeiten der „Beteiligung von Schülerinnen und Schülern in der Diagnosephase des Organisationsentwicklungsprozesses einer Hauptschule im Ruhrgebiet“ (S. 77). Mit Hilfe eines statistisch nicht überprüften Bogens, der hauptsächlich offene Items enthielt, befragte sie die Jugendlichen nach deren Urteilen bezüglich Schule, Lehrkräften, Unterricht, Mitschülern und Mitbestimmungsmöglichkeiten. Die Befragungsergebnisse wurden im Rahmen „von gemeinsamen Schüler-Lehrer-Konferenzen zu möglichen Entwicklungsperspektiven der Schule“ verwendet. Die Ergebnisse der qualitativen und quantitativen Auswertung der Daten zeigten nach MÜLLER, dass der Versuch, die Startphase von Organisationsentwicklung durch Schülerinnen und Schüler mitgestalten zu lassen, erfolgreich verlaufen war und „weitreichende Entwicklungsperspektiven für die Schule“ (S. 165) eröffnete.

Zur qualitativen Erforschung innerer Schulentwicklung mit Unterrichtsentwicklung als inhaltlichem Schwerpunkt wurden zwei Arbeiten veröffentlicht.

In der ersten Arbeit untersuchten COMBE, LEUE-SCHACK und PINGEL (2000) zwei Hamburger Gesamtschulkollegien hinsichtlich deren Einschätzung von Unterrichtsentwicklung am Beispiel des Projektunterrichts. Die relevanten Daten sammelten sie mittels Arbeitsgruppenprotokollen und halboffenen Interviews, deren Gütekriterien nicht dargelegt wurden. Die Ergebnisse der qualitativen Datenanalyse verdeutlichten, „dass es im Bereich der Unterrichtsentwicklung zunächst einmal verschärfte Erfahrungen von Krisen und Grenzen“ gab (S. 64). Diese waren dadurch gekennzeichnet, „dass Unterrichtsentwicklung insbesondere in der Anfangsphase mit einer deutlichen zeitlichen Mehrarbeit und z. T. massiven Handlungsproblemen verbunden ist“ (S. 64). Gleichzeitig zeigte sich, dass derartige Grenzerfahrungen „von der Ahnung neuartiger Handlungsmöglichkeiten“ (S. 64) geprägt waren.

Die zweite Arbeit zur Erforschung von Unterrichtsentwicklung mit qualitativem Schwerpunkt legten BASTIAN und ROLFF (2002) vor. Es handelte sich hierbei um die Evaluation des Projekts „Schule & Co.“, das zur Unterrichtsentwicklung an 52 Schulen verschiedener Schularten im Landkreis Herford und in der Stadt Leverkusen durchgeführt wurde. Unter Verwendung nonreaktiver Verfahren werteten die Wissenschaftler zunächst die Abschlussberichte der Projektschulen sowie der Schulaufsicht qualitativ aus. Darüber hinaus stellten BASTIAN und ROLFF die Resultate schriftlicher Befragungen von beteiligten Schülerinnen und Schülern (HOLTAPPELS & LEFFELSEND, 2003) sowie von Schulleitungen (HOPPE & WEISKER, 2002) dar. Das Gesamtergebnis belegte, dass „'Schule & Co.' (..) konsequent und systematisch zur Unterrichtsverbesserung“ beitrug, „indem es Unterrichtsentwicklung mit Schulentwicklungsmanagement[17] verbunden“ (S. 62) hatte.

17 Mit dem Begriff „Schulentwicklungsmanagement“ bezeichneten die Autoren die äußere Koordination und Unterstützung innerer Entwicklung an den einzelnen Schulen durch die Bertelsmann Stiftung, dem Ministerium für Schule, Wissenschaft und Forschung des Landes Nordrhein-Westfalen sowie den örtlich zuständigen Bezirksregierungen.

Weiterhin zeigte sich, „dass die Unterrichtsentwicklung in großer Breite und Intensität bei den Schülerinnen und Schülern ‚angekommen'" (S. 62) war.

Erforschung von Personalentwicklung

Auch zur qualitativen Erforschung innerer Schulentwicklung mit Personalentwicklung als inhaltlichem Schwerpunkt lagen zwei Publikationen vor.

HANSEN, LOTZ und SCHELLE (2000) untersuchten die Teamentwicklung eines Jahrgangsteams an einer Gesamtschule sowie die Teamentwicklung an einer Berufsschule in Hamburg. Die für die Untersuchung relevanten Daten erhoben sie mithilfe von Beobachtungs- und Gesprächsprotokollen sowie mittels Videographien und eines Interviews. Anhand der Ergebnisse einer qualitativen Datenanalyse belegten die Autoren die zunehmende Bedeutung von Lehrerteams für innere Schulentwicklung. Damit derartige Teams innere Schulentwicklung voran bringen könnten, sollten die „Gruppen (..) klein genug sein, dass ihre Mitglieder einander persönlich vertrauen können" (S. 95). Weiterhin müssten sie sich „überschaubare Entwicklungsaufgaben setzen, um sich zutrauen zu können, diese auch zu bewältigen" (S. 95). Abschließend wiesen HANSEN, LOTZ und SCHELLE darauf hin, dass „die Entwicklungsteams (...) von ihrem Umfeld die wohlwollende Unterstützung (...) und die notwendigen Freiräume zum Experimentieren erhalten" (S. 95) müssten.

In der zweiten Arbeit zur Personalentwicklung stellte KLEMENT (2000) die Ergebnisse einer schriftlichen Befragung von Lehrkräften an neun bayerischen Gymnasien zur Supervision von Teilteams vor. Supervision wurde hierbei als eine Methode verstanden, welche „die Arbeitsfähigkeit, das Gut-Gehen der einzelnen Kollegen und Kolleginnen sowie die angemessene Entwicklung von Schülerinnen und Schülern" (S. 247) fördern sollte. Mit der Untersuchung sollte zunächst geklärt werden, „welche Auswirkungen die Supervision eines Teilteams auf das ganze Kollegium" hätte, „da bei der Größe von Gymnasialkollegien und unter Wahrung der Freiwilligkeit in den meisten Fällen Supervision des ganzen Kollegiums nicht in Frage" (S. 247) käme. Weiterhin wollte KLEMENT herausfinden, „ob Schulen sich durch Supervision von Teilteams zu Lernenden Organisationen (...), also zu Systemen, die Mut, Wille und Bereitschaft zur ständigen

Veränderung zeigen" (S. 247), entwickeln könnten. Der Fragebogen, über dessen Gütekriterien keine Angaben vorlagen, enthielt offene und geschlossene Items. Auf Grundlage einer qualitativen und quantitativen Analyse der Daten kam die Autorin zu dem Ergebnis, dass sich Schulen „durch die Supervision von Teilteams zu Lernenden Organisationen entwickeln" (S. 265) könnten und „dass Schulentwicklung (...) angeregt" (S. 267) werden könnte.

1.1.2.3 Praxisanleitungen zur inneren Schulentwicklung

Neben den Arbeiten zur quantitativen und qualitativen Erforschung innerer Schulentwicklung wurde eine große Zahl von Praxisanleitungen zur inneren Schulentwicklung publiziert. In diesen Veröffentlichungen unterbreiteten Wissenschaftler im Sinne von Handlungsforschung „Lösungsvorschläge (Interventionen)" (BORTZ & DÖRING, 2002, S. 54) für die schulische Praxis.

Anleitungen zur Organisationsentwicklung

Die Veröffentlichungen zum Bereich der Organisationsentwicklung ließen sich drei thematischen Schwerpunkten zuordnen.

Den ersten Schwerpunkt bildeten Praxisanleitungen zur Verwirklichung einer guten Schule (PHILIPP, 1992; KELLER, 1997; SCHIEßL, HUBER & HRUZA-MAYER, 1999; BÖNSCH, 2000). Die Erstellung von Schulprogrammen und Schulprofilen stellte einen weiteren Themenschwerpunkt dar (HAMEYER, 1998; WARNKEN, 1998; RISSE, 1998; MEYER, 1999; PHILIPP & ROLFF, 1999; METZE & SPIES, 1999; KORINEK, 2000). Publikationen zur Qualitätssicherung und Evaluation bestimmten den dritten Schwerpunkt (ACKERMANN & WISSINGER, 1998; BASTIAN, 1998; BUHREN, KILLUS & MÜLLER, 1998; BUHREN, KILLUS, KIRCHHOFF & MÜLLER, 1999; KEMPFERT & ROLFF, 1999; ROLFF, 2001).

Neben diesen Publikationen stand Schulen, die sich umfassend mit dem Bereich der Organisationsentwicklung befassen wollten, das von DALIN, ROLFF und BUCHEN (1990) erarbeitete Konzept des „Institutionellen Schulentwicklungs-Programms“ zur Verfügung.[18] Die Auswirkungen der schulischen Umsetzung dieser Konzeption wurden nur auf der Basis von Fallstudien qualitativ untersucht (BUHREN & ROLFF, 1996). Ein weiteres Konzept zur Organisationsentwicklung publizierte SCHLEY (1991). Angaben zur Erforschung der Wirkungszusammenhänge dieser Organisationskonzeption wurden nicht gemacht.

Anleitungen zur Unterrichtsentwicklung

Auch in den zum Bereich der Unterrichtsentwicklung vorgelegten Praxisanleitungen ließen sich unterschiedliche thematische Schwerpunktsetzungen erkennen. Den ersten Schwerpunkt setzten zwei Anleitungen, in denen Möglichkeiten von Unterrichtsentwicklung durch Lehrerarbeitsgruppen, neue Lernformen, fächerübergreifenden Unterricht, Teamunterricht, Koedukation sowie Handlungsorientierung aufgezeigt wurden (BUCHEN, HORSTER & ROLFF, 1998; BÖTTCHER & PHILIPP, 2000). Ein weiterer Themenschwerpunkt, die Evaluation von Unterricht, wurde in einer weiteren Publikation behandelt (HERRMANN & HÖFER, 1999). Mit der Anleitung sollten „Lehrerinnen und Lehrern (...), die an einer praktikablen Unterrichtsevaluation interessiert sind“ (S. 10), Methoden und Instrumente zur Beurteilung von Unterrichtsentwicklung vorgestellt werden.

Schulen, die sich systematisch mit Unterrichtsentwicklung befassen wollten, standen in der Zwischenzeit zwei Konzeptionen zur Verfügung. Die erste Konzept, die sogenannte „Pädagogische Schulentwicklung“, wurde von KLIPPERT (2000c) erarbeitet.[19] Das zweite

---

18 Ab der zweiten Auflage wurde das Konzept in „Institutioneller Schulentwicklungs-Prozess“ umbenannt (DALIN, ROLFF & BUCHEN, 1995). Es wird in Kapitel 2.2.1 vorgestellt und analysiert.

19 Die pädagogischen Institute vieler deutscher Großstädte propagieren im Rahmen ihrer Fortbildungsarbeit die „Pädagogische Schulentwicklung“ als Basiskonzept für Unterrichtsentwicklung. KLIPPERTs konzeptionelle Praxisanleitung hat daher in der Zwischenzeit einen hohen Bekanntheitsgrad erreicht. Das Konzept wird in Kapitel 2.2.2 ausführlich beschrieben und analysiert.

Handlungsprogramm legten HORSTER und ROLFF (2001) unter dem Titel „Unterrichtsentwicklung“ vor. Während die Auswirkungen der Konzeption von KLIPPERT an den Schulen qualitativ evaluiert wurden (KLIPPERT, 2000c; BASTIAN & ROLFF, 2002), lagen zur zweiten von HORSTER und ROLFF noch keine Forschungsergebnisse vor.

Anleitungen zur Personalentwicklung

In den wenigen Praxisanleitungen zur Personalentwicklung wurden vor allem die Themen Teamentwicklung (PHILIPP, 1996; DRÖGE, 1999) und Supervision (MUTZECK, 1996; SCHREYÖGG, 2000) aufgegriffen.

SCHLEE (1999) entwickelte für Schulen, die sich primär mit Personalentwicklung auseinandersetzen wollten, eine Konzeption. Das als „Kollegiale Beratung und Supervision in Unterstützungs- und Selbsthilfegruppen“ bezeichnete Handlungsprogramm ist jedoch in seinen Auswirkungen an den Schulen unerforscht.[20]

Bereichsübergreifende Anleitungen

Neben den für die einzelnen Bereiche innerer Schulentwicklung spezifischen Publikationen lagen auch bereichsübergreifende Praxisanleitungen vor (ALTRICHTER, SCHLEY & SCHRATZ, 1998; EIKENBUSCH, 1998; ROLFF, BUHREN, LINDAU-BANK & MÜLLER, 1998). Mit dem JOURNAL FÜR SCHULENTWICKLUNG (1997) wurde auch ein Periodikum mit praxisrelevanten Themenheften zu Aspekten innerer Schulentwicklung wie Schulprogrammentwicklung, Evaluation, Schulleitung, Prozessberatung, Gewaltprävention, Unterrichtsentwicklung, Personalmanagement und Netzwerkarbeit vierteljährlich veröffentlicht.

---

20 SCHLEEs Konzept wird in Kapitel 2.2.3 ausführlich dargestellt und analysiert.

1.1.3 Forschungsdefizite

1.1.3.1 Theoretische Defizite

Der von ROLFF (1998) und FRIED (2002) konstatierte Mangel an Theorie im Rahmen von Schulentwicklungsforschung kann anhand des dargelegten Berichts bestätigt werden:

In vielen der dargestellten Werke wurden die Forschungsaktivitäten nur rudimentär theoretisch fundiert. Eine alle drei Bereiche innerer Schulentwicklung (ROLFF, 1998, S. 305) berücksichtigende Theorie als Grundlage publizierter Forschungsresultate ist nicht vorzufinden. Auch Forschungsaktivitäten, die einem Bereich zuzuschreiben sind, wurden meist nur in Ansätzen theoretisch begründet. Wie die Publikationen zeigen, begaben sich viele Wissenschaftler zwar im Sinne von „Handlungsforschung bzw. Aktionsforschung oder Praxisforschung" (KLAFKI, 2002, S. 216) in die schulische Praxis, um über „mikrologische Forschung" Erkenntnisse „über die Zusammenhänge und Bedingungen des Gelingens oder Scheiterns eines Schulentwicklungsprozesses in Hinsicht auf entsprechende Entwicklungsaufgaben" (COMBE & REH, 2000, S. 27-28) zu gewinnen. Einzelne Forscher definierten hierbei auch „zusammen mit den Betroffenen die Problemstellung", suchten „nach Ursachen" und entwarfen vor allem anhand der Praxisanleitungen auch „Lösungsvorschläge" (BORTZ & DÖRING, 2002, S. 54). Es zeigt sich jedoch, dass nur in einzelnen Veröffentlichungen eine „Hypothesengenerierung" erfolgte und eine umfassende „Theoriebildung" nach wie vor fehlt (S. 54).

1.1.3.2 Methodische Defizite

Neben einer noch zu schließenden Lücke in der Theoriegenerierung offenbaren sich im Rahmen der Forschungsbemühungen auch methodische Defizite:

Ein gravierender Mangel zeigt sich zunächst darin, dass nur wenige empirische Arbeiten publiziert wurden, in denen die Wissenschaftler ihre Untersuchungsergebnisse auf der Basis einer quantitativen oder qualitativen Datenauswertung ableiteten. Weiterhin muss festgestellt werden, dass eine Verknüpfung von quantitativem und qualitativem Vorgehen bei der Auswertung von Untersuchungsdaten nur in einzelnen Arbeiten erfolgte.

Wiederholungsmessungen wurden nur im Rahmen zweier Untersuchungen durchgeführt. Der Prozesscharakter innerer Schulentwicklung bleibt damit von der Wissenschaft nahezu unberücksichtigt.

Einzelne Wissenschaftler legten in ihren Publikationen die statistischen Gütekriterien der eingesetzten Forschungsinstrumente nicht dar.

Neben wenigen empirischen Arbeiten wurde eine Vielzahl von Büchern mit Praxisrezepten veröffentlicht. Diesen Anleitungen kann zwar ein Forschen im Sinne einer an der Handlungsforschung orientierten Unterbreitung von „Lösungsvorschlägen“ (BORTZ & DÖRING, 2002, S. 54) attestiert werden, jedoch muss kritisiert werden, dass diese Forschungsbemühungen nur ansatzweise methodisch fundiert waren.

1.1.3.3 Inhaltliche Defizite

Eine Zusammenschau der inhaltlichen Schwerpunktsetzungen, die im Rahmen der Erforschung innerer Schulentwicklung vorgenommen wurden, macht weitere Lücken transparent:

Zunächst zeigt sich ein inhaltliches Defizit in der einseitigen Betonung von Organisationsentwicklung als Untersuchungsgegenstand. Dies fällt sowohl im Rahmen der quantitativen und qualitativen Forschung als auch bei den Praxisanleitungen zur inneren Schulentwicklung auf. Obwohl in der Wissenschaft häufig die zentrale Bedeutung von Unterrichtsentwicklung (BASTIAN, 1998, S. 29) oder Personalentwicklung (ROLFF, 2001, S. 6) für die Entwicklung der Einzelschule betont wurde, schlägt sich diese Gewichtung in der Fachliteratur nicht nieder.

Ein weiterer inhaltlicher Mangel zeigt sich darin, dass es nicht gelungen ist, über Forschung den Zusammenhang zwischen den Gütekriterien der Schulqualitätsforschung einerseits und einer zielgerichteten Umsetzung dieser Merkmale von guter Schule im Rahmen innerer Schulentwicklung andererseits zu begründen (STEFFENS & BARGEL, 1987). Im Fehlen eines derartigen Begründungszusammenhangs ist ein wesentlicher Grund dafür zu sehen, dass keine bereichsübergreifenden Konzeptionen zur Umsetzung innerer Entwicklung an der Einzelschule vorliegen.

Neben Arbeiten, in denen innere Schulentwicklung bereichsübergreifend auf der Basis der Ergebnisse der Schulqualitätsforschung analysiert wird, fehlen auch wissenschaftliche Ansätze zur umfassenden Erforschung des Prozesscharakters innerer Entwicklung an der Einzelschule. Bisher wurde nur eine punktuelle, jeweils einem Entwicklungsbereich verhaftete Forschung geleistet.

Ein weiterer wesentlicher Themenbereich, der Zusammenhang von innerer Schulentwicklung und den an der Einzelschule handelnden Menschen, wurde nur sehr oberflächlich wissenschaftlich bearbeitet. Die bestimmenden Subjekte von Entwicklung, nämlich Lehrkräfte, Schüler und Eltern, kamen meist nur in Form ihrer wissenschaftlich erhobenen Ansichten zu bestimmten Teilaspekten von Schulentwicklung vor. Zentrale Fragen, beispielsweise wie sich Kollegien für den Beginn der gezielten Entwicklung ihrer Schule motivieren können, nach welchen zentralen Qualitätsmerkmalen sie ihre Schule eigenständig gestalten sollen und wie die innere Reform zu einem dauerhaften Prozess entwickelt werden kann, wurden nur unzureichend beantwortet. Die hierfür nötige grundlegende Auseinandersetzung mit der Bedeutung von intra- und interpersonalen Vorgängen für die innere Entwicklung an der Einzelschule fehlte:

Es wurde nicht versucht, Aufschlüsse über die individuellen Wahrnehmungen[21] einer über einzelne Teilbereiche hinausreichenden Schulwirklichkeit,[22] die solche kollegialen Verständigungen bedingen, zu erhalten. Damit verschenkte die Wissenschaft eine

---

21 ZIMBARDO (1995) beschreibt den Begriff der Wahrnehmung indem er „drei Stufen des Wahrnehmprozesses" unterscheidet: „Aufgabe der Wahrnehmung ist es, den sich ständig verändernden, oft chaotischen Input aus äußeren Energiequellen über die Sinnesorgane aufzunehmen und zu stabilen, geordneten Perzepten, die für den jeweiligen Betrachter relevant sind, zu organisieren. Ein Perzept ist das, was wahrgenommen wird. Es ist weder der physikalische Gegenstand (distaler Reiz) noch sein Abbild in einem Rezeptor (proximaler Reiz). Vielmehr handelt es sich um das erfahrene (phänomenale) Ergebnis des gesamten Wahrnehmungsprozesses, der so unterschiedliche psychische Vorgänge wie Zusammenfügen, Urteilen, Schätzen, Erinnern, Vergleichen und Assoziieren umfasst" (S. 159). In der vorliegenden Arbeit wird Wahrnehmung vor allem im Zusammenhang mit „Urteilen" und „Schätzen" analysiert.

22 Beispielsweise erfasst DITTON (2002a) mit seiner Untersuchung von Schüler- und Lehrerwahrnehmungen nur ein Unterrichtsfach.

entscheidende Möglichkeit, den Lehrkräften dabei zu helfen, über das Bewusstmachen bereichsübergreifender, intrapersonaler Wahrnehmungen von Schulqualität und einer daran anknüpfenden kollegialen Diskussion die schulspezifischen Entwicklungsnotwendigkeiten zu erkennen.

Weiterhin wurden wichtige Impulse der Selbstbestimmungstheorie und der pädagogisch-psychologischen Interessentheorie (KRAPP & RYAN, 2002) zur Klärung der Bedeutung interpersonaler, kollegialer Vorgänge für die innere Entwicklung an der Einzelschule von der Schulentwicklungsforschung bislang noch nicht aufgegriffen. Eine aus diesen Theorien abgeleitete Erforschung der Rolle menschlicher Bedürfnisse „nach Kompetenzerfahrung", „sozialer Eingebundenheit" und „Autonomie" (S. 72) für „Motivation, Interesse und Wohlbefinden" (S. 71) hätte wichtige Hinweise auf die Bedeutung solcher Prozesse für innere Schulentwicklung geben können. Auch die genauere Erforschung der Verwirklichung „guter Schule" durch eine kollegiale „Kooperation (..), die (..) einen wesentlichen Aspekt von Professionalität darstellt" (SPANHEL, S. 88), wurde bislang noch nicht geleistet.

Eine fundierte Analyse solcher „typischen Wahrnehmungsweisen, Kommunikationsformen und langfristigen Persönlichkeitsprägungen der Lehrerschaft" (S. 88) könnte intra- und interpersonale Prozesse in ihrer Wechselwirkung für innere Schulentwicklung transparent machen.

Die Schüler als Adressaten und Mitgestalter innerer Schulentwicklung wurden nur in einer einzigen Arbeit thematisiert (MÜLLER, 1996). Die Erfassung der tatsächlichen Bedürfnisse auf der Basis subjektiver Wahrnehmungen erfolgte auch bei dieser Personengruppe nicht. Die Missachtung der Hauptbetroffenen innerer Schulentwicklung in der Forschung wirkt wie ein Spiegelbild der realen Gegebenheiten an den Schulen. Ein für die Entwicklung der Einzelschule wichtiges Potential blieb ungenutzt.

Die Rolle von Schülereltern im Rahmen innerer Schulentwicklung wurde bislang nicht wissenschaftlich analysiert. Wie bei den Schülern erscheint die wissenschaftliche Nichtberücksichtigung dieser wichtigen Personengruppe als ein Spiegelbild der schulischen Realität. Damit wurden viele für die Entwicklung der Einzelschule bedeutsame Möglichkeiten ausgeblendet.

Wissenschaftler verschenkten durch die Nichtberücksichtigung der individuellen Wahrnehmungen und Bedürfnisse von Lehrkräften, Schülern und Eltern wichtige Erklärungsmöglichkeiten für das Gelingen und Scheitern einer von Schulqualitätskriterien geprägten inneren Schulentwicklung.

Bei den vorgelegten Konzepten zur Umsetzung innerer Entwicklung an den einzelnen Schulen wurde ein zusätzlicher inhaltlicher Mangel deutlich: Die Verfasser zeigten den entwicklungsbereiten Institutionen meist auf einen Bereich innerer Schulentwicklung beschränkte Problemlösungsansätze auf. Motivierte Kollegien vieler Schulen versuchten, ohne eine entscheidungsstützende wissenschaftliche Ausgangsdiagnose durchgeführt zu haben, eines der Konzepte umzusetzen. Auf der Basis eines solchen recht unreflektierten Zugriffs auf diese Hilfsangebote von außen konnte jedoch nur unzureichend auf die tatsächlichen Bedürfnisse der einzelnen Schule eingegangen werden. Zusätzlich wurden die Schulentwickler an der einzelnen Schule durch einen wissenschaftlichen Disput, der in der Fachwelt ausgetragen wurde, verwirrt:

In dem Streit zwischen Verfassern und Vertretern einzelner Schulentwicklungskonzeptionen ging es um die Frage, welches Verfahren das sinnvollste für die Einzelschule sei (BASTIAN & COMBE, 1998; ROLFF, 1999). Da die Wirkungen der diskutierten Konzepte nur rudimentär erforscht waren, konnten kaum wissenschaftliche Gütekriterien in die Diskussion eingebracht werden. Für Entwickler und Moderatoren, die sich vor Ort um die einzelne Schule bemühten, erschien die Entscheidung für oder gegen ein Konzept mehr vom Glauben denn von empirisch abgesicherten Argumenten geprägt zu sein.

Mit den meist von außen angebotenen Konzeptionen, die nur einen Bereich innerer Schulentwicklung betonten, und der Debatte um den sinnvollsten konzeptionellen Ansatz zur Entwicklung der Einzelschule (BASTIAN & COMBE, 1998; ROLFF, 1999) wurde ein wesentlicher wissenschaftlicher Vorsatz, eine äußere, wenig erfolgreiche Schulreform durch eine innere, an den Bedürfnissen der Einzelschule orientierte Reform ersetzen zu wollen (SPECHT, 1994; HOLTAPPELS, 1995; COMBE, 1997; GRUNDER, 1999; COMBE & REH, 2000), ad absurdum geführt.

Da weiterhin die dauerhafte Auswirkung dieser Konzeptionen nur in Ansätzen evaluiert wurde, muss der Erfolg solcher Reformstrategien kritisch hinterfragt werden. Es ist zu befürchten, dass die Erforschung einer Schulentwicklung, die häufig von außen an die Schulen herangetragen wird (KLIPPERT, 2000c) und die intrinsischen Motivationen (KRAPP & RYAN, 2002) außer Acht lässt, zu ähnlich ernüchternden Ergebnissen führen wird wie die Erforschung äußerer Schulreform (ROLFF & TILLMANN, 1988).

Die Betrachtung der Forschungsliteratur hinsichtlich der untersuchten Schularten zeigt, dass der Sekundarbereich besser erforscht wurde als die Primarstufe. In der Sekundarstufe dominierten Arbeiten über Gesamtschule und Gymnasium. Über Haupt- und Realschule sowie über berufliche Schulen lagen deutlich weniger Publikationen vor. Außerdem fehlte wissenschaftliche Literatur zur inneren Entwicklung von Privatschulen.

1.1.3.4 Zusammenfassung

Aufgrund der beschriebenen Mängel muss konstatiert werden, dass der von COMBE und REH (2000) formulierte Auftrag an Schulentwicklungsforschung bislang nur teilweise erfüllt wurde:

Viele Wissenschaftler haben sich zwar in die schulische Praxis begeben und „mikrologische Forschung" betrieben, von einer Verallgemeinerung von „Erkenntnissen über die Zusammenhänge und Bedingungen des Gelingens oder Scheiterns eines Schulentwicklungsprozesses in Hinsicht auf entsprechende Entwicklungsaufgaben" kann jedoch aufgrund der beschriebenen Defizite noch nicht gesprochen werden (S. 27-28). Es muss daher ROLFF (1998) zugestimmt werden, wenn er feststellt, dass innere Schulentwicklung noch immer „aus einem Gemisch von Ideen, Plausibilitäten und Praxisbeispielen besteht". Diese Einschätzung trifft den Kern einer Aussage, die BORTZ und DÖRING (2002) hinsichtlich der Diskussion von Hypothesengewinnung und Theoriebildung im sozialwissenschaftlichen Bereich machen: „Gerade wenn Fragestellungen und Veränderungsanforderungen der Berufspraxis entspringen, fehlen meist entsprechende technologische Theorien, die eine Gestaltung und Bewertung konkreter Interventionsmaßnahmen erlauben" (S. 358).

Im Blick auf das Berufsfeld Schule fordert ROLFF (1998) deshalb zu Recht, dass sich die Wissenschaft noch „stärker auf Schulentwicklungs-Forschung besinnen“ müsse (S. 325). Damit über eine derartige Forschung die zur Initiierung, Durchführung und Beurteilung innerer Schulentwicklung grundlegende Theoriebildung vorangetrieben werden kann, sollte ROLFFs Desiderat durch ein weiteres, inhaltliches ergänzt werden:

Eine intensivierte Forschung muss sich verstärkt dem Inneren der Schulentwicklung, den Individuen der Einzelschule mit ihren Wahrnehmungen, Bedürfnissen und Motivationen (KRAPP & RYAN, 2002), zuwenden. Forscher sollten Kollegien, Schüler und Eltern mittels Handlungsforschung (KLAFKI, 2002; BORTZ & DÖRING, 2002) dabei unterstützen, sich auf der Basis von Wahrnehmungen bezüglich grundlegender Schulqualitätskriterien und der eigenen Schulwirklichkeit über ihre tatsächlichen innerschulischen Bedürfnisse klar zu werden. Kollegien, die in der Lage sind, sich mit Eltern und Schülern über ihre innerschulischen Bedürfnisse zu verständigen, sollten konzeptionelle Hilfsangebote von außen gezielt anfordern und motiviert umsetzen können. Mit wissenschaftlicher Unterstützung könnte auf diese Weise tatsächlich eine innere Entwicklung, die von den Menschen der Einzelschule getragen wird, erreicht werden. Eine derartige, empirisch haltbare Forschung, die im Sinne von COMBE und REH (2000) eine Verknüpfung von Theorie und Praxis ermöglichen soll, muss aufgrund des konstatierten Theoriedefizits und einem damit einhergehenden Mangel an überprüfbaren empirischen Hypothesen zunächst über die Durchführung explorativer Untersuchungen geschehen (BORTZ & DÖRING, 2002, S. 360). Mittels einer derartigen Exploration kann die für die Schulentwicklungsforschung notwendige „Hypothesengenerierung“ und „Theoriegenerierung“ (S. 54) geleistet werden. Nur auf diese Weise kann die Forschung dazu beitragen, dass Reformen im Rahmen innerer Schulentwicklung mehr sind als „suggestive Patentlösungen, die für eine überraschende und aussichtsreich scheinende Wendung der Systementwicklung sorgen wollen, ohne nennenswert erprobt zu sein“ (OELKERS, 2000, S. 207).

1.2 Zielsetzung der Untersuchung

Mit der vorliegenden Arbeit soll zum Abbau der beschriebenen theoretischen, methodischen und inhaltlichen Defizite beigetragen werden.

Aufgrund des beschriebenen Mangels an Theorie im Zusammenhang mit Schulentwicklungsforschung kann dieser Beitrag nur über eine explorative Untersuchung, „die das Generieren von Hypothesen und Theorien zum Ziel" hat, geleistet werden (BORTZ & DÖRING, 2002, S. 360).

Ziel einer derartigen Untersuchung ist es auch, zum Abbau der methodischen Defizite beizutragen. Dies soll zunächst dadurch geschehen, dass der Prozesscharakter innerer Schulentwicklung über den Einsatz von Wiederholungsmessungen erforscht wird. Die erhobenen Daten sollen anschließend mittels quantitativer Verfahren ausgewertet werden und zur Hypothesenprüfung dienen. Somit wird auch ein Beitrag zur quantitativen Erforschung innerer Schulentwicklung geleistet.

Die inhaltlichen Mängel sollen dadurch abgebaut werden, dass die Wahrnehmung von Schulqualität durch Lehrkräfte in ihrer Bedeutung für innere Schulentwicklung erforscht wird. Die von der Schulqualitätsforschung dargelegten Gütekriterien werden auf diese Weise auch für eine bereichsübergreifende innere Schulentwicklung fruchtbar gemacht.

Lehrkräfte sollen die von der Schulqualitätsforschung belegten Kriterien von guter Schule (FEND, 1977; RUTTER, MAUGHAN, MORTIMORE & OUSTON, 1980; PURKEY & SMITH, 1991) in ihrer Bedeutung für die eigene Schule individuell wahrnehmen und beurteilen. In kollegialen, interpersonalen Prozessen können die individuellen Wertungen diskutiert werden und über eine gemeinsame Konsensfindung in ein bedarfsgerechtes, von Autonomie geprägtes Bearbeiten innerschulischer Handlungsfelder münden (KRAPP & RYAN, 2002).

Ohne die Bedeutung von Schülern und Eltern im Rahmen einer bedarfsgerechten Entwicklung der einzelnen Schule zu schmälern, muss darauf hingewiesen werden, dass in der gegenwärtigen Praxis an staatlichen Schulen Schulleitung und Lehrkräfte für die Initiierung und Institutionalisierung innerer Schulentwicklung die zentralen

Personengruppen darstellen. Der Einblick in die Schulentwicklungsliteratur sowie schulpraktische Erfahrungen des Autors zeigen, dass sich bislang nur in Ansätzen eine Kultur der Kooperation zwischen allen zentral an Schule beteiligten Personengruppen entwickeln konnte. Eine derartige Kultur kann daher nicht für den Beginn innerer Entwicklung vorausgesetzt werden. Sie sollte jedoch im Rahmen einer dauerhaften inneren Schulentwicklung über die gemeinsame Planung und Durchführung konkreter Maßnahmen harmonisch wachsen.

Aufgrund dieser Ausgangslage wird mit der vorliegenden Untersuchung die Gruppe der Lehrkräfte in ihrer Rolle für innere Schulentwicklung über die Erfassung und Analyse ihrer Wahrnehmung von Schulqualitätskriterien (FEND, 1977; RUTTER, MAUGHAN, MORTIMORE & OUSTON, 1980; PURKEY & SMITH, 1991) an ausgewählten Schulen erforscht.

Die Wahrnehmungen sollen im Rahmen der explorativen Untersuchung zunächst als individuelles „Ergebnis des gesamten Wahrnehmungsprozesses, der so unterschiedliche psychische Vorgänge wie (..) Urteilen (und) Schätzen (…) umfasst" (ZIMBARDO, 1995, S. 159), erhoben werden. Anschließend sollen die Auswertungsergebnisse für innere Schulentwicklung wissenschaftlich analysiert und nutzbar gemacht werden. Der explorative Charakter der vorliegenden Untersuchung ist neben der Notwendigkeit einer Hypothesen- und Theoriegenerierung im Zusammenhang mit Schulentwicklungsforschung auch mit der Erfassung individueller Wahrnehmung zu begründen:

„Gegenstand der Exploration sind (...) prinzipiell alle subjektiven Sachverhalte wie z. B. Einstellungen (...) oder Werte" (BORTZ & DÖRING, 2002, S. 361).

Durch eine derartige Exploration soll untersucht werden, ob und wie sich Lehrkräfte ihrer Wahrnehmungen von Qualitätskriterien einer idealen, guten Schule und der Realität an ihrer Schule bewusst werden. Auf der Basis einer Diskussion dieser Wahrnehmungen könnte es möglich sein, dass Kollegien ihre gemeinsamen Bedürfnisse hinsichtlich einer befriedigenden Arbeit an der Schule erkennen.[23] Solche Diskussionen helfen möglicherweise auch, den tatsächlichen Veränderungsbedarf einer Schule zu verdeutlichen. So könnten sie eine bessere Grundlage für Entscheidungen zur engagierten Planung und motivierten Durchführung von Maßnahmen innerer Schulentwicklung bieten.

Subjektive Wahrnehmungen können durch das Einschätzen von Aussagen zur Qualität von Schule für die einzelne Lehrkraft bewusst und für das Kollegium transparent gemacht werden. Wenn sich Kollegien mit den Merkmalen einer guten Schule als Ideal auseinandersetzen, könnte eine Sensibilisierung für die Situation an der eigenen Schule erreicht werden. Die Erfassung der Wahrnehmungen von Lehrkräften über die individuelle Einschätzung von Qualitätsmerkmalen sowie eine anschließende kollegiale Diskussion bieten auf diese Weise möglicherweise eine wichtige Grundlage für das *Indizieren* von Handlungsfeldern innerer Schulentwicklung. Durch die explorative Untersuchung dieser Form der *Indizierung* soll im Rahmen der Studie geklärt werden, ob und auf welche Art innere Schulentwicklung *angezeigt* werden kann.

Darüber hinaus könnte die kollegiale Auseinandersetzung mit Wahrnehmungen von Schulqualitätsmerkmalen innere Schulentwicklungsprozesse *initiieren*. Die Lehrkräfte könnten sich durch das Aufgreifen der Wahrnehmungen über ihre persönlichen und kollegialen Bedürfnisse bewusst werden und auf dieser Grundlage gezielt eigene Entwicklungsschritte einleiten. Durch die explorative wissenschaftliche Analyse der *Initiierung* von Schulentwicklung durch die Wahrnehmungen von Lehrkräften soll geprüft werden, ob und wie innere Schulentwicklung auf diese Weise *angestoßen* werden kann.

Die Erfassung und kollegiale Diskussion der Wahrnehmungen zu verschiedenen Zeitpunkten eines Entwicklungsprozesses könnte helfen, Erfolg oder Misserfolg von durchgeführten Schulentwicklungsmaßnahmen zu *evaluieren*. Mit der explorativen

23 Vertreter des Konstruktivismus wiesen darauf hin, dass das Individuum über keine objektive Wahrnehmung verfüge. Die einzige Möglichkeit, sich trotz dieses Mangels in der Welt zurechtfinden zu können, läge in permanenter Anpassung und Prüfung von Viabilität (VON FOERSTER, 1992; VON GLASERSFELD, 1992). Zur Klärung der zentralen Frage dieser Untersuchung sind deshalb die subjektiven Wahrnehmungen auch in ihrer Bedeutung für kollegiale Klärungsprozesse wichtig. Auf der Basis einer schulinternen Diskussion der unterschiedlichen subjektiven Wahrnehmungen sollen viable Maßnahmen innerer Schulentwicklung geplant, durchgeführt und überprüft werden.

Untersuchung der *Evaluierung* von Schulentwicklung über die Wahrnehmung von Merkmalen guter Schule durch Lehrkräfte soll analysiert werden, ob über Wahrnehmungsveränderungen der Erfolg oder Misserfolg von innerer Schulentwicklung *beurteilt* werden kann.

Eine derartige Wahrnehmungsorientierung könnte den einzelnen Schulen mit ihren Kollegien die Möglichkeit bieten, über Lehrerwahrnehmungen den tatsächlichen Bedarf an Entwicklung zu *indizieren* sowie entsprechende Maßnahmen innerer Schulentwicklung zu *initiieren* und zu *evaluieren.*

Im Rahmen einer explorativen Untersuchung soll deshalb untersucht werden, *ob* und *wie* über die Wahrnehmung von Schulqualitätsmerkmalen durch Lehrkräfte innere Schulentwicklungsprozesse *indiziert, initiiert* und *evaluiert* werden können.

Als Schulart wird für die Untersuchung die bayerische Hauptschule gewählt. An dieser Schulart klagen „immer mehr Lehrer (...) über eine enorme Zunahme an beruflichen Belastungen, mit denen sie in ihrer alltäglichen Arbeit in der Schule konfrontiert werden" (SPANHEL & HÜBER, 1995, S.48). „Politische und gesellschaftliche Veränderungen, Veränderungen in der Lebenssituation der Schüler, Veränderungen in Unterricht und Schule" sowie „Veränderungen in der Lehrerbildung" (S. 33) sind als wesentliche Ursachen dieser Belastungen zu sehen. Die Probleme, die von äußerer, „politischer Seite durch eine Reihe von Maßnahmen" wie der „Schaffung des pädagogischen Freiraums in den Lehrplänen", dem „Ausbau der Beratungslehrerfunktion und der mobilen Dienste" und „vermehrte(n) Fortbildungsangebote(n)" (S. 48) nur unzureichend abgebaut werden konnten, machen neben weiteren äußeren insbesondere auch innere Schulreformbemühungen notwendig. Im Zusammenhang mit dieser Situation an bayerischen Hauptschulen stellt sich für die Forschung die Frage nach den Möglichkeiten einer inneren Schulreform durch Schulentwicklung auf Basis der staatlich vorgegebenen institutionellen Rahmenbedingungen.

Ein weiteres Argument für die Wahl der Schulart der Hauptschule ist im beruflichen Werdegang des Autors zu finden:

Die mehrjährigen Erfahrungen als Lehrer an verschiedenen Hauptschulen mit ihren individuellen Kollegien und Problemen sowie die Begegnung mit Kolleginnen und Kollegen, die sich mit hohem Engagement um eine positive Gestaltung ihrer Schule bemühten, sind ein wesentlicher Grund für das Forschungsinteresse und können im Rahmen der Datenerhebung und Auswertung hilfreich sein.

Gleichzeitig wird mit der Wahl der Hauptschule für eine explorative Untersuchung ein Beitrag zur weiteren Erforschung dieser in empirischen Arbeiten im Vergleich zu Gesamtschule und Gymnasium unterrepräsentierten Schulart geleistet.

1.3 Formaler Aufbau und methodisches Vorgehen

Um die Fragestellung der explorativen Untersuchung klären zu können, erfolgt in Kapitel 2 die Darlegung der theoretischen Vorannahmen zur Fundierung einer wahrnehmungsorientierten Schulentwicklung:

Zunächst werden in diesem Kapitel wesentliche Ergebnisse der Analyse basaler Arbeiten zur Schulqualitätsforschung beschrieben. Als Resultat dieser Analyse sollen die zentralen Merkmale guter Schule, die als Ergebnisse von internationaler und deutscher Qualitätsforschung vorliegen, extrahiert werden.

Nach der Klärung der Frage, welche Ziele innere Schulentwicklung verfolgen soll, werden grundlegende Konzeptionen zur Umsetzung innerer Schulentwicklung dargestellt. Diese Konzepte sollen auch daraufhin überprüft werden, inwieweit in ihnen die Merkmale guter Schule als zentrale Ergebnisse der Schulqualitätsforschung aufgegriffen werden und auf welche Art eine empirische Überprüfung der Wirkungen geleistet wird. Eine zusammenfassende Analyse der Ergebnisse der Schulqualitätsforschung und ihrer Relevanz in den Schulentwicklungskonzeptionen soll die Notwendigkeit des Modells einer wahrnehmungsorientierten Schulentwicklung begründen.

In Kapitel 3 wird auf Grundlage dieser theoretischen Überlegungen zunächst das Gesamtmodell einer wahrnehmungsorientierten inneren Schulentwicklung begründet und entwickelt:

Mit diesem Modell soll im Rahmen der Erprobung und Untersuchung von wahrnehmungsorientierter Schulentwicklung gleichzeitig eine Verschränkung von schulpraktischem und wissenschaftlichem Vorgehen verdeutlicht werden. Auf diese Weise stellt das Gesamtmodell eine Konzeption dar, anhand derer Lehrkräfte, Schüler und Eltern eine an ihren Wahrnehmungen orientierte Schulentwicklung erproben können. Gleichzeitig bietet sich dem Forscher im Rahmen der schulischen Umsetzung des Modells die Gelegenheit, mögliche Wirkungen wissenschaftlich zu erfassen und zu analysieren.

Aufgrund des Problems einer weitgehend fehlenden Kultur der Kooperation zwischen Lehrkräften, Schülern und Eltern im Rahmen innerer Entwicklung wird der Beginn einer wahrnehmungsorientierten Schulentwicklung in die Hände der professionell ausgebildeten Personengruppe einer Schule, den Lehrkräften, gelegt. Im Anschluss an das Gesamtmodell wird deshalb ein die Wahrnehmungen der Lehrkräfte berücksichtigendes Untersuchungsmodell entwickelt. Dieses Modell kann mittels der Ressourcen, welche im Rahmen eines Dissertationsforschungsvorhabens zur Verfügung stehen, erprobt und wissenschaftlich ausgewertet werden. Aus dem Modell werden anschließend die für die explorative Untersuchung einer wahrnehmungsorientierten Schulentwicklung relevanten Einflussfaktoren, Prozessvariablen sowie primäre und sekundäre Fragestellungen abgeleitet.

Das zur Überprüfung der Fragestellungen einer wahrnehmungsorientierten Schulentwicklung nötige Untersuchungsdesign wird in Kapitel 4 vorgestellt:

In diesem Kapitel sollen zunächst die Kriterien zur Auswahl der Untersuchungsschulen sowie die Methoden zur Datenerhebung und Rückmeldung an den Schulen begründet werden.

Die Wahrnehmungen von Schulqualitätsmerkmalen durch Lehrkräfte müssen erfasst werden, damit sie als Grundlage innerer Schulentwicklung dienen können. Zur Erfassung bietet sich die schriftliche Befragung mit einem standardisierten Fragebogen an. Mit Hilfe eines derartigen Bogens sollen sich die Lehrkräfte über das Einschätzen wesentlicher Merkmale einer guten Schule, die aus der Schulqualitätsforschung abgeleitet sind, hinsichtlich ihrer Wahrnehmung der eigenen Schule und des subjektiven

Berufsverständnisses bewusst werden. Dieses Instrument soll weiterhin eine quantitative Datenerfassung auf Intervallniveau ermöglichen und die notwendige Grundlage einer statistischen Auswertung bieten, die über die deskriptive Ebene hinausgeht. Die Untersuchungsdaten können dann sowohl mit Verfahren der deskriptiven als auch der schließenden Statistik analysiert werden.

Die in der Organisationspsychologie entwickelte Survey-Feedback-Methode soll die formale Verknüpfung von Erprobung und Erforschung einer wahrnehmungsorientierten Schulentwicklung ermöglichen. Im Rahmen dieser Methode können „systematisch die Phasen Forschung und Aktion abwechseln" (ROSENSTIEL, 1995, S. 317). Die über die Survey-Feedback-Methode zu verschiedenen Messzeitpunkten gewonnenen Wahrnehmungsdaten sollen dann mit Hilfe von Verfahren der deskriptiven Statistik zunächst so aufbereitet werden, dass sie die Rückmeldung der Daten an die Kollegien der Untersuchungsschulen erleichtern.

Das mehrmalige wissenschaftlich abgesicherte Erheben, Auswerten und Rückmelden von Daten bietet den Schulen innerhalb des methodischen Rahmens der Survey-Feedback-Methode auch eine externe Evaluation der tatsächlich abgelaufenen Entwicklungsprozesse.

Ein derartiges Vorgehen unterstützt das Anliegen einer am jeweiligen Bedarf der Einzelschule ausgerichteten inneren Schulentwicklung, da die Kollegien die jeweils nötigen Entwicklungsschritte auf der Basis empirisch gesicherter Ergebnisse erkennen und eigenständig einleiten können. Weiterhin beinhaltet ein solches methodisches Vorgehen mit mehreren Messungen die Möglichkeit einer quantitativen Erforschung von längeren Entwicklungsprozessen. Eine derartige Forschungsarbeit konnte bislang aufgrund fehlender Wiederholungsmessungen nicht durchgeführt werden.

Die deskriptive Aufbereitung der mehrfach erhobenen Daten bildet im Rahmen der explorativen Untersuchung auch die Grundlage für eine weitergehende statistische Analyse der Fragestellungen der Untersuchung. Der Wilcoxon-U-Test für abhängige Stichproben, die univariate Varianzanalyse sowie der Mann-Whitney-U-Test für unabhängige Stichproben werden hierbei als Verfahren der statistischen Datenanalyse angewendet.

Die Untersuchungsfragen sollen zusätzlich auf Basis der Erfassung der Entwicklungsmaßnahmen an den einzelnen Schulen geklärt werden:

Die in den Schulen durchgeführten Maßnahmen werden kategorisiert und im Rahmen einer „Delphi-Studie" (DAHLKEY & HELMER, 1963, S. 458-467; BORTZ & DÖRING, 1995, S. 239-240) quantifiziert. Damit kann der Zusammenhang zwischen tatsächlich durchgeführten Schulentwicklungsmaßnahmen und den Ergebnissen der Fragebogenerhebungen analysiert werden. Ein derartiges methodisches Vorgehen trägt auch einem weiteren wichtigen Postulat der inneren Schulentwicklungsforschung Rechnung:

„Die wissenschaftliche Begleitung schulentwicklerischer Prozesse hat, in Kenntnis der Verlaufsformen von Schulentwicklung, von den einzelnen Schulen auszugehen" (GRUNDER, 1999, S. 333).

Im weiteren Verlauf des vierten Kapitels werden Ablauf und zeitliche Planung der Untersuchung von wahrnehmungsorientierter Schulentwicklung dargelegt. Abschließend erfolgt die Beschreibung von Zielen und Methoden der statistischen Datenanalyse. Hierbei sollen die statistischen Methoden zur Datenrückmeldung in die Untersuchungsschulen sowie zur Analyse von Veränderungen im Studienverlauf verdeutlicht werden.

Wesentliche Ergebnisse des Verlaufs einer wahrnehmungsorientierten Schulentwicklung an den Untersuchungsschulen werden im fünften Kapitel wiedergegeben:

Zunächst erfolgt die Beschreibung des praktischen Vorgehens zur Auswahl der Untersuchungsschulen sowie eine Darstellung der Zusammensetzung der Kollegien. Danach werden Daten bezüglich der Teilnahme der Lehrkräfte an den Messungen dargelegt und die Vorerfahrungen der Untersuchungsschulen hinsichtlich kollegialer Projektarbeit vorgestellt.

Im weiteren Verlauf von Kapitel 5 werden die an den einzelnen Untersuchungsschulen sowie an einer als Kontrollgruppe fungierenden weiteren Hauptschule erhobenen Daten beschrieben. Schulspezifisch werden zunächst die den Kollegien rückgemeldeten Ergebnisse der ersten Messung angegeben. Daran schließt sich die Beschreibung der in den einzelnen Schulen eingeleiteten und von einem kollegialen Koordinierungsteam und Forschung beobachteten Schulentwicklungsmaßnahmen an. Für jede Schule werden weiterhin die zur Diskussion vorgelegten Ergebnisse der zweiten Messung, die danach eingeleiteten Maßnahmen innerer Entwicklung sowie die Messresultate der letzten Erhebung dargelegt.

Damit der Zusammenhang zwischen tatsächlich durchgeführten Schulentwicklungsmaßnahmen und den Ergebnissen der Fragebogenerhebungen analysiert werden kann, wird in Kapitel 6 der Einflussfaktor „Maßnahme“ bestimmt:

Die Entwicklungsmaßnahmen, welche an den Untersuchungsschulen durchgeführt wurden, sollen auf Basis eines von Experten erstellten Bezugssystems bewertet werden (DAHLKEY & HELMER, 1963). Dabei erfolgt eine Bewertung der Maßnahmen für innere Schulentwicklung im Hinblick auf ihre Intensität. Nach einer Schichtung der Untersuchungsschulen in solche mit hoher, mittlerer und geringer Intensität ist es möglich zu prüfen, ob die Wahrnehmungsänderungen der Lehrkräfte mit der Intensität der durchgeführten Maßnahmen zusammenhängen.

Auf der Basis dieser Resultate kann in Kapitel 7 die Evaluierung einer wahrnehmungsorientierten Schulentwicklung erfolgen:

Zunächst wird die primäre Fragestellung der Untersuchung auf Basis des Gesamtscores und der Ergebnisse der Expertenbefragung im Rahmen der Delphi-Studie mittels der genannten deskriptiven und teststatistischer Verfahren beantwortet. Anschließend sollen mit Hilfe dieser Verfahren Antworten auf die sekundären Fragestellungen der Untersuchung gefunden werden.

Auf diesen Untersuchungsresultaten basierend wird am Ende der Arbeit in Kapitel 8 die Relevanz einer wahrnehmungsorientierten Schulentwicklung diskutiert.:

Zunächst sollen die Ergebnisse im Hinblick auf die Zielsetzung der Arbeit besprochen werden. Anschließend werden Impulse, die sich aufgrund der Untersuchung von wahrnehmungsorientierter Schulentwicklung für Theorie und Forschung im Rahmen innerer Schulentwicklung ergeben, dargelegt. Das siebte Kapitel der Arbeit wird mit der Diskussion der Relevanz der Untersuchungsergebnisse für die einzelne Schule und für das bayerische Schulwesen abgeschlossen.

2 Theoretische Grundlagen

2.1 Ergebnisse der Schulqualitätsforschung als Grundlage von Zielen innerer Schulentwicklung

Bevor eine innere Schulentwicklung, die sich an der Wahrnehmung von Schulqualität durch Lehrkräfte orientiert, konzipiert und untersucht werden kann, muss zunächst geklärt werden, auf Basis welcher Qualitätsmerkmale innere Entwicklung an der Einzelschule betrieben werden soll. Angesichts der geringen Auswirkungen äußerer Schulreformen erscheint es nicht sinnvoll, Qualitätsmerkmale für die einzelne Schule extern vorzuformulieren und entwicklungsbereiten Schulen überzustülpen. Entwicklungsbereite Kollegien werden in ihrer Eigenständigkeit und Professionalität ernst genommen, wenn sie Gütekriterien wahrnehmen und einschätzen können, die aus den Merkmalen guter Schulen abgeleitet wurden. Diese Merkmale beschreiben die „Qualität von Schule" und dienen als „Leitbild der Schulentwicklung" (BARGEL, 1992, S. 29). Dabei ist es wichtig, dass sich diese Qualitätsmerkmale tatsächlich in der „heute vorfindlichen ‚normalen' Schulwirklichkeit bzw. in ihrer Einschätzung durch die unmittelbar Betroffenen bereits zeigen" (KLAFKI, 1998, S. 3). Die entsprechenden Kriterien und damit auch die daraus ableitbaren Zielsetzungen guter Schule sind das Ergebnis von deutscher und angloamerikanischer Schulqualitätsforschung.[1]

Diese Qualitätsmerkmale sind im Rahmen wahrnehmungsorientierter Schulentwicklung inhaltliche Grundlage für die Konzipierung eines Fragebogens zur Erfassung der Wahrnehmungen von Lehrkräften. Mit ihrer Hilfe lässt sich sowohl eine ideale, gute Schule als auch die reale, einzelne Schule vor Ort beschreiben. Die Auswertung der Einschätzungen solcher Merkmale bietet die Grundlage für kollegiale Diskussions- und Planungsprozesse im Rahmen innerer Schulentwicklung. Die Merkmale guter Schule

---

1 Der mögliche Einwand, die angloamerikanischen Forschungsergebnisse könnten nicht auf die deutsche Schulwirklichkeit übertragen werden, wurde bereits von BARGEL (1996) ausgeräumt. Er wies darauf hin, dass die deutsche Forschung „zu ganz analogen Befunden hinsichtlich Schulleitung, Lehrerkollegium, Unterrichtsführung, Schulkultur und Schulklima" käme (S. 52). In den folgenden Ausführungen wird am Beispiel der umfassendsten bundesdeutschen Arbeit zum Themenbereich (FEND, 1986a, 1998) diese Aussage belegt.

stellen darüber hinaus die Kriterien für die Interpretation der Wahrnehmungen sowie für die Evaluation der inneren Entwicklungen an der Einzelschule dar.

2.1.1 Angloamerikanische Ergebnisse

Das Interesse deutscher Schulforscher an Qualität von Schule und die damit verbundene Leitfrage „Was ist eine gute Schule?“ (FEND, 1986b; HAENISCH, 1987; TILLMANN, 1989) wurde vor allem durch Ergebnisse angloamerikanischer Schulwirkungsforschung geweckt. Eine britische Studie, verfasst von RUTTER, MAUGHAN, MORTIMORE und OUSTON (1980), sowie ein Bericht über die einschlägige Forschung in den Vereinigten Staaten von PURKEY und SMITH (1991) fanden besondere Berücksichtigung (ROLFF, 1990; AURIN, 1991; HOLTAPPELS, 1995; BARGEL, 1996; HUBER, 2001):

2.1.1.1 Studie von RUTTER, MAUGHAN, MORTIMORE und OUSTON (1980)

Im Rahmen der Studie von RUTTER, MAUGHAN, MORTIMORE und OUSTON (1980) wurden zwölf Gesamtschulen in der britischen Hauptstadt London untersucht. Die Wissenschaftler wollten die Frage klären, wie sich verschiedene Schulen der gleichen Schulart auf deren jeweilige Schülerschaft auswirkten. Diese Fragestellung entwickelten sie, ohne sich auf ein theoretisches Modell zu beziehen, auf Basis der Analyse von „zahlreichen britischen und US-amerikanischen Untersuchungen“ (S. 47) der empirischen Schulforschung. Ihre Untersuchungsdaten erhoben die Forscher anschließend anhand nonreaktiver Verfahren, systematischer Beobachtungen sowie halboffener Interviews mit 219 Lehrkräften und standardisierter schriftlicher Befragungen von 2730 Schülern. Die Fragenkataloge hatten sie item- und faktorenanalytisch überprüft. Einzelne Verfahren wurden im Rahmen von Wiederholungsmessungen erneut eingesetzt. Die während der Untersuchung gesammelten Daten wurden sowohl quantitativ als auch qualitativ ausgewertet.

Auf Basis der Datenauswertung konnten RUTTER, MAUGHAN, MORTIMORE und OUSTON nachweisen, dass „in Bezug auf Verhalten und Lernerfolg der Schüler (..) zwischen den untersuchten Londoner Gesamtschulen deutliche Unterschiede“ bestanden (S. 209) und diese „schulspezifischen Ergebnisunterschiede (..) nicht auf strukturelle Bedingungen (...)

zurückzuführen“ waren (S. 209-210). Die Resultate der Untersuchung zeigten, „dass Schulen durchaus die Möglichkeit haben, ihre Schüler sowohl im Verhaltens- als auch im Leistungsbereich entscheidend zu fördern und Nachteile der sozialen Herkunft in gewissem Umfang zu kompensieren“ (S. 241). Sie verdeutlichten dadurch, „dass innere, d.h. pädagogische Schulreform auch in dem Sinne lohnt, als sie Schülern zu besserem Schulerfolg verhelfen kann“ (ROLFF, 1990, S. 245).

RUTTER, MAUGHAN, MORTIMORE und OUSTON konnten „so unterschiedliche Faktoren wie das Ausmaß der Leistungsorientierung, das Lehrerverhalten im Unterricht, die Verteilung von Belohnungen und Strafen, günstige Lernbedingungen oder die Bereitschaft zur Übertragung von Verantwortlichkeit an Schüler (...) sämtlich in signifikanter Weise mit den schulspezifischen Ergebnisunterschieden in Verbindung bringen“ (S. 210). Auf der Basis einer „Analyse korrelativer Zusammenhänge“ (S. 239) diskutierten sie diese, die Qualität von Schule beschreibende Faktoren folgendermaßen:

Ausmaß der Leistungsorientierung

Das Ausmaß der Leistungsorientierung an einer guten Schule wird durch die Erwartungshaltungen von Lehrkräften und Schülern bestimmt: „Kinder zeigen ein besseres Arbeitsverhalten, wenn man ihnen die Gewissheit gibt, dass sie die gestellten Aufgaben auch tatsächlich mit Erfolg bewältigen können und werden. Umgekehrt wird sich der Lehrer durch gute Schülerleistungen in seinen anspruchsvollen Erwartungen bestätigt sehen“ (S. 221).

Lehrerverhalten im Unterricht

Das Lehrerverhalten im Unterricht wird als „erfolgreiche Unterrichtsführung“ beschrieben (S. 217). Eine wesentliche Voraussetzung solcher Unterrichtsgestaltung besteht für die Autoren darin, „die Schüler nicht unnötig lange warten zu lassen, bis ‚etwas passiert‘, sondern ihnen möglichst durchgängig anregende Aktivitäten anzubieten“ (S. 217).

Verteilung von Belohnungen und Strafen

Eine gute Schule zeichnet aus, dass Lehrkräfte im Unterricht „bei möglichst vielen Gelegenheiten Lob und Anerkennung aussprechen und sich andererseits auf nur wenige, dann aber konsequente, disziplinierende Eingriffe beschränken" (S. 219). Im Unterricht sollten „möglichst vielen Kindern möglichst häufige Erfolgserlebnisse ermöglicht (werden), wobei selbstverständlich der Schwierigkeitsgrad im Interesse des Lernfortschritts allmählich gesteigert werden muss" (S. 225). In diesem Zusammenhang ist es wichtig, dass die Schüler „von den Lehrern ermutigt und in ihren Fähigkeiten bestätigt und nicht ständig auf ihre Fehler und Schwächen hingewiesen" werden (S. 230).

Lernbedingungen

Die Ergebnisse der Schüler im Verhaltens- und Leistungsbereich fallen besser aus, wenn in der Schule „angenehme Arbeitsbedingungen" geboten werden. Solche Bedingungen bieten Schulen, die unter anderem über „gepflegte und saubere, mit Bildern und Pflanzen ausgeschmückte und mit regelmäßig instandgesetztem Mobiliar ausgestattete Klassenräume" verfügen (S. 229). Für das Lernen der Schüler spielt auch „die Bereitschaft der Lehrer, sich für die Belange ihrer Schüler einzusetzen", eine wichtige Rolle (S. 229).

Übertragung von Verantwortlichkeit an Schüler

An einer guten Schule werden „relativ vielen Schülern verantwortungsvolle Aufgaben" übertragen (S. 231). Verantwortungsvolle Aufgaben sind für Schüler sowohl in „der Organisation von Schulversammlungen oder ähnlichen Veranstaltungen" als auch im „Amt des Klassensprechers oder eine(r) vergleichbare(n) Funktion" zu übernehmen (S. 231). Die Übertragung von Verantwortung wirkt sich positiv auf Verhalten und Leistung der Schüler aus.

2.1.1.2 Metaanalyse von PURKEY und SMITH (1991)

PURKEY und SMITH werteten in ihrer Metaanalyse zwölf empirische Untersuchungen, die in den Vereinigten Staaten zur Wirksamkeit von Schule durchgeführt worden waren, aus.[2] Ziel dieser Analyse war, aus den wissenschaftlichen Arbeiten die wesentlichen Merkmale wirksamer Schulen herauszufiltern. Schulwirksamkeit analysierten die Autoren im Hinblick „auf die Unterrichtsleistung der Schüler" (S. 13). PURKEY und SMITH fanden 13 grundlegende Merkmale „einer wirksamen Schule" (S. 36). Aus Sicht der Forscher konnten diese Kriterien nur innerhalb der einzelnen Schule auf verschiedene Weise erreicht werden. Eine Implementierung der Merkmale von außen erachteten sie hingegen als kaum möglich. Der Kriterienkatalog, der „fast schon ‚klassischen' Charakter erlangt" hat (BARGEL, 1996, S. 51), ist in zwei Gruppen aufgeteilt.

Die erste Gruppe besteht aus neun Merkmalen, die sich auf die Organisationsstruktur von guter Schule beziehen:

Leitung der Schule

An einer wirksamen Schule haben Leitung und Kollegium „eine beachtliche Autonomie bei der Ermittlung der spezifischen Methoden (..), mittels derer sie das Problem der Anhebung der Schulleistungen angehen" (S. 36).

---

2 Der englische Begriff „school effectiveness" wird als „Wirksamkeit von Schule" bzw. „Schulwirksamkeit" ins Deutsche übersetzt. „Schulwirksamkeit" wiederum wird häufig sowohl als Synonym des Terminus „Schulqualität" als auch des Begriffs „Schuleffektivität" verwendet (AURIN, 1991, S. 64-65; ROLFF, 1990, S. 253). Um Missverständnissen vorzubeugen, weist BARGEL (1992) angesichts dieser Begriffsvielfalt darauf hin, dass sich „das Programm der Schulentwicklung unter dem Leitbild der ‚Qualität' (..) von demjenigen, das auf bloße ‚Effizienz' setzt" unterscheidet (S. 30).

Unterrichtsbezogene Führung

Eine Schule, die zur guten Schule werden soll, braucht Leitung, „um den Verbesserungsprozess in Gang zu setzen und aufrechtzuerhalten" (S. 36). Neben der Schulleitung können auch Lehrergruppen oder Verwaltungsvertreter die Führung übernehmen.[3]

Stabilität des Kollegiums

Bei einer guten Schule „scheint das Zusammenbleiben des Kollegiums für den Erhalt des Erfolgs und seiner weiteren Förderung dienlich zu sein" (S. 36).

Artikulation und Organisation des Curriculums

In der Sekundarstufe „scheint ein geplantes, zielorientiertes Unterrichtsangebot im Bereich der Allgemeinbildung nützlicher zu sein als ein Programm, in dem viele Wahl- und wenige Pflichtfächer angeboten werden" (S. 37). Im Curriculum für die Primarstufe muss der Erwerb grundlegender und komplexer Fähigkeiten betont werden. Dieser Erwerb „müsste dann auch über die Jahrgangsstufen hinweg entsprechend koordiniert werden" (S. 37).

Weiterbildung des Kollegiums

Eine gute Schule erfordert „eine Veränderung der Einstellungen und Verhaltensweisen der Menschen sowie die Vermittlung neuer Fähigkeiten und Techniken" (S. 37). Diese

---

3 Hier muss darauf hingewiesen werden, dass trotz BARGELS (1996, S. 52) berechtigten Hinweises auf die Analogie der Befunde dieses Ergebnis amerikanischer Schulwirkungsforschung nicht uneingeschränkt auf deutsche Verhältnisse übertragen werden kann: Die Vorstellung, dass im Grund- und Hauptschulbereich Aufsichtsbeamte die Leitung eines innerschulischen Entwicklungsprozesses übernehmen könnten, erscheint in der Bundesrepublik angesichts der gegenwärtigen Haupttätigkeit dieser Berufsgruppe, der Beurteilung einzelner Lehrkräfte, unrealistisch.

Fortbildung sollte sich auf das ganze Kollegium beziehen und eng mit dem Unterrichtsprogramm der Schule verbunden werden. Gleichzeitig sollte sie „auf den Bedürfnissen der Lehrer basieren (..), wie diese im Rahmen gemeinsamen Planens und kollegialer Beziehungen zutage treten“ (S. 37). Die Weiterbildungsbemühungen müssen über einen längeren Zeitraum hinweg unterstützt und verstärkt werden.

Unterstützung und Mitarbeit der Eltern

Eine wirksame Schule zeichnet sich dadurch aus, „dass Eltern über Schulziele und die Pflichten der Schüler informiert werden müssen, besonders in Bezug auf die häuslichen Schularbeiten“ (S. 37).

Schulweite Anerkennung fachunterrichtlicher Leistungserfolge

An einer guten Schule wird Leistung öffentlich durch Zeremonien und Symbole anerkannt. Eine solche Würdigung ermutigt Schüler, „ähnliche Normen und Werte zu übernehmen“ (S. 38).

Wirksam genutzte Unterrichtszeit

Die Betonung von Allgemeinbildung bedeutet, dass „ein größerer Teil des Schulalltags den entsprechenden Fächern gewidmet“ wird (S. 38). Die Schüler einer guten Schule haben mehr Zeit für ungestörtes, aktives Lernen.

Unterstützung durch die regionale Schulbehörde

Eine Schule, die zu einer wirksamen Schule verändert werden soll, muss von der regionalen Schulbehörde unterstützt werden. Deren Rolle sollte hierbei „eher die eines Beraters und Helfers sein“ (S. 38).

Die vier Merkmale der zweiten Gruppe beschreiben die Kultur einer guten Schule. Diese Kultur „scheint der entscheidende Faktor im Erfolg oder Misserfolg einer Schule als Ort des Lernens zu sein“ (S. 38):

Gemeinsame Planungen und kollegiale Beziehungen

Veränderungsbemühungen haben mehr Erfolg, wenn Lehrkräfte untereinander und mit der Leitung kooperieren. Diese Zusammenarbeit „baut vor allem Barrieren zwischen den Fachbereichen und zwischen den Lehrern sowie diesen und der Administration ab, begünstigt jene intellektuelle Kooperation, die zu Konsens führen kann, und fördert Gefühle der Einheit und des Gemeinsamen unter den Lehrkräften“ (S. 39).

Zusammengehörigkeitsgefühl

Eine gute Schule ist von einer Zusammengehörigkeit geprägt, die das Gefühl vermittelt, „erkennbares Mitglied einer unterstützenden und vom Kollegium und anderen deutlich wahrgenommenen Gemeinschaft zu sein“ (S. 39). Dieses Gefühl trägt zur Steigerung von Leistung bei.

Klare Ziele und hohe Erwartungen, die von allen geteilt werden

Schulen haben mehr Aussicht wirksamer zu werden, wenn es gelingt, „hinsichtlich ihrer Ziele und Erwartungen Konsens (zu) erreichen“ (S. 39). Zur Evaluation der Zielerreichung wird eine dauerhafte Kontrolle der Schüler und Klassen empfohlen.

Ordnung und Disziplin

Die Zielstrebigkeit, mit der sich eine Schule um Verbesserung der Schülerleistungen bemüht, „wird in der Ordnung und Disziplin innerhalb der Schule erkennbar“ (S. 39-40).

Das Erreichen dieser 13 Merkmale an der einzelnen Schule beschreiben PURKEY und SMITH als einen Vorgang, der „eine organische Vorstellung von Schule und etwas Vertrauen in die Fähigkeit der Menschen, zusammen auf gemeinsame Ziele hinzuarbeiten", verlangt (S. 40).

2.1.2 Deutsche Ergebnisse

Neben den Ergebnissen angloamerikanischer Schulwirkungsforschung regten auch die Resultate deutscher Schulklimaforschung (FEND, 1986a) zur Auseinandersetzung mit dem Thema Schulqualität an.[4]

Im Rahmen der Wiederholung einer Studie aus dem Jahr 1973 (FEND, 1977) erforschte FEND im Jahr 1977 das Klima an 35 Schulen in den Bundesländern Baden-Württemberg, Berlin, Hamburg und Hessen (FEND, 1986a; 1998). Die Untersuchung wurde sowohl an „Schulen des traditionellen Schulsystems" (FEND, 1977, S. 115) wie Hauptschule, Realschule und Gymnasium als auch an integrierten Gesamtschulen durchgeführt. FEND erfasste dabei Daten von Lehrkräften, Schülern der neunten und zehnten Jahrgangsstufe und Schülereltern. Die Datenerhebung erfolgte über item- und faktorenanalytisch überprüfte Fragebögen.

In weiteren Publikationen verdeutlichte FEND (1986a; 1998) die Ergebnisse dieser Wiederholungsstudie. Folgende Schulqualitätsmerkmale konnte er dabei auf Basis der Lehrerbefragung beschreiben:

---

4 FEND (1998) trug dazu bei, dass der Begriff „Schulklima" in der gegenwärtigen Diskussion häufig synonym zum Terminus „Schulqualität" verwendet wird, indem er die Resultate seiner „Schulklima-Forschung" unter „Schulqualität" rubrizierte (S. 9).

Arbeitszufriedenheit

Im Kollegium einer guten Schule ist die Arbeitszufriedenheit „in erster Linie ein Indikator für ein gutes soziales Klima“ (FEND, 1998, S. 104). Hierzu zählt auch ein positives Verhältnis zur Schulleitung. Die Arbeitszufriedenheit der Lehrkräfte „stützt (...) die Verantwortlichkeit für das soziale und erzieherische Geschehen“ (S. 105).

Schulleben

Eine gute Schule zeichnet sich durch ein reichhaltiges Schulleben im Sinne der „Veranstaltung von Festen, Feiern, von Musischem und Sportlichem außerhalb des Klassenzimmers“ (S. 108) aus. Es verbessert die Qualität der Beziehungen zwischen Lehrkräften und Schülern.

Kollegialität

Gute Schulen sind von einer Kollegialität geprägt, die es Lehrkräften ermöglicht, „die anforderungsreichen Tätigkeiten des Lehrerdaseins in einem sozialen Rahmen zu bearbeiten, der sie stützt und der den Beruf zur Freude werden lässt“ (S. 110). Gleichzeitig wirkt sich diese Kollegialität auch positiv auf die Schulfreude der Schüler aus.

Konsens

An guten Schulen ist ein hoher Konsens im Kollegium festzustellen. An solchen Schulen ist das Engagement der Lehrer groß und es herrscht Übereinstimmung hinsichtlich sozialer Standards, die von den Schülern erwartet werden.

Schulleiterverhalten

Die Schulleitung einer guten Schule wird vom Kollegium als „sozial kompetent und führungsfähig“ wahrgenommen (S. 115). Eine derartige Leitung ist von großer Bedeutung für ein hohes Maß an Kollegialität und Arbeitszufriedenheit der Lehrkräfte.

Lehrer-Schüler-Beziehungen

Gute Schulen sind durch einen freundlichen Umgangston zwischen Lehrern und Schülern geprägt. Auch der Ton „zwischen Tür und Angel, in dem über Schüler gesprochen wird,“ ist hier freundlich (FEND, 1986a, S. 286). Ein weiteres Beziehungsmerkmal zeigt sich darin, dass sich das Kollegium für das Sozialverhalten der Schüler verantwortlich fühlt.

2.1.3 Zusammenfassung

Als Ergebnis der Auseinandersetzung mit deutscher Schulklima- und angloamerikanischer Schulwirkungsforschung wurden von Vertretern der deutschen Schulqualitätsforschung wiederum Kataloge von Merkmalen, die eine gute Schule auszeichnen, publiziert (HAENISCH, 1987; FEND, 1986b; WINKEL, 1989; BOHNSACK, 1989; HOLTAPPELS, 1995; STEFFENS & BARGEL, 1993; STEFFENS, 1995). Aufgrund dieses eher dürftigen Resultats ist nach wie vor ROLFF (1990) zuzustimmen, der konstatierte, dass „in der Bundesrepublik (..) zwar eine intensive Debatte über gute und schlechte Schulen geführt (werde), aber systematische oder repräsentative empirisch-analytische Untersuchungen eigens zum Thema ‚Qualität von Schule'“ nicht vorlägen (S. 248).

Deshalb müssen die Ziele innerer Schulentwicklung in Deutschland, wenn sie empirisch fundiert sein sollen, vor allem aus den angloamerikanischen Studien übernommen und mit den von FEND (1986a; 1998) vorgelegten Merkmalen ergänzt werden. In Tabelle 2-1 werden sie, ohne Vermischung der Untersuchungen, den aus ROLFFs Definition abgeleiteten drei Bereichen innerer Schulentwicklung (1998, S. 325) zugeordnet:

Tabelle 2-1: Zielmerkmale guter Schule in den drei Bereichen innerer Schulentwicklung[5]

Organisationsentwicklung
Leitung der Schule **(P)**
Unterrichtsbezogene Führung **(P)**
Artikulation und Organisation des Curriculums **(P)**
Unterstützung und Mitarbeit der Eltern **(P)**
Klare Ziele und hohe Erwartungen, die von allen geteilt werden **(P)**
Konsens **(F)**
Schulleiterverhalten **(F)**
Unterrichtsentwicklung
Ausmaß der Leistungsorientierung **(R)**
Lehrerverhalten im Unterricht **(R)**
Verteilung von Belohnungen und Strafen **(R)**
Übertragung von Verantwortlichkeit an Schüler **(R)**
Schulweite Anerkennung fachunterrichtlicher Leistungserfolge **(P)**
Wirksam genutzte Unterrichtszeit **(P)**
Ordnung und Disziplin **(P)**
Schulleben **(F)**
Personalentwicklung
Lernbedingungen **(R)**
Stabilität des Kollegiums **(P)**
Weiterbildung des Kollegiums **(P)**
Unterstützung durch die regionale Schulbehörde **(P)**
Gemeinsame Planungen und kollegiale Beziehungen **(P)**
Zusammengehörigkeitsgefühl **(P)**
Arbeitszufriedenheit **(F)**
Kollegialität **(F)**
Lehrer-Schüler-Beziehungen **(F)**

Die erforschten Merkmale einer guten Schule lassen sich hinsichtlich der Anzahl gleichmäßig den Hauptbereichen innerer Schulentwicklung zuordnen. Vergleicht man die Kriterien der verschiedenen Studien und Analysen innerhalb der Bereiche miteinander, so zeigt sich, dass sich diese Merkmale nicht zusammenfassen lassen. Obwohl zwischen einzelnen Gütekriterien inhaltliche Überschneidungen feststellbar sind, würde eine Verknüpfung dazu führen, dass wesentliche Forschungsergebnisse verloren gingen.

5 Die Zielmerkmale aus der Studie von RUTTER, MAUGHAN, MORTIMORE und OUSTON (1980) werden mit „R", diejenigen aus dem Bericht von PURKEY und SMITH (1991) mit „P" und diejenigen aus der Studie von FEND (1986a, 1998) mit „F" gekennzeichnet.

Gleichzeitig muss darauf hingewiesen werden, dass „kompensatorische und synergetische Effekte zwischen einzelnen Variablen zueinander nicht bekannt sind und einzelnen Aspekten aufgrund unterschiedlicher situativer Bedingungen an den einzelnen Schulen eine unterschiedliche Bedeutung zukommt" (HUBER, 2001, S. 25). Die jeweilige Relevanz der verschiedenen Merkmale guter Schule muss vor allem von den Lehrkräften der Einzelschule erkannt werden. Dies kann dadurch geschehen, dass die Kriterien als Ziele guter Schule wahrgenommen, mit der Situation vor Ort verglichen und in ihrer Bedeutung gewichtet werden. Ein solches Vorgehen bietet die Möglichkeit, dass „das Kollegium einer Schule (..) im Zusammenwirken mit Schülern und Eltern pädagogisch Erhebliches bewirken" und „die eigene Schule zu einer ‚guten Schule' gestalten" kann (KLAFKI, 1998, S. 2).

2.2 Konzeptionen zur Umsetzung der Ziele innerer Schulentwicklung

Die Ergebnisse der Schulqualitätsforschung können als eine Antwort auf den ersten Teil der Doppelfrage „Was ist eine gute Schule und wie ist sie zu verwirklichen?" (STEFFENS & BARGEL, 1987, S. 1) angesehen werden. Da diese Resultate als „Leitbild der Schulentwicklung" (BARGEL, 1992, S. 29) dienen sollten, ist zu klären, inwieweit die Merkmale einer guten Schule tatsächlich in den bislang vorliegenden Schulentwicklungskonzeptionen[6] als Ziele berücksichtigt werden. Um Antworten auf den zweiten Teil der Doppelfrage zu erhalten, soll gleichzeitig analysiert werden, wie sich auf der Basis dieser Konzepte eine Schule zu einer guten Schule entwickeln kann.

Der in der Einleitung dargelegte Überblick über Schwerpunkte innerer Schulentwicklungsforschung zeigte, dass für jeden der drei Bereiche Umsetzungskonzeptionen vorliegen. Gleichzeitig wurde ersichtlich, dass es bislang keine bereichsübergreifende Konzeption zur Umsetzung innerer Schulentwicklung in Deutschland gibt. Zur Beantwortung der Frage, wie eine gute Schule verwirklicht werden

6 Wie in Kapitel 1.1.2.3 dargelegt, unterbreiten Wissenschaftler in derartigen Konzeptionen im Sinne von Handlungsforschung „Lösungsvorschläge (Interventionen)" (BORTZ & DÖRING, 2002, S. 54) für die schulische Praxis.

kann, muss daher auf Konzeptionen zurückgegriffen werden, die in einem der drei Bereiche innerer Schulentwicklung ihre jeweilige Schwerpunktsetzung vornehmen.

Als Konzept für den Bereich Organisationsentwicklung wird der „Institutionelle Schulentwicklungs-Prozess“ von DALIN, BUCHEN und ROLFF (1995) ausgewählt. Die „Pädagogische Schulentwicklung“ von KLIPPERT (2000c) wird als Konzept für Unterrichtsentwicklung vorgestellt. Beide Konzeptionen werden in der aktuellen Forschung häufig diskutiert (BASTIAN & COMBE, 1998; ROLFF 1999; BASTIAN & ROLFF, 2001) und in der Praxis an vielen Schulen umgesetzt (BUHREN & ROLFF, 1996; LOHRE & KLIPPERT, 1999).

Für den Bereich der Personalentwicklung liegt kein derart populäres Konzept vor. Am bekanntesten dürfte noch der Ansatz von SCHLEE (1998) sein. Diese Konzeption erlangte aufgrund eines Disputs zwischen Vertretern von Organisationsentwicklung und Befürwortern von Personalentwicklung Bekanntheit (ROLFF, 1998).

Mit der Analyse dieser Konzeptionen soll zunächst geklärt werden, welche Zielsetzungen verfolgt werden. Weiterhin soll untersucht werden, in welchem Ausmaß die Merkmale einer guten Schule als Grundlage der bereichsspezifischen Zielsetzung dienen. Das Vorgehen, das Schulen in den einzelnen Konzeptionen zur Umsetzung der Zielvorgaben empfohlen wird, soll daran anschließend skizziert und beurteilt werden. Am Ende der Darstellung und Analyse des jeweiligen Konzepts zur inneren Schulentwicklung soll geprüft werden, welche Form der Evaluation vorgeschlagen wird und welche Evaluationsergebnisse vorliegen.

2.2.1 Organisationsentwicklung – „Institutioneller Schulentwicklungs-Prozess“ nach DALIN, ROLFF und BUCHEN (1995)

Das von Per DALIN, Leiter des internationalen Imtec-Instituts in Oslo, Hans-Günter ROLFF, Leiter des Instituts für Schulentwicklungsforschung in Dortmund, und Herbert BUCHEN, Regierungsschuldirektor am Landesinstitut für Schule und Weiterbildung in Soest, 1990 publizierte „Institutionelle Schulentwicklungs-Programm“ ist die älteste und populärste Konzeption zur Organisationsentwicklung im Rahmen der Entwicklung von Schule in der

Bundesrepublik. Aufgrund umfangreicher Praxiserfahrungen überarbeiteten DALIN, ROLFF und BUCHEN 1995 ihre Publikation und bezeichneten ihr Konzept fortan als „Institutionellen Schulentwicklungs-Prozess (ISP)".

2.2.1.1 *Theoretische Fundierung und Zielsetzung*

Die Autoren leiten die Zielsetzung ihres „Institutionellen Schulentwicklungs-Prozesses" aus Erkenntnissen der Organisationsforschung (DALIN et al., 1995, S. 8-9, S. 126-173) ab. Über die Beschreibung von Schule als Organisation (S. 32-37), die Diskussion von Veränderungsstrategien (S. 26-27) sowie die Analyse des Schulkulturbegriffs (S. 28-32) werden weitere Begründungszusammenhänge verdeutlicht:

„Ziel des ISP ist, die ‚Problemlösungsfähigkeit von Schule' zu erweitern, d. h. die Fähigkeit der Schule, internen oder von außen kommenden neuen Anforderungen in der Weise zu begegnen, dass sie die tatsächlichen Bedürfnisse treffen und die Entwicklungskapazität der Schule stärken" (S. 40).

2.2.1.2 *Berücksichtigung von Zielen innerer Schulentwicklung*

Im Rahmen der Erläuterung der verschiedenen Phasen des „Institutionellen Schulentwicklungs-Prozesses" werden die Ergebnisse der Schulqualitätsforschung aufgenommen: Da die Autoren im „Konzept der Organisationsentwicklung" die Basis ihres Handbuchs zur inneren Schulentwicklung sehen (DALIN et al., 1995, S. 8-9), verwundert es nicht, dass vor allem die Merkmale guter Schule, die der Organisationsentwicklung zuzuordnen sind, thematisiert werden. Eigene Kapitel zu *klaren Zielen und hohen Erwartungen* und zum *Konsens* (S. 81-173), zur *Leitung der Schule* und zur *unterrichtsbezogenen Führung* im Sinne von Schulentwicklungsmanagement (S. 215-260) sowie zur *Unterstützung und Mitarbeit der Eltern* (S. 302-323) verdeutlichen diese Schwerpunktsetzung. Die *Artikulation und Organisation des Curriculums* wird im Kapitel zur Zielklärung aufgegriffen (S. 143-147). In vielen Kapiteln wird darüber hinaus das für das jeweilige Stadium des „ISP" notwendige *Schulleiterverhalten* beschrieben.

Trotz der Schwerpunktsetzung im Bereich der Organisationsentwicklung werden auch Merkmale guter Schule als Ziele von Unterrichts- und Personalentwicklung in der Konzeption berücksichtigt.

Einzelne Ziele für die Unterrichtsentwicklung erscheinen indirekt in einem kurzen Unterkapitel zum Thema „Unterricht und Erziehung“ (S. 147-153). Die *Übertragung von Verantwortlichkeit an Schüler* findet an einzelnen Stationen des „ISP“ (S. 170-172, 212, 257-260) sowie im Rahmen eines kurzen Kapitels zur Rolle von Schülern und Eltern als Partner von Schule (S. 302-323) Berücksichtigung. Allerdings gehen die Autoren nicht näher auf die Verwirklichung weiterer Merkmale guter Schule im Rahmen der Unterrichtsentwicklung ein.

Da durch den „Institutionellen Schulentwicklungs-Prozess“ innere Schulentwicklung über kollegiale Weiterentwicklung initiiert und maßgeblich umgesetzt werden soll, werden viele Merkmale guter Schule im Rahmen von Personalentwicklung umfassend aufgegriffen. Explizit gehen DALIN, ROLFF und BUCHEN auf die *Lernbedingungen* (S. 81-125), die *Weiterbildung des Kollegiums* (S. 215-260), die *Unterstützung durch die regionale Schulbehörde* (S. 76, 124, 170, 211-212, 254-257), *gemeinsame Planungen und kollegiale Beziehungen* (S. 126-173), *Kollegialität* und *Zusammengehörigkeitsgefühl* (S. 174-214) sowie auf *Arbeitszufriedenheit* (S. 271-276) ein.

Die Autoren schlagen vor, dass zu Beginn des „ISP“ ein Diagnoseinstrument, der sogenannte „Guide to Institutional Learning (GIL)“ (S. 96-99), eingesetzt werden soll. Die Items dieses Fragebogens, der nur in Auszügen in die Publikation aufgenommen wurde, sind in Kategorien zusammengefasst, die ebenfalls eine deutliche Betonung von Merkmalen der Bereiche Organisationsentwicklung und Personalentwicklung erkennen lassen. Diese Betonung ist auch im Zusammenhang mit einer Zielklärungsübung zum Thema „Was ist eine gute Schule?“ (S. 134-137) erkennbar.[7]

---

7 Die Aussagen zur guten Schule, die Kollegiumsgruppen im Rahmen des „ISP“ zur Diskussion vorgelegt werden, können in der Publikation leider nicht nachgelesen werden. Die Übung wurde inzwischen von ROLFF, BUHREN, LINDAU-BANK und MÜLLER (1998, S. 275-284) veröffentlicht.

Zusammenfassend kann festgestellt werden, dass im Konzept des „Institutionellen Schulentwicklungs-Prozesses“ vor allem Merkmale guter Schule, welche die Organisationsentwicklung betreffen, umfassend berücksichtigt werden. In der Konzeption werden auch viele Merkmale, die der Personalentwicklung zuzuordnen sind, aufgegriffen. Diejenigen Merkmale, die der Unterrichtsentwicklung zuzuweisen sind, finden im Rahmen des Prozesses hingegen nur geringe Beachtung.[8]

2.2.1.3 Umsetzung

DALIN, ROLFF und BUCHEN (1995) verdeutlichen die Umsetzung des „Institutionellen Schulentwicklungs-Prozesses“ mittels eines Phasenschemas, das sie jedoch nicht als strikten Ablaufplan ansehen. Die einzelne Schule vor Ort ist aufgefordert, ihre „kontextuellen Faktoren für die Anwendung des ISP“ (S. 44) zu berücksichtigen. Das Schema wird in Abbildung 2-1 wiedergegeben:

---

8 Dieser Umstand war Ende der neunziger Jahre Auslöser des in Kapitel 1.1.3.3 erwähnten Disputs um das richtige Verfahren im Rahmen innerer Schulentwicklung. Vertretern des „Institutionellen Schulentwicklungs-Prozesses“ wurde vorgeworfen, zu sehr auf Organisationsentwicklung zu achten und zu wenig das zentrale Ziel jeglicher Schulentwicklung, die Entwicklung von Unterricht, zu berücksichtigen (BASTIAN & COMBE, 1998). Befürwortern einer „Pädagogischen Schulentwicklung“ nach KLIPPERT (2000c) wurde im Gegenzug vorgehalten, sie würden mit ihrer Zentrierung auf Unterrichtsentwicklung zentrale Bereiche des Systems Schule außer Acht lassen und damit die Wirksamkeit innerschulischer Entwicklungsarbeit gefährden (ROLFF, 1999).

Abbildung 2-1: **Phasenschema des „Institutionellen Schulentwicklungs-Prozesses" (DALIN, ROLFF & BUCHEN, 1995, S. 45)**

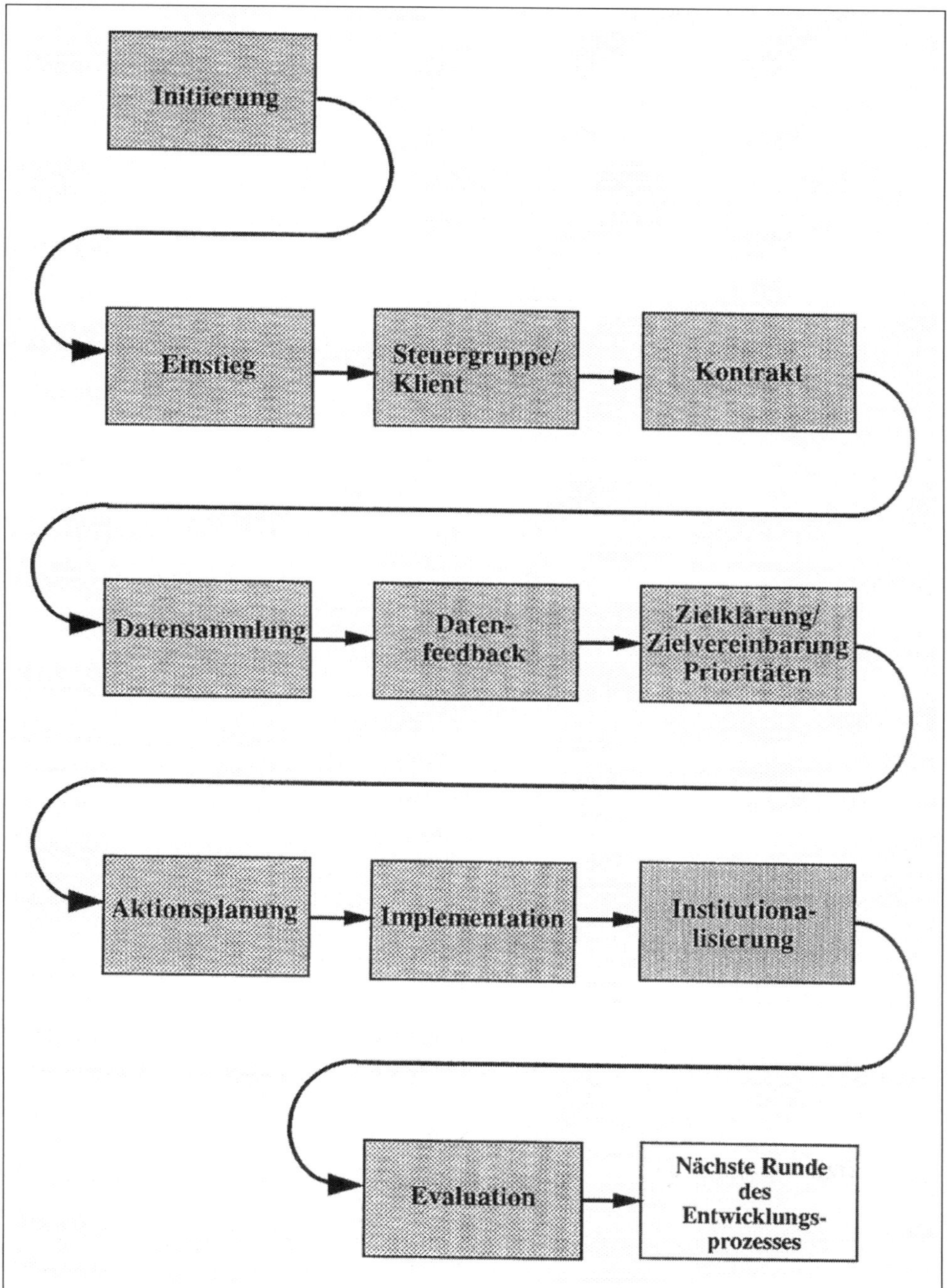

Das in Abbildung 2-1 dargestellte Phasenschema entspricht in weiten Teilen der Survey-Feedback-Methode, die vor allem in der Organisationspsychologie angewendet wird (ROSENSTIEL, 1995, S. 316-320). Die Methode dient im Rahmen dieser Forschungsrichtung der Verbindung von Aktionsforschung und Organisationsentwicklung.

Zur Umsetzung der einzelnen Phasen des „ISP“ fordern die Autoren den Einsatz von Schulentwicklungsmoderatoren als Berater, die sich „zunächst mehr um das Wie der Entwicklung als um das Was der Entwicklung“ (DALIN et al., 1995, S. 71) bemühen sollen. Vor allem im Zusammenhang mit den Phasen *Einstieg, Diagnose, Zielklärung, Maßnahmenplanung, Implementation* und *Evaluation* wird den Moderatoren eine wichtige Rolle beigemessen. In einzelnen Bundesländern werden inzwischen über regionale Fortbildungseinrichtungen Moderatoren nach dem Konzept des „Institutionellen Schulentwicklungs-Prozesses“ ausgebildet.[9]

Als Diagnoseinstrument wird den Schulentwicklungsmoderatoren der „Guide to Institutional Learning (GIL)“ (S. 96-99) an die Hand gegeben.[10] Zur Zielklärung wird den Moderatoren die Übung „Was ist eine gute Schule?“ als Instrument empfohlen. Durch eine derartige Eingangsdiagnose besteht die Möglichkeit, auf die tatsächlichen Entwicklungsbedürfnisse der einzelnen Schule einzugehen.

2.2.1.4 Evaluation

DALIN, ROLFF und BUCHEN (1995) befassen sich in ihrer Publikation in einem eigenen Kapitel mit dem Thema „Institutionalisierung und Evaluation“ (S. 261-301):

---

9 Beispielsweise bildet die bayerische AKADEMIE FÜR LEHRERFORTBILDUNG UND PERSONALFÜHRUNG DILLINGEN (2002) auf Basis dieser Konzeption seit 1998 Schulentwicklungsmoderatoren aus. Dozenten der AKADEMIE führen hierzu vor allem für Schulleitungen verschiedener Schularten Wochenlehrgänge durch.

10 Leider findet sich auch dieses Instrument nur in Form eines kurzen Auszugs in der Publikation. DALIN, ROLFF und BUCHEN (1995) verweisen zwar auf eine Veröffentlichung von DALIN und RUST (1988), in dem der „Guide to Institutional Learning (GIL)“ ausführlich dargestellt sein soll. Einer an innerer Schulentwicklung interessierten Leserschaft hilft dieser Hinweis nur bedingt, da das Instrument in der angegebenen Publikation nur in einzelnen Teilen auf Englisch und ohne nähere Angabe statistischer Gütekriterien abgedruckt ist.

Zunächst werden verschiedene Vorschläge zur internen Evaluation unterbreitet. Einmal pro Jahr sollte eine schulinterne Beurteilung durchgeführt werden.[11] Die auf diese Weise gesammelten Daten sollen längerfristige Veränderungsprozesse transparent machen. Weiterhin schlagen die Autoren die Evaluation der Gruppenproduktivität durch Beobachtung, gemeinsame Reflexion sowie durch Prozessintervention vor. Projektbeurteilung soll mittels Projektmanagement im Sinne formativer Evaluation durchgeführt werden. Zur Beurteilung des „Institutionellen Schulentwicklungs-Prozesses" sollen auch die Kollegiale Supervision angewandt sowie die Schülerleistungen berücksichtigt werden.

Die interne Evaluation sollte aus Sicht der Autoren in einem Kreislauf mit externer Beurteilung und Beratung gekoppelt werden. Die externe Evaluation soll im Auftrag der Schule von einer Kommission, die sich aus Schulaufsichtsbeamten, Personalratsmitgliedern, Schulentwicklungsmoderatoren, Eltern, Studienseminarleitern und Schulforschern zusammensetzen kann, durchgeführt werden. Aufgrund der arbeitsintensiven Beurteilungs- und Beratungsaufgaben, die für die Kommission entstehen, kann diese Evaluationsform nur im Mehrjahresturnus durchgeführt werden.

In einer Publikation mit Fallstudien zur inneren Schulentwicklung (BUHREN & ROLFF, 1996) wird die Konzeption des „Institutionellen Schulentwicklungs-Prozesses" in ihrem Verlauf an einer Grundschule, einer Realschule, zwei Gymnasien sowie zwei Gesamtschulen qualitativ beschrieben. In zwei Studien wird zusätzlich am Beispiel des „GIL"-Einsatzes eine quantitative Datenerhebung zur Eingangsdiagnose beschrieben (ROLFF, 1996, S. 17-22; GÖDDE & SCHIRMER, 1996, S. 69-75). Erstaunlich ist, dass bislang von keiner Schule Evaluationsergebnisse vorliegen, die auf der Basis eines mehrmaligen Einsatzes des „GIL" gewonnen wurden. Die Möglichkeiten des Instruments zu einer quantitativen Evaluation bleiben damit bislang ungenutzt.

---

11 Die Autoren schlagen hierfür den Einsatz des „GIL" vor. Aufgrund der beschriebenen Schwierigkeiten, an dieses Instrument zu gelangen, ist dieser Vorschlag nur schwer zu realisieren.

In einer Reihe des von ROLFF geleiteten Dortmunder INSTITUTS FÜR SCHULENTWICKLUNGSFORSCHUNG (1996) wird mit dem „IFS-Schulbarometer" eine Fragebogensammlung zur Durchführung „eine(r) innerschulische(n) Bestandsaufnahme verschiedener schulischer Bereiche aus Lehrer-, Schüler- und Elternsicht" sowie „zur Selbstevaluation von Schulen und als Impulsgeber für Schulentwicklung" (S. 1) vorgestellt. Leider liegen auch hier bislang von keiner Schule Evaluationsergebnisse, die durch den wiederholten Einsatz dieses stark quantitativ ausgerichteten Instrumentariums erhoben wurden, vor.

Eine derartige quantitative Beurteilung innerer Schulentwicklung nach dem „Institutionellen Schulentwicklungs-Prozess" mahnt ROLFF (1996) mit dem Hinweis, dass „es (..) bisher an Evaluation" (S. 36) fehle, zu Recht an. Kritisch vermerkt er weiter, dass der „Institutionelle Schulentwicklungs-Prozess" ein Entwicklungskonzept sei, „das sich selber noch entwickeln" (S. 36) müsse.

Die Frage, ob die zentrale Zielstellung des „Institutionellen Schulentwicklungs-Prozesses" an den Schulen, die sich mittels dieser Konzeption auf den Weg einer inneren Entwicklung gemacht haben, tatsächlich umgesetzt wurde, kann deshalb bislang nur teilweise beantwortet werden: Qualitative Fallstudien (BUHREN & ROLFF, 1996) weisen darauf hin, dass es einzelnen Schulen im Rahmen der Durchführung des „ISP" gelungen ist, „die tatsächlichen Bedürfnisse (zu) treffen und die Entwicklungskapazität der Schule (zu) stärken" (DALIN et al., 1995, S. 40). Eine Beurteilung des Ankommens dieser Form innerer Schulentwicklung bei Schülern[12] und Eltern fehlt hingegen noch.

12 MÜLLER (1996) beschreibt die Möglichkeiten von Schülerpartizipation im Rahmen der Diagnosephase des „ISP". Eine Evaluation der Auswirkungen, die diese Form innerer Schulentwicklung bei den Schülern hinterlässt, fehlt jedoch.

2.2.2 *Unterrichtsentwicklung – „Pädagogische Schulentwicklung“ nach KLIPPERT (2000c)*

Heinz KLIPPERT (2000c), Dozent am Lehrerfortbildungsinstitut der evangelischen Kirchen in Rheinland-Pfalz, bezeichnete sein Konzept zur Unterrichtsentwicklung als „Pädagogische Schulentwicklung (PSE)“. Bereits in den neunziger Jahren machten sich viele Schulen mit Hilfe dieser Konzeption auf den Weg innerer Schulentwicklung. Im aktuellen Diskurs zur inneren Schulentwicklung genießt dieses Schulentwicklungsprogramm einen ähnlich hohen Bekanntheitsgrad wie der „Institutionelle Schulentwicklungs-Prozess“.

2.2.2.1 *Theoretische Fundierung und Zielsetzung*

Im einleitenden Kapitel seiner Veröffentlichung zur „Pädagogischen Schulentwicklung“ nennt KLIPPERT (2000c) theoretische Bezugspunkte seiner Konzeption:

Er fordert im Rahmen seiner Konzeption von Lehrkräften und Schülern ein „Neues Lernen“ (S. 37) und begründet diese Forderung „im Lichte der Lernforschung“ (S. 37-41). Die theoretische Grundlage seiner Arbeit beschreibt er in wenigen Sätzen mit dem Verweis auf Forschungsergebnisse von Psychologen wie PIAGET, AEBLI, BRUNER und MANDL. Zusätzlich wird in einem knappen Begründungszusammenhang auch auf „Befunde der konstruktivistischen Erkenntnistheorie“ (S. 39) hingewiesen.

Eine derartige theoretische Fundierung, die lediglich aus knappen Verweisen besteht, ist ein treffender Beleg für das von ROLFF (1998) beklagte Theoriedefizit im Zusammenhang mit innerer Schulentwicklung.

Die Intentionen, die durch die Umsetzung des Konzepts der „Pädagogischen Schulentwicklung (PSE)“ an den einzelnen Schulen umgesetzt werden sollen, beschreibt KLIPPERT (2000c) in den „Kernzielen des PSE-Programms“ (S. 50):

Neben der „Intensivierung und Erweiterung des fachlichen Lernens“ (S. 50) der Schülerinnen und Schüler, der „Entlastung der Lehrerinnen und Lehrer vom ständigen

’Geben-Müssen’“ (S. 50-52) und einer „Ausstrahlung der Unterrichtsreform auf die ganze Schule“ (S. 52) wird mit der Konzeption auch die „Entlastung der Kommunen von sozialen Folgekosten“ (S. 51-52) intendiert. Diese vier „Kernziele“ sollen primär über den Weg der Unterrichtsentwicklung erreicht werden. Eine Begriffsbestimmung verdeutlicht diese Ausrichtung prägnant: „Diese unterrichts- und methodenzentrierte Schulentwicklungsarbeit wird hier Pädagogische Schulentwicklung genannt“ (S. 16).[13] Die mit dieser Form von Unterrichtsentwicklung zum Ausdruck gebrachte zentrale Bedeutung des Methodischen wird ebenfalls nicht theoretisch begründet.

2.2.2.2 Berücksichtigung von Zielen innerer Schulentwicklung

Im Kapitel zu den „wichtigsten Eckpunkten der Pädagogischen Schulentwicklung“ verdeutlicht KLIPPERT (2000c, S. 46-98), dass „im Zentrum (..) die Unterrichtsreform“ (S. 46) steht. Konsequenterweise werden daher vor allem Qualitätsmerkmale guter Schule, die der Unterrichtsentwicklung zugeordnet werden können, als Ziele dieser Form innerer Entwicklung aufgegriffen:

Mit der Thematisierung von „Methodentraining als Basisstrategie“ (S. 54), einem ausgearbeiteten Qualifizierungsprogramm (S. 100-140) und umfangreichen Hinweisen zu verschieden Schwerpunktsetzungen des Methodentrainingsprogramms (S. 174-250) greift der Autor die Ziele *„Ausmaß der Leistungsorientierung“*, *„Lehrerverhalten im Unterricht“*, *„Übertragung von Verantwortlichkeit an Schüler“*, *„Wirksam genutzte Unterrichtszeit“* sowie *„Ordnung und Disziplin“* auf.

Das Qualifizierungsprogramm ist für Lehrkräfte und Schüler einzelner Schulen gedacht. „Pädagogische Schulentwicklung“ trägt damit auch zur Umsetzung von Merkmalen guter

13 Da KLIPPERTs (2000c) „unterrichts- und methodenzentrierte Schulentwicklungsarbeit“ (S. 16) durch „Methodentraining als Basisstrategie“ (S. 54) umgesetzt werden soll, muss zunächst kritisch nachgefragt werden, weshalb dieses Vorgehen als „Pädagogische Schulentwicklung“ deklariert wird. Eine deutliche Bezugnahme auf den eigentlichen Konzeptionsschwerpunkt, die Unterrichtsentwicklung, wäre weniger missverständlich. Der Verdacht, dass die Dominanz der Unterrichtsentwicklung durch einen allgemeinen Konzepttitel verschleiert werden soll, könnte in diesem Zusammenhang entstehen.

Schule als Ziele von Personalentwicklung bei. Mit „einschlägige(n) Qualifizierungsmaßnahmen an der Einzelschule“ (S. 100-140) beabsichtigt KLIPPERT zunächst die *Weiterbildung des Kollegiums*. Auf diese Weise kann es gelingen, im Kollegium *Zusammengehörigkeitsgefühl* und *Kollegialität* sowie die *Arbeitszufriedenheit* der Lehrkräfte zu verbessern. Mit der Thematisierung von Maßnahmen zur „innovationsfördernde(n) Klassenraumgestaltung“ (S. 163-167) werden auch die *Lernbedingungen* der Schüler berücksichtigt.

Schulqualitätsmerkmale als Ziele von Organisationsentwicklung werden im „PSE“-Konzept im Sinne „flankierender Rahmenbedingungen und Regelungen“ (S. 142-172) berücksichtigt. Die *unterrichtsbezogene Führung*, die *Artikulation und Organisation des Curriculums*, die *Unterstützung und Mitarbeit der Eltern* sowie das *Schulleiterverhalten* werden in ihrer die Unterrichtsentwicklung unterstützenden Funktion gesehen.

Betrachtet man im Überblick die Berücksichtigung der Merkmale guter Schule im Konzept der „Pädagogischen Schulentwicklung“, dann fällt auf, dass die Ziele der Unterrichtsentwicklung umfassend behandelt werden. Viele Ziele der anderen Bereiche werden lediglich in ihrer die Unterrichtsreform „flankierenden“ Funktion beschrieben. Da die Umsetzung der umfangreichen Ziele der „Pädagogischen Schulentwicklung“ durch einen ausführlichen Handlungsplan vorgegeben ist, entfallen innerschulische Zielfindungs- und Planungsarbeiten im Sinne bedarfsorientierter *klarer Ziele und hoher Erwartungen, die von allen geteilt werden* und die gemeinsame Erarbeitung von *Konsens* nahezu vollständig. Kollegium, Schüler und Eltern haben letztendlich nur zu entscheiden, ob und in welcher Ausprägung sie sich auf das umfangreiche Trainingsprogramm einlassen.

2.2.2.3 Umsetzung

Die Umsetzung seiner „Pädagogischen Schulentwicklung“ an der einzelnen Schule beschreibt KLIPPERT (2000c) als einen „Qualifizierungsprozess im Kollegium“ mit einem „Methodentraining als Basisstrategie“ (S. 54-58). Dieses Methodentraining „beginnt beim exemplarischen Üben und Klären elementarer Lern- und Arbeitstechniken und reicht über das Training grundlegender Kommunikations- und Kooperationstechniken bis hin zur intelligenten Organisation des eigenverantwortlichen Arbeitens und Lernens im (Fach-)Unterricht“ (S. 54). Nach Ansicht des Autors müssen sich mindestens zwei Drittel des Kollegiums einer entwicklungsbereiten Schule für seinen Ansatz entscheiden, damit die Methoden mittels eines präzise ausgearbeiteten Ablaufplans erfolgreich erlernt und praktiziert werden können. Hat sich eine Schule für die Konzeption entschieden, dann „setzt die konkrete Trainingsarbeit ein, und zwar moderiert und unterstützt in aller Regel von einschlägig ausgebildeten Methodentrainern und „PSE“-Beratern (...), die im Auftrag des jeweils zuständigen Lehrerfortbildungsinstituts tätig werden“ (S. 56). Gegenwärtig bieten die Pädagogischen Institute einzelner deutscher, österreichischer und italienischer Städte unter KLIPPERTs Regie die „Pädagogische Schulentwicklung“ in ihren jeweiligen Fortbildungsprogrammen an.[14] Mitarbeiter der Institute werden zunächst zu „PSE“-Moderatoren ausgebildet. Anschließend führen diese Moderatoren Seminare und Tagungen für interessierte Schulen durch. Mit dem Schaubild in Abbildung 2-2 verdeutlicht der Autor die Umsetzung seines „vielfach bewährte(n) Trainings- und Innovationsfahrplan(s)“ (S. 58):[15]

14 In Bayern sind dies die Pädagogischen Institute der Städte München und Nürnberg.

15 Mit der im Schaubild verwendeten Abkürzung „EVA“ meint KLIPPERT (2000c) eigenverantwortliches Arbeiten der Schüler im Unterricht.

Abbildung 2-2: Qualifizierungsprozess im Kollegium (KLIPPERT, 2000c, S. 57)

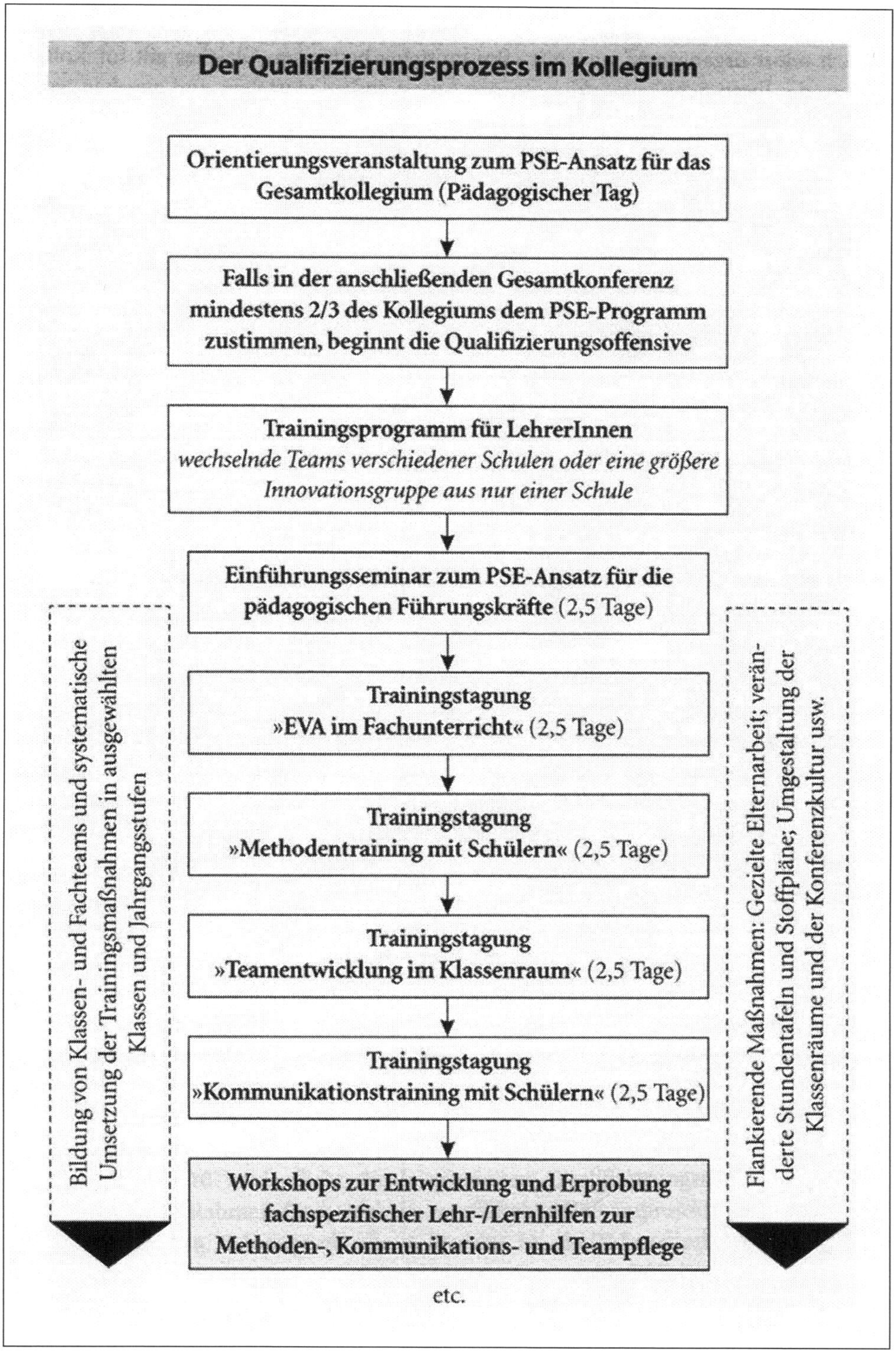

Zur Umsetzung von „Pädagogischer Schulentwicklung“ „taugen“ nach KLIPPERT „die althergebrachten Methoden und Materialien (..) nur noch begrenzt und müssen durch neue Lehr-/Lernarrangements ergänzt werden“ (S. 248). Diese „neuen Lehr-/Lernarrangements“ stellt er in Form von Publikationen mit Unterrichtsmaterialien zum Methodentraining (KLIPPERT, 2000b), zum Kommunikationstraining (KLIPPERT, 2000a), zur Teamentwicklung (KLIPPERT, 2000d) sowie zur Planspielmethode (KLIPPERT, 1998) zur Verfügung.[16]

KLIPPERTs „Pädagogische Schulentwicklung“ wird nicht nur über Lehrerfortbildung vermittelt: Im Rahmen des Reformprojekts „Schule & Co.“ (LOHRE & KLIPPERT, 1999), das in zwei Regionen Nordrhein-Westfalens umgesetzt wird, findet ein „seminarspezifisches „Qualifizierungsprogramm“ (KLIPPERT, 2000c, S. 60) bereits während der zweiten Phase der Lehrerausbildung in Studienseminaren statt.

Einer Einübung der „PSE“-Methodik bereits während der ersten Phase der Lehrerausbildung stehen nach KLIPPERTs Einschätzung „die allermeisten Professoren dieser Ebene des Studierens ausgesprochen distanziert bis desinteressiert gegenüber“ (S. 89). Er begründet diese Haltung der Professoren mit deren Ignorieren der „spezifischen Belange und Herausforderungen der Praxis“. Möglicherweise ist diese Distanz jedoch auch durch Mängel, die sich bei der Umsetzung der Konzeption ergeben können, begründet:

KLIPPERT erläutert nicht, wie sein Konzept in die Strukturen der einzelnen Schularten eingepasst werden kann. So hilfreich die vorgegeben Pläne zur praktischen Umsetzung dieser Form der Schulentwicklung zunächst erscheinen, so bleibt bei genauerer Betrachtung doch unklar, wie weit sich die einzelne Schule davon zur Berücksichtigung lokaler Besonderheiten entfernen kann.

Die einseitige Festlegung auf die Entwicklung von Unterricht könnte dazu führen, dass die spezifische Situation an bestimmten Einzelschulen, die möglicherweise vor allem im personalen und organisatorischen Bereich mit Problemen konfrontiert sind, kaum oder

16 Die Lektüre dieser Publikationen zeigt, dass viele der darin vorgestellten Methoden den Anspruch der Neuartigkeit nicht erfüllen.

überhaupt nicht zur Kenntnis genommen wird. Eine solches Ausblenden zentraler Bereiche innerer Schulentwicklung zugunsten von Unterrichtsentwicklung kann eine dauerhafte innere Entwicklung gefährden. In Auseinandersetzung mit einem Aufsatz KLIPPERTS von 1997 weist ROLFF 1998 darauf hin, dass man „diese Konzentration (...) auch als Reduktion deuten (könnte), insofern die fachdidaktische und vor allem die bildungstheoretische Dimension dabei ebenso ausgespart wird wie die Beziehungsebene und eine allzu starke Fixierung auf Methoden reflexionshemmend wirkt“ (S. 301).

Weiterhin ist zu fragen, inwieweit im Rahmen eines derart durchgeplanten Trainingsprogramms auf die spezifischen methodischen Vorkenntnisse und Wissenslücken der Lehrkräfte an den einzelnen Schulen und der Schüler in den einzelnen Klassen Rücksicht genommen werden kann.

Für die an „PSE“ teilnehmenden Schulen stellt sich zusätzlich die Frage, welche Kosten im Zusammenhang mit der Umsetzung der „Qualifizierungsmaßnahmen“ entstehen können, und wer solche Aufwendungen trägt.[17]

2.2.2.4 *Evaluation*

Im sechsten Kapitel seiner Publikation zur „Pädagogischen Schulentwicklung“ beschreibt KLIPPERT (2000c, S. 251-296) die Ergebnisse einer Evaluation von „PSE“ an 22 Schulen in Rheinland-Pfalz sowie in Nordrhein-Westfalen:

An diesen Schulen, die „das KLIPPERT'sche ‚Aktionsprogramm zur Kultivierung neuer Lernformen'“ (S. 251) seit einem Jahr umgesetzt hatten, befragte der Autor „in erster Linie die Steuergruppen bzw. Führungsteams der betreffenden Schulen“ (S. 252), nicht jedoch alle Lehrkräfte und Schüler.

17 Ein Vergleich der drei vorgestellten Konzeptionen zur inneren Schulentwicklung zeigt, dass im Zusammenhang mit „Pädagogischer Schulentwicklung“ kurzfristig die höchsten Aufwendungen zu erwarten sind.

Als Instrument setzte er einen umfangreichen Fragebogen ein, der geschlossene und offene Fragestellungen enthielt (S. 254-261). Leider finden sich in der Publikation keinerlei Angaben zu den statistischen Gütekriterien des Instruments. Auffallend ist weiterhin, dass viele Items der geschlossenen Teile mehrfache Fragestellungen enthalten.[18] Eine Auswertung der Antworten zu diesen Fragen ist damit nahezu wertlos, da nicht klar ist, auf welchen Aspekt der Fragestellung sich die Antwort des Interviewten bezieht.

Trotz der beschriebenen Mängel wertete KLIPPERT den Fragebogen quantitativ und qualitativ aus (S. 262-289) und kam zum Schluss, „dass Pädagogische Schulentwicklung ein chancenreiches Unterfangen für LehrerInnen wie für SchülerInnen“ sei und dass dies „ziemlich durchgängig bestätigt“ (S. 289) worden sei.

Neben dem Hinweis auf die mangelhafte Fragebogenkonstruktion ist kritisch anzumerken, dass in den Kollegien der evaluierten Schulen „in erster Linie die Steuergruppen bzw. Führungsteams“ (S. 252) befragt wurden: Es ist anzunehmen, dass es sich bei den Befragten um besonders engagierte Lehrkräfte handelte, die Innovationen eher offen gegenüberstanden und ihr eigenes Engagement durch positive Antworten bestätigen und belohnen wollten. Daher überrascht es auch nicht, dass gerade diese Personengruppe KLIPPERTS „Kultivierung neuer Lernformen“ (S. 251) positiv bewertete. Aufschlussreicher wären Befragungen der ganzen Kollegien und aller Schüler gewesen.

Eine derartige Evaluation „Pädagogischer Schulentwicklung“ genügt nicht, um die in der Grundlegung der Konzeption formulierte Behauptung, „das (...) Aktionsprogramm (habe) den großen Vorteil, dass es sich in unterschiedlichen Kontexten als recht praktikabel und wirksam bewährt“ (S. 59) hätte, zu stützen.

---

18 Beispielsweise enthalten die Items Nr. 4, 5, 7, 8, 9 und 10 des ersten Fragebogenteils zwei verschiedene Aussagen (KLIPPERT, 2000c, S. 254). Im fünften Teil des Bogens sind alle Items so formuliert, dass jeweils zwei unterschiedliche Aspekte beschrieben werden. Zwei von KLIPPERT (2002, Mai) im Rahmen einer Netzwerktagung des Pädagogischen Instituts Nürnberg vorgestellte Fragebögen enthalten ebenfalls diese gravierenden Mängel.

Eine weitere Evaluierung „Pädagogischer Schulentwicklung“ fand im Rahmen des Reformprojekts „Schule & Co.“ (LOHRE & KLIPPERT, 1999) in Form einer so genannten „Vorabevaluation“ statt (BASTIAN & ROLFF, 2001):

Das Projekt, mit dem „die Idee verfolgt (wurde), dass Unterricht und eigenverantwortliches Lernen von Schülerinnen und Schülern der ultimative Bezugspunkt von Schulentwicklung“ (S. 53) seien, fand über einen Zeitraum von fünf Jahren an 89 Schulen aller Schularten in zwei Regionen Nordrhein-Westfalens statt.

Mittels Lehrer- und Schülerinterviews, Dokumentenanalyse sowie Feldforschung wurden an sieben Schulen Daten gesammelt, mit denen einer internen Beurteilung verglichen und qualitativ ausgewertet. Leider werden die Instrumente und ihre empirischen Gütekriterien in der Publikation nicht näher vorgestellt.

Im Resümee dieser Evaluation halten BASTIAN und ROLFF fest, „dass der ursprüngliche Ansatz von KLIPPERT deutlich weiterentwickelt wurde“ und „dass der Aufbau einer Infrastruktur für innerschulische Selbststeuerung die unabdingbare Voraussetzung für Unterrichtsentwicklung“ (S. 53) sei. Das Projekt „Schule & Co.“ habe weiterhin „erwiesen, dass Unterrichts- und Organisationsentwicklung im Sinne von Schulentwicklungsmanagement nicht nur zusammenpassen, sondern zusammengehören“ (S. 53) würden. Aufgrund dieser Ergebnisse kann zumindest der Disput zwischen Vertretern von Unterrichtsentwicklung (BASTIAN & COMBE, 1998) und Befürwortern von Organisationsentwicklung (ROLFF, 1999) als entschärft angesehen werden.

In ihrer Zusammenfassung weisen BASTIAN und ROLFF (2001) auch auf den Zusammenhang von Unterrichtsentwicklung und Nachhaltigkeit hin:

„Selbst eine Unterrichtsentwicklung, deren Nutzwert auf der Hand liegt und die unmittelbar (‚am nächsten Tag’) umgesetzt werden kann, benötigt Jahre, wenn sie in die Breite gehen und nachhaltig werden soll“ (S. 54).

2.2.3 *Personalentwicklung – „Kollegiale Beratung und Supervision" nach SCHLEE (1998)*

Jörg SCHLEE (1998), der das Fach „Sonderpädagogische Psychologie" an der Universität Oldenburg vertritt, entwickelte das Konzept der „Kollegialen Beratung und Supervision (KoBeSu)" zur Personalentwicklung an Schulen. Aufgrund einer Auseinandersetzung zwischen Vertretern von Organisationsentwicklung und Befürwortern von Personalentwicklung hinsichtlich des richtigen Weges, der im Rahmen innerer Entwicklung von den einzelnen Schulen beschritten werden sollte, erlangte SCHLEEs Ansatz Bekanntheit in der Fachdiskussion (ROLFF, 1998).

2.2.3.1 *Theoretische Fundierung und Zielsetzung*

SCHLEE (1998) stellt seiner Konzeption „Thesen zur pädagogischen Arbeit" voraus:

Er postuliert darin, dass es „für engagierte Pädagoginnen und Pädagogen (...) wichtig (ist), dass sie ein gutes Verhältnis zu sich selbst haben." Des weiteren formuliert er, dass „keiner (..) an seinem Arbeitsplatz alle Probleme allein lösen" kann und daher „jeder (..) der Mitarbeit und Unterstützung anderer" (S. 3) bedarf. Diesen Ansprüchen will er mit seinem Konzept der „Kollegialen Beratung und Supervision" genügen. Die Konzeption beschreibt er als „ein spezifisches Supervisionsverfahren, das durch seine theoretische Fundierung und seine äußere Form charakterisiert wird" (S. 14).

„Kollegiale Beratung und Supervision" basiert nach SCHLEE auf den Grundlagen des „Forschungsprogramms Subjektive Theorien" nach GROEBEN et al. (S. 37-41), der „Humanistischen Psychologie" mit ROGERS' „Personenzentriertem Ansatz" und COHNs „Themenzentrierter Interaktion" (S. 63-68) sowie der „Psychologie der zwischenmenschlichen Kommunikation" mit WATZLAWIKs, BEAVINs und JACKSONs „Kommunikationsaxiomen" und SCHULZ VON THUNs „4-Ohren-Modell" (S. 69-71).

Diese theoretische Fundierung wird durch Einsichten, die aus der schulischen Praxis resultieren, ergänzt:

SCHLEE sieht „die Handlungsfähigkeit, de(n) Elan und das Ethos der Pädagoginnen und Pädagogen" als „entscheidend für die Qualität und die Wirksamkeit der pädagogischen Arbeit" (S. 14). Diese zentralen Elemente sieht er durch negative Praxiserfahrungen der Pädagogen, die oft zum „Burn-out-Syndrom" führen, gefährdet (S. 15-16). SCHLEE schlägt deshalb vor, „von der Gesamtmenge an Zeit und Energie, die zur Bewältigungen (sic!) eines belastenden Berufsalltags erforderlich sind, einen kleinen Teil abzuzweigen". Diese Zeit soll „in den Aufbau und die Praxis einer Kollegialen Unterstützungsgruppe investiert" (S. 141) werden. Die Arbeit einer solchen Gruppe sollte gleichzeitig durch „Kollegiale Beratung und Supervision" ergänzt werden. SCHLEE definiert dieses Konzept über die zentrale Zielsetzung:

„In der Kollegialen Beratung und Supervision liegt das Ziel in der Selbstklärung des Ratsuchenden" (S. 71).

Ergänzend weist er darauf hin, „dass in der KoBeSu die ratsuchende Person die Möglichkeit zur evolutionären Veränderung ihrer Subjektiven Theorien erhalten soll" (S. 72).

2.2.3.2 *Berücksichtigung von Zielen innerer Schulentwicklung*

Die Ziele, die mit der Durchführung der „Kollegialen Beratung und Supervision" erreicht werden sollen, betreffen vor allem Qualitätsmerkmale guter Schule, die der Personalentwicklung zugeordnet werden können:

Diese Merkmale erscheinen in SCHLEEs (1998) Publikation vor allem im Kapitel zur „Praxis der Kollegialen Beratung und Supervision" (S. 72-119) und im Rahmen des Schlusskapitels (S. 141-145): Hier werden Ziele der Personalentwicklung wie *Weiterbildung des Kollegiums, Gemeinsame Planungen und kollegiale Beziehungen, Zusammengehörigkeitsgefühl, Arbeitszufriedenheit* und *Kollegialität* aufgegriffen.

Neben diesen Zielen werden in der Praxis der „KoBeSu" (S. 72-119) nur noch die beiden Merkmale *Klare Ziele und hohe Erwartungen, die von allen geteilt werden* sowie *Konsens* aus dem Bereich der Organisationsentwicklung tangiert.

Weitere Merkmale guter Schule im Rahmen von Unterrichtsentwicklung kommen in der Konzeption nicht vor. SCHLEES „Kollegiale Beratung und Supervision“ stellt damit ein Konzept dar, in dem fast ausschließlich Merkmale guter Schule aus dem Bereich der Personalentwicklung umgesetzt werden. Durch diese Nichtberücksichtigung wesentlicher Ziele bleiben viele Bestandteile des Systems Schule in ihren Entwicklungsmöglichkeiten unberücksichtigt.

2.2.3.3 Umsetzung

SCHLEE (1998) entwickelt auf der Basis seiner theoretischen Vorüberlegungen ein detailliertes Modell zur praktischen Umsetzung seiner „Kollegialen Beratung und Supervision“ (S. 72-145):

Da sich viele Pädagogen „in ihrem Berufsalltag bald erschöpft und zunehmend aufgerieben“ (S. 141) fühlen, wird am Beginn der „KoBeSu“ eine „Kollegiale Unterstützungsgruppe“ gegründet. Durch das kollegiale Arbeiten in einer derartigen Gruppe will SCHLEE einen „Turbo-Effekt“ erzielen, damit die beteiligten „Menschen dann ständig neue Kräfte, die sie anschließend ihrer Berufstätigkeit wieder zuführen können“ (S. 141-142), gewinnen können.

Den Zusammenhang zwischen dem drohenden Verlust beruflicher Energie und dem positiven Effekt einer „Kollegialen Unterstützungsgruppe“ verdeutlicht SCHLEE mit einer Grafik, die in Abbildung 2-3 dargestellt ist:

Abbildung 2-3: „Turbo-Effekt" für Pädagogen (SCHLEE, 1998, S. 142)

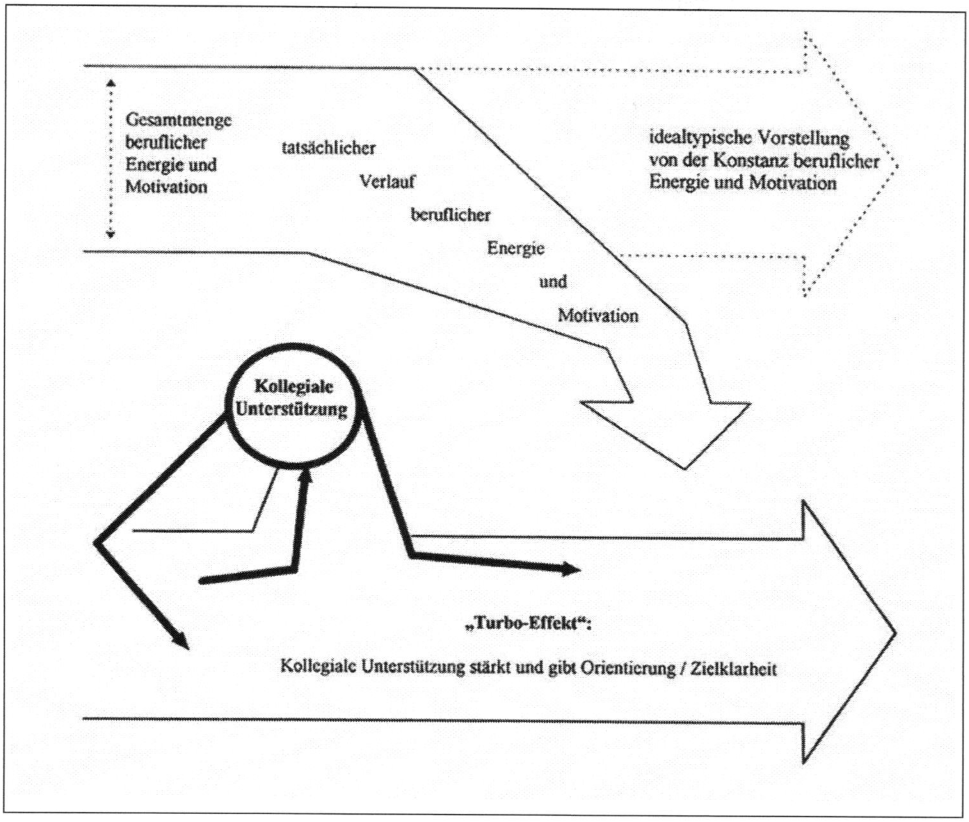

Für die inhaltliche Arbeit dieser Gruppe schlägt SCHLEE vor, ein Viertel der zur Verfügung stehenden Zeit „für informelle Gespräche" aufzuwenden. Ein weiteres Zeitviertel „sollen die Gruppenmitglieder für Dinge aufwenden, die ihnen ausgesprochene Freude bereiten. Der Autor denkt hier beispielsweise an gemeinsames Kochen, Musizieren, Spielen, Tanzen, Meditieren und Feiern. Die Hälfte der Zeit „sollte dann aber für ‚ernsthafte' Arbeit eingesetzt werden". Schwerpunkte dieser Arbeit können „die Vorbereitung einer Konferenz, die gemeinsame Lektüre von Fachliteratur, Diskussionen über Fachthemen, Durchführung von Besichtigungen und Exkursionen, Entwicklung von Arbeitsvorhaben und Projektideen, Planung von Innovationen, Bearbeitung von Problemsituationen durch Rollenspiele usw. sein" (S. 143).

Neben den inhaltlichen Vorschlägen werden für die Gruppenarbeit auch formale Regeln postuliert: Unter den Mitgliedern sollen die Aufgaben „Gastgeberin, Chairperson, Zeitwächterin, Logbuchführerin" (S. 73-77) im Rotationsprinzip ausgeführt werden. Vor jedem Treffen wird von der „Chairperson" ein Programmvorschlag ausgearbeitet. Die Sitzungstermine, die von den Gruppenmitgliedern verbindlich wahrzunehmen sind, sollen frühzeitig festgelegt werden. Die jeweilige Sitzung soll mit einem „Blitzlicht" (S. 80-81) beginnen und enden. Eine „Störungskarte" und ein „Sprechstein" (S. 79-80) sind Hilfsmittel einer Kommunikation, die sich „an den Regeln der „Themenzentrierten Interaktion" (S. 144) orientieren soll.

SCHLEE möchte die Effizienz solcher „Kollegialen Unterstützungsgruppen" durch die Einführung „Kollegialer Beratung und Supervision" steigern. Da jedoch „für die Durchführung einer Kollegialen Beratung und Supervision die sichere Beherrschung des anteilnehmenden Zuhörens eine absolut notwendige Voraussetzung" ist, weist er darauf hin, dass Kollegien „auch ohne KoBeSu eine Kollegiale Unterstützungsgruppe zur Stärkung der Selbsthilfekräfte und mit ‚Turbo-Effekt'" (S. 143) durchführen können.

Das Konzept der „Kollegialen Beratung und Supervision" möchte SCHLEE in zwei zeitlich aufeinanderfolgenden Phasen umsetzen:

Während der ersten Phase ist beabsichtigt, „den Ratsuchenden durch eine Atmosphäre von psychischer Sicherheit und Vertrauen in seiner Klärungsarbeit (...) zu unterstützen". Zusätzlich „soll der Ratsuchende zu einer möglichst umfassenden Explikation seiner

Subjektiven Theorien veranlasst werden“. Ein derartiges Vorstellen von „internen Vorstellungen, Beweggründen und Gefühlen“ ist nach SCHLEE nötig, „weil nur geäußerte Vorstellungen einer Veränderung zugänglich sind“ (S. 81).

Im Rahmen der anschließenden zweiten Phase soll dem „Ratsuchenden“ die Möglichkeit geboten werden, seine geäußerten Subjektiven Theorien zu verändern. Während dieser Phase „wird er mit unterschiedlichen Sichtweisen und Anregungen zu einem Perspektivenwechsel konfrontiert“ (S. 81).

Die beiden Phasen und ihr Zusammenwirken verdeutlicht SCHLEE mit der in Abbildung 2-4 wiedergegebenen Grafik:

Abbildung 2-4: Phasen der „Kollegialen Beratung und Supervision“ (SCHLEE, 1998, S. 82)

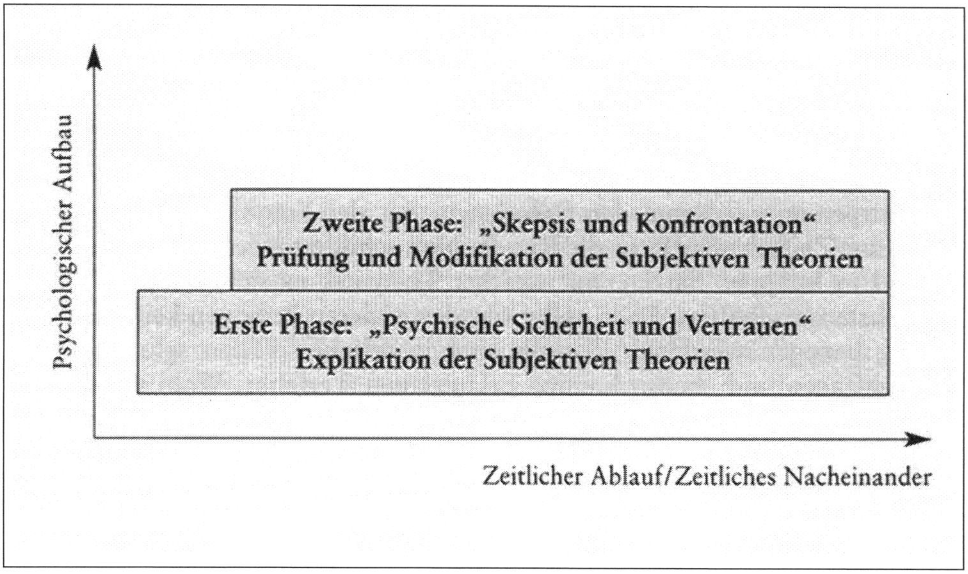

In einem Unterkapitel wird das Setting der „Kollegialen Beratung und Supervision im Überblick (S. 99-102) beschrieben.

Durch eine derartige „KoBeSu“ soll „die Sicherheit einer ratsuchenden Person in drei verschiedenen Dimensionen erhöht werden: die emotionale Sicherheit, die Orientierungssicherheit und die Handlungssicherheit“ (S. 97).

Die Beschreibung der Umsetzung von „Kollegialer Beratung und Supervision“ zeigt deutlich, dass SCHLEE zu Recht „die sichere Beherrschung des anteilnehmenden Zuhörens“ (S. 143) als zentrale Voraussetzung für die vollständige Umsetzung seiner Konzeption, die über eine „Kollegiale Unterstützungsgruppe“ hinausgeht, fordert. Dieser Umstand dürfte jedoch angesichts der gegenwärtigen Ausbildung von Lehrkräften und der aktuellen schulischen Rahmenbedingungen einer weitreichenden Verbreitung der Konzeption zur Personalentwicklung entgegenstehen. Darüber hinaus gibt es in manchen Kollegien „auch Situationen, in denen personales Lernen am besten über die Sachebene, z. B. ein Projekt der Schulentwicklung, erreicht wird, weil andernfalls Ängste und Scham zu Lernblockaden führen würden“ (ROLFF, 1998, S. 304).

Gegen eine Ausbreitung der „Kollegialen Beratung und Supervision“ sprechen auch schulartspezifische Unterschiede, die Größe der meisten Kollegien und die zeitlichen Rahmenbedingungen an den Schulen. Sie dürften die Berücksichtigung der formalen Auflagen, die SCHLEE für den Sitzungsablauf macht, sehr schwierig machen.

2.2.3.4 *Evaluation*

Ein weiteres Argument, das Zweifel an der Praxisrelevanz der Konzeption berechtigt, liegt in der fehlenden empirischen Überprüfung von Ergebnissen der „Kollegialen Beratung und Supervision“.

SCHLEE (1998) erwähnt zwar, „dass er seit etwa zehn Jahren (...) Erfahrungen mit der Kollegialen Beratung und Supervision“ (S. 4) macht und dass er das Konzept im Rahmen eines „umfangreichen Fortbildungsprogramms für Lehrerinnen und Lehrer (...) an berufsbildenden Schulen“ (S. 30) entwickelte und erfolgreich erprobte. Empirische Belege für die Tragfähigkeit der Konzeption werden in der Publikation jedoch nicht geboten. Auch die Auswirkungen dieser Form der Personalentwicklung auf die anderen Bereiche von Schulentwicklung werden nicht thematisiert. Es erscheint daher etwas vermessen, wenn SCHLEE indirekt die Überlegenheit seines Ansatzes im Vergleich zu anderen Reformbestrebungen innerer Schulentwicklung mit folgender Bemerkung hervorhebt:

„Ohne die Bedeutung von guten Ausstattungen und Konzeptionen schmälern zu wollen, was letztlich zählt, ist die konkrete Gestaltung der zwischenmenschlichen Beziehungen" (S. 14).

SCHLEY (1998) weist in diesem Zusammenhang darauf hin, dass sich „der Versuch, die Organisation Schule über psychologische Prozesse zu verändern, in dem (sic!) Konflikte, Probleme, Ängste, Rivalitäten und Rückzüge in Supervisionen und Workshops explizit thematisiert wurden, (...) als nur begrenzt funktional und zielführend erwiesen" (S. 25) hat.

Trotz der Relativierung der Bedeutung der Konzeption für eine umfassende innere Schulentwicklung, ist hervorzuheben, dass die „Kollegiale Beratung und Supervision" wichtige Impulse für eine gezielte Personalentwicklung im Sinne von Personalfortbildung und Persönlichkeitsentwicklung bietet.

2.2.4 Zusammenfassung

In den theoretischen Grundlagen und Zielsetzungen sowie in den Umsetzungsplänen der einzelnen Konzeptionen werden in unterschiedlichem Ausmaß die Merkmale guter Schule aufgegriffen. Entsprechend der jeweiligen Schwerpunktsetzung stehen Ziele aus dem Bereich der Organisationsentwicklung, der Unterrichtsentwicklung oder der Personalentwicklung im Vordergrund. Neben diesen Schwerpunkten finden in den einzelnen Konzepten teilweise auch Merkmale aus anderen Bereichen Beachtung:

Im „Institutionellen Schulenwicklungs-Prozess" werden neben Merkmalen guter Schule aus dem Bereich der Organisationsentwicklung vor allem auch Ziele aus der Personalentwicklung thematisiert. Die Qualitätsmerkmale zur Unterrichtsentwicklung kommen hingegen nur randständig vor. Bei der „Pädagogischen Schulentwicklung" stehen erwartungsgemäß Ziele zur Unterrichtsentwicklung im Mittelpunkt der Konzeption. Indikatoren guter Schule aus den beiden anderen Bereichen werden hingegen nur in ihrer die Unterrichtsreform unterstützenden Funktion erfasst. In der „Kollegialen Beratung und Supervision“ finden nur die Ziele zur Personalentwicklung umfassende Berücksichtigung. Durch das fast vollständige Ausblenden der beiden anderen Bereiche innerer Schulentwicklung werden hier deutlich weniger Merkmale guter Schule aufgegriffen als in den beiden anderen Konzepten.

Obwohl in den Zielsetzungen der vorgestellten Schulentwicklungskonzepte jeweils ein spezifischer Entwicklungsbereich angesprochen wird, wollen die Verfasser innere Schulentwicklung umfassend vorantreiben. Die jeweils anderen Bereiche sollen im Rahmen innerschulischer Prozesse vor allem von den Lehrkräften der einzelnen Schule aufgegriffen werden. Eine empirisch abgesicherte Antwort, wie dies ohne eine umfassende, explizite konzeptionelle Berücksichtigung aller Merkmale guter Schule geschehen kann, bleiben die Autoren schuldig.

Eine empirisch abgesicherte Evaluation des auf einen Bereich innerer Schulentwicklung zentrierten Vorgehens wird nur in Ansätzen geleistet. Unklar ist damit auch, in welchem Umfang mit den jeweiligen Konzepten innere Schulentwicklung an den einzelnen Schulen und Schularten angestoßen werden konnte. Dadurch, dass Wiederholungsmessungen fehlen, ist es auch nicht möglich, empirisch abgesicherte Aussagen zum Erfolg und zur Dauerhaftigkeit dieser Reformbemühungen zu machen.

Wissenschaftlich unbeantwortet bleibt auch die Frage, wie Kollegien, Schüler und Eltern der einzelnen Schulen darauf reagierten, dass ihnen mit KLIPPPERTs (2000c) und SCHLEEs (1998) Konzepten durchstrukturierte Handlungsanweisungen vorgegeben wurden. Weiterhin fehlt eine Antwort auf die Frage, in welchem Umfang die tatsächlichen Bedürfnisse der Einzelschulen Berücksichtigung fanden. Unklar ist auch, wer in der Praxis an den einzelnen Schulen den Anstoß zum Umsetzen der einen oder anderen Konzeption gab. Wenn dies vor allem durch Druck von Schulleitungen oder Personen der Schulaufsicht geschehen sein sollte, dann wäre diese innere Schulentwicklung in Wirklichkeit eine von außen oktroyierte Schulreform gewesen. Die im ersten Kapitel beschriebenen Erfahrungen aus der Zeit der äußeren Schulreformen zeigten, dass ein solches Vorgehen dazu führte, dass die intendierten Reformen nur geringe Auswirkungen auf die einzelne Schule hatten.

2.3 Folgerungen für die Konzeption einer wahrnehmungsorientierten Schulentwicklung

Die Analyse wesentlicher Ergebnisse der angloamerikanischen und deutschen Schulqualitätsforschung ergibt einen Merkmalskanon, der als „Leitbild der Schulentwicklung“ (BARGEL, 1992, S. 29) aufgegriffen werden kann. Diese Verknüpfung von empirisch überprüften Indikatoren guter Schule mit den Zielen innerer Schulentwicklung bringt eine normative Perspektive in die Erforschung der Frage, wie sich eine Schule zu einer guten Schule entwickeln und wie sie dieses Qualitätsniveau dauerhaft halten kann.

Die Auseinandersetzung mit populären deutschen Konzeptionen zur inneren Schulentwicklung zeigt, dass diese normativen Indikatoren aufgrund der jeweiligen Bereichszentrierung weder umfassend noch ausgewogen berücksichtigt werden. Die Verfasser der vorgestellten Konzeptionen zur inneren Schulentwicklung beantworten auf der Basis ihrer bereichsspezifischen Handlungsvorschläge vor allem den zweiten Teil der Doppelfrage „Was ist eine gute Schule und wie ist sie zu verwirklichen?“ (STEFFENS & BARGEL, 1987, S. 1). Ein explizites konzeptionelles Aufgreifen aller relevanten Merkmale guter Schule als Ziele innerer Schulentwicklung muss daher noch erfolgen. Hierzu wird im Rahmen dieser Arbeit ein Beitrag geleistet:

In Modell und Untersuchungsdesign, welche die praktische Umsetzung und wissenschaftliche Evaluation einer wahrnehmungsorientierten Schulentwicklung bieten sollen, werden, wie in Kapitel 2.1 dargelegt, alle wesentlichen Qualitätsmerkmale guter Schule integriert. Hierbei stellt sich jedoch die Frage, wie die einzelnen Schulen mit der Komplexität, die eine umfassende Berücksichtigung aller Indikatoren mit sich bringt, umgehen können. Diese Vielschichtigkeit ist vor allem dadurch gekennzeichnet, dass die Merkmale sowohl in ihren spezifischen Bedeutungen als auch in ihren merkmalsübergreifenden Bedeutungszusammenhängen berücksichtigt werden sollten. Eine Antwort auf die Frage nach dem Umgang mit dieser Komplexität vermeiden die Verfasser der beschriebenen Konzeptionen zum einen dadurch, dass sie sich auf einen Bereich von Schulentwicklung mit den darin enthaltenen Merkmalen guter Schule konzentrieren. Zum anderen umgehen sie eine Klärung, indem sie die zentralen Gruppen im System Schule, die Lehrer-, Schüler- und Elternschaft, in den jeweiligen Konzepten als eher passive Umsetzende ihrer von außen angetragenen Rezepte sehen.

Im Rahmen von wahrnehmungsorientierter Schulentwicklung wird hingegen bewusst versucht, die Frage einer Komplexitätsreduktion bei gleichzeitiger Aktivierung der Lehrkräfte der einzelnen Schule zu beantworten:

Damit Lehrkräfte die innere Entwicklung an ihrer Schule aktiv gestalten können, müssen sie zunächst alle Indikatoren guter Schule auf übersichtliche Weise wahrnehmen und mit der Situation vor Ort vergleichen können. Hierzu bietet sich eine anonyme Befragung mit einem handhabbaren Fragebogeninstrument an.

Die Vorstellung, dass eine derartige Erhebung als Eingangsdiagnose am Beginn des Entwicklungsprozesses an der Einzelschule sein kann, wird in den vorgestellten Konzepten nur von DALIN, ROLFF und BUCHEN umgesetzt (DALIN et al., 1995, S. 44-47) und im Rahmen von Fallstudien empirisch überprüft (BUHREN & ROLFF, 1996). Da das hierfür vorgesehene Instrumentarium Mängel aufweist,[19] muss für die Umsetzung von wahrnehmungsorientierter Schulentwicklung in der vorliegenden Forschungsliteratur nach einem geeigneten standardisierten Untersuchungsinstrument gesucht werden. Neben den formalen, empirischen Ansprüchen muss das Diagnoseinstrument auch auf der Inhaltsebene wissenschaftlichen Anforderungen genügen:

Es muss sowohl die beschrieben Qualitätsmerkmale guter Schule enthalten als auch durch seinen Aufbau einen Soll- und Ist-Vergleich mittels einer Rating-Skala ermöglichen. Durch die Beurteilung der Bedeutung von Zielen innerer Schulentwicklung im Idealfall

---

19 Der als Diagnoseinstrument vorgesehene „Guide to Institutional Learning (GIL)" wurde bereits in Kapitel 2.2.1.3 kurz vorgestellt. Dieses Instrument sowie das „IFS-Schulbarometer", eine Fragebogensammlung des INSTITUTS FÜR SCHULENTWICKLUNGSFORSCHUNG (1996), werden in Kapitel 4.2.1.2 beschrieben und kritisiert.

und durch die Einschätzung der Art und Weise, wie diese Ziele an der eigenen Schule bislang verwirklicht wurden, können sich die Lehrkräfte ihre individuellen Wahrnehmungen bewusst machen.[20] Diese Einschätzungen sollen dann zu kollegialen Wahrnehmungen zusammengefasst und den drei Bereichen innerer Schulentwicklung zugeordnet werden.

Ein Vergleich der kollegialen Wahrnehmungen von idealer und realer Schule kann die tatsächliche Bedarfslage hinsichtlich innerer Schulentwicklungsmaßnahmen vor Ort verdeutlichen. Die Wahrnehmung, Einschätzung und Diskussion der Merkmale idealer und realer Schule kann Lehrkräften helfen, über das Erkennen des tatsächlichen innerschulischen Innovationsbedarfs zur Planung und Einleitung konkreter Maßnahmen innerer Entwicklung in einem oder mehreren Bereichen zu gelangen. Vielleicht gelingt es im Rahmen einer derartigen inneren Entwicklung, in der menschliche Bedürfnisse „nach Kompetenzerfahrung", „sozialer Eingebundenheit" und „Autonomie" (KRAPP & RYAN, 2002, S. 72) aufgegriffen werden, „Motivation, Interesse und Wohlbefinden" (S. 71) zu erreichen.

Die mit dem Fragebogeninstrument in der Eingangsdiagnose gewonnenen Erkenntnisse hinsichtlich der Wahrnehmungen der Lehrkräfte sollen durch den Einsatz des empirisch geprüften Verfahrens des „Institutionellen Schulentwicklungs-Prozesses" (BUHREN & ROLFF, 1996), der Survey-Feedback-Methode (ROSENSTIEL, 1995), für die innere Entwicklung an der einzelnen Hauptschule fruchtbar gemacht werden. Dieses Verfahren bietet für eine bedarfsgerechte innere Schulentwicklung den passenden flexiblen formalen Rahmen. Die im Design von „Pädagogischer Schulentwicklung" und „Kollegialer Beratung und Supervision" vorgegebenen formalen Strukturen lassen eine derartige Flexibilität nicht zu.

---

20 In Kapitel 1.2 wurde die Wahl der bayerischen Hauptschule als Schulart für die Konzeption, Erprobung und Evaluation einer wahrnehmungsorientierten Schulentwicklung erläutert. Aufgrund der unterschiedlichen Strukturen und den daraus resultierenden potentiell unterschiedlichen Bedarfslagen der bayerischen Schularten erscheint es sinnvoll, dass mit einem Instrument, das den beschriebenen Aufgaben entsprechen soll, auch die Besonderheiten der Hauptschule berücksichtigt werden können.

Das standardisierte Diagnoseinstrument und die Survey-Feedback-Methode bieten darüber hinaus die Möglichkeit, ein empirisches Modell sowie ein Untersuchungsdesign zu konzipieren, mit deren Hilfe es möglich ist, wissenschaftlich zu beschreiben, *ob* und *wie* Wahrnehmungen von Lehrkräften innere Schulentwicklungsprozesse an bayerischen Hauptschulen *indizieren, initiieren* und *evaluieren* können.

Der wiederholte Einsatz des Instruments ist die Basis für eine derartige Evaluation innerer Schulentwicklung unter der Berücksichtigung der Wahrnehmungen von Lehrkräften. Die Erhebungsergebnisse ermöglichen den Vergleich von Wahrnehmungen und tatsächlichen Maßnahmen innerer Schulentwicklung an den einzelnen Hauptschulen. Dieser Vergleich soll durch die nachträgliche Quantifizierung der realen Schulentwicklungsmaßnahmen im Rahmen von Expertenkonsensus ermöglicht und anschließend empirisch abgesichert werden. Auf diese Weise kann eine auf den Ergebnissen der Schulqualitätsforschung begründete wahrnehmungsorientierte Schulentwicklung unter Verwendung quantitativer Methodik *evaluiert* werden.

Über eine derartige innere Schulentwicklung, in der die Wahrnehmung von Schulqualität durch Lehrkräfte im Rahmen der explorativen Untersuchung erforscht wird, kann ein Beitrag zur Hypothesengeneration und Theoriebildung geleistet werden. Im Vergleich zur eingeschränkten Evaluation des „Institutionellen Schulentwicklungs-Prozesses" und der „Pädagogischen Schulentwicklung" kann die Wirksamkeit sowie die Übertragbarkeit der Forschungsergebnisse, die bei der quantitativen Untersuchung einer wahrnehmungsorientierten inneren Schulentwicklung gewonnen werden, empirisch fundiert abgesichert werden.

3 Modell und Fragestellungen

3.1 Modell

3.1.1 Gesamtmodell

Die Darlegung wesentlicher Erträge der Schulqualitätsforschung und die Analyse ausgewählter Schulentwicklungskonzeptionen verdeutlichten, dass es notwendig ist, ein Modell innerer Schulentwicklung zu erarbeiten, das sowohl einen Beitrag zur Überwindung der beschriebenen Defizite in der Schulentwicklungsforschung leistet als auch Wege zur Lösung konzeptioneller Probleme, die sich in der aktuell praktizierten Schulentwicklungsarbeit offenbaren, aufzeigt.

Das Modell zur *Indizierung*, *Initiierung* und *Evaluation* einer wahrnehmungsorientierten Schulentwicklung soll diesen wissenschaftlichen und praktischen Ansprüchen gerecht werden. Mittels der Modellvorstellung muss verdeutlicht werden, wie die einzelne Schule eine bereichsübergreifende, tatsächliche innere Entwicklung erreichen kann, wie die Betroffenen zu Beteiligten werden können und wie wissenschaftliche Begleitung und Evaluation innerer Schulentwicklung ablaufen kann.

Zur besseren Nachvollziehbarkeit der Begründung eines Gesamtmodells zur Umsetzung und Erforschung von wahrnehmungsorientierter Schulentwicklung im Rahmen einer explorativen Untersuchung erfolgt in Abbildung 3-1 zunächst eine grafische Darstellung des Modells:

Abbildung 3-1: Gesamtmodell einer wahrnehmungsorientierten Schulentwicklung

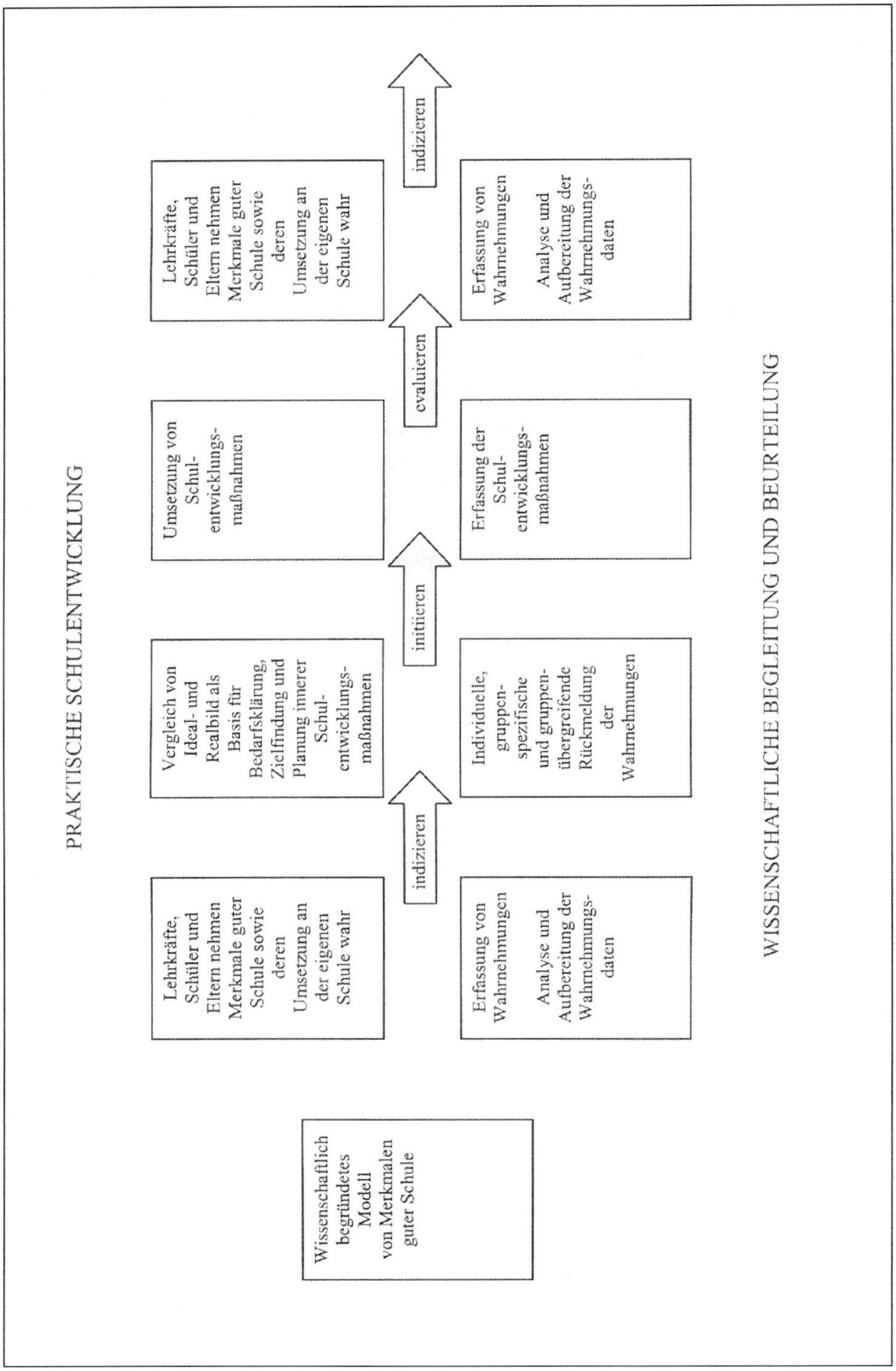

Für die Konzeption eines Gesamtmodells zur Umsetzung und Erforschung von innerer Entwicklung an der Einzelschule werden die grundlegenden Merkmale guter Schule als Zielvorgaben aufgegriffen. Darüber hinaus muss darauf geachtet werden, dass die einzelnen entwicklungsbereiten Schulen in der Lage sind, die für ihre Bedürfnisse passenden Ziele und Umsetzungswege finden zu können. Schulentwicklungsforscher haben im Rahmen einer von Handlungsforschung (KLAFKI, 2002; BORTZ & DÖRING, 2002) geprägten Modellvorstellung eine doppelte Aufgabe:[1]

Zum einen müssen sie die Mitglieder der Einzelschulen dabei unterstützen, den tatsächlichen Entwicklungsbedarf vor Ort zu erkennen, die Entwicklungsziele zu formulieren und umzusetzen sowie die durchgeführten Maßnahmen durch Unterstützung von außen zu *evaluieren*. Die Diskussions- und Planungsphasen sollen von ausgebildeten Schulentwicklungsmoderatoren gestaltet werden.[2]

Zum anderen ist es Aufgabe einer derartigen Forschung, den schulischen Entwicklungsprozess wissenschaftlich zu begleiten und zu beurteilen (COMBE & REH, 2000). Dabei steht die Klärung der Frage, *ob* und *wie* über die Wahrnehmung von Schulqualitätsmerkmalen durch Lehrkräfte, Schüler und Eltern innere Schulentwicklungsprozesse *indiziert*, *initiiert* und *evaluiert* werden können, im Mittelpunkt des Forschungsinteresses.

Im schulpraktischen Teil eines Gesamtmodells von innerer Schulentwicklung, die dazu beitragen soll, dass die Beteiligten an der einzelnen Schule ihre tatsächlichen Bedürfnisse erkennen können, müssen die Wahrnehmungen von Merkmalen guter Schule durch die Gruppen Lehrkräfte, Schüler und Eltern eine zentrale Stellung einnehmen. Über diese Wahrnehmungen sollen Einschätzungen guter Schule sowie deren Ausprägung an der jeweiligen Schule transparent werden. Die Gegenüberstellung der Einschätzungen von idealer Schule und realer Einzelschule durch die Mitglieder der jeweiligen Gruppe hilft

---

1 Die Verbindung der Wahrnehmung von Schulqualität im Rahmen innerer Schulentwicklung mit Handlungsforschung wurde in Kapitel 1.1.3.4 dargelegt.

2 Eine solche Moderation können die in Kapitel 2.2.1.3 erwähnten Schulentwicklungsmoderatoren, welche seit 1998 auch an der bayerischen AKADEMIE FÜR LEHRERFORTBILDUNG UND PERSONALFÜHRUNG ausgebildet werden, übernehmen.

dem Einzelnen, sich seiner individuellen Bedürfnisse hinsichtlich seiner Schule deutlicher bewusst zu werden. Der Vergleich des persönlichen Bedarfs mit den Anliegen der eigenen Gruppe sowie mit denen der anderen Gruppen an der Schule kann wichtige Handlungsfelder innerer Schulentwicklung *indizieren.*

An diesem Punkt der Modellvorstellung, die formal nach der Survey-Feedback-Methode[3] ausgerichtet ist, hat der Schulentwicklungsforscher die Aufgabe, den schulischen Gruppen zu helfen, ihre Bedürfnisse zu erkennen. Das Modell einer wahrnehmungsorientierten Schulentwicklung sieht vor, dass er mittels eines standardisierten Instruments die Wahrnehmungen der Individuen an der Einzelschule erfasst. Durch die Beurteilung der Merkmale guter Schule und deren Umsetzung an der eigenen Schule sollen diese Wahrnehmungen offensichtlich werden. Die Erfassung der Wahrnehmungen erfolgt unter Wahrung der Anonymität der teilnehmenden Personengruppen. Wesentliche Ergebnisse der Datenerhebung werden zunächst für eine anonyme Rückmeldung grafisch aufbereitet. Anschließend stellt der Wissenschaftler Zusammenfassungen der Wahrnehmungen sowohl für die einzelnen Gruppen als auch über alle beteiligten Personengruppen hinweg grafisch dar. Die Präsentation soll die gruppen- und schulspezifischen Bedürfnisse der beteiligten Personen verdeutlichen. Mit dieser aufbereiteten „Spiegelung" der Daten trägt der Wissenschaftler dazu bei, dass zu erwartende Diskrepanzen zwischen Ideal- und Realbild von den Mitgliedern der Einzelschule wahrgenommen und dadurch Maßnahmen innerer Schulentwicklung angezeigt werden können. Die Wahrnehmung von Schulqualitätsmerkmalen als Ideale sowie der Blick auf die Umsetzung dieser Ideale in der Realität der Einzelschule kann somit innere Schulentwicklung *indizieren.*

Eine professionell moderierte Rückmeldung der Wahrnehmungen soll den Gruppen an der Einzelschule helfen, über Diskussionsprozesse auf der Grundlage der spezifischen Bedürfnisse Handlungsfelder innerer Schulentwicklung zu erkennen. Eine Debatte der Erhebungsergebnisse an der Einzelschule bildet die Basis dafür, dass die beteiligten Personen mit Hilfe von Schulentwicklungsmoderatoren Ziele innerer Schulentwicklung

---

3 Diese Methode, die in Kapitel 4.2.2 beschrieben wird, findet vor allem in der Organisationspsychologie zur Verknüpfung von Handlungsforschung und Organisationsentwicklung Berücksichtigung (ROSENSTIEL, 1995).

formulieren und Schulentwicklungsmaßnahmen planen können. Lehrkräfte, Schüler und Eltern werden über die beschriebene Wahrnehmungsorientierung zur selbstbestimmten *Initiierung* von Veränderungsprozessen im Rahmen innerer Schulentwicklung motiviert (KRAPP & RYAN, 2002).

Die Auswahl von als geeignet betrachteten Maßnahmen[4] für die Umsetzung von wahrnehmungsorientierter Schulentwicklung wird im Rahmen eines derartigen Vorgehens von den Schulen selbst vorgenommen. Ein von wissenschaftlicher Seite äußerlich oktroyiertes Treatment zur Untersuchung der Konzeption würde dem in Kapitel 1.1.1 beschriebenen Desiderat innerer Schulentwicklungsforschung widersprechen.

Die Umsetzung der Maßnahmen zur Entwicklung der Einzelschule wird durch den Forscher dokumentiert und empirisch erfasst. Das Modell einer wahrnehmungsorientierten Schulentwicklung sieht die erneute Erfassung der Wahrnehmungen der Individuen und die anschließende Reflexion über erreichte Veränderungen an der Einzelschule vor. Die Rückmeldung dieser Wahrnehmungen sowie deren Vergleich mit den Ergebnissen der ersten Messung bietet den Schulen eine *Evaluation* der Schulentwicklungsmaßnahmen. Eine Annäherung von Ideal- und Realbild wird bei den Mitgliedern der einzelnen Schule „Motivation, Interesse und Wohlbefinden“ (KRAPP & RYAN, 2002, S. 71) erzeugen. Laufende Maßnahmen können neu ausgerichtet, abgeschlossene Projekte in ihren Wirkungen *beurteilt* und neue Handlungsfelder erkannt werden. Bei einzelnen Schulqualitätsmerkmalen kann sich an der Einzelschule ein Gleichgewicht zwischen Ideal und Wirklichkeit ergeben. An dieser Stelle können dann Qualitätsmerkmale, die zunächst als weniger bedeutsam eingestuft wurden, aufgegriffen werden. Sollten sich die Wahrnehmungen von idealer und realer Schulqualität trotz eingeleiteter und durchgeführter Maßnahmen nicht annähern, so muss mit einem Abbruch innerer Entwicklungsbemühungen gerechnet werden. Über gravierende Veränderungen der bislang ergriffenen Maßnahmen könnte ein derartiges Ende vermieden werden und letztlich positive Veränderungen in der Schule doch noch zu „Wohlbefinden“ und zu Wahrnehmungsveränderungen führen.

---

4 Diese Maßnahmen werden im Folgenden als „Treatment“ im Sinne eines neutralen Begriffes für verschiedenartige Interventionen bezeichnet.

Die Daten, welche im Zusammenhang mit der Umsetzung von Schulentwicklungsmaßnahmen gewonnen werden, und die Wahrnehmungsdaten bilden die Grundlage für die Erforschung einer wahrnehmungsorientierten Schulentwicklung im Rahmen einer explorativen Untersuchung. Das Modell ermöglicht auf die beschriebene Art und Weise eine Verknüpfung von Theorie und Praxis. Die Realität an der Einzelschule wird mit wissenschaftlicher Unterstützung durch die an ihr wirkenden Personen wahrgenommen, diskutiert und gegebenenfalls verändert. Über die wiederholte empirische Datenerfassung werden schulpraktische und wissenschaftliche Fragen beantwortet. Die Umsetzung der Modellvorstellung beinhaltet damit die Möglichkeit, eine längerfristige oder sogar dauerhafte wahrnehmungsorientierte Schulentwicklung über wissenschaftliche Begleitforschung zu *evaluieren*.

Die Ressourcen, die im Rahmen einer Dissertation zur Verfügung stehen, reichen nicht aus, um alle beschriebenen Elemente einer wahrnehmungsorientierten Schulentwicklung erforschen zu können. Daher müssen begründet Schwerpunkte gesetzt werden, aus denen ein Modell zur Untersuchung dieser Form von Entwicklung an Schulen abgeleitet werden kann.

3.1.2 Untersuchungsmodell

Wie in Kapitel 1.2 dargelegt, wird von den bundesdeutschen Schularten die bayerische Hauptschule als Schulart für das Design, die Erprobung und die Evaluation einer wahrnehmungsorientierten Schulentwicklung ausgewählt.

In einer Schulart, die noch stark hierarchisch strukturiert ist[5], kann das gleichzeitige Integrieren aller an Schule Beteiligten zu Beginn eines innerschulischen Entwicklungsprozesses die Gefahr einer Überforderung beinhalten. Eine derartige

5 Diese Hierarchie zeigt sich in Bayern u. a. darin, dass der Grund- und Hauptschule im Gegensatz zu Realschule und Gymnasium mit den Schulämtern eine weitere Verwaltungs- und Beurteilungsinstanz vorgeschaltet ist.

Gefährdung ist auch darin zu sehen, dass eine konzeptionelle Schulentwicklung gegenwärtig erst an einzelnen bayerischen Hauptschulen umgesetzt wird.[6] Praktische Erfahrungen mit systematischer Schulentwicklung liegen daher für die Hauptschule kaum vor.[7] Es erscheint deshalb sinnvoll, dass der Start einer wahrnehmungsorientierten Schulentwicklung in dieser Schulart zunächst in den Händen der Lehrkräfte der jeweiligen Kollegien liegt.

Die auf der Grundlage der Lehrerwahrnehmungen entwickelten Zielsetzungen sollten anschließend mit Schülern und Eltern abgestimmt und umgesetzt werden. Auf Basis der Erfahrungen, die sich durch die Umsetzung dieses Untersuchungsmodells einer wahrnehmungsorientierten Schulentwicklung ergeben, können von wissenschaftlicher Seite zukünftig geeignete Instrumente zum Erfassen von Schüler- und Elternwahrnehmungen entwickelt und zur Eingangsdiagnose hinsichtlich bedarfsgerechter Veränderungen sowie für Veränderungsmessungen eingesetzt werden.

Vor der genaueren Begründung eines Modells zur Untersuchung von innerer Schulentwicklung an bayerischen Hauptschulen, die auf der Wahrnehmung von Schulqualität durch die jeweiligen Lehrkräfte beruht, wird in Abbildung 3-2 zunächst ein Ablaufschema vorgestellt:

---

6 CD-ROM-Produktionen des STAATSINSTITUTS FÜR SCHULPÄDAGOGIK UND BILDUNGSFORSCHUNG MÜNCHEN (2000) und des PÄDAGOGISCHEN INSTITUTS DER STADT NÜRNBERG (2001) zur Schulinnovation in Bayern belegen diese Aussage.

7 Diese Aussage ist auch auf die anderen Arten staatlicher Schulen in Bayern übertragbar.

Abbildung 3-2: Untersuchungsmodell einer wahrnehmungsorientierten Schulentwicklung

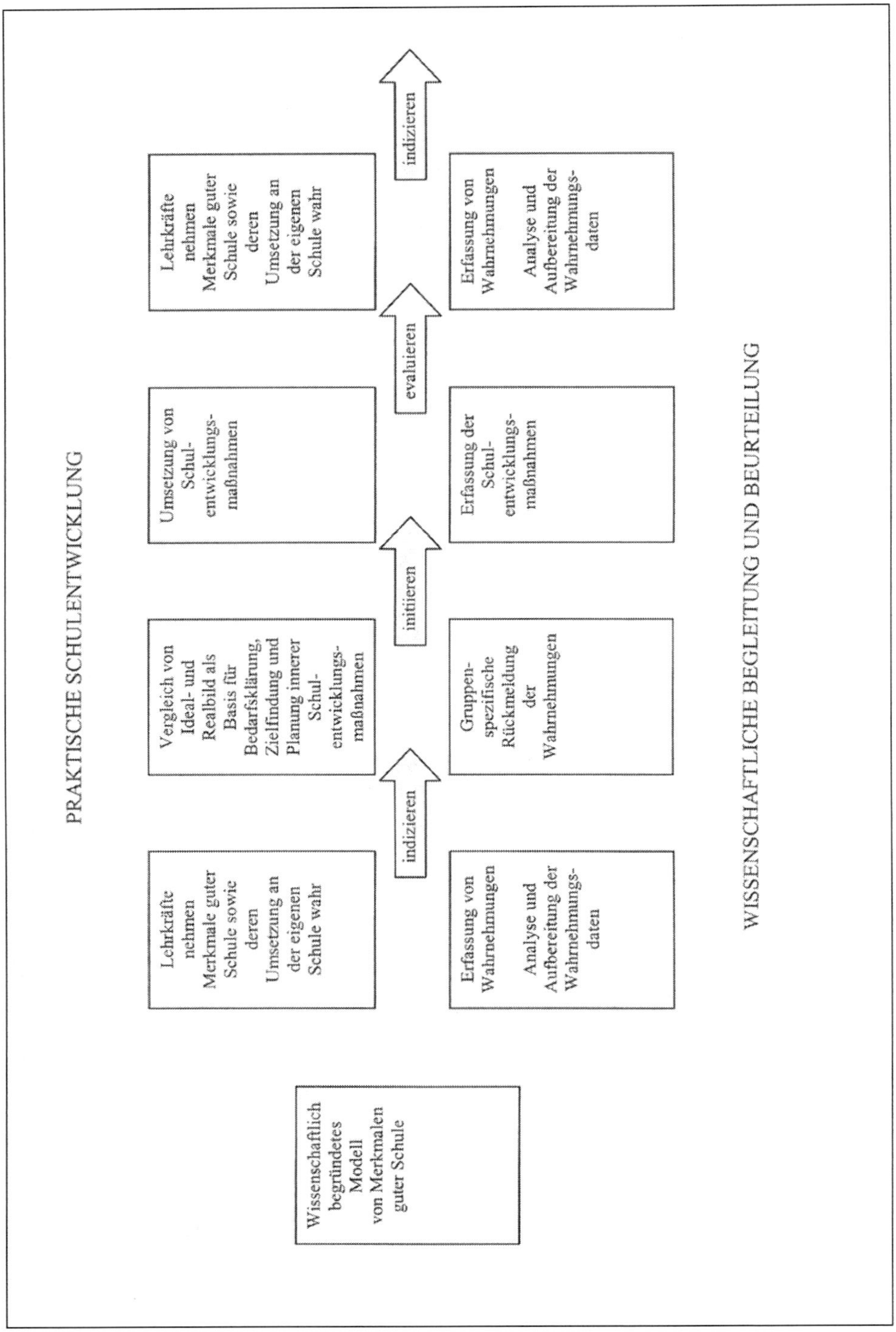

Das Untersuchungsmodell beschreibt die wissenschaftliche Zielsetzung dieser Arbeit, *ob* und *wie* über die Wahrnehmung von Schulqualität durch Lehrkräfte innere Schulentwicklungsprozesse *indiziert*, *initiiert* und *evaluiert* werden können. Es beruht wie das Gesamtmodell in seinen Annahmen auf den dargestellten Ergebnissen der Schulqualitätsforschung sowie auf dem Resultat der Analyse von Konzeptionen zur Umsetzung innerer Schulentwicklung:

Diese Modellvorstellung sieht vor, dass die Lehrkräfte eines Hauptschulkollegiums[8] die empirisch aufbereiteten und den drei Schulentwicklungsbereichen zugewiesenen Merkmale als Ideale guter Schule sowie in ihrer Umsetzung an der eigenen Schule zunächst individuell wahrnehmen. Mittels einer Rating-Skala schätzen sie dabei gleichzeitig die spezifische Bedeutung der Merkmale als Ideal für die von ihnen vorgestellte gute Schule und in ihrer Realität an der eigenen Schule ein.

Zusätzlich soll erforscht werden, ob es einen Unterschied zwischen einer auf die ganze Schule bezogene und einer auf die persönlichen Anliegen gegenüber der Schule gerichtete Einschätzung der Schulqualitätsmerkmale gibt. Hierfür müssen sich die Merkmale guter Schule auf eine ideale Lehrkraft und auf das reale Selbstbild beziehen und von den Lehrkräften ebenfalls über die Rating-Skala eingeschätzt werden können.

Im Rahmen der Survey-Feedback-Methode werden die Daten von wissenschaftlicher Seite grafisch aufbereitet und dem Kollegium zurückgemeldet. Hierbei sind die Daten der einzelnen Lehrkräfte zu kollegialen Gesamtdaten zusammengefasst. Die Anonymität der Einzelperson, die eine offene Meinungsäußerung ermöglicht, bleibt damit gewahrt. Die kollegialen Wahrnehmungen, die auf Basis zu erwartender Diskrepanzen zwischen Ideal- und Realeinschätzungen schulspezifische Maßnahmen innerer Schulentwicklung *indizieren*, werden anschließend im Rahmen von moderierten Sitzungen besprochen.

---

8 Da anzunehmen ist, dass die Leitung ihre Schule aus einer anderen Perspektive wahrnimmt, wird bewusst auf eine anonyme Befragung dieser Personengruppe verzichtet. Die Wahrnehmungen der Lehrkräfte, die keine Funktionsämter ausüben, sollen im Rahmen des Untersuchungsmodells unverfälscht im Zentrum des Forschungsinteresses stehen. Sollten Schulleitungen dennoch an der Erhebung teilnehmen wollen, so müssen sie ihre Bögen kennzeichnen.

Die Moderation sollen externe Hauptschullehrkräfte, die von der AKADEMIE FÜR LEHRERFORTBILDUNG UND PERSONALFÜHRUNG DILLINGEN im Auftrag des BAYERISCHEN STAATSMINISTERIUMS FÜR UNTERRICHT, KULTUS, WISSENSCHAFT UND KUNST (1998) ausgebildet wurden, übernehmen. Mit einer derartigen Moderation ist beabsichtigt, „den Interaktions- und Kommunikationsprozess (...) zu steuern und zu fördern" (ROLFF, BUHREN, LINDAU-BANK, & MÜLLER, 1998, S. 136). Der Moderator ist dabei „kein Leiter (...) im Sinne eines hierarchischen Gefüges, sondern ein Wegbereiter für die Kommunikation, der zu Transparenz und Offenheit (...) verhilft" (S. 136). Der externe Status ist zur Verwirklichung der Ziele ebenso wichtig wie die Kenntnis des Systems Schule mit den drei Bereichen innerer Entwicklung.

Die Datendiskussion stellt die Basis für das Finden gemeinsamer Ziele innerer Schulentwicklung dar. Diese spezifischen Zielsetzungen bilden wiederum die Grundlage für erste kollegiale Planungsarbeiten, welche konkrete Maßnahmen innerer Schulentwicklung *initiieren* sollen. Die Lehrkräfte an der einzelnen Schule setzen die jeweiligen Entwicklungsmaßnahmen anschließend um. Schüler und Eltern sollten über die Umsetzung gemeinsamer Maßnahmen möglichst frühzeitig in den inneren Entwicklungsprozess einbezogen werden. Gegebenenfalls können auch externe Experten zur Verwirklichung solcher Maßnahmen hinzugezogen werden.

Die Kollegien der an wahrnehmungsorientierter Schulentwicklung teilnehmenden Schulen legen auf der Basis der spezifischen Bedürfnisse ein aus wissenschaftlicher Sicht notwendiges Treatment fest, dessen Effekte über die erneute Erhebung der Wahrnehmungen und die Erfassung der tatsächlich durchgeführten Maßnahmen innerer Entwicklung gemessen werden. Wie im Gesamtmodell wird damit auch im Untersuchungsmodell vermieden, dass ein äußerlich oktroyiertes Treatment dem in Kapitel 1.1.1 beschriebenen Desiderat innerer Schulentwicklungsforschung widerspricht.

Die Messung der Wahrnehmungen soll zu drei Zeitpunkten erfolgen, „da Untersuchungen mit drei oder mehr Messzeitpunkten erheblich vorteilhafter sind als Untersuchungen mit nur zwei Messzeitpunkten" (BORTZ & DÖRING, 2002, S. 557):

Die Wahrnehmungen der Lehrkräfte an den teilnehmenden Schulen werden am Beginn, in der Mitte und am Ende eines Kalenderjahres erhoben. Die zweite und dritte Erfassung der Lehrerwahrnehmungen bietet den Schulen gleichzeitig die Möglichkeit einer externen Evaluation ihrer inneren Entwicklung. Diese externe Beurteilung innerer Entwicklung auf der Basis von Wahrnehmungen soll durch die Erhebung und Analyse der tatsächlich umgesetzten Schulentwicklungsmaßnahmen ergänzt werden:

Zwischen erster und zweiter sowie zwischen zweiter und dritter Messung sollen die schulspezifischen praktischen Maßnahmen zur inneren Entwicklung vom Forscher dokumentiert und empirisch erfasst werden.

Die in der Publikation von BUHREN und ROLFF (1996) beschriebenen Erfahrungen lassen eine derartige Festlegung der Erhebungszeiträume als knapp bemessen erscheinen. Das bedarfsgerechte Aufgreifen von Handlungsfeldern innerer Schulentwicklung kann jedoch dazu beitragen, dass sich die Lehrkräfte der Schulen, die eine wahrnehmungsorientierte Schulentwicklung umsetzen möchten, motivierter mit innerer Entwicklung auseinandersetzen und damit auch schneller bedarfsgerechte Maßnahmen umsetzen (KRAPP & RYAN, 2002). Daher erscheint die Erwartung, dass über die zu den beschriebenen Messzeitpunkten erhobenen Daten signifikante Veränderungen belegt werden können, realistisch.

Zusätzlich ist darauf hinzuweisen, dass aus Sicht der Lehrkräfte ein Konzept zur inneren Entwicklung innerhalb eines Jahres greifen sollte. Mit wahrnehmungsorientierter Schulentwicklung soll eine bedarfsorientierte Konzeption vorgelegt werden, die diesem berechtigten Anspruch Rechnung trägt. Sollten durch die Umsetzung von innerer Schulentwicklung unter Berücksichtigung der Wahrnehmung von Schulqualität durch Lehrkräfte am Ende eines Jahres keine positiven Veränderungen zu beobachten sein, so ist ein Erfolg der Konzeption in der Praxis fraglich. Gravierende Probleme, verursacht durch schwierige Ausgangsbedingungen oder durch andauernde mangelhafte Rahmenbedingungen an der Schule vor Ort, können eine erfolgreiche innere Entwicklung verhindern.

Neben den Schulen, die sich an der Umsetzung einer wahrnehmungsorientierten Schulentwicklung beteiligen, sollen an einer weiteren Hauptschule die Wahrnehmungen der Lehrkräfte im beschriebenen Zeitraum erhoben werden. Leitung und Kollegium dieser

Schule sollen darauf verzichten, im Untersuchungszeitraum innere Entwicklung gezielt umzusetzen. An der Schule erfolgt daher auch keine Begleitung im Rahmen der Survey-Feedback-Methode. Mit dieser Kontrollgruppe soll für die Untersuchung von wahrnehmungsorientierter Schulentwicklung abgeschätzt werden, welchen Einfluss die wiederholte Bearbeitung des Erhebungsinstrumentes und andere unspezifische Merkmale auf die Interpretation der Daten haben können, die in den Schulen mit inneren Schulentwicklungsmaßnahmen erhoben wurden. Im experimentellen Sinne handelt es sich bei dieser Schule nicht um eine Kontrollgruppe, sondern um eine Begleitgruppe. Ein kontrolliertes Design, noch dazu mit randomisierter Zuteilung zu zwei Untersuchungsgruppen mit und ohne innere Schulentwicklung, lässt der damit verbundene Aufwand nicht zu. Auch die Erfahrung, dass innere Schulentwicklung aus einer Bereitschaft der Schule zur Veränderung hervorgehen muss, steht einer „experimentellen Behandlung“ von Schulen entgegen.

Die Untersuchung dieses Modells der inneren Schulentwicklung hat daher primär explorativen Charakter. Die Evaluation erfolgt über die Beschreibung des Effektes relevanter Einflussfaktoren auf den Veränderungsprozess, der sich aus induzierten Maßnahmen in den Schulen und den Wahrnehmungen der beteiligten Personen im Laufe eines Jahres ergibt.

3.1.3 Einflussfaktoren und Prozessvariablen

Bei der begleitenden Erforschung von wahrnehmungsorientierter Schulentwicklung geht es um die Beschreibung eines Prozesses über die Zeit. Hierbei müssen auch Einflussmerkmale, insbesondere solche, welche die Varianz in den Verläufen erklären helfen, identifiziert werden.

Die Untersuchung einer inneren Schulentwicklung unter Berücksichtigung der Wahrnehmung von Schulqualität durch Lehrkräfte ist zunächst dadurch geprägt, dass das Instrument zur Begleitmessung durch die Rückmeldung der Messergebnisse selbst zum Medium für Veränderungen wird. Ein weiteres prägendes Merkmal zeigt sich darin, dass sowohl die Interpretation der Befragungsergebnisse wie auch deren Konsequenzen schulspezifisch sind. Daraus ergeben sich für die Erforschung wahrnehmungsorientierter Schulentwicklung folgende Anforderungen:

Der Verlauf dieser Form innerer Schulentwicklung muss in standardisierter Weise erfasst und beschrieben werden. Gleichzeitig ist zu überprüfen, inwieweit es sich bei möglicherweise eintretenden Wahrnehmungsveränderungen um Spontaneffekte handelt, die auch ohne Teilnahme an dieser Form innerer Schulentwicklung zustande gekommen wären. Die Evaluation der Konzeption muss deshalb in empirisch abgesicherter Form belegen, dass die möglichen Effekte Auswirkungen von innerer Schulentwicklung unter Berücksichtigung der Wahrnehmung von Schulqualität durch Lehrkräfte darstellen.

Im Unterschied zu einem experimentellen Untersuchungsdesign lassen sich bei der Erforschung von wahrnehmungsorientierter Schulentwicklung keine unabhängigen Variablen im eigentlichen Sinn bestimmen. Es sind bei dieser explorativ angelegten Untersuchung vielmehr Einflussfaktoren zu berücksichtigen, die einerseits stabil, andererseits variabel und schließlich geplant sind. Im Hinblick auf den Erhebungszeitraum sind die Persönlichkeit der jeweiligen Lehrkräfte und die schulischen Rahmenbedingungen als stabil zu bezeichnen. Als variabel sind die spezifischen Maßnahmen zur Entwicklung an den einzelnen Schulen anzusehen. Die Messzeitpunkte stellen geplante Einflussfaktoren dar.

Das Fragebogeninstrument ist in diesem Zusammenhang als abhängige Variable beziehungsweise als Prozessvariable anzusehen. Diese lässt sich in Schulentwicklungsbereiche als globale Kategorien und in Items der Subskalen als spezifische Merkmale der guten Schule untergliedern. Die in Kapitel 2.1 beschriebenen Merkmale guter Schule bilden die Grundlage für den auf die Situation an bayerischen Hauptschulen abgestimmten Fragebogen.

Das Instrument soll zunächst Aussagen, welche diese Ziele guter Schule als Ideale beschreiben, enthalten. Weiterhin soll der Fragebogen auch Aussagen zur realen Situation an der einzelnen Hauptschule vorgeben. Diese Items werden auf der Basis der Aussagen zur idealen Schule formuliert. Abschließend soll das Instrument die Schulqualitätsmerkmale auch als Items zum idealen und realen Selbstbild der Lehrkräfte enthalten. Auf diese Weise wird die Wahrnehmung von Schulqualität in den Bereichen

Organisation, Personal und Unterricht durch die Einschätzung der eigenen Lehrerrolle vertieft.

Mittels des Fragebogens kann an der einzelnen Schule sowohl der Soll- als auch der Ist-Stand auf der Basis von Wahrnehmungen der Lehrkräfte erfasst werden. Dadurch, dass die Lehrkräfte die Fragebogenaussagen während verschiedener Abschnitte der wahrnehmungsorientierten Schulentwicklung beurteilen, werden die Items und Bereiche des Instruments zu abhängigen Variablen der Prozessanalyse.

Das Einschätzverhalten der Lehrkräfte hängt vermutlich von vielen äußeren Faktoren, beispielsweise dem Geschlecht, dem Dienstalter, der beruflichen Ausbildung, der bisherigen Berufserfahrung, dem schulischen Aufgabenbereich, der Situation an der Einzelschule, der individuellen Bewertung der aufgegriffenen Schulentwicklungsmaßnahmen, der persönlichen Sichtweise von Schule oder der privaten Lebenssituation, ab. In der Mehrzahl handelt es sich dabei um Faktoren, die vor dem Beginn von wahrnehmungsorientierter Schulentwicklung an den beteiligten Lehrkräften gemessen werden können oder um solche, die sich als stabile Merkmale der beteiligten Schulen zeigen.

Das für eine quantitative Untersuchung notwendige Treatment, das eine oder mehrere Komponenten umfassen kann, wird wesentlich vom Kollegium der einzelnen Hauptschule festgelegt. Es ist damit einerseits auf die individuellen Besonderheiten jeder einzelnen Schule abgestimmt. Andererseits wird es auch durch die Bewertungen der Lehrer einer Schule, aber auch durch die Einflüsse von Schülern und Eltern mitbestimmt. Damit ist zu erwarten, dass die ergriffenen Maßnahmen zwischen den einzelnen Schulen nicht homogen, sondern sehr variabel sein werden. Ein homogenes Treatment, das im Hinblick auf ursächlich hervorgerufene Veränderungen in allen teilnehmenden Schulen durchgeführt und evaluiert werden könnte, ist in der explorativen Untersuchung nicht zu realisieren, weil dies nicht mit den Prämissen der inneren Schulentwicklung vereinbar ist.

Das Treatment in dieser Untersuchung kann zum einen Veränderungen von Kognitionen wie Wahrnehmungen, Bewertungen und Einstellungen der teilnehmenden Lehrkräfte bewirken, die durch die mehrfache Befragung, die Rückmeldungen im Rahmen der Survey-Feedback-Methode sowie durch die daran anschließende Diskussion und das Nachdenken über Veränderungsmaßnahmen in den Kollegien bedingt sein können. Zum anderen gehört zu diesem Treatment, dass die Schulen Maßnahmen einleiten, deren Erfolg oder Misserfolg ebenfalls die Wahrnehmungen der Lehrer verändern kann. Hinzu kommt, dass sowohl die Rezeption des Survey-Feedbacks als auch die eingeleiteten Maßnahmen schulspezifisch sind und nur bedingt schulübergreifend aggregiert werden können. Daher sind auch Einflüsse, die von den vorgenommenen Interventionen ausgehen, nur als Begleitfaktoren zu integrieren.

Ein derartiger Begleitfaktor ergibt sich zunächst als Konsequenz aus der mehrfachen Rückmeldung der Ideal-Realbild-Mittelwerte im Verlauf des Prozesses. Dieser wird im Rahmen der Untersuchung nicht erhoben.[9]

In prozessorientierten Studien, in denen Treatments nicht randomisiert werden können, besteht das Risiko, dass beobachtete Veränderungen unspezifisch, das heißt nicht auf die eingeleiteten Maßnahmen zurückführbar sind. Alle Veränderungen sind konfundiert mit der vergangenen Zeit, mit schulinternen oder auch gesellschaftlichen Ereignissen und anderen Einflussfaktoren, die ebenfalls Veränderungsvarianz induzieren können. Zur Validierung der erhaltenen Ergebnisse ist es daher erforderlich, die durchgeführten Maßnahmen zu bewerten. Die Bewertung soll durch die Klärung der beiden folgenden Fragen geschehen:

Können die Aktivitäten tatsächlich als Maßnahmen innerer Schulentwicklung mit zumindest theoretisch zu erwartenden Einflüssen auf Veränderungen in der Schule gelten?

Als wie relevant und wirksam können diese Maßnahmen bezüglich der angestrebten inneren Schulentwicklung angesehen werden?

---

9 Zur Erfassung dieses Einflusses wäre eine zusätzliche Befragung der Lehrkräfte nötig. Fragen wie „Was hat die jeweilige Rückmeldung bei ihnen bewirkt?“ oder „Wie haben sich die Diskussionen um Schulentwicklung auf sie ausgewirkt?“ müssten hierbei im Vordergrund stehen. Auf eine derartige Erfassung wird im Rahmen der Untersuchung verzichtet, da zur Integration solcher Daten ein eigenes Modell erarbeitet werden müsste. Der Verzicht erscheint auch aufgrund der Vermutung sinnvoll, dass die Lehrkräfte nach den drei Befragungen im Rahmen der Erhebung eine weitere Befragung als eine nicht mehr zumutbare Belastung erleben würden.

Diese Beurteilung kann nicht von den beteiligten Lehrkräften selbst vorgenommen werden, sondern bedarf einer externen Einschätzung durch Experten für innere Schulentwicklung. Bislang existiert allerdings kein Katalog von Maßnahmen innerer Schulentwicklung. Ebenso fehlt ein Rating der Effizienz solcher Maßnahmen für Veränderungen in der Schule. Für die vorliegende Studie wird nunmehr der in Kapitel 4.2.3 beschriebene Delphi-Ansatz gewählt, der einen Konsens von Schulentwicklungsexperten über die Relevanz der durchgeführten Maßnahmen herbeiführt. Mit diesem Bezugssystem können dann rückwirkend die von den Schulen umgesetzten Maßnahmen über einen Vergleich mit der Bewertung dieser Aktivitäten durch Schulentwicklungsexperten quantifiziert werden.

3.1.3.1 Treatment – Maßnahmen innerer Schulentwicklung

Die teilnehmenden Schulen leiten, wie bereits begründet, jeweils schulspezifische Maßnahmen innerer Schulentwicklung ein. Für die Validierung möglicher Veränderungen in den Wahrnehmungen der Teilnehmer werden die Maßnahmen posthoc erfasst und nach Ähnlichkeit klassifiziert. Durch eine Gewichtung der Maßnahmen über die Relevanzbeurteilung durch Experten im Rahmen der Delphi-Methode kann Menge und Intensität der durchgeführten Maßnahmen als Faktor bestimmt und mit den beobachteten Veränderungen korreliert werden. Es wird also, quasi in Analogie zu medizinischen Behandlungen, die „Dosis" des Treatments nachträglich bestimmt und zur Begründung dafür herangezogen, dass mögliche beobachtete Veränderungen mit den durchgeführten Maßnahmen im Zusammenhang stehen.

Die schulspezifischen Maßnahmen zur Annäherung der von den Lehrkräften einer jeden Schule wahrgenommen Situation ihrer Schule an die Vorstellung einer idealen Schule werden im Rahmen des Untersuchungsansatzes retrospektiv erfasst und klassifiziert. Das bedeutet, dass die tatsächlich durchgeführten Maßnahmen im Hinblick auf ihre Relevanz für innere Schulentwicklung und ihre Intensität der Anwendung gewichtet werden. Auch die Gewichtung erfolgt empirisch anhand der vorgefundenen schulspezifischen Maßnahmen. Sie orientiert sich dabei an einem Expertenrating über Relevanz und Intensität der Maßnahmen, das wiederum studienimmanent mit der Delphi-Methode, entwickelt wird. Die empirische Stratifizierung ermöglicht eine Kontrolle unspezifischer Einflüsse auf beobachtete Veränderungen (zum Beispiel Einfluss der Wiederholung der

Fragebogenbearbeitung, Hawthorne-Effekt, äußere Veränderungen), erlaubt aber wegen ihres retrospektiven und studienimmanenten Ansatzes keine kausale Interpretation. Die Möglichkeit, beobachtete Veränderungen in der Wahrnehmung der teilnehmenden Lehrer auf den Einfluss der tatsächlich durchgeführten Maßnahmen zurückzuführen, ist jedoch ein essentiell bedeutsamer Ansatz in dieser Beobachtungsstudie.

3.1.3.2 Festlegung der Messzeitpunkte

Der Faktor „Messung“ wird, wie in Kapitel 3.1.2 begründet, vom Forscher äußerlich festgelegt. Durch die Auswahl des Erhebungsverfahrens sowie die Anzahl, Zeitpunkte und Ergebnisbekanntgabe der Messungen wird Einfluss auf die Prozessvariablen und damit auch auf die tatsächliche Entwicklung der Einzelschule genommen. Die Begründungen in Kapitel 3.2.1 verdeutlichen, dass diesem Faktor im Zusammenhang mit der Klärung der zentralen Frage der Untersuchung, *ob* über Wahrnehmung von Schulqualität durch Lehrkräfte innere Schulentwicklung *evaluiert* werden kann, eine besondere Bedeutung zukommt. Für diese Untersuchung werden drei Messzeitpunkte ausgewählt: Die erste Messung soll am Untersuchungsbeginn, die zweite nach etwa einem halben Jahr und die dritte nach einem weiteren Halbjahr erfolgen.

3.1.3.3 Einflussfaktoren

In der Studie werden die Einflussfaktoren „Maßnahme“ und „Lehrkraft“ in ihrer Wirkung auf den zu beobachtenden Veränderungsprozess explizit empirisch untersucht:

Maßnahme

Im Rahmen der Untersuchung von wahrnehmungsorientierter Schulentwicklung soll ausgehend von individuellen schulspezifischen Maßnahmen eine allgemeine Ebene erreicht werden, in der die Maßnahmen pro Schule nach ihrer Relevanz und Intensität für schulische Entwicklung klassifiziert werden. Ergebnisse einer Experten-Befragung mit der Delphi-Methode erlauben es, die Maßnahmen einzelner Schulen zu gewichten und zu ordnen. Die Einzelschule ist damit im Faktor „Maßnahme“ präsentiert. Daher wird auf schulspezifische Auswertungen im Rahmen der Evaluation der Wahrnehmungsänderungen bei den teilnehmenden Lehrern verzichtet.

Lehrkraft

Im Rahmen wahrnehmungsorientierter Schulentwicklung stellt sich aus wissenschaftlicher Sicht auch die Frage, ob die Lehrkräfte der Erprobungsschulen unterschiedliche Wahrnehmungsformen über das Ausfüllen des Fragebogens zum Ausdruck bringen. Typische Wahrnehmungsausprägungen könnten sich darin zeigen, dass es bestimmte Gruppen von Lehrkräften gibt, die sich durch eine jeweils spezifische Art der Einschätzung der Merkmale einer idealen und ihrer realen Schule auf einer Rating-Skala auszeichnen.

Es könnte Lehrkräfte geben, welche generell und bereits vor Beginn der Untersuchung die Merkmale der idealen und der realen Schule niedrig einschätzen. Andere könnten die idealen und realen Merkmale hoch einschätzen. Darüber hinaus wäre die hohe Einschätzung der idealen Merkmale und eine gleichzeitige niedrige Bewertung der realen Ausprägung ebenso denkbar wie eine niedrige Beurteilung der Ideale bei gleichzeitiger hoher Einschätzung der realen Schule. Es ist zu erwarten, dass unterschiedliche Ideal-Realbild-Divergenzen sowohl die Ergebnisse der Wahrnehmungsbeurteilung wie auch die Auswahl der durchzuführenden Maßnahmen stark beeinflussen können. Es ist daher zu prüfen, ob Lehrkrafttypen mit unterschiedlichen Wahrnehmungsmustern unterschieden werden können, die dann als eigener Einflussfaktor in die empirischen Analysen einbezogen werden müssten. Dies geschieht anhand der Analyse der Ergebnisse der ersten Erhebung, die hierbei über alle Schulen zusammengefasst auswertet werden. Für den Fall, dass bei der Erprobung wahrnehmungsorientierter Schulentwicklung ein derartiger Faktor „Lehrkraft“ aufgrund der Ergebnisse der ersten Messung formuliert werden kann, soll der Frage nachgegangen werden, ob sich im Verlauf innerer Entwicklung diese Wahrnehmungsformen bei verschiedenen Lehrkrafttypen unterschiedlich verändern.

3.1.3.4 Prozessvariablen – abhängige Variablen

Auf Basis der in den Kapiteln 1.1.2 und 2.1 begründeten Einteilung von innerer Schulentwicklung in die drei Bereiche Organisations-, Unterrichts- und Personalentwicklung und einer in Kapitel 3.1.2 eingeführten vierten Kategorie zum Selbstbild der Lehrkräfte soll der Prozess von wahrnehmungsorientierter Schulentwicklung in Fragebogenform erfasst werden. Mit der vierten globalen Kategorie soll das Erforschen eines möglichen Unterschieds zwischen einer auf die ganze Schule bezogene und einer auf die persönlichen Anliegen gegenüber der Schule gerichtete Einschätzung der Merkmale guter Schule ermöglicht werden.

Jede globale Kategorie soll Aussagen zur idealen und zur realen Schule vor Ort als zwei Subskalen enthalten. Das Instrument zur Erfassung einer wahrnehmungsorientierten Schulentwicklung soll sich somit durch die vier Bereiche mit deren jeweiliger Unterteilung in zwei Subskalen in acht Dimensionen gliedern. Diese Gliederung des Fragebogens ermöglicht angesichts der Komplexität des Systems Schule eine Übersichtlichkeit, die es dem Wissenschaftler erlaubt, bestimmte methodische Verfahren der Prozessanalyse, die in Kapitel 4 beschrieben werden, einzusetzen.

Aus wissenschaftlicher Sicht ist im Rahmen der Datenanalyse von Interesse, *ob* und *auf welche Art und Weise* sich die Wahrnehmungen der Lehrkräfte in den einzelnen Bereichen mit ihren Subskalen unter Einfluss der individuellen schulinternen Entwicklungsmaßnahmen verändern. Die Dimensionen des Fragebogens mit den entsprechenden Items sind damit eine wichtige Grundlage für die Interpretation von Eingangsdiagnose und Veränderungsmessung im Rahmen wahrnehmungsorientierter Schulentwicklung.

Gleichzeitig soll diese Gliederung eine übersichtliche und praktisch handhabbare Form der Datenrückmeldung in den teilnehmenden Kollegien bieten und auch Diskussionsprozesse über innere Entwicklung anregen.

Zusätzlich kann mit Hilfe der Strukturierung der Prozessvariablen in vier Bereiche ein Faktor „Bereich“ bestimmt werden. Mittels dieses Faktors kann geprüft werden, ob Veränderungen der abhängigen Variablen im Untersuchungsverlauf homogen in allen vier

Bereichen oder schwerpunktmäßig in einzelnen Bereichen innerer Schulentwicklung eintreten.

Nach einem Instrument, das den beschriebenen Anforderungen entspricht, muss in der Schulentwicklungsliteratur gesucht werden. Sollte der Fall eintreten, dass kein derartiger Fragebogen aufzufinden ist, dann muss im Rahmen einer Voruntersuchung ein geeigneter Bogen entwickelt und getestet werden. Auf Basis der Ergebnisse dieser Untersuchung soll dann das für die Erforschung einer wahrnehmungsorientierten Schulentwicklung nötige empirische Instrument konzipiert werden.

Merkmale guter Schule als Grundlage abhängiger Variablen zum Bereich Organisationsentwicklung

In Kapitel 2.1 wurden als grundlegende Merkmale guter Schule zum Bereich Organisationsentwicklung „Leitung der Schule", „Unterrichtsbezogene Führung", „Artikulation und Organisation des Curriculums", „Unterstützung und Mitarbeit der Eltern", „Klare Ziele und hohe Erwartungen, die von allen geteilt werden", „Konsens" und „Schulleiterverhalten" dargelegt. Der Fragebogen einer wahrnehmungsorientierten Schulentwicklung soll zu jedem dieser Merkmale Items, welche diese Ziele auf eine ideale und auf die reale Schule vor Ort beziehen, enthalten.

Der auf diese Weise repräsentierte Bereich der schulischen Organisationsentwicklung wird über eine Faktorenanalyse, einen Summenscore und die Analyse der einzelnen Items erfasst.

Merkmale guter Schule als Grundlage abhängiger Variablen zum Bereich Unterrichtsentwicklung

Zum Bereich Unterrichtsentwicklung wurden in Kapitel 2.1 als grundlegende Merkmale guter Schule „Ausmaß der Leistungsorientierung", „Lehrerverhalten im Unterricht", „Verteilung von Belohnungen und Strafen", „Übertragung von Verantwortlichkeit an Schüler", „Schulweite Anerkennung fachunterrichtlicher

Leistungerfolge", „Wirksam genutzte Unterrichtszeit", „Ordnung und Disziplin" sowie „Schulleben" begründet. Das Fragebogeninstrument soll auch zu diesen Merkmalen Items, welche diese Ziele auf eine ideale und auf die reale Schule vor Ort beziehen, enthalten.

Wie die Organisationsentwicklung wird auch die Unterrichtsentwicklung über eine Faktorenanalyse, einen Summenscore und die Analyse der einzelnen Items erfasst.

Merkmale guter Schule als Grundlage abhängiger Variablen zum Bereich Personalentwicklung

Zur Personalentwicklung, dem dritten Bereich für innere Schulentwicklung, wurden in Kapitel 2.1 als grundlegende Merkmale guter Schule „Lernbedingungen", „Weiterbildung des Kollegiums", „Gemeinsame Planungen und kollegiale Beziehungen", „Zusammengehörigkeitsgefühl", „Arbeitszufriedenheit", „Kollegialität" und „Lehrer-Schüler-Beziehungen"[10] erläutert. Der Fragebogen soll zu den Merkmalen dieses dritten Bereichs Items, welche diese Ziele auf eine ideale und auf die reale Schule vor Ort beziehen, enthalten.

Wie bei Organisationsentwicklung und Unterrichtsentwicklung wird auch Personalentwicklung über eine Faktorenanalyse, einen Summenscore und die Analyse der einzelnen Items erfasst.

Merkmale guter Schule als Grundlage abhängiger Variablen zum Bereich Selbstbild

Da mit der Kategorie Selbstbild das Erforschen eines möglichen Unterschieds zwischen einer auf die ganze Schule bezogene und einer auf die persönlichen Anliegen gegenüber

10 Auf die Merkmale „Stabilität des Kollegiums" sowie „Unterstützung durch die regionale Schulbehörde" wird verzichtet, da deren Entwicklung in Bayern eine äußere Reform erfordert. Sie entfallen damit als direkte Ziele einer inneren Entwicklung an bayerischen Hauptschulen.

der Schule gerichtete Einschätzung der Merkmale guter Schule ermöglicht werden soll, müssen in diesem vierten Bereich alle den drei anderen zugrunde liegenden Zielstellungen guter Schule enthalten sein. Um wahrnehmungsorientierte Schulentwicklung in dieser globalen Kategorie analysieren zu können, muss das Instrument für die Merkmale dieses Bereichs Items, welche diese Ziele auf eine ideale Lehrkraft und auf das reale Selbstbild beziehen, enthalten.

Wie bei Organisationsentwicklung, Unterrichtsentwicklung und Personalentwicklung wird auch der Bereich Selbstbild über die Faktorenanalyse, den Summenscore und die Analyse der einzelnen Items erfasst.

Die Prozessvariablen und Einflussfaktoren, die im Rahmen der wahrnehmungsorientierten Schulentwicklung berücksichtigt werden, lassen sich in Abbildung 3-3 grafisch folgendermaßen darstellen:

Abbildung 3-3: Prozessvariablen und Einflussfaktoren zur Untersuchung einer wahrnehmungsorientierten Schulentwicklung

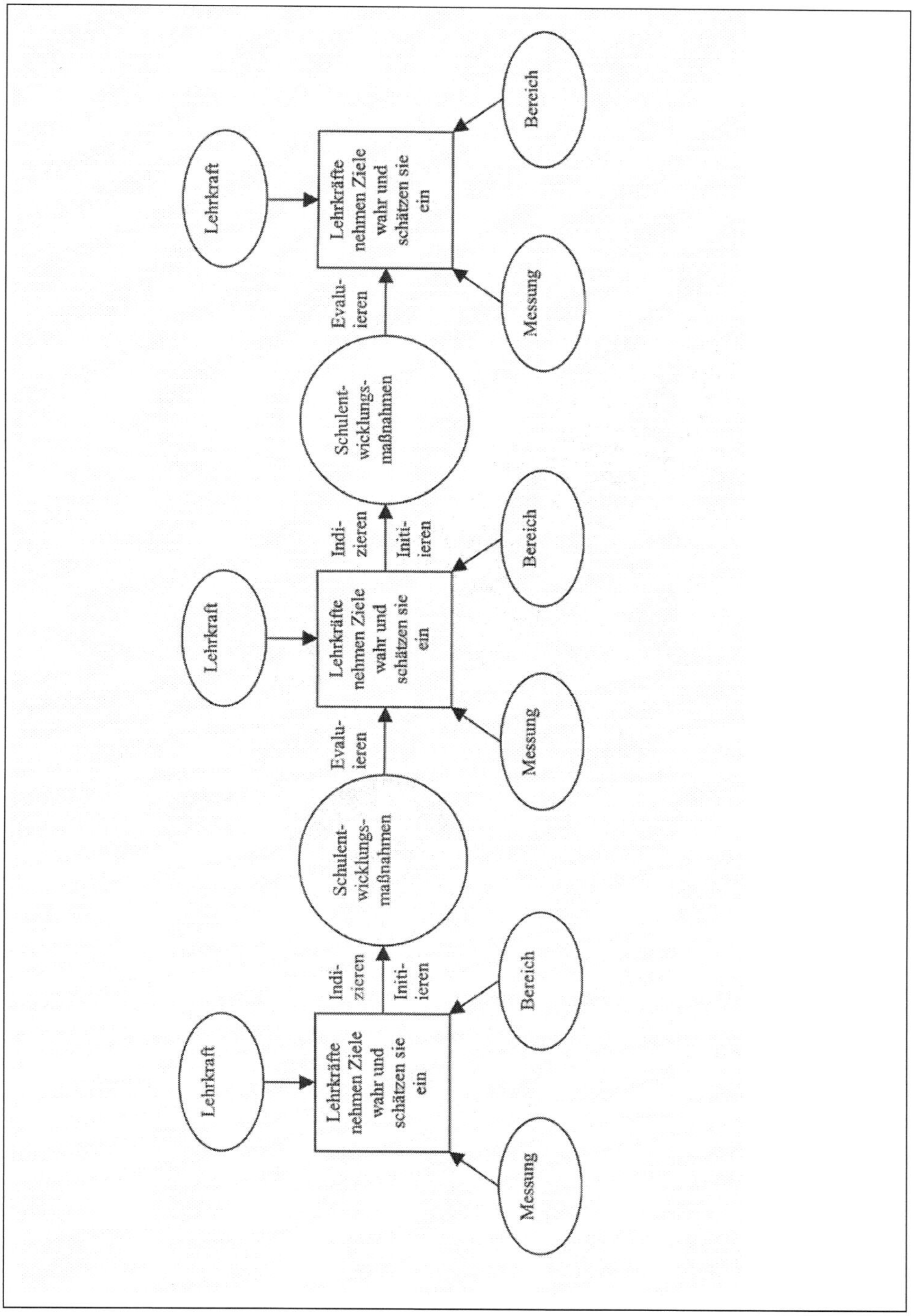

3.2 Fragestellungen

Mit der vorliegenden Arbeit soll untersucht werden, *ob* über die Wahrnehmung von Schulqualitätsmerkmalen durch Lehrkräfte innere Schulentwicklungsprozesse *indiziert, initiiert* und *evaluiert* werden können. Wenn Belege für diese Annahme gefunden und validiert werden können, ist in weiterführenden sekundären Analysen herauszufinden, welche Einflussfaktoren gegebenenfalls den Zusammenhang zwischen Wahrnehmungsänderung und inneren Schulentwicklungsprozessen differenzieren können. Damit könnten Bedingungen für eine Optimierung der wahrnehmungsorientierten inneren Schulentwicklung identifiziert werden, also auch Angaben dazu gemacht werden, *wie* Wahrnehmungen innere Entwicklung *indizieren, initiieren* und *evaluieren* können. Diese Zielsetzungen der vorliegenden Untersuchung werden nachfolgend ausführlicher beschrieben.

Zunächst wird die primäre Fragestellung der Untersuchung, *ob* tatsächlich über Wahrnehmungen innere Schulentwicklungsprozesse *angezeigt, angestoßen* und *beurteilt* werden können, beschrieben. Aus wissenschaftlicher Sicht ist hierbei zunächst zu klären, *ob* innere Schulentwicklung über Wahrnehmungen von Lehrkräften *evaluiert* werden kann. Dabei muss belegt werden, dass Maßnahmen innerer Entwicklung auf Basis von Lehrerwahrnehmungen an den Schulen *angezeigt, angestoßen* und tatsächlich *durchgeführt* wurden.

Die Veränderung der Wahrnehmungen sollte der Intensität der durchgeführten Schulentwicklungsmaßnahmen entsprechen, womit eine Assoziation zwischen Maßnahmen und Wahrnehmungen und damit ein vermutlich spezifischer Zusammenhang gestützt würde. Ein derartiger Nachweis würde auch die *Indizierung* und *Initiierung* innerer Schulentwicklungsprozesse belegen. Weiterhin enthält die Zielvorgabe der Studie eine diese Hauptfrage ergänzende Differenzierung:

Neben der Hauptfrage, *ob* innere Entwicklung in der beschriebenen Weise erreicht werden kann, zielen sekundäre Fragestellungen auf die Klärung, *wie* Wahrnehmungen innere Entwicklung *indizieren, initiieren* und *evaluieren* können. Spezifische kognitions- und wahrnehmungspsychologische Untersuchungen zum Zusammenhang zwischen Wahrnehmung und konkretem Lehrerverhalten im Rahmen innerer Schulentwicklung würden über die Möglichkeiten dieser Arbeit weit hinausgehen. Daher kann diese allgemeine Frage nur über eine Bestimmung des Einflusses als relevant erachteter Faktoren angegangen und über eine Differenzierung der Hauptfragestellung untersucht werden. Umgekehrt tragen solche weiterführenden Untersuchungen zu einer empirischen Validierung der Hauptfrage bei, wenn sie zeigen, dass die Variation des Veränderungsprozesses in inhaltlich valider Weise auf relevante Einflussfaktoren zurückzuführen ist.

3.2.1 Primäre Fragestellung

Auf der Basis von Untersuchungsmodell, Einflussfaktoren und Prozessvariablen ist es im Rahmen einer explorativen Untersuchung möglich, die Hauptfragestellung in eine wissenschaftliche Hypothese zu transformieren. Mittels einer derartigen untersuchungsleitenden Hypothese sollen mögliche Veränderungen der Wahrnehmungen der Lehrkräfte über mehrere Messungen hinweg empirisch geprüft werden. Anschließend kann anhand der Ergebnisse geklärt werden, *ob* über Wahrnehmungsveränderungen innere Schulentwicklung, die auf der Wahrnehmung von Schulqualität durch Lehrkräfte beruht, auf empirisch abgesicherte Weise *evaluiert* werden kann. Die zur Klärung der primären Fragestellung relevante Hypothese ist als Veränderungshypothese (BORTZ & DÖRING, 2002, S. 547-579) zu formulieren:

Wenn Lehrkräfte innere Schulentwicklung auf der Basis ihrer Wahrnehmung von Schulqualität betreiben, dann werden sich ihre Wahrnehmungen verändern.

Untersucht wird diese Hypothese mit dem Gesamtscore des Fragebogens. Die in der Hypothese benannten Veränderungen sollen über die statistische Analyse der Differenzen in der Wahrnehmung von idealer und eigener Schule durch die Lehrkräfte, also einer Veränderung von Soll-Ist-Divergenzen, untersucht werden. Es ist anzunehmen, dass sich im Rahmen der ersten Messung Differenzen zwischen Ideal und Wirklichkeit zeigen werden. Die mit hoher Wahrscheinlichkeit zu erwartenden Differenzen sollen Ausgangs- und Evaluationspunkte innerer Schulentwicklung darstellen. Das Modell einer wahrnehmungsorientierten Schulentwicklung sieht vor, dass sich durch kollegiale Diskussionen, Planungen und Umsetzungsmaßnahmen die Wahrnehmungen der Lehrkräfte verändern werden, wobei offen bleiben muss, ob sich die Idealvorstellungen oder die Wahrnehmungen der konkreten Schulwirklichkeit oder beide verändern werden. Die Differenzen in der Wahrnehmung von idealer und realer Schule werden sich vermutlich den umgesetzten Maßnahmen entsprechend verringern. Das zugeordnete statistisch zu prüfende Hypothesenpaar lautet:

H_0: Differenz Messung 1 <= Differenz Messung 2 <= Differenz Messung 3

H_1: Differenz Messung 1 > Differenz Messung 2 > Differenz Messung 3

Im Hypothesenpaar entspricht Differenz der Divergenz zwischen Ideal- und Realbild. Eine hohe Differenz bedeutet, dass das Idealbild einer guten Schulqualität von den teilnehmenden Lehrkräften deutlich besser eingeschätzt wird als der tatsächliche Zustand, also das Realbild der eigenen Schule.

Die Nullhypothese unterstellt, dass sich die Differenz zwischen Real- und Idealbild in Laufe der Zeit nicht verändert oder sogar vergrößert. Die Alternative nimmt an, dass sich in Folge der ergriffenen Maßnahmen die Differenz zwischen Real- und Idealbild verringert. Die Alternativ-Hypothese ist als Trendhypothese formuliert; dabei wird nicht ausgeschlossen, dass sich die größten Veränderungen zwischen Messung 1 und Messung 2 ergeben werden, jedoch kein Unterschied zwischen zweiter und dritter Messung mehr besteht. Die Prüfung des Hypothesenpaares wird, wie in Kapitel 4.4 dargelegt, mittels multipler Tests untersucht.

Falls signifikante Wahrnehmungsveränderungen nachgewiesen werden können, bedeuten diese, dass sich die Real-Idealbild-Differenzen im Verlauf verringern. In einem weiteren Schritt muss dann geklärt werden, ob diese Veränderungen mit den tatsächlich durchgeführten Schulentwicklungsmaßnahmen korrelieren oder alternativ mit anderen, die interne und externe Validität der Untersuchung gefährdenden Einflussfaktoren (BORTZ & DÖRING, 2002, S. 504-506) zu erklären sind. Dazu werden Intensität und Relevanz der in den einzelnen Schulen durchgeführten Maßnahmen anhand eines Bezugsrahmens der Relevanz von Maßnahmen bewertet, der sich aus einer Expertenbefragung nach der Delphi-Methode ermitteln lässt. Als Ergebnis ist eine Kategorisierung der Schulentwicklungsmaßnahmen in Intensitätsklassen zu erwarten, die damit die Ausprägung eines posthoc definierten Faktors „Maßnahme“ festlegen. Eine

Validierung des Zusammenhangs zwischen Wahrnehmungsänderung und innerer Schulentwicklung ergibt sich dann, wenn sich die nach Intensitätsklassen gruppierten Schulen in den Wahrnehmungsveränderungen unterscheiden. Die allgemeine Validierungshypothese lautet demnach:

Je intensiver Schulen Maßnahmen der inneren Schulentwicklung durchführen, desto stärker sind Wahrnehmungsänderungen (Real-Idealbild-Differenzen) der beteiligten Lehrkräfte. Das impliziert, dass in Schulen, die relevante Maßnahmen der inneren Schulentwicklung weniger intensiv und/oder weniger relevante Maßnahmen innerer Schulentwicklung durchführen, Wahrnehmungsänderungen weniger ausgeprägt sind.

Zu prüfen ist diese Hypothese durch den Zusammenhang zwischen Intensität der durchgeführten Maßnahmen und den Real-Idealbild-Differenzen. Auf der Grundlage des Expertenratings über die Relevanz und Intensität von Maßnahmen zur inneren Schulentwicklung werden die Untersuchungsschulen verschiedenen Klassen von Maßnahmen zugeordnet, die sich aus der Intensität der durchgeführten Maßnahmen ergeben. Dieser als „Maßnahme" bezeichnete, posthoc gebildete „Treatmentfaktor" wird im Hinblick auf die Auswirkungen auf die Real-Idealbild-Differenzen, also die Wahrnehmungsänderungen der beteiligten Lehrkräfte, statistisch untersucht.

In einer differenzierten Analyse ist der Zusammenhang zwischen Intensität der durchgeführten Maßnahmen und Wahrnehmungsänderungen bezüglich der Messungen weiter zu untersuchen. Im Zusammenhang mit den Messzeitpunkten ist von Interesse, wie sich die Wahrnehmungen im Verlauf der Untersuchung verändern. Zu erwarten ist, dass sich die Veränderungen bereits zum zweiten Messzeitpunkt zeigen. Von Interesse ist, ob sich eine Verringerung der Real-Idealbild-Differenz im weiteren Verlauf der schulspezifischen Maßnahmen, das heißt zwischen Messung 2 und 3, zeigen wird.

3.2.2 Sekundäre Fragestellungen

Die sekundären Fragestellungen dieser Untersuchung zielen auf eine Differenzierung des Zusammenhanges zwischen Wahrnehmungsänderung und Maßnahmen sowie Verlauf der inneren Schulentwicklung.

Alle geplanten Auswertungen beziehen sich auf die Veränderungen der Differenz zwischen Ideal- und Realbild guter Schule. Als statistischer Endpunkt der Vergleiche wird die Veränderung zwischen der Ausgangsmessung (Messung 1) und der Abschlussmessung (Messung 3) betrachtet.

3.2.2.1 Bereiche

Die primäre Fragestellung wird anhand des Gesamtscores des Fragebogens untersucht. In einer ergänzenden Analyse soll überprüft werden, *ob* und *wie* sich die generellen Real-Idealbild-Differenzen auch auf der Ebene einzelner Bereiche der inneren Schulentwicklung auswirken. Wenn keine Unterschiede im Gesamtscore gefunden werden können, würden diese Analysen dazu beitragen, eventuell bereichsspezifische Veränderungen zu identifizieren. Die beschriebenen Bereiche Organisationsentwicklung, Personalentwicklung, Unterrichtsentwicklung sowie Selbstbild werden hierbei untersucht.

3.2.2.2 Maßnahmen

In einer weiteren differenzierten Analyse wird der Zusammenhang zwischen Intensität der durchgeführten Maßnahmen und Wahrnehmungsänderungen hinsichtlich der verschiedenen Bereiche innerer Schulentwicklung untersucht. Es ist vorstellbar, dass sich in Abhängigkeit vom möglichen Schwerpunkt der Maßnahmen in einzelnen Schulen die Wahrnehmungen in den zugehörigen Bereichen stärker verändern als in Bereichen, in denen keine Maßnahmen oder solche geringer Intensität durchgeführt werden.

3.2.2.3 Lehrkräfte

In einer abschließenden Auswertung ist zu untersuchen, ob sich die teilnehmenden Lehrkräfte in ihrer initialen Ideal-Realbild-Divergenz unterscheiden. Wenn solche Klassen von Lehrkräften identifiziert werden können, stellt sich die Frage, *ob* und *wie* sich die Wahrnehmungsänderungen im Untersuchungsverlauf zwischen den Lehrkrafttypen unterscheiden. Diese Frage ist wiederum für die Bereiche der inneren Schulentwicklung im Einzelnen zu überprüfen.

4 Design

4.1 Kriterien zur Auswahl der Untersuchungsschulen

Die Auswahl der bayerischen Hauptschule als Schulart zur Erprobung einer inneren Entwicklung unter Berücksichtigung der Wahrnehmung von Schulqualität durch Lehrkräfte wurde in den Kapiteln 1 und 3 begründet. Da die Ressourcen, die für die Untersuchung einer derartigen Konzeption zur Verfügung stehen, begrenzt sind, kann nur eine beschränkte Zahl von Hauptschulen berücksichtigt werden. Dieser Umstand schließt eine probabilistische Stichprobe, die eine Zufallsauswahl der teilnehmenden Schulen vorsehen würde, aus (BORTZ & DÖRING, 2002, S. 405-406). Durch die zufällige Auswahl einiger Hauptschulen könnten wesentliche Besonderheiten innerhalb der Schulart verloren gehen. Damit für die Erforschung diese Spezifika berücksichtigt werden können, ist eine gezielte Auswahl der Untersuchungsschulen im Sinne einer nicht-probabilistischen Stichprobe angebracht (BORTZ & DÖRING, 2002, S. 405).

Mit gezielten Auswahlkriterien für Schulen, an welchen die theoretische Modellvorstellung von wahrnehmungsorientierter Entwicklung praktisch erprobt und wissenschaftlich untersucht werden soll, kann die Übertragbarkeit der Untersuchungsergebnisse auf das bayerische Hauptschulwesen erhöht werden.

Die Wahl der Modellschulen, die wahrnehmungsorientierte Schulentwicklung durchführen, ist zunächst dadurch geprägt, dass alle wesentlichen organisatorischen Formen der Hauptschule in Bayern, das heißt Volksschule[1], Hauptschule und Teilhauptschule, repräsentiert werden sollen. Durch diese drei Grundtypen und einer weiteren Hauptschule als Kontrollgruppe ist eine Mindestzahl von vier Schulen für die Untersuchung vorgegeben. Aufgrund der erwähnten Ressourcen, die im Rahmen der

---

1 Die Tatsache, dass in Bayern an vielen Standorten Grund- und Hauptschule als Volksschule zusammengefügt sind, bedingt die Berücksichtigung dieser Form im Rahmen der vorliegenden Studie. Die Wahrnehmungen der Grundschullehrkräfte sollen in einem derartigen Kollegium ebenso wie diejenigen der Hauptschullehrkräfte erfasst und gesamtkollegial zurückgemeldet werden. Durch eine entsprechende Kodierung der Fragebögen kann an der Volksschule auch eine nach Schulart getrennte Rückmeldung erfolgen.

Dissertation zur Verfügung stehen, kann nur eine Schule als Kontrollgruppe berücksichtigt werden.

Ein weiteres Kriterium ist geografisch-organisatorischer Art. Die Schulen sollen nicht zu weit voneinander entfernt in Nordbayern liegen, um mögliche Kooperationen zwischen den einzelnen Kollegien und die Erreichbarkeit für den Forscher zu erleichtern.

4.2 Methoden zur Erhebung und Rückmeldung von Daten

Die im Untersuchungmodell beschriebene Erprobung einer wahrnehmungsorientierten Schulentwicklung sowie die daraus abgeleiteten Verfahren zur Evaluierung dieser Konzeption zur inneren Entwicklung an den Untersuchungsschulen bedingen entsprechende Methoden zur quantitativen Datenerhebung und Rückmeldung.

4.2.1 Evaluieren mittels eines standardisierten Fragebogens

4.2.1.1 Kriterien für die Konzeption des Fragebogens

In der Beschreibung von Modell und Fragestellungen zur Untersuchung von innerer Schulentwicklung unter der Berücksichtigung von Wahrnehmungen der Lehrkräfte wurden bereits mehrere inhaltliche und formale Kriterien, denen ein Fragebogen zur quantitativen Datenerhebung genügen muss, erörtert:

Er muss zunächst die in Kapitel 2.1 dargelegten Merkmale guter Schule als Ziele innerer Schulentwicklung enthalten. Jedes dieser Merkmale soll durch Items, welche diese Kennzeichens beschreiben, abgebildet werden.

In dem zu konstruierenden Fragebogen sollen die Merkmale als Ziele guter Schule von den Lehrkräften der teilnehmenden Schulen eingeschätzt werden können. Diese Einschätzungen sollen mit Hilfe einer Ratingskala erfolgen.

Zusätzlich sollen die Items in Skalen zusammengefasst werden können, welche die Ziele innerer Schulentwicklung sowohl für eine ideale und reale Schule als auch für die Bereiche Organisation, Person und Unterricht widerspiegeln.

Bezüglich der Testtheorie muss der Fragebogen den drei Gütekriterien der Objektivität, der Reliabilität und der Validität entsprechen.

4.2.1.2 Standardisierte Fragebögen in der Schulentwicklungsforschung

Auf der Basis der Vorgaben für ein Erhebungsinstrument, das im Rahmen wahrnehmungsorientierter Schulentwicklung eingesetzt werden kann, wurde zunächst die relevante Forschungsliteratur nach einem passenden Fragebogen durchsucht. Dabei zeigte sich, dass nur wenige Instrumente zur Erfassung von Lehrerwahrnehmungen vorlagen.

DALIN und RUST (1983) stellten zwar mit ihrem „Guide to Institutional Learning“ ein Instrument zur Erfassung idealer und realer schulischer Situationseinschätzungen von Lehrkräften vor, jedoch fehlten neben Bezügen zu grundlegenden Ergebnissen der Schulqualitätsforschung auch item- und faktorenanalytische Angaben sowie eine genauere Zuordnung der Items zu den drei Hauptbereichen von Schulentwicklung (S. 70-123).

Wie in Kapitel 1.1.2.1 beschrieben, führte das bayerische STAATSINSTITUT FÜR SCHULPÄDAGOGIK UND BILDUNGSFORSCHUNG MÜNCHEN (1995) von 1994 bis 1997 eine empirische Erhebung an 25 Gymnasien, Förder-, Grund-, Haupt-, Real- und Berufsschulen durch. Die Lehrer und Schüler füllten hierbei einen Fragebogen aus, der item- und faktorenanalytisch überprüft und durch fünf offene Fragen ergänzt war. Eine Zuordnung der Items zu den Ergebnissen der Schulqualitätsforschung fehlte ebenso wie die Berücksichtigung der drei Kernbereiche innerer Schulentwicklung.

BESSOTH (1996) legte ein so genanntes „Organisations-Klima-Instrument“ vor, dessen Items vor allem den Bereich Schulkultur abfragten. Es fehlten auch hier Verknüpfungen zur Schulqualitätsforschung. Angaben zu den statistischen Gütekriterien des Instruments sowie eine Zuordnung der Items zu den Hauptbereichen von Schulentwicklung wurden nicht gemacht.

Das INSTITUT FÜR SCHULENTWICKLUNGSFORSCHUNG (1996) legte mit dem „IFS-Schulbarometer“ eine umfangreiche Fragebogensammlung „zur Erfassung von Schulwirklichkeit“ (S. 1) vor. Das Instrumentarium sollte „der einzelnen Schule die Möglichkeit, eine innerschulische Bestandsaufnahme verschiedener schulischer Bereiche aus Lehrer-, Schüler- und Elternsicht durchzuführen“ (S. 1), bieten. Zusätzlich konnten Schulen, die diese Bögen einsetzten, ihre Daten mit Ergebnissen einer repräsentativen bundesdeutschen Befragung vergleichen.[2] Neben Angaben zur Herkunft der Aussagen fehlten auch item- und faktorenanalytische Hinweise sowie eine genauere Zuordnung der Items zu den drei Hauptbereichen von Schulentwicklung.

Ein umfangreiches Instrumentarium zur Erfassung von Schulqualität wurde von DITTON (2002b) vorgestellt. Verschiedene Fragebögen, die für ihre Skalen die Reliabilität des jeweiligen Alpha-Koeffizienten nach CRONBACH beinhalteten, sollten dabei helfen, die Wahrnehmungen von Schülern, Lehrkräften und Schulleitung zur Qualitätssicherung in Schule und Unterricht zu erfassen. Zur Herkunft der Items wurden keine detaillierten Angaben gemacht. Eine Zuordnung der Aussagen in die Bereiche innerer Schulentwicklung konnte daher nicht vorgenommen werden. Wie die Schulen der verschiedenen Schularten in einem dauerhaften Prozess die umfangreichen Instrumente mehrmals einsetzen könnten, wurde nicht geklärt.

Die Analyse der relevanten Literatur zeigte, dass keines der vorliegenden Instrumente den in Kapitel 4.2.1.1 genannten Kriterien entspricht und daher auch nicht im Rahmen von wahrnehmungsorientierter Schulentwicklung eingesetzt werden kann.

---

2 Ein derartiger Vergleich passt im Rahmen innerer Schulentwicklung nicht zur Betonung der „einzelne(n) Schule als pädagogische(r) Handlungseinheit“ (FEND, 1986a, S. 275). Zu einer derartigen Handlungseinheit gehört auch die Rücksichtnahme auf die spezifischen Rahmenbedingungen, die für die Einzelschule gelten. Ein Vergleichen mit bundesdeutschen Normwerten kann hier das Spezielle verdecken.

4.2.1.3 *„Skalen zur Einschätzung realer und idealer Schule (SERIS)" nach WILD und SACHER* (2000)

Aufgrund des Fehlens eines adäquaten Instruments entwickelten WILD und SACHER (2000) „Skalen zur Einschätzung realer und idealer Schule (SERIS)". Nach einem „instrumentellen Vortest" (BORTZ & DÖRING 2002, S. 359) war es möglich, mittels Faktoren-, Item- und Skalenanalyse einen Fragebogen zu erarbeiten, mit dessen Hilfe Daten auf Intervallniveau erhoben werden können.[3]

Einzelne Itemformulierungen, die den inhaltlichen Anforderungen an das Instrument entsprachen, wurden leicht variiert aus einer Publikation von ROLFF, BUHREN, LINDAU-BANK und MÜLLER (1998) sowie aus einem Fragebogen des STAATSINSTITUTS FÜR SCHULPÄDAGOGIK UND BILDUNGSFORSCHUNG MÜNCHEN (1995) übernommen.[4] Für andere Merkmale guter Schule konnten in den publizierten Fragebögen keine adäquaten Items gefunden werden. WILD und SACHER formulierten deshalb auf Basis der in Kapitel 2.1 dargelegten Merkmale geeignete Aussagen.

Aus dem umfangreichen Testfragebogen, der zu jedem der dargelegten Merkmalen guter Schule mehrere Aussagen enthielt, entstand nach dem Vortest ein im Rahmen der vorliegenden Studie handhabbarer Fragebogen mit 86 Items. Für die Bereiche Organisation, Person und Unterricht konnten die entsprechenden Merkmale mit mindestens einer relevanten Aussage bezüglich einer idealen und realen Schule abgebildet werden.[5] Von den Bereichen, in denen die Merkmale auf das ideale und reale Selbstbild transferiert werden sollten, konnten nur die Bereiche Person und Unterricht nach dem Vortest

---

3 In der Publikation, welche der Autor mit Prof. Dr. Werner SACHER vom Lehrstuhl für Schulpädagogik an der Universität Erlangen-Nürnberg erarbeitete, können der Testfragebogen (S. 18-25) sowie Angaben zur Erprobung dieses Testinstruments (S. 3) nachgelesen werden.

4 Die Herkunft der Items des Fragebogens ist im Anhang unter Punkt 1.1 gekennzeichnet.

5 Eine Zuordnung der Aussagen des endgültigen Fragebogens zu den Grundmerkmalen guter Schule wird unter Punkt 1.1 des Anhangs geleistet.

aufrechterhalten werden.[6] Sie wurden unter dem Titel „Selbst und eigener Unterricht“ zusammengefügt.[7]

Auf Basis des Vortests konnten acht Skalen gebildet werden. Sie weisen „mit Ausnahme der Skala 7 insgesamt gute Reliabilitäten auf. Aber auch bei Skala 7 ist der Wert (...) immer noch akzeptabel“ (WILD & SACHER, 2000, S. 7). Die in Tabelle 4-1 dargestellten acht Skalen bilden die Struktur des Fragebogens zur Erfassung der Wahrnehmung von Schulqualität durch Lehrkräfte:[8]

Tabelle 4-1: „Skalen zur Einschätzung realer und idealer Schule (SERIS)“ (WILD & SACHER (2000))

	Organisations-entwicklung	Personal-entwicklung	Unterrichts-entwicklung	Selbstbild
Ideale Merkmale guter Schule	**Skala 1:** „Ideale Organisation“ 9 Items α = 0,8497	**Skala 3:** „Ideale Personen“ 16 Items α = 0,8923	**Skala 5:** „Idealer Unterricht 12 Items α = 0,8855	**Skala 8:** „Ideales Selbst und idealer Unterricht“ 6 Items α = 0,8014
Reale Merkmale guter Schule	**Skala 2:** “Reale Organisation” 9 Items α = 0,8909	**Skala 4:** “Reale Personen” 16 Items α = 0,8987	**Skala 6:** „Realer Unterricht“ 12 Items α = 0,8711	**Skala 7:** „Reales Selbst und eigener Unterricht“ 6 Items α = 6528

Legende: α: Alpha-Koeffizient nach CRONBACH

Aufgrund der Erfahrungen im Vortest kann davon ausgegangen werden, dass eine Lehrkraft den Bogen innerhalb von fünfzehn Minuten ausfüllen kann. Um ein spontanes Wahrnehmen und Einschätzen der Aussagen des Bogens zu ermöglichen, sollen die Lehrkräfte an den Untersuchungsschulen den Bogen im Rahmen einer Lehrerkonferenz in

---

6 Die in der Voruntersuchung befragten Hauptschullehrkräfte nahmen die Aussagen zum Bereich Organisation für ihr berufliches Selbstbild als nicht relevant wahr.

7 In den weiteren Ausführungen wird dieser vierte Bereich mit „Selbstbild“ oder „Selbst und eigener Unterricht“ bezeichnet.

8 Angaben zu den bei der Entwicklung des Fragebogens eingesetzten statistischen Verfahren finden sich in der Veröffentlichung von WILD und SACHER (2000, S. 3-7).

ruhiger Atmosphäre ausfüllen und kodieren.[9] In Abbildung 4-1 wird der Fragebogen dargestellt:

9 Das dem Fragebogen beigefügte Deckblatt mit Hinweisen zur Kodierung findet sich im Anhang unter Punkt 1.2.

Abbildung 4-1: „Skalen zur Einschätzung realer und idealer Schule (SERIS)“ nach WILD und SACHER (2000)

Fragebogen für Lehrkräfte

Teil I: "meine Schule/ideale Schule"

Bitte beurteilen Sie, inwieweit Sie den folgenden Aussagen über Ihre Schule beziehungsweise über eine ideale Schule zustimmen können. Den Grad ihrer Zustimmung legen Sie durch ein Kreuz hinter jeder Aussage fest.

	stimme voll zu	stimme eher zu	teils - teils	stimme weniger zu	stimme nicht zu
1 Den Lehrkräften, Schülern und Eltern meiner Schule sind gemeinsame Ziele klar.	5	4	3	2	1
2 Wertekonflikte werden in meinem Kollegium aufgegriffen.	5	4	3	2	1
3 Das Kollegium meiner Schule bemüht sich um ein eigenes Profil.	5	4	3	2	1
4 An meiner Schule ist es üblich, dass der Bedarf an Innovation erfasst wird.	5	4	3	2	1
5 Das Kollegium an meiner Schule überprüft regelmäßig, ob die gemeinsam gesetzten Ziele erreicht werden.	5	4	3	2	1
6 Die Leitung meiner Schule regt zu Initiativen an.	5	4	3	2	1
7 Die Leitung meiner Schule legt Wert auf eine Weiterentwicklung der Schule.	5	4	3	2	1
8 Leitung und Kollegium meiner Schule erarbeiten die gemeinsamen Werte für das Zusammenleben in der Schule.	5	4	3	2	1
9 Die Konferenzen werden an meiner Schule zielgerichtet durchgeführt.	5	4	3	2	1
10 Die Anlage meiner Schule verbreitet eine angenehme Atmosphäre.	5	4	3	2	1
11 Die Kommunikation ist unter den Lehrkräften meiner Schule offen.	5	4	3	2	1
12 An meiner Schule werden Konflikte zwischen Lehrkräften geklärt.	5	4	3	2	1
13 An meiner Schule begegnen sich Lehrkräfte und Schüler mit Offenheit.	5	4	3	2	1
14 Die Lehrkräfte meiner Schule gehen gerne in ihre Schule.	5	4	3	2	1
15 Die Schüler meiner Schule gehen gerne in ihre Schule.	5	4	3	2	1
16 Um die Entwicklungsarbeit bemüht sich an meiner Schule das Kollegium gemeinsam.	5	4	3	2	1
17 An meiner Schule arbeitet das Kollegium in unterrichtlichen Fragen zusammen.	5	4	3	2	1
18 Lehrkräfte und Eltern arbeiten an meiner Schule zusammen.	5	4	3	2	1

	stimme voll zu	stimme eher zu	teils - teils	stimme weniger zu	stimme nicht zu
19 An meiner Schule arbeiten die Lehrkräfte mit außerschulischen Experten zusammen.	5	4	3	2	1
20 Das Kollegium an meiner Schule ist neuen Ideen gegenüber aufgeschlossen.	5	4	3	2	1
21 An meiner Schule findet interne Lehrerfortbildung statt.	5	4	3	2	1
22 Die Lehrkräfte meiner Schule bemühen sich um die permanente Weiterentwicklung ihrer methodischen Kompetenz.	5	4	3	2	1
23 Die Lehrkräfte meiner Schule bemühen sich um die permanente Weiterentwicklung ihrer erzieherischen Kompetenz.	5	4	3	2	1
24 Die Lehrkräfte meiner Schule bemühen sich um die permanente Weiterentwicklung ihrer sozialen Kompetenz.	5	4	3	2	1
25 Die Lehrkräfte meiner Schule sind bereit, ihr Wissen im Rahmen von regionalen Fortbildungen weiterzugeben.	5	4	3	2	1
26 Die Lehrkräfte meiner Schule nehmen regelmäßig eine kritische Bewertung ihrer Unterrichtsarbeit vor.	5	4	3	2	1
27 An meiner Schule bemühen sich die Lehrkräfte, die individuellen Begabungen der Schüler zu fördern.	5	4	3	2	1
28 Die Lehrkräfte gestalten an meiner Schule einen methodisch abwechslungsreichen Unterricht.	5	4	3	2	1
29 An meiner Schule wird Leistungsmessung mit Sorgfalt durchgeführt.	5	4	3	2	1
30 Die Lehrkräfte meiner Schule nehmen regelmäßig eine kritische Bewertung ihrer Erziehungsarbeit vor.	5	4	3	2	1
31 Soziales Lernen wird an meiner Schule sehr wichtig genommen.	5	4	3	2	1
32 Die Schüler werden an meiner Schule zu selbständigem Lernen befähigt.	5	4	3	2	1
33 An meiner Schule werden Konflikte zwischen Lehrkräften und Schülern geklärt.	5	4	3	2	1
34 Die Schüler an meiner Schule helfen sich gegenseitig.	5	4	3	2	1
35 An meiner Schule werden außerschulische Lernorte wahrgenommen	5	4	3	2	1
36 Meine Schule arbeitet mit außerschulischen Institutionen zusammen.	5	4	3	2	1
37 An meiner Schule finden Arbeiten von Schülern auch außerhalb der Schule Anerkennung.	5	4	3	2	1
38 Den Lehrkräften, Schülern und Eltern einer Schule nach meinen Vorstellungen sind gemeinsame Ziele klar.	5	4	3	2	1
39 Wertekonflikte werden im Kollegium einer guten Schule aufgegriffen.	5	4	3	2	1
40 Das Kollegium einer Schule, die ich mir wünsche, bemüht sich um ein eigenes Profil.	5	4	3	2	1
41 An der idealen Schule ist es üblich, dass der Bedarf an Innovation erfasst wird.	5	4	3	2	1
42 Das Kollegium einer guten Schule überprüft regelmäßig, ob die gemeinsam gesetzten Ziele erreicht werden.	5	4	3	2	1
43 Die Leitung einer Schule, die ich mir wünsche, regt zu Initiativen an.	5	4	3	2	1
44 Die Leitung einer Schule nach meinen Vorstellungen legt Wert auf eine Weiterentwicklung der Schule.	5	4	3	2	1
45 Leitung und Kollegium einer idealen Schule erarbeiten die gemeinsamen Werte für das Zusammenleben in der Schule.	5	4	3	2	1
46 Die Konferenzen werden an einer guten Schule zielgerichtet durchgeführt.	5	4	3	2	1
47 Die Anlage einer Schule nach meinen Vorstellungen verbreitet eine angenehme Atmosphäre.	5	4	3	2	1

	stimme voll zu	stimme eher zu	teils - teils	stimme weniger zu	stimme nicht zu
48 Die Kommunikation ist unter den Lehrkräften einer idealen Schule offen.	5	4	3	2	1
49 An einer guten Schule werden Konflikte zwischen Lehrkräften geklärt.	5	4	3	2	1
50 An einer Schule, die ich mir wünsche, begegnen sich Lehrkräfte und Schüler mit Offenheit.	5	4	3	2	1
51 Die Lehrkräfte einer Schule nach meinen Vorstellungen gehen gerne in ihre Schule.	5	4	3	2	1
52 Die Schüler einer idealen Schule gehen gerne in ihre Schule	5	4	3	2	1
53 Um die Entwicklungsarbeit bemüht sich an einer guten Schule das Kollegium gemeinsam.	5	4	3	2	1
54 An einer idealen Schule arbeitet das Kollegium in unterrichtlichen Fragen zusammen.	5	4	3	2	1
55 Lehrkräfte und Eltern arbeiten an einer Schule, die ich mir wünsche, zusammen.	5	4	3	2	1
56 An einer idealen Schule arbeiten die Lehrkräfte mit außerschulischen Experten zusammen.	5	4	3	2	1
57 Das Kollegium an einer Schule nach meinen Vorstellungen ist neuen Ideen gegenüber aufgeschlossen.	5	4	3	2	1
58 An der Schule, die ich mir wünsche, findet interne Lehrerfortbildung statt.	5	4	3	2	1
59 Die Lehrkräfte einer idealen Schule bemühen sich um die permanente Weiterentwicklung ihrer methodischen Kompetenz.	5	4	3	2	1
60 Die Lehrkräfte einer guten Schule bemühen sich um die permanente Weiterentwicklung ihrer erzieherischen Kompetenz.	5	4	3	2	1
61 Die Lehrkräfte einer idealen Schule bemühen sich um die permanente Weiterentwicklung ihrer sozialen Kompetenz.	5	4	3	2	1
62 Die Lehrkräfte einer guten Schule sind bereit, ihr Wissen im Rahmen von regionalen Fortbildungen weiterzugeben.	5	4	3	2	1
63 Die Lehrkräfte einer guten Schule nehmen regelmäßig eine kritische Bewertung ihrer Unterrichtsarbeit vor.	5	4	3	2	1
64 An einer idealen Schule bemühen sich die Lehrkräfte, die individuellen Begabungen der Schüler zu fördern.	5	4	3	2	1
65 Die Lehrkräfte gestalten an der Schule, die ich mir wünsche, einen methodisch abwechslungsreichen Unterricht.	5	4	3	2	1
66 An einer Schule nach meinen Vorstellungen wird Leistungsmessung mit Sorgfalt durchgeführt.	5	4	3	2	1
67 Die Lehrkräfte einer guten Schule nehmen regelmäßig eine kritische Bewertung ihrer Erziehungsarbeit vor.	5	4	3	2	1
68 Soziales Lernen wird an der Schule, die ich mir wünsche, sehr wichtig genommen.	5	4	3	2	1
69 Die Schüler werden an einer Schule nach meinen Vorstellungen zu selbständigem Lernen befähigt.	5	4	3	2	1
70 An einer guten Schule werden Konflikte zwischen Lehrkräften und Schülern geklärt.	5	4	3	2	1
71 Die Schüler an einer idealen Schule helfen sich gegenseitig.	5	4	3	2	1
72 An einer Schule nach meinen Vorstellungen werden außerschulische Lernorte wahrgenommen	5	4	3	2	1
73 Die Schule, die ich mir wünsche, arbeitet mit außerschulischen Institutionen zusammen.	5	4	3	2	1
74 An einer guten Schule finden Arbeiten von Schülern auch außerhalb der Schule Anerkennung.	5	4	3	2	1

Teil II: "ich als Lehrkraft/ideale Lehrkraft"

Bitte beurteilen Sie nun, inwieweit Sie den folgenden Aussagen über Sie als Lehrkraft beziehungsweise über eine ideale Lehrkraft zustimmen können. Den Grad ihrer Zustimmung legen Sie durch ein Kreuz hinter jeder Aussage fest.

	stimme voll zu	stimme eher zu	teils - teils	stimme weniger zu	stimme nicht zu
75 Im Kollegium kann ich meine Gefühle offen zeigen.	5	4	3	2	1
76 Ich kooperiere mit den Eltern meiner Schüler.	5	4	3	2	1
77 Fortbildungsangebote nehme ich wahr.	5	4	3	2	1
78 Ich gestalte einen methodisch abwechslungsreichen Unterricht.	5	4	3	2	1
79 Ich bemühe mich im Rahmen des Unterrichtens um viele originale Begegnungen.	5	4	3	2	1
80 Ich wirke an der Gestaltung der Schulkultur mit.	5	4	3	2	1
81 Im Kollegium kann die ideale Lehrkraft ihre Gefühle offen zeigen.	5	4	3	2	1
82 Die ideale Lehrkraft kooperiert mit den Eltern ihrer Schüler.	5	4	3	2	1
83 Fortbildungsangebote nimmt die ideale Lehrkraft wahr.	5	4	3	2	1
84 Die ideale Lehrkraft gestaltet einen methodisch abwechslungsreichen Unterricht.	5	4	3	2	1
85 Die ideale Lehrkraft bemüht sich im Rahmen des Unterrichtens um viele originale Begegnungen.	5	4	3	2	1
86 Die ideale Lehrkraft wirkt an der Gestaltung der Schulkultur mit.	5	4	3	2	1

Die Resultate der Fragebogenerhebung sollen über Summenscores pro Bereich ausgewertet werden.

4.2.2 *Survey-Feedback-Methode*

Nach ROSENSTIEL (1995) werden beim Einsatz der „Survey-Feedback-Methode (..) zunächst mit herkömmlichen Methoden der Sozialforschung (Befragung, Einstellungsmessung etc.) Daten erhoben (‚Survey-research'), die anschließend an die Befragten rückgemeldet werden (Feedback). Diese überprüfen und bewerten sodann die Informationen und versuchen, auf der Grundlage dieser Bewertung selbst Lösungsvorschläge zu entwickeln" (S. 316).

Die Methode wird vor allem in der Organisationspsychologie zur Verknüpfung von Aktionsforschung und Organisationsentwicklung eingesetzt. Wesentlich ist hierbei, „dass Forscher und Betroffene (Berater und Organisationsmitglieder) gemeinsam die Probleme, welche der Anlass für eine OE sind, zu klären und zu lösen versuchen" (S. 316).[10] SPRENGER (2000) weist ergänzend darauf hin, dass „Feedback (..) keine Aufforderung, sich nach den Vorstellungen des Feedback-Gebers zu richten", darstellt, sondern vielmehr „die Wahl" lässt (S. 203). Ein derartiges Vorgehen im Rahmen von Feedback passt zu einem Verständnis von innerer Schulentwicklung, in dem Entwicklung nicht von außen oktroyiert wird. Die Schule entwickelt sich hier tatsächlich von innen her.

ROSENSTIEL beschreibt das gemeinsame und gleichberechtigte Problemlösen als einen Prozess, „in dem sich systematisch die Phasen Forschung und Aktion abwechseln: Sammlung empirischer Daten (Survey, Forschung) – Rückmeldung der Daten an die Betroffenen (Feedback, Aktion) – Bewertung der Daten (Diagnose, Forschung) – Aktionsplanung und -durchführung (Aktion) – Sammlung empirischer Daten zur Evaluation der Aktion (Survey, Forschung) – Rückmeldung (Aktion) – Bewertung (Forschung) – erneute Aktionsplanung und -durchführung (Aktion) etc." (S. 316-317).

---

10 „OE" verwendet der Autor als Abkürzung für Organisationsentwicklung.

Die Survey-Feedback-Methode als ein systematischer Prozess von Forschung und Aktion stellt ein geeignetes Verfahren für die im Modell beschriebene Verknüpfung von Theorie und Praxis im Rahmen von Handlungsforschung (KLAFKI, 2002; BORTZ & DÖRING, 2002) dar. Gleichzeitig bietet die Methode die formale Grundlage für die quantitative Erforschung von Entwicklungsprozessen über einen längeren Zeitraum. Die Teilbereiche der Datensammlung und Rückmeldung, die am Anfang der Survey-Feedback-Methode stehen, werden daher, wie in Kapitel 3 dargelegt, von der Forschung übernommen.

Im Unterschied zum Phasenschema des „Institutionellen Schulentwicklungs-Prozesses" von DALIN, ROLFF und BUCHEN (1995, S. 45), das ebenfalls in weiten Teilen der Survey-Feedback-Methode folgt, werden bei wahrnehmungsorientierter Entwicklung auf der Basis eines standardisierten Fragebogens alle Merkmale guter Schule sowie neben der Organisationsentwicklung auch die Bereiche Unterrichts- und Personalentwicklung gleichmäßig berücksichtigt. Ein weiterer Unterschied zeigt sich auch in der Bewertung von Daten im Zusammenhang mit einem Expertenkonsensus.

Als Gemeinsamkeit mit dem „Institutionellem Schulentwicklungs-Prozess" kann im Rahmen der Umsetzung und Untersuchung von wahrnehmungsorientierter Schulentwicklung neben dem Einsatz der Survey-Feedback-Methode vor allem die Moderation innerer Entwicklungsprozesse angesehen werden:

Seit Ende der neunziger Jahre werden von der AKADEMIE FÜR LEHRERFORTBILDUNG UND PERSONALFÜHRUNG DILLINGEN im Auftrag des BAYERISCHEN STAATSMINISTERIUMS FÜR UNTERRICHT, KULTUS, WISSENSCHAFT UND KUNST (1998) Moderatorenlehrgänge auf der Basis des „Institutionellen Schulentwicklungs-Prozesses"[11] für das Leitungspersonal von Volksschulen durchgeführt.

---

11 Im Frühjahr 1998 tagten Dozenten der AKADEMIE FÜR LEHRERFORTBILDUNG UND PERSONALFÜHRUNG DILLINGEN gemeinsam mit Hans-Günter ROLFF im Religionspädagogischen Zentrum der Evangelisch-Lutherischen Kirche in Bayern und legten den Grundstein für diese Moderatorenlehrgänge. Die Inhalte dieser Ausbildung, die sich stark am „Institutionellen Schulentwicklungs-Prozess" (DALIN, ROLFF & BUCHEN, 1995) orientierte, wurden 2002 von der AKADEMIE FÜR LEHRERFORTBILDUNG UND PERSONALFÜHRUNG DILLINGEN publiziert.

Derart ausgebildete Lehrkräfte sollen auch im Rahmen wahrnehmungsorientierter Schulentwicklung an den teilnehmenden Schulen als externe Moderatoren vor allem die Teilbereiche der Datenbewertung und Aktionsplanung betreuen. Die Gründung von themenspezifischen Lehrerarbeitsgruppen und einer Koordinierungsgruppe, die sich aus Vertretern der Arbeitsgruppen sowie der Schulleitung zusammensetzt, soll ebenfalls vom Moderator angeregt und begleitet werden.[12] In der Koordinierungsgruppe wird die Arbeit der einzelnen Arbeitsgruppen mit den Anliegen von Schulleitung und Gesamtkollegium abgestimmt.

Die Moderatoren sollen von den Kollegien eigenständig ausgewählt werden. Die Auswahl kann durch Bezirkskoordinatoren der FREIEN ARBEITSGEMEINSCHAFT MODERATOREN SCHULENTWICKLUNG unterstützt werden.[13] Da diese Moderatoren in Anlehnung an den „Institutionellen Schulentwicklungs-Prozess" ausgebildet wurden, sind sie mit der für die praktische Umsetzung notwendigen Survey-Feedback-Methode vertraut und damit für ihre Aufgaben im Rahmen der Studie trainiert.

Auf der Basis von Wahrnehmungen werden mit Unterstützung von Schulentwicklungsmoderatoren an den einzelnen Schulen Entwicklungsprozesse *indiziert* und *initiiert*. Die konkrete Durchführung von Aktionen innerer Schulentwicklung liegt in der Verantwortung von Lehrkräften und Schulleitung an den einzelnen Schulen.

Das erneute Sammeln empirischer Daten durch den Forscher dient im Rahmen von wahrnehmungsorientierter Schulentwicklung, wie in der Survey-Feedback-Methode

---

12 In Anlehnung an die Terminologie, die von DALIN, ROLFF und BUCHEN 1995 im Rahmen des „Institutionellen Schulentwicklungs-Prozesses (ISP)" eingeführt wurde, verwenden die von der AKADEMIE FÜR LEHRERFORTBILDUNG UND PERSONALFÜHRUNG DILLINGEN (2002) ausgebildeten Moderatoren für den Begriff „Lehrerarbeitsgruppe" den Terminus „Qualitätszirkel" und die „Koordinierungsgruppe" wird als „Steuergruppe" bezeichnet. Im weiteren Verlauf der Arbeit werden diese Begriffe ebenfalls verwendet.

13 Die FREIE ARBEITSGEMEINSCHAFT MODERATOREN SCHULENTWICKLUNG (2004) wurde im Jahr 2000 als Vereinigung für Lehrkräfte gegründet, die an der AKADEMIE FÜR LEHRERFORTBILDUNG UND PERSONALFÜHRUNG DILLINGEN im Auftrag des BAYERISCHEN STAATSMINISTERIUMS FÜR UNTERRICHT, KULTUS, WISSENSCHAFT UND KUNST (1998) für die Moderation von innerer Schulentwicklung ausgebildet worden waren.

vorgesehen, der Evaluation. Gleichzeitig wird mit der Datenrückmeldung der schulinterne Entwicklungsprozess *bewertet* und der weitere Weg innerer Entwicklung *indiziert* und *initiiert.*

Mit einer dritten Messung wird die Datenerhebung für die explorative Untersuchung zur Erforschung von wahrnehmungsorientierter Schulentwicklung beendet. Den an dieser Form innerer Entwicklung teilnehmenden Schulen wird nach der dritten Datenrückmeldung die Institutionalisierung dieses Prozesses und eine weitere Begleitung angeboten.

4.2.3 Schriftliche Befragung zum Erzielen eines Experternkonsensus

Die Wahrnehmungen der Lehrkräfte, die im Rahmen der Survey-Feedback-Methode an den Schulen erhoben und anschließend ausgewertet werden, sollen, wie in Kapitel 3.2.1 begründet, mit den tatsächlich durchgeführten Entwicklungsmaßnahmen verglichen werden. Hierbei muss vor allem geklärt werden, ob mögliche Wahrnehmungsänderungen mit den Schulentwicklungsmaßnahmen korrelieren oder mit anderen, die Validität der Untersuchung möglicherweise beeinträchtigenden Einflussfaktoren (BORTZ & DÖRING, 2002, S. 504-506) zu erklären sind. BORTZ und DÖRING (2002) beschreiben „externe zeitliche Einflüsse“, „Reifungsprozesse“, „Testübung“, „Mangelnde instrumentelle Reliabilität“, „Statistische Regressionseffekte“, „Selektionseffekte“ sowie „Experimentelle Mortalität“ als Faktoren, welche die interne Validität einer Untersuchung gefährden können (S. 504). Die externe Validität können Einflussfaktoren wie „Mangelnde instrumentelle Validität“, „Stichprobenfehler“, „Pretest-Effekte“ und „Hawthorne-Effekte“ vermindern (S. 505). Im Rahmen der Studie sind durch den dreimaligen Einsatz des Fragebogeninstruments „Testübung“ sowie durch „das Bewusstsein“ der Lehrkräfte, „Teilnehmer einer wissenschaftlichen Untersuchung zu sein“ (S. 505), „Hawthorne-Effekte“ als unspezifische Effekte möglich.

Das Prüfverfahren des Expertenkonsensus, der über die quantitative Delphi-Methode erreicht wird (DAHLKEY & HELMER, 1963, S. 458-467), soll diese Gefahren, die bei der Studie zur Erforschung von wahrnehmungsorientierter Schulentwicklung auftreten können, verringern:

Bei der Delphi-Methode handelt es sich „um eine hochstrukturierte Gruppenkommunikation, deren Ziel es ist, aus den Einzelbeiträgen der an der Kommunikation beteiligten Personen Lösungen für komplexe Probleme (...) zu erarbeiten" (BORTZ & DÖRING, 2002, S. 261). Im Rahmen der Studie ergibt sich das Problem, dass die von den Schulen im Untersuchungszeitraum durchgeführten Maßnahmen quantifiziert werden müssen, damit sie mit möglichen Wahrnehmungsänderungen verglichen werden können.

Die Anwendung der Delphi-Methode steht am Ende der Erprobung wahrnehmungsorientierter Schulentwicklung. Sie setzt hier mit einem „ausführlichen Fragebogen, der an eine größere Expertengruppe unterschiedlicher Fachrichtungen verschickt wird" (S. 261), an. In diesem Bogen werden die an den Schulen durchgeführten Entwicklungsmaßnahmen beschrieben.[14]

Die an den einzelnen Schulen stattfindenden Maßnahmen werden zum einen während der Erprobungsphase vom Forscher über Beobachtung erfasst. Zum anderen sollen nach der dritten Messung die Mitglieder der Steuergruppen der einzelnen Schulen zu den durchgeführten Schulentwicklungsmaßnahmen befragt werden.[15] Die Daten von Beobachtung und Befragung sollen anschließend in schulübergreifende Grundtypen von Schulentwicklungsmaßnahmen zusammengefasst und in Fragebogenform den Teilnehmern der Delphi-Studie vorgelegt werden.

Die Teilnehmer des Konsensus sollen Experten für innere Schulentwicklung sein, die in verschiedenen Ebenen und Fachrichtungen des bayerischen Bildungswesens tätig sind.

Die ausgewählten Experten quantifizieren die im Fragebogen beschriebenen einzelnen Maßnahmen, indem sie auf einer Ratingskala zunächst angeben, für wie bedeutend sie die einzelne Aktivität im Rahmen innerer Schulentwicklung einschätzen. Weiterhin sollen sie

14 Das Instrumentarium zum Erzielen eines Expertenkonsensus findet sich im Anhang unter Punkt 4.

15 Der hierfür konzipierte Fragebogen findet sich im Anhang unter Punkt 2.

angeben, wie oft und in welchem Zeitrahmen die jeweilige Maßnahme im Verlauf eines Schuljahres an einer Schule durchgeführt werden sollte. Der auf diese Weise ausgefüllte Bogen wird an den Forscher zur Auswertung zurückgesendet. Anschließend wird „auf der Basis der Resultate der ersten Befragung" ein neuer Fragenkatalog angefertigt, „der ebenfalls den Experten vorgelegt wird. Diese zweite Befragung informiert zusätzlich über die Standpunkte und Lösungsbeiträge aller anderen beteiligten (...) Experten, so dass jedes einzelne Gruppenmitglied Gelegenheit erhält, seine eigenen Beiträge nach Kenntnisnahme der Antworten seiner Kollegen gewissermaßen aus einer höheren Warte zu überarbeiten und ggf. zu korrigieren" (S. 262).

Die Befragungen enden ab dem Zeitpunkt, an dem die Expertenurteile eindeutig sind und damit die Schulentwicklungsmaßnahmen nach ihrer Intensität quantifiziert werden können. Vorbereitung, Durchführung und Resultate der Expertenbefragung im Rahmen der Delphi-Studie werden in Kapitel 6 vorgestellt.

4.3 Ablauf und Zeitplanung

4.3.1 Ablauf

Vor einer ausführlichen Beschreibung soll in Tabelle 4-2 der Ablauf der Untersuchung zunächst im Zusammenhang mit den geplanten Methoden und Verfahren in einer Überblicksgrafik dargestellt werden:

Tabelle 4-2: Ablauf, Erhebungsmethoden und Analyseverfahren im Rahmen der explorativen Untersuchung von wahrnehmungsorientierter Schulentwicklung

ABLAUF	ERHEBUNGS- UND RÜCKMELDUNGSMETHODEN	ANALYSEVERFAHREN
Erfassung von Wahrnehmungsdaten (Messung 1)	Schriftliche Befragung, Survey-Feedback-Methode	
Analyse der Wahrnehmungsdaten		Deskriptive Statistik
Rückmeldung von Analyseergebnissen	Survey-Feedback-Methode	
Erfassung der Schulentwicklungsmaßnahmen	Beobachtung, Survey-Feedback-Methode	
Erfassung von Wahrnehmungsdaten (Messung 2)	Schriftliche Befragung, Survey-Feedback-Methode	
Analyse der Wahrnehmungsdaten		Deskriptive Statistik
Rückmeldung von Analyseergebnissen	Survey-Feedback-Methode	
Erfassung der Schulentwicklungsmaßnahmen	Beobachtung, Survey-Feedback-Methode	
Erfassung der Wahrnehmungsdaten (Messung 3)	Schriftliche Befragung, Survey-Feedback-Methode	
Analyse der Wahrnehmungsdaten		Deskriptive Statistik
Rückmeldung von Analyseergebnissen	Survey-Feedback-Methode	
Erfassung der Schulentwicklungsmaßnahmen	Schriftliche Befragung, Survey-Feedback-Methode	
Analyse der Schulentwicklungsmaßnahmen		Expertenkonsensus, univariate Varianzanalyse, Mann-Whitney-U-Test, Wilcoxon-U-Test

Die explorative Untersuchung beginnt mit der Erfassung der Wahrnehmung von Schulqualität durch die einzelnen Lehrkräfte in den Kollegien der teilnehmenden Schulen im Rahmen einer Ausgangsmessung (Messung 1). An der Erhebung sollten möglichst alle Mitglieder der jeweiligen Kollegien teilnehmen und den ausgefüllten Fragebogen mit einem individuell gewählten Code kennzeichnen. Eine Codierung ist Voraussetzung für Vergleiche von Messergebnissen. Der Bogen soll, um die Spontaneität beim Ausfüllen nicht zu gefährden, im Rahmen einer Kollegiumssitzung in ruhiger Atmosphäre ausgefüllt werden. Weiterhin sollen die Lehrkräfte aufgefordert werden, vor der Abgabe des ausgefüllten Bogens diesen zu kopieren. Anhand dieser Kopie sollen sie im Rahmen der Datenrückmeldung in der Lage sein, ihre individuellen Einschätzungen mit denen des Gesamtkollegiums zu vergleichen.

Die Auswertung der Datensätze erfolgt deskriptiv und getrennt für jede teilnehmende Schule. Für alle Items des Fragebogens werden pro Bereich der inneren Schulentwicklung und getrennt für Ideal- und Realbild Mittelwerte berechnet und grafisch aufbereitet. Auf die grafische Aufbereitung weiterer deskriptiver Ergebnisse, beispielsweise die Angabe von Streuungen, wird verzichtet. Zu viele Resultate könnten eine zielgerichtete Datendiskussion in den einzelnen Kollegien gefährden.

Die Daten dieser Eingangserhebung werden auf Basis der Survey-Feedback-Methode mit Ausnahme der Schule, die als Begleitgruppe fungiert, in die Kollegien der teilnehmenden Schulen zurück gespiegelt. Eine moderierte Diskussion der Ergebnisse soll zu Bedarfsklärung und Zielfindung mit anschließender Maßnahmenplanung und Maßnahmenumsetzung führen.

Die in den einzelnen Schulen eingeleiteten und durchgeführten Maßnahmen[16] werden vom Forscher zunächst über Beobachtung erfasst.

Im Rahmen einer zweiten Messung werden die Wahrnehmungen der Lehrkräfte erneut mittels des Fragebogens erfasst (Messung 2) und in gleicher Weise wie die der ersten

16 Die an den einzelnen Schulen geplanten und durchgeführten Maßnahmen werden in Kapitel 5 beschrieben.

Erhebung ausgewertet und rückgemeldet. Mit Hilfe einer moderierten Diskussion sollen die Analyseergebnisse zu einer Überprüfung der Bedürfnisse und Ziele an den Untersuchungsschulen dienen. Eingeleitete Maßnahmen können mit neuen Schwerpunkten versehen und neue Maßnahmen innerer Entwicklung geplant werden. Alle Maßnahmen werden erneut auf die beschriebene Weise erfasst. Die Survey-Feedback-Methode bildet bei der zweiten Runde der Datenerhebung sowie Datenrückmeldung wieder die methodische Grundlage.

Auch die dritte und letzte Erhebung (Messung 3) und Rückspiegelung der Wahrnehmung von Schulqualität durch Lehrkräfte an den Untersuchungsschulen wird mittels der Survey-Feedback-Methode durchgeführt.

Die Ergebnisse der deskriptiven Analyse der Wahrnehmungen sollen im Rahmen einer erneuten, moderierten Diskussion zu einer Überprüfung der Bedürfnisse und Ziele in den an der Untersuchung teilnehmenden Schulen dienen. Weitere Maßnahmen können geplant und laufende Aktivitäten neu ausgerichtet werden. Die bis zur dritten Messung eingeleiten und umgesetzten Entwicklungsmaßnahmen werden zusätzlich durch eine schriftliche Befragung der Mitglieder der Steuergruppen erfasst. Die Beobachtungen des Forschers können auf diese Weise mit den Angaben der Lehrkräfte verglichen und validiert werden.

Neben den Schulen, die sich für eine Umsetzung von wahrnehmungsorientierter Schulentwicklung entscheiden, sollen an einer weiteren Hauptschule die Wahrnehmungen der Lehrkräfte erhoben werden. An dieser Schule sollen die Wahrnehmungen von Schulqualität nicht für innere Entwicklung genutzt werden. Auf den Einsatz der Survey-Feedback-Methode wird hier bewusst verzichtet. Diese Hauptschule soll die Kontrollgruppe für die Untersuchung von wahrnehmungsorientierter Entwicklung darstellen. Die Fragebogenerhebungen erfolgen in etwa zeitgleich mit denen an den Untersuchungsschulen.

4.3.2 Zeitplanung

Auf Basis des Untersuchungsmodells lässt sich für die explorative Untersuchung einer inneren Schulentwicklung unter Berücksichtigung der Wahrnehmung von Schulqualität durch Lehrkräfte die Zeitplanung beschreiben. Die zur Verfügung stehenden Ressourcen erfordern eine straffe zeitliche Planung der Erprobung und explorativen Erforschung einer wahrnehmungsorientierten Schulentwicklung. Für die schulische Erprobung einer derartigen Schulentwicklung wird daher ein Zeitraum von einem Kalenderjahr veranschlagt.[17]

Durch die in Kapitel 4.1 begründete Mindestzahl von drei aktiv teilnehmenden Schulen sind für die Phasen Konzeptionsvorstellung, Datenerhebung und Datenrückmeldung jeweils zwei Monate einzuplanen. Für die erste Umsetzungsphase an den Schulen sind vier, für die zweite fünf Monate vorgesehen. Die Termine müssen vom Forscher unter Berücksichtigung der zeitlichen Vorgaben der einzelnen Schulen und der Ferienzeiten koordiniert werden.

Eine in Tabelle 4-3 dargestellte Zeitplanung soll die in Kapitel 3.1.2 dargelegte Verknüpfung von praktischer Schulentwicklung mit wissenschaftlicher Begleitung und Beurteilung im Rahmen des Untersuchungsmodells einer wahrnehmungsorientierten Schulentwicklung ermöglichen:

---

17 Vor der schulpraktischen Umsetzung einer wahrnehmungsorientierten Schulentwicklung wurde das Design der Untersuchung anerkannten Schulentwicklungsexperten wie Prof. Dr. Hans-Günter ROLFF vom Institut für Schulentwicklungsforschung Dortmund, Dr. Otmar SCHIEßL vom Staatsinstitut für Schulpädagogik und Bildungsforschung München sowie Dr. Wolfgang ECKART vom Pädagogischen Institut der Stadt Nürnberg vorgelegt und besprochen. Alle Experten gaben positive Rückmeldung zur Sinnhaftigkeit des Konzepts einer wahrnehmungsorientierten Schulentwicklung. Einzig der knappe Zeitrahmen wurde als möglicher Hinderungsgrund für das Feststellen von Wahrnehmungsveränderungen angesehen. Die kurze Erprobungsdauer wurde in Kapitel 3.1.2 begründet.

Tabelle 4-3: Zeitplanung für die Erprobung einer wahrnehmungsorientierten Schulentwicklung

ZEITPLANUNG	WISSENSCHAFT	PRAXIS
Dezember 1999 bis Januar 2000	Vorstellung der Konzeption	Lehrkräfte entscheiden über die Teilnahme
Februar bis März 2000	Erfassung von Wahrnehmungsdaten (Messung 1) Analyse und Aufbereitung der Wahrnehmungsdaten	Lehrkräfte nehmen Merkmale guter Schule sowie deren Umsetzung an der eigenen Schule wahr
April bis Mai 2000	Rückmeldung der Wahrnehmungen	Vergleich von Ideal- und Realbild als Basis für Bedarfsklärung, Zielfindung und Planung innerer Schulentwicklungsmaßnahmen
April bis Juli 2000	Erfassung der Schulentwicklungsmaßnahmen	Umsetzung von Schulentwicklungsmaßnahmen
Juni bis Juli 2000	Erfassung von Wahrnehmungsdaten (Messung 2) Analyse und Aufbereitung der Wahrnehmungsdaten	Lehrkräfte nehmen Merkmale guter Schule sowie deren Umsetzung an der eigenen Schule wahr
Oktober bis November 2000	Rückmeldung der Wahrnehmungen	Vergleich von Ideal- und Realbild als Basis für Bedarfsklärung, Zielfindung und Planung innerer Schulentwicklungsmaßnahmen
Oktober 2000 bis Februar 2001	Erfassung der Schulentwicklungsmaßnahmen	Umsetzung von Schulentwicklungsmaßnahmen
Februar bis März 2001	Erfassung von Wahrnehmungsdaten (Messung 3) Analyse und Aufbereitung der Wahrnehmungsdaten	Lehrkräfte nehmen Merkmale guter Schule sowie deren Umsetzung an der eigenen Schule wahr
April bis Mai 2001	Rückmeldung der Wahrnehmungen Erfassung der Schulentwicklungsmaßnahmen	Vergleich von Ideal- und Realbild als Basis für Bedarfsklärung, Zielfindung und Planung innerer Schulentwicklungsmaßnahmen

4.4 Statistische Analyse

4.4.1 Ziele

Im Rahmen der vorliegenden Studie wird empirisch untersucht, ob sich Wahrnehmungen von Lehrkräften im Hinblick auf das Ideal einer guten Schule in Relation zur Realität der eigenen Schule verändern, wenn auf der Basis der initialen, aber auch der sich verändernden Wahrnehmungen Maßnahmen innerer Schulentwicklung initiiert und durchgeführt werden. Dabei handelt es sich um die Beschreibung von Veränderungen im Laufe eines fixen Beobachtungszeitraumes, in dem bestimmte Maßnahmen in den Schulen durchgeführt werden. Methodisch ergibt sich daraus eine Folge von zwei Fragen, welche die primäre Fragestellung, „*ob* über die Wahrnehmung von Schulqualitätsmerkmalen durch Lehrkräfte innere Schulentwicklungsprozesse *indiziert, initiiert* und *evaluiert* werden können", abbilden:

1. *Verändern sich die Wahrnehmungen der Lehrkräfte innerhalb der Beobachtungszeit?*

Zur Analyse dieser Frage liegen Daten aus drei Erhebungen, das heißt der Ausgangsmessung (Messung 1), der ersten Wiederholungsmessung nach etwa sechs Monaten (Messung 2) sowie der Abschlussmessung nach insgesamt einem Jahr (Messung 3), vor. Von primärem Interesse ist der Vergleich der Daten von Eingangs- und Abschlussmessung anhand des Gesamtscores des SERIS-Fragebogens.

2. *In welchem Zusammenhang stehen diese Veränderungen, falls sie nachgewiesen werden können, mit den Maßnahmen, die in den Schulen durchgeführt wurden?*

Zur Bearbeitung dieser Frage wird die Gesamtheit aller Maßnahmen einer Schule auf der Basis eines von Experten erstellten Bezugssystems im Hinblick auf ihre Intensität bewertet. Nach einer studienimmanenten Stratifizierung der Schulen in solche mit hoher, mittlerer und geringer Intensität ist es möglich zu prüfen, ob die Wahrnehmungsänderung auf Seiten der Lehrkräfte mit der Intensität der durchgeführten Maßnahmen zusammenhängt beziehungsweise ob sich die Subgruppen unterscheiden.

Die Wahrnehmungen werden multidimensional erfasst. Die Einzelurteile im Fragebogen werden dabei in Skalen zusammengefasst, welche die Ziele innerer Schulentwicklung sowohl für eine ideale und die reale Schule vor Ort als auch für die Bereiche Organisation, Person, Unterricht und Selbstbild widerspiegeln. Aus schulpraktischer und wissenschaftlicher Sicht interessieren hierbei vor allem die Differenzen der Mittelwerte zwischen den Urteilen zur idealen und realen Schule im Beobachtungsverlauf.

Verlaufsbeobachtungen in einer Versuchsgruppe sind einer Vielzahl von Einflüssen unterworfen und können vermutlich nicht ausschließlich auf Maßnahmen der inneren Schulentwicklung zurückgeführt werden. Zudem wird die Umsetzung der inneren Schulentwicklung innerhalb der einzelnen Studien heterogen sowohl nach Inhalt wie auch nach Intensität verlaufen. Zur Abschätzung, ob die zu erwartende Varianz im Beobachtungsverlauf auf die Maßnahmen der inneren Schulentwicklung zurückgehen, wurde eine Art „Behandlungsfaktor" eingeführt: eine Eingruppierung der Schulen in Intensitätsklassen der Maßnahmen der inneren Schulentwicklung. Damit wird ein statistischer Vergleich der Veränderungen in den Wahrnehmungen zwischen den Intensitätsklassen möglich, der über eine Varianzanalyse mit den Intensitätsklassen geführt wird. Zumindest dann, wenn Unterschiede zwischen mindestens zwei Intensitätsklassen gefunden werden können, liegt ein Beleg vor, dass sich die oben beschriebenen Änderungen im Beobachtungsverlauf auf den Einfluss der Maßnahmen der inneren Schulentwicklung zurückführen lassen.

Mit den sekundären Fragestellungen der Studie soll geklärt werden, *ob* und *wie* sich Faktoren, die theoretisch als relevant für innere Schulentwicklung betrachtet werden, auf die Wahrnehmungen der Lehrkräfte auswirken: Hierzu zählen einerseits Analysen zu vier bereichsspezifischen Maßnahmen der inneren Schulentwicklung (Subskalen Organisation, Personal, Unterricht und Selbstbild des SERIS-Fragebogens) und die Untersuchung des Einflusses von sogenannten Lehrkrafttypen, die retrospektiv aus Wahrnehmungen der teilnehmenden Lehrkräfte zur idealen und realen Schule mittels Clusteranalyse festgelegt werden.

Die Analyse der Messzeitpunkte ist im Hinblick darauf interessant, ob bereits nach sechs Monaten Veränderungen in den Wahrnehmungen der Lehrkräfte aufgetreten sind. Auch diese sekundäre Frage wird differenziert nach den genannten Einflussfaktoren.

Schließlich können auch stärker differentielle Zusammenhänge untersucht werden, also etwa die Verknüpfung von Maßnahmenintensität und Schulentwicklungsbereich im Hinblick auf die beobachteten Wahrnehmungsänderungen.

Als sekundäre Fragestellung wurde in Kapitel 3.1.2 ein Vergleich zwischen den Versuchsschulen und der Kontrollschule im Hinblick auf Wahrnehmungsänderungen geplant. Es war erwartet worden, dass die Wahrnehmungsänderungen zwischen Eingangs- und Abschlussmessung in den Versuchsschulen stärker ausgeprägt sind als in der Kontrollschule. Diese Fragestellung kann nur deskriptiv untersucht werden, weil, vermutlich wegen fehlender Anreize, nur eine geringe Anzahl von Lehrkräften der Kontrollgruppe an der Verlaufsbefragung teilnahm.

Die Untersuchung ist explorativ angelegt. Es gibt bislang keine verlässlichen empirischen Daten, aus denen eine konfirmatorisch zu testende Hypothese a priori im Hinblick auf die abhängige Variable, die Veränderung von Differenzen zwischen Real- und Idealbild der Schule, hätte ausreichend begründet werden können. Zudem werden erst im Laufe der Studie Informationen gesammelt und Kriterien definiert, die für die Hypothesenprüfung benötigt werden (zum Beispiel Klassifikation der Intensität von Maßnahmen der inneren Schulentwicklung). Insofern wird im Rahmen dieser Studie eher das Material für eine Hypothesengenerierung erarbeitet. Neben der zur Klärung der primären Fragestellung formulierten Veränderungshypothese können daher keine weiteren Hypothesen geprüft werden.

Alle p-Werte, die in statistischen Analysen gewonnen werden, sind daher deskriptive Informationen. P-Werte $<= 0,05$ beschreiben nicht-zufällige Befunde, p-Werte $<= 0,10$ werden als Trends oder Tendenzen beschrieben.

Die Auswertungen zu den Fragestellungen der Untersuchung werden mit den Urteilen der Lehrkräfte durchgeführt, die an allen drei Erhebungen teilnehmen („Per-Protokoll-Population"). Teilnehmer mit fehlenden Informationen werden aus der Analyse ausgeschlossen.

4.4.2 Methoden

4.4.2.1 Datenrückmeldung

Die Fragebogendaten müssen den Teilnehmern zu Studienbeginn sowie im Verlauf des einjährigen Beobachtungsintervalls in aggregierter Form rückgemeldet werden, um die im Rahmen der Survey-Feedback-Methode intendierten Ziele zu erreichen. Dazu werden die Urteile in den Einzelitems des Fragebogens für die Beurteilung einer idealen und der realen Schulqualität in Form des arithmetischen Mittels zusammengefasst. Dies geschieht getrennt für jede einzelne Schule. Die Mittelwerte werden in Form eines Profils für die Subskalen Organisation, Personal, Unterricht und Selbstbild des SERIS-Fragebogens grafisch dargestellt, wobei die Urteile von Ideal- und Realbild getrennt aufbereitet werden. Weiterhin werden in den Profilen für die zweite Messung die Mittelwerte von erster und zweiter Erhebung sowie in den Profilen für die dritte Messung die Mittelwerte von erster und dritter Erhebung einander gegenübergestellt. Die Rückmeldung der Ergebnisse von zweiter und dritter Messung an die Teilnehmer beinhaltet damit Informationen über Veränderungen gegenüber der Ausgangsmessung. Die den einzelnen Schulen rückgemeldeten Polaritätsprofile werden in Kapitel 5 dargestellt.

4.4.2.2 *Veränderungen im Studienverlauf*

Für die deskriptive Darstellung der Gesamtergebnisse der Studie sind einerseits die originalen Urteile im Fragebogen pro Untersuchungszeitpunkt und Entwicklungsbereich zusammenzufassen, andererseits Veränderungen zwischen der Eingangsuntersuchung und den beiden Verlaufsuntersuchungen nach sechs und nach zwölf Monaten sowie zwischen zweiter und dritter Erhebung darzulegen.[18] Weiterhin werden die Ergebnisse den Schichtungen des Untersuchungsmodells entsprechend in den Subgruppen Maßnahme und Lehrkraft deskriptiv beschrieben.

Die für die Analyse verwendeten Daten werden anhand von arithmetischem Mittelwert, Standardabweichung, Minimum und Maximum beschrieben.

Die primäre Fragestellung, ob sich Wahrnehmungsänderungen im Beobachtungsverlauf zeigen, wird anhand der individuellen Differenzen von Ideal- und Realbild pro Messzeitpunkt über den Vergleich von Messzeitpunkt 3 (Abschlussuntersuchung) und Messzeitpunkt 1 (Ausgangswert vor Durchführung von Maßnahmen) mit dem Wilcoxon-Test für abhängige Stichproben geführt. Die Vergleiche zwischen Messzeitpunkt 2 und 1 sowie 3 und 2 sind nachgeordnet und werden explorativ interpretiert.

Anschließend wird, allerdings unter der Voraussetzung, dass ein Unterschied in den Wahrnehmungen zwischen den Messzeitpunkten 1 und 3 aufgezeigt werden kann ($\alpha <.05$), die Analyse der zweiten Hauptfragestellung vorgenommen. Damit kommt eine Abschlusstestprozedur mit einer hierarischen Ordnung der beiden Haupthypothesen zur Anwendung. Auch wenn in dieser Untersuchung ein explorativer Ansatz gewählt wird, soll damit zu einer Gewichtung der untersuchten Fragestellungen in Analogie zu einer konfirmatorischen Auswertung der Studie beigetragen werden.

---

18 Die Einzelurteile werden, wie bereits erwähnt, in Skalen zusammengefasst. Die Grundlage der wissenschaftlichen Analyse bilden die Differenzen der Mittelwerte zwischen den Skalen zur idealen und realen Schule.

Zur analytischen Prüfung des Einflusses des Treatmentfaktors „Maßnahme“ auf die Wahrnehmungen der Teilnehmenden wird zunächst ein globaler varianzanalytischer Vergleich (einfaktorielle ANOVA mit den Intensitätsklassen als fixer Faktor) durchgeführt. Bei einem signifikanten F-Test werden dann multiple Vergleiche zwischen den Paaren aus je zwei Intensitätsklassen mit einem Wilcoxon-Test für unabhängige Stichproben durchgeführt. Zur Kontrolle des Fehlers I. Art wird eine Adjustierung nach Bonferoni vorgenommen und jeder Test mit $\alpha^*=\alpha/3 = 0.05/3 = 0.0167$ beurteilt.

Die zur Klärung der sekundären Fragen nötigen analytischen Prüfungen bezüglich des Einflusses der Faktoren „Bereiche“, „Maßnahmen“ und „Lehrkraft“ auf die Wahrnehmungen der Teilnehmenden erfolgen mit Hilfe von nonparametrischen Wilcoxon-Rangsummentests für abhängige Daten. Für alle Vergleiche werden p-Werte angegeben, die in dieser Untersuchung als deskriptive Information betrachtet, aber nicht im Sinne darauf aufbauender Verallgemeinerungen verwendet werden.

Der Vergleich zwischen den Untersuchungsschulen und der Kontrollschule wird anhand der Mittelwerte für die Veränderungen der Ideal-Realbild-Differenz zwischen der Abschluss- und der Eingangsmessung deskriptiv geführt.

4.4.2.3 Ergänzende Analysen

Zur Untersuchung der Frage, ob sich das Gesamtkollektiv aller teilnehmenden Lehrkräfte nach ihren Wahrnehmungen bei der Eingangsmessung in verschiedene Teilgruppen, das heißt Lehrkrafttypen, unterscheiden lässt, wird eine Clusteranalyse durchgeführt. Diese erfolgt getrennt für die Beurteilungen der idealen und der realen Schule im Hinblick auf Schulqualität. Auf der Basis der Ergebnisse einer Lösung mit zwei Clustern erfolgt eine Stratifizierung der Wahrnehmungen in stärker positive („hoch“) oder weniger positive („niedrig“) Einschätzungen. Aus den dichotomen Urteilen für das Ideal- und das Realbild werden dann Lehrkrafttypen aus Einschätzung („hoch“ versus „niedrig“) und Schulqualität („ideal“ versus „real“) definiert. Diese Typen bilden den Einflussfaktor „Lehrkraft“.

5 Verlauf der Erprobung

5.1 Auswahl der Schulen

5.1.1 Vorauswahl im Rahmen von Gesprächen mit Schulaufsicht und Schulleitung

Die Auswahl der Schulen begann im Dezember 1999 im Rahmen von Gesprächen mit Schulräten dreier staatlicher Schulämter in unterschiedlichen nordbayerischen Regierungsbezirken. Die Lage der Ämter ermöglichte die Einhaltung der in Kapitel 4.1 genannten geografischen und inhaltlichen Auswahlkriterien. Bei den Zusammenkünften in den Schulämtern wurden Modell und Design einer wahrnehmungsorientierten Schulentwicklung vorgestellt.[1] Die an den Gesprächen beteiligten Beamten begrüßten das Anliegen, an ausgewählten Schulen in ihrem Bezirk eine innere Entwicklung unter Berücksichtigung von Lehrerwahrnehmungen zu erproben und zu evaluieren. Über diese Schulaufsichtsbeamten konnte der Kontakt zu Schulleitungen hergestellt werden.

Die Kontaktaufnahme erfolgte über Schulleiterdienstbesprechungen auf Schulamtsebene. Während dieser Zusammenkünfte konnte den anwesenden Leitungen die Konzeption ausführlich vorgestellt werden. Nach den Vorstellungen zeigten sechs Schulleiter Interesse an wahrnehmungsorientierter Schulentwicklung. Eine siebte Schule, die als Kontrollgruppe fungieren sollte, fand sich ebenfalls im Rahmen einer Schulleiterdienstbesprechung.

Im Zusammenhang mit der tatsächlichen Auswahl der Schulen, die sich an der Untersuchung einer wahrnehmungsorientierten Schulentwicklung beteiligen wollten, ist darauf hinzuweisen, dass man von einer Kohorte oder Ad-hoc-Stichprobe sprechen kann (BORTZ & DÖRING, 2002, S. 404). Die Schulen zeigten sich zu Beginn der praktischen Erprobung von wahrnehmungsorientierter Schulentwicklung an innerer Entwicklung interessiert.

---

1 Untersuchungsmodell und Design wurden mittels der Abbildungen und Tabellen aus den Kapiteln 3.1.2 und 4.3 erläutert.

5.1.2 Auswahl im Rahmen von kollegialen Gesprächen an interessierten Schulen

Die sechs Schulleitungen, die sich für eine Erprobung und Erforschung wahrnehmungsorientierter Entwicklung an ihren Schulen interessierten, ermöglichten die Vorstellung von Untersuchungsmodell und Design in ihren Kollegien. Nach der Erläuterung der Konzeption wurden einzelne Aspekte, die für das Verständnis von innerer Schulentwicklung im Allgemeinen und von wahrnehmungsorientierter Schulentwicklung im Besonderen bedeutsam sind, ausführlich diskutiert.

Für die Lehrkräfte war der Hinweis, dass innere Schulentwicklung nicht einem Eingeständnis der Wertlosigkeit aller bislang an der Schule geleisteten Arbeit gleichkomme, sehr bedeutsam. Auch die Erläuterung, dass es bei innerer Schulentwicklung und damit auch bei wahrnehmungsorientierter Entwicklung um eine bewusste und gezielte weitere Gestaltung der schulischen Arbeit gehe, war für viele Lehrerinnen und Lehrer wichtig.

Ausführlich wurde über die Mitwirkung der weiteren Personengruppen der einzelnen Schule und der übergeordneten Institutionen sowie über die Bedeutung von organisatorischen Rahmenbedingungen diskutiert. Die Lehrkräfte erkannten hierbei ihre zentrale Rolle in der Gestaltung der Geschicke einer Einzelschule. Der Verweis darauf, dass diese wesentliche Gestaltungsrolle jedoch nicht zur dauerhaften Überlastung des einzelnen führen dürfe, wurde als wohltuend empfunden.

Bezüglich möglicher Belastungssituationen, die im Rahmen der Durchführung von wahrnehmungsorientierter Schulentwicklung entstehen könnten, wurde den Kollegien verdeutlicht, dass es ein zentrales Merkmal dieser Konzeption sei, dass die Lehrkräfte vor Ort der Leistungsfähigkeit des Kollegiums entsprechende Schwerpunktsetzungen vornehmen sollten.

Kolleginnen und Kollegen, die sich nicht aktiv an innerer Schulentwicklung beteiligen wollten, wurden gebeten, an den Erhebungen teilzunehmen, die Aktivitäten der anderen zu tolerieren und gemeinsame Beschlüsse mit zu verantworten. Auch der Ausstieg eines gesamten Kollegiums aus wahrnehmungsorientierter Schulentwicklung wurde als Option vorgestellt.

Nach diesen gemeinsamen Gesprächen diskutierten die Lehrkräfte in Abwesenheit von Schulleitung und Forscher den Schulentwicklungsansatz abschließend und stimmten offen über eine mögliche Erprobung und Untersuchung von innerer Entwicklung unter Berücksichtigung ihrer Wahrnehmungen ab.

An allen sechs Schulen entschieden sich die Kollegien mehrheitlich für die Erprobung und Erforschung von wahrnehmungsorientierter Entwicklung an ihrer Institution. Die kollegialen Zustimmungsquoten lagen jeweils zwischen 90 und 100 %.

Über die Kollegien dieser sechs Schulen konnten alle wesentlichen organisatorischen Formen der Hauptschule in Bayern gewonnen werden: Drei Volksschulen, zwei Hauptschulen und eine Teilhauptschule II entschieden sich, wahrnehmungsorientierte Schulentwicklung umzusetzen.

Der Umstand, dass drei Volksschulen ausgewählt wurden, bedingte die übergreifende Berücksichtigung der Wahrnehmungen von Grund- und Hauptschullehrkräften. Sowohl aufgrund der in diesen Institutionen gewachsenen Strukturen als auch aufgrund des gesamtkollegialen Ansatzes von wahrnehmungsorientierter Schulentwicklung hätte eine nach Schulart getrennte innere Entwicklung keinen Sinn ergeben. Die in diesen Kollegien erfassten Wahrnehmungen wurden so kodiert, dass bei Bedarf auch eine getrennte Rückmeldung möglich gewesen wäre.

Die Zustimmungsquote des Kollegiums der siebten Schule, an der im Untersuchungszeitraum nur die Wahrnehmungen erhoben werden sollten, lag bei 70 %. Bei dieser Schule handelt es sich um eine Hauptschule.

Vier der ausgewählten Erprobungsschulen liegen in kleinstädtisch geprägter Umgebung. Der Standort der beiden anderen ist als ländlich zu beschreiben. Die Schule der Kontrollgruppe befindet sich in einer Kleinstadt.

Mit Schreiben vom 19. Januar 2000 genehmigte das BAYERISCHE STAATSMINISTERIUM FÜR UNTERRICHT UND KULTUS die Untersuchung an den ausgewählten Schulen.

5.2 Ausgewählte Daten zur Zusammensetzung der Schulen

Die in Tabelle 5-1 wiedergegebenen Daten zur Zusammensetzung der sechs Schulen, die eine wahrnehmungsorientierte Schulentwicklung umsetzen wollten, wurden über die schriftliche Befragung der Schulleitungen zu Beginn und Ende der Untersuchung erhoben:

Tabelle 5-1: Ausgewählte Daten zur Zusammensetzung der Untersuchungsschulen am Anfang und Ende der Untersuchung

	Untersuchungsbeginn	Untersuchungsende
Gesamtzahl der Lehrkräfte[2]	210	207
Weibliche Lehrkräfte	110	105
Männliche Lehrkräfte	100	102
Hauptschullehrkräfte	132	135
Grundschullehrkräfte	31	32
Fachlehrkräfte	47	40
Altersdurchschnitt der Lehrkräfte	43	44
Gesamtzahl der Klassen	115	120
Gesamtzahl der Schüler	2841	2902

2 In diesen Zahlen sind die Leitungen der Untersuchungsschulen nicht enthalten, da diese nicht in die anonyme Datenerhebung einbezogen wurden. Nahezu alle Schulleiterinnen und Schulleiter machten von der Möglichkeit Gebrauch, durch ein Offenlegen ihrer Identität gegenüber dem Forscher an der Untersuchung teilzunehmen. Der Forscher gab den Schulleitungen die Ergebnisse vor der kollegialen Rückmeldung unter vier Augen bekannt. Auf diese Weise konnten die Leitungspersonen anschließend ihre Wahrnehmungen mit denen des Kollegiums vergleichen.

Ein Vergleich der drei Volksschulen mit den beiden Hauptschulen sowie der Teilhauptschule II ergab, dass sich die Schulen in Kollegiumsgröße, Geschlechterverteilung, Altersdurchschnitt sowie in Klassen- und Schülerzahlen ähnelten.

Die in Tabelle 5-2 dargelegten Daten zur Zusammensetzung der Hauptschule, deren Kollegium bereit war, als Kontrollgruppe zusätzliche Informationen zur Interpretation der in den Untersuchungsschulen gewonnenen Ergebnisse beizutragen, konnten nur zu Untersuchungsbeginn erhoben werden:

Tabelle 5-2: Ausgewählte Daten zur Zusammensetzung der Kontrollgruppe zu Beginn der Untersuchung

	Untersuchungsbeginn
Gesamtzahl der Lehrkräfte	29
Weibliche Lehrkräfte	10
Männliche Lehrkräfte	19
Fachlehrkräfte	5
Altersdurchschnitt der Lehrkräfte	45
Gesamtzahl der Klassen	18
Gesamtzahl der Schüler	425

5.3 Teilnahme der Lehrkräfte an den Messungen

Über die Kodierung der Fragebögen konnte die Teilnahme der Lehrkräfte an den in Modell und Design von wahrnehmungsorientierter Schulentwicklung festgelegten drei Messzeitpunkten nachvollzogen werden.

An den sechs Untersuchungsschulen ergaben sich die in Tabelle 5-3 dargestellten Teilnahmezahlen:

Tabelle 5-3: Teilnahme der Lehrkräfte der Untersuchungsschulen an den drei Messungen

Teilnahme	Messung 1	Messung 2	Messung 3
nur an Messung 1	14	-	-
nur an Messung 2	-	8	-
nur an Messung 3	-	-	6
nur an Messung 1 und 2	25	25	-
nur an Messung 1 und 3	5	-	5
nur an Messung 2 und 3	-	9	9
an Messung 1, 2 und 3	113	113	113
n	**157**	**155**	**133**

An der ersten Messung, die wie geplant von Februar bis März 2000 an den sechs Untersuchungsschulen stattfand, nahmen 157 Lehrkräfte teil.[3] Im Hinblick auf die Gesamtzahl von 210 Lehrkräften entsprach dies einer Teilnehmerquote von 74,8 %.

25,2 % der Lehrkräfte nahmen an der ersten Messung nicht teil. Dies lag unter anderem daran, dass am Erhebungstag etliche Fachlehrkräfte in anderen Schulhäusern unterrichteten, einige Lehrkräfte außerschulische Aktivitäten durchführten und einzelne Lehrerinnen und Lehrer erkrankt waren. Auf das nachträgliche Einholen der Wahrnehmungen dieser Personen wurde aus Datenschutzgründen verzichtet.

Die zweite Messung im Rahmen der Erprobung von wahrnehmungsorientierter Entwicklung wurde im gleichen Schuljahr wie die erste Erhebung durchgeführt. An dieser Wiederholungsmessung, die gemäß Planung von Juni bis Juli 2000 durchgeführt wurde, beteiligten sich 155 Lehrkräfte. Aufgrund der Praxis, an Schulen während des Schuljahres gravierende Veränderungen in der Personalstruktur der Kollegien zu vermeiden, war es nicht verwunderlich, dass die Teilnehmerquote der zweiten Messung mit 73,8 % der ersten fast entsprach. Gleichzeitig zeigte die hohe Zahl von 138 Lehrerinnen und Lehrern, die

3 Die Lehrkräfte aller Untersuchungsschulen wurden zu Beginn der Messungen darauf hingewiesen, dass sie zum späteren Vergleich ihrer persönlichen Einschätzungen mit den kollegialen Mittelwerten ihren ausgefüllten Fragebogen vor der Abgabe kopieren sollten. Unter Wahrung ihrer Anonymität konnten sie im Rahmen der einzelnen Ergebnisrückmeldungen ihre Wahrnehmungen mit denen des Kollegiums vergleichen.

sowohl an der ersten als auch an der zweiten Messung teilnahmen, dass sie an einer Evaluation ihrer Arbeit interessiert waren. Die Quote der Lehrkräfte, die sowohl an der ersten als auch an der zweiten Messung teilnahmen, betrug 65,7 %. Dass auch an der zweiten Erhebung einige Lehrkräfte nicht teilnehmen konnten, ist mit den gleichen Argumenten, die schon bei der ersten Messung galten, zu begründen.

Für die letzte Messung, die nach Plan im Zeitraum von Februar bis März 2001 durchgeführt werden konnte, nahmen sich 133 Lehrkräfte Zeit. Da zwischen zweiter und dritter Messung ein Schuljahreswechsel lag, veränderte sich die Gesamtzahl der Lehrkräfte an den Schulen auf 207. Die Teilnehmerquote in Bezug auf die neue Gesamtzahl lag damit bei 64,3 %.

Die Zahl von 113 Lehrkräften, die an allen drei Messungen teilnahmen, ergab im Hinblick auf die Gesamtzahl von 210 Lehrerinnen und Lehrern, die zu Beginn der Untersuchung erhoben wurde, eine Teilnahmequote von 53,8 %. Dass die Zahl der Lehrkräfte, die sich noch an den vorhergehenden Erhebungen beteiligt hatten, zurückging, war vor allem mit den Veränderungen der Struktur der Kollegien zum Schuljahreswechsel zu erklären. Etliche Lehrkräfte wechselten die Einsatzschule, andere kamen neu in die Kollegien der Untersuchungsschulen und einzelne gingen in den Ruhestand. Die abnehmende Teilnahmequote ist darüber hinaus mit den gleichen Argumenten, die bereits für die beiden vorangegangenen Messungen dargelegt wurden, zu begründen.

An der Kontrollschule konnten die in Tabelle 5-4 dargelegten Zahlen zur Teilnahme der Lehrkräfte an den Erhebungen ermittelt werden:[4]

4 Die entsprechenden Zahlen für die einzelnen Untersuchungsschulen werden in Kapitel 5.5 dargelegt.

Tabelle 5-4: Teilnahme der Lehrkräfte der Kontrollgruppe an den drei Messungen

Teilnahme	Messung 1	Messung 2	Messung 3
nur an Messung 1	4	-	-
nur an Messung 2	-	-	-
nur an Messung 3	-	-	5
nur an Messung 1 und 2	7	7	-
nur an Messung 1 und 3	-	-	-
nur an Messung 2 und 3	-	1	1
an Messung 1, 2 und 3	5	5	5
n	**16**	**13**	**11**

An der ersten Messung, die in der Kontrollschule im April 2000 stattfand, beteiligten sich 16 Lehrkräfte. Im Hinblick auf die Gesamtzahl von 29 Lehrkräften entspricht dies einer Teilnehmerquote von 55,2 %.

An der zweiten im Juli 2000 durchgeführten Messung nahmen 13 Lehrkräfte teil. Die Teilnehmerquote lag damit bei 44,8 %. Die Quote der Lehrkräfte, die sowohl an der ersten als auch an der zweiten Messung teilnahmen, betrug 41,4 %.

An der letzten Messung, die in der Kontrollgruppe im April 2001 durchgeführt werden konnte, beteiligten sich elf Lehrkräfte. Die Teilnehmerquote betrug damit 37,9 %.

Die Zahl von fünf Lehrkräften, die an allen drei Messungen teilnahmen, ergab im Hinblick auf die Gesamtzahl von 29 Lehrerinnen und Lehrern, die zu Beginn der Untersuchung erhoben wurde, eine Teilnahmequote von 17,2 %.

Die im Vergleich zu den Untersuchungsschulen deutlich niedrigere Teilnahme der Lehrkräfte an den drei Messungen, ist vermutlich mit der Tatsache, dass sich durch die Befragungen für das Kollegium der Kontrollschule kein direkter Nutzen ergab, zu erklären.

5.4 Vorerfahrungen mit kollegialer Projektarbeit

Die Vorerfahrungen der Lehrkräfte der sechs Untersuchungsschulen sowie der Kontrollschule mit kollegialer Projektarbeit wurden über eine schriftliche Befragung der

Schulleitung am Beginn der Untersuchung erhoben. Die Leitungen der sieben Schulen wurden gebeten, über abgeschlossene, laufende und geplante Projekte Auskunft geben:[5]

An einer Schule waren mehr als drei Schulentwicklungsprojekte abgeschlossen worden. An vier weiteren konnten bis zu drei derartige Vorhaben beendet werden. Als Themen wurden beispielsweise „Umgang mit Konflikten“, „Mediation“, „Sucht- und Drogenprävention“, „Elternarbeit“ und „Pausenhofgestaltung“ genannt. An zwei der sieben Schulen hatten in den letzten Jahren keine derartigen Projekte stattgefunden.

Mehr als drei laufende Projekte innerer Schulentwicklung konnten an zwei Schulen beobachtet werden. Die Kollegien von vier Schulen befassten sich aktuell mit bis zu drei Projekten. Hierbei wurden unter anderem „Schulsozialarbeit“, „Mediation“, „Mittagsbetreuung“, „Pausenordnung“ und „Schulhofgestaltung“ erwähnt. Nur ein Kollegium war nicht mit laufenden Vorhaben beschäftigt.

Nach Auskunft der Schulleitungen waren zu Beginn der vorliegenden Studie an sechs Schulen bis zu drei Entwicklungsprojekte geplant. An einer Schule befanden sich mehr als drei Projekte im Planungsstadium. Themen wie „Schulsozialarbeit“, „Mediation“, „Umgang mit Unterrichtsstörungen“, „Gesunde Ernährung“ und „Nachmittagsbetreuung“ standen hierbei im Mittelpunkt.

Während der vorbereitenden Gespräche mit den Schulleiterinnen und Schulleitern konnte festgestellt werden, dass zwei Leitungen als ausgebildete Entwicklungsmoderatoren über fundierte Kenntnisse bezüglich innerer Schulentwicklung verfügten.[6] Beide wollten gerade damit beginnen, innere Schulentwicklung über kollegiale Arbeit zu initiieren. Für die

---

5 Innere Schulentwicklung wurde in dieser schriftlichen Befragung bewusst mit Projektarbeit gleichgesetzt. Diese Verschmelzung erfolgte aus zwei Gründen: Zum einen sollte durch diese Verbindung mit einem inhaltlich ähnlichen und bekannteren Terminus der Schulentwicklungsbegriff verständlicher werden. Zum anderen sollte mit diesem Begriff den Schulleitungen verdeutlicht werden, dass die bislang in ihren Häusern geleistete Arbeit auch mit innerer Entwicklung in Verbindung gebracht werden konnte.

6 Diese Schulleitungen hatten an den in Kapitel 4.2.2 beschriebenen Moderatorenlehrgängen der Akademie für Lehrerfortbildung und Personalführung Dillingen teilgenommen.

Leitungen und Kollegien der anderen Schulen war die praktische Bedeutung von innerer Entwicklung noch unklar.

Alle Leitungen und Kollegien der sechs zur Erprobung ausgewählten Schulen ließen sich mit großer Offenheit auf eine wahrnehmungsorientierte Schulentwicklung ein.

5.5 Messergebnisse und Maßnahmen an den Untersuchungsschulen

Vor dem Aufzeigen wesentlicher Messergebnisse und Maßnahmen, die sich im Verlauf der Erprobung von wahrnehmungsorientierter Schulentwicklung an den einzelnen Untersuchungsschulen ergaben, soll die Darstellungsform erläutert werden:

Die Ergebnisse der einzelnen Messungen werden, wie dies auch im Rahmen der Rückmeldung an den einzelnen Schulen erfolgte, in Form von schulspezifischen Polaritätsprofilen wiedergegeben.[7] Im Profil zur ersten Datenerhebung werden den Mittelwerten der kollegialen Einschätzungen der Aussagen zur idealen Schule diejenigen zur realen Schule gegenübergestellt. Zusätzlich erfolgt eine Zuordnung der Aussagen zu den drei Bereichen innerer Schulentwicklung sowie zum Bereich Selbstbild. In die Profile der zweiten Messung werden auch die Mittelwerte der ersten Messung eingefügt. Die Mittelwerte beziehen sich auf Wahrnehmungen von Lehrkräften, die an beiden Messungen teilnahmen. Den Kollegien sollten auf diese Weise mögliche Veränderungen in der Einschätzung der Merkmale idealer und realer Schule transparent gemacht werden. Die Polaritätsprofile der dritten Messung enthalten neben den zu diesem Zeitpunkt erhobenen Daten die Mittelwerte der ersten Befragung.[8] Die in den Profilen angegebenen Mittelwerte basieren auf den Wahrnehmungen von Lehrkräften, die sich an allen drei Erhebungen

---

7 Die nachfolgend abgebildeten Profile mussten für die schulische Präsentation so konfiguriert werden, dass die einzelnen Entwicklungsbereiche auf jeweils eine DIN-A-4-Folie im Hochformat kopiert und mittels Tageslichtprojektors dargeboten werden konnten.

8 In Kapitel 7 werden die Gesamtergebnisse der Untersuchung deskriptiv dargestellt.

beteiligten. Wie bei der Rückmeldung nach der zweiten Messung sollten den Kollegien der einzelnen Schulen mögliche Veränderungen in den Wahrnehmungen verdeutlicht werden.[9]

An fünf der sechs Erprobungsschulen wurden auf Basis der Ergebnisse der ersten Messung Schwerpunkte für Projekte innerer Entwicklung gesetzt. An Schule 1 erfolgte diese Setzung erst nach der zweiten Rückmeldung. Die Benennung von Schwerpunkten anhand ausgewählter Items zur realen Situation war an allen Schulen Resultat von moderierten Diskussionen zur Bedarfsklärung in den Kollegien.

Die von den einzelnen Schulen ausgewählten Aussagen zur realen Schule werden, wie dies auch während der Diskussion der Messergebnisse im Rahmen der Schulentwicklungskonferenzen oder Schulentwicklungswochenenden erfolgte, in den Profilen markiert.

Diese Schwerpunktsetzungen dienten den Kollegien der Untersuchungsschulen als Ziele innerer Entwicklung. In spezifischen „Qualitätszirkeln“[10], denen sich jeweils vier bis sechs Lehrkräfte freiwillig zuordneten, wurden die Ziele aufgegriffen. Auf deren Basis wurden in den Zirkeln schulspezifische Maßnahmen eingeleitet. Bis auf wenige Ausnahmen wirkten die an den Arbeitsgruppen teilnehmenden Lehrkräfte in jeweils einem Zirkel mit.

Jede Lehrerarbeitsgruppe entsandte einen Mitarbeitenden als Mitglied in die kollegiale „Steuergruppe“.[11] Je nach Koordinierungsbedarf wurde diese Gruppe an den einzelnen

---

9 Auf einen Vergleich mit den Werten der zweiten Messung innerhalb dieser Profile wurde an den Schulen verzichtet, da hierdurch die Übersichtlichkeit gefährdet worden wäre. Von einer Präsentation zusätzlicher Polaritätsprofile, welche die Mittelwerte von zweiter und dritter Messung enthalten hätten, wurde ebenfalls Abstand genommen. Die Kollegien hätten eine derartige Datenflut kaum mehr diskutieren und bewerten können. Zusätzlich zeigte sich, dass die Wahrnehmungsänderungen zwischen zweiter und dritter Messung geringer als zwischen erster und zweiter Messung ausfielen. Ein Vergleich der Daten von erster und dritter Messung erwies sich für die Kollegien als sehr motivierend, da hierbei das im Rahmen eines Jahres durch Schulentwicklungsarbeit Erreichte offensichtlich wurde.

10 Wie Kapitel 4.2.2 dargelegt, wird der Terminus „Qualitätszirkel“ in Anlehnung an die Begrifflichkeit in den Publikationen von DALIN, ROLFF und BUCHEN (1995) sowie der AKADEMIE FÜR LEHRERFORTBILDUNG UND PERSONALFÜHRUNG DILLINGEN (2002) gewählt.

11 Der Begriff „Steuergruppe“ wurde aus den bereits für den Terminus „Qualitätszirkel“ benannten Quellen entnommen.

Untersuchungsschulen entweder nach der ersten, zweiten oder dritten Messung gebildet. In Abstimmung mit den Mitgliedern dieser Koordinierungsgruppen erfasste der Forscher die über die Qualitätszirkel eingeleiteten oder bereits umgesetzten Entwicklungsmaßnahmen.[12]

In der folgenden Darstellung der Messergebnisse und Maßnahmen an den Untersuchungsschulen werden die Maßnahmen innerer Entwicklung in Tabellenform wiedergegeben. Dabei wird eine Einteilung der Schulentwicklungsmaßnahmen nach den in Tabelle 5-5 dargelegten inhaltlichen Schwerpunktsetzungen vorgenommen:

Tabelle 5-5: Grundtypen von Maßnahmen innerer Schulentwicklung an den Untersuchungsschulen[13]

Innere Schulentwicklung		
Organisationsentwicklung	**Personalentwicklung**	**Unterrichtsentwicklung**
Schulentwicklungssitzung	Schulleitung und Kollegium	Soziales Lernen
Schulentwicklungswochenende	Elternarbeit	Unterrichtsentwicklung
Steuergruppe	Außenbeziehungen	Grundschule
Ziele und Evaluation	Schulgebäude und Schulgelände	

Ein Überblick über die einzelnen Maßnahmen, die im Verlauf der Erprobung von wahrnehmungsorientierter Entwicklung an den Untersuchungsschulen eingeleitet und umgesetzt wurden, führte zu diesen den drei Bereichen innerer Entwicklung zugeordneten Grundtypen. Während Maßnahmentypen wie „Ziele und Evaluation", „Schulleitung und Kollegium", „Elternarbeit", „Außenbeziehungen", „Soziales Lernen", „Schulgebäude und Schulgelände", „Unterrichtsentwicklung" sowie „Grundschule" mehr die inhaltliche Arbeit kollegialer „Qualitätszirkel" beschreiben, erfassen Maßnahmen wie

12 Der für eine diesbezügliche Befragung der Mitglieder der Steuergruppen konzipierte Fragebogen findet sich im Anhang unter Punkt 2.

13 Eine nähere Beschreibung dieser Grundtypen findet sich in den Fragebögen zum Erzielen eines Expertenkonsensus im Anhang unter Punkt 4.

„Schulentwicklungssitzung“,[14] „Schulentwicklungswochenende“ und „Steuergruppe“ mehr den organisatorischen Ablauf der Entwicklungsprozesse an den Schulen.[15]

Mit Hilfe dieser Grundtypen soll versucht werden, über eine inhaltliche Standardisierung die an den einzelnen Schulen durchgeführten Maßnahmen mittels eines Expertenkonsensus, der in Kapitel 6 beschrieben wird, zu gewichten. Die Gewichtung dient, wie bereits dargelegt, einer Validierung der Relevanz der Schulentwicklungsmaßnahmen hinsichtlich potentieller Änderungen der Wahrnehmungen.

Im Rahmen der nachfolgenden Darstellungen der an den Schulen durchgeführten Aktivitäten innerer Entwicklung wird zunächst der Titel, den das Kollegium der Schule für die Schulentwicklungsmaßnahme gewählt hatte, genannt. Weiterhin wird in Klammern die betreffende Maßnahme mit dem jeweiligen Begriff für den Grundtyp sowie der Bereich innerer Schulentwicklung, dem die Maßnahme schwerpunktmäßig zuzuordnen ist, angegeben. In den Tabellen zu diesen Überschriften wird neben dem von den Lehrkräften gewählten Thema auch die Dauer der jeweiligen Entwicklungsmaßnahme erfasst.

Neben den Messergebnissen und Maßnahmen, die sich an den sechs Untersuchungsschulen ergaben, werden in Kapitel 5.6 auch die Erhebungsresultate der Schule, deren Kollegium als Kontrollgruppe fungierte, angegeben.

---

14 Im Gegensatz zu den anderen Maßnahmentypen, die immer einzelne Lehrerarbeitsgruppen mit einer Teilnehmendenzahl von vier bis sechs Lehrkräften benennen, werden mit dem Terminus „Schulentwicklungssitzung“ spezifische Sitzungen des Gesamtkollegiums einer Schule zu Themen innerer Schulentwicklung beschrieben.

15 Die den organisatorischen Ablauf innerer Schulentwicklung beschreibenden Termini wurden in Anlehnung an die Begrifflichkeit in den Publikationen von DALIN, ROLFF und BUCHEN (1995) sowie der AKADEMIE FÜR LEHRERFORTBILDUNG UND PERSONALFÜHRUNG DILLINGEN (2002) gewählt.

5.5.1 Messergebnisse und Maßnahmen an Schule 1

Schule 1 ist eine Hauptschule mit den Jahrgangsstufen 5 bis 10 und wird von etwa 500 Schülerinnen und Schülern besucht. Sie liegt in einer Stadt mit cirka 30000 Einwohnern.

Die Konzeption wahrnehmungsorientierter Schulentwicklung wurde dem Kollegium von Schule 1 am 20. Januar 2000 im Rahmen einer Sitzung vorgestellt. Die anschließende kollegiale Diskussion sowie die Teilnahmeentscheidung erfolgten in Abwesenheit von Schulleitung und Forscher. 90 % der anwesenden Lehrkräfte entschieden sich für die Umsetzung wahrnehmungsorientierter Schulentwicklung. Die anderen enthielten sich der Stimme.

Über die Kodierung der Fragebögen konnten die in Tabelle 5-6 dargelegten Daten zur Teilnahme der Lehrkräfte von Schule 1 an den Messungen erhoben werden:

Tabelle 5-6: Ausgewählte Daten zur Messungsbeteiligung der Lehrkräfte von Schule 1

Schule 1	n	Prozent
Gesamtkollegium zu Untersuchungsbeginn[16]	34	100,0
Teilnahme an Messung 1	31	91,2
Teilnahme an Messung 1 und 2	27	79,4
Teilnahme an Messung 1, 2 und 3	19	55,9

Die abnehmende Zahl der Teilnehmenden lässt sich vor allem dadurch erklären, dass zum Schuljahreswechsel fünf Lehrkräfte Schule 1 verließen. Die dritte Messung fand im neuen Schuljahr 2000/2001 statt.

16 Wie bereits in Kapitel 5.2 dargelegt, sind in den Zahlen der Untersuchungsschulen die Leitungen nicht enthalten.

5.5.1.1 Ergebnisse der ersten Messung

Am 29. Februar 2000 wurde die erste Messung im Anschluss an eine Sitzung des Kollegiums durchgeführt. Die in den Abbildungen 5-1 bis 5-4 dargestellten Messergebnisse wurden vom Forscher am 22. März 2000 im Rahmen einer Kollegiumssitzung zurückgemeldet:

Abbildung 5-1: Ergebnisse von Messung 1 im Bereich Organisationsentwicklung an Schule 1

Schule 1

ORGANISATIONSENTWICKLUNG

Nr.	ideal	Mittelwert ideal 1 (Quadrat)	Mittelwert real 1 (Dreieck)	real	Nr.
44	Den Lehrkräften, Schülern und Eltern einer Schule nach meinen Vorstellungen sind gemeinsame Ziele klar.	4,19	3,13	Den Lehrkräften, Schülern und Eltern meiner Schule sind gemeinsame Ziele klar.	1
45	Wertekonflikte werden im Kollegium einer guten Schule aufgegriffen.	4,26	3,48	Wertekonflikte werden in meinem Kollegium aufgegriffen.	2
46	Das Kollegium einer Schule, die ich mir wünsche, bemüht sich um ein eigenes Profil.	4,19	3,65	Das Kollegium meiner Schule bemüht sich um ein eigenes Profil.	3
47	An der idealen Schule ist es üblich, dass der Bedarf an Innovation erfasst wird.	4,42	3,32	An meiner Schule ist es üblich, dass der Bedarf an Innovation erfasst wird.	4
48	Das Kollegium einer guten Schule überprüft regelmäßig, ob die gemeinsam gesetzten Ziele erreicht werden.	4,29	2,74	Das Kollegium an meiner Schule überprüft regelmäßig, ob die gemeinsam gesetzten Ziele erreicht werden.	5
49	Die Leitung einer Schule, die ich mir wünsche, regt zu Initiativen an.	4,45	3,90	Die Leitung meiner Schule regt zu Initiativen an.	6
50	Die Leitung einer Schule nach meinen Vorstellungen legt Wert auf eine Weiterentwicklung der Schule.	4,45	4,35	Die Leitung meiner Schule legt Wert auf eine Weiterentwicklung der Schule.	7
51	Leitung und Kollegium einer idealen Schule erarbeiten die gemeinsamen Werte für das Zusammenleben in der Schule.	4,61	4,13	Leitung und Kollegium meiner Schule erarbeiten die gemeinsamen Werte für das Zusammenleben in der Schule.	8
52	Die Konferenzen werden an einer guten Schule zielgerichtet durchgeführt.	4,61	3,71	Die Konferenzen werden an meiner Schule zielgerichtet durchgeführt.	9

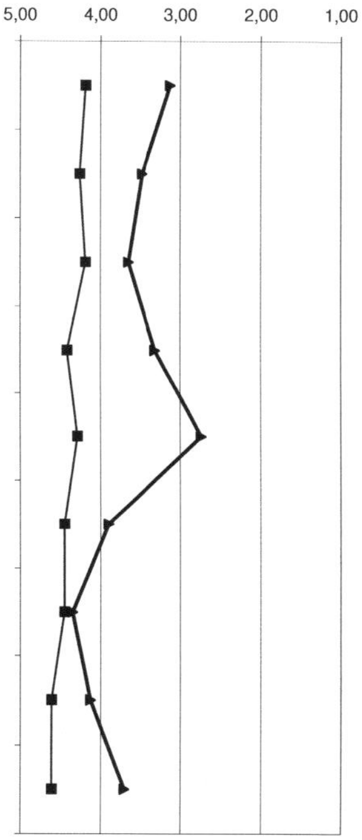

Abbildung 5-2: Ergebnisse von Messung 1 im Bereich Personalentwicklung an Schule 1

Schule 1

PERSONALENTWICKLUNG

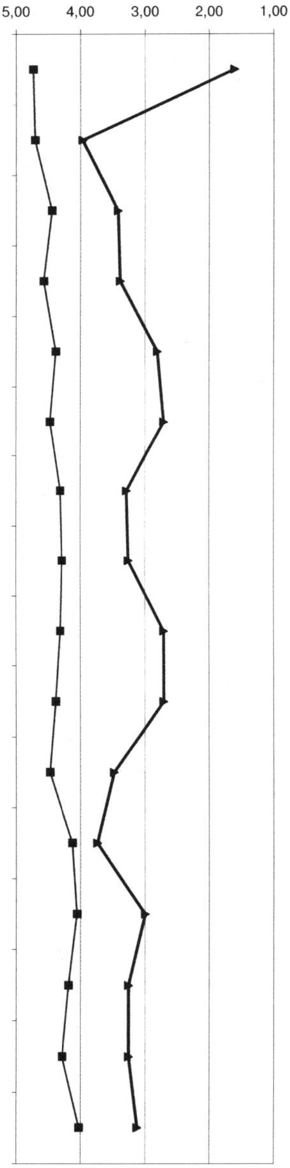

Nr.	ideal	Mittelwert ideal 1 (Quadrat)	Mittelwert real 1 (Dreieck)	real	Nr.
53	Die Anlage einer Schule nach meinen Vorstellungen verbreitet eine angenehme Atmosphäre.	4,74	1,61	Die Anlage meiner Schule verbreitet eine angenehme Atmosphäre.	10
54	Die Kommunikation ist unter den Lehrkräften einer idealen Schule offen.	4,71	3,97	Die Kommunikation ist unter den Lehrkräften meiner Schule offen.	11
55	An einer guten Schule werden Konflikte zwischen Lehrkräften geklärt.	4,45	3,42	An meiner Schule werden Konflikte zwischen Lehrkräften geklärt.	12
56	An einer Schule, die ich mir wünsche, begegnen sich Lehrkräfte und Schüler mit Offenheit.	4,58	3,39	An meiner Schule begegnen sich Lehrkräfte und Schüler mit Offenheit.	13
57	Die Lehrkräfte einer Schule nach meinen Vorstellungen gehen gerne in ihre Schule.	4,39	2,81	Die Lehrkräfte meiner Schule gehen gerne in ihre Schule.	14
58	Die Schüler einer idealen Schule gehen gerne in ihre Schule.	4,48	2,71	Die Schüler meiner Schule gehen gerne in ihre Schule.	15
59	Um die Entwicklungsarbeit bemüht sich an einer guten Schule das Kollegium gemeinsam.	4,32	3,29	Um die Entwicklungsarbeit bemüht sich an meiner Schule das Kollegium gemeinsam.	16
60	An einer idealen Schule arbeitet das Kollegium in unterrichtlichen Fragen zusammen.	4,29	3,26	An meiner Schule arbeitet das Kollegium in unterrichtlichen Fragen zusammen.	17
61	Lehrkräfte und Eltern arbeiten an einer Schule, die ich mir wünsche, zusammen.	4,32	2,71	Lehrkräfte und Eltern arbeiten an meiner Schule zusammen.	18
62	An einer idealen Schule arbeiten die Lehrkräfte mit außerschulischen Experten zusammen.	4,39	2,71	An meiner Schule arbeiten die Lehrkräfte mit außerschulischen Experten zusammen.	19
63	Das Kollegium an einer Schule nach meinen Vorstellungen ist neuen Ideen gegenüber aufgeschlossen.	4,48	3,48	Das Kollegium an meiner Schule ist neuen Ideen gegenüber aufgeschlossen.	20
64	An der Schule, die ich mir wünsche, findet interne Lehrerfortbildung statt.	4,13	3,74	An meiner Schule findet interne Lehrerfortbildung statt.	21
65	Die Lehrkräfte einer idealen Schule bemühen sich um die permanente Weiterentwicklung ihrer methodischen Kompetenz.	4,06	3,00	Die Lehrkräfte meiner Schule bemühen sich um die permanente Weiterentwicklung ihrer methodischen Kompetenz.	22
66	Die Lehrkräfte einer guten Schule bemühen sich um die permanente Weiterentwicklung ihrer erzieherischen Kompetenz.	4,19	3,26	Die Lehrkräfte meiner Schule bemühen sich um die permanente Weiterentwicklung ihrer erzieherischen Kompetenz.	23
67	Die Lehrkräfte einer idealen Schule bemühen sich um die permanente Weiterentwicklung ihrer sozialen Kompetenz.	4,29	3,26	Die Lehrkräfte meiner Schule bemühen sich um die permanente Weiterentwicklung ihrer sozialen Kompetenz.	24
68	Die Lehrkräfte einer guten Schule sind bereit, ihr Wissen im Rahmen von regionalen Fortbildungen weiterzugeben.	4,03	3,13	Die Lehrkräfte meiner Schule sind bereit, ihr Wissen im Rahmen von regionalen Fortbildungen weiterzugeben.	25

Abbildung 5-3: Ergebnisse von Messung 1 im Bereich Unterrichtsentwicklung an Schule 1

Schule 1

UNTERRICHTSENTWICKLUNG

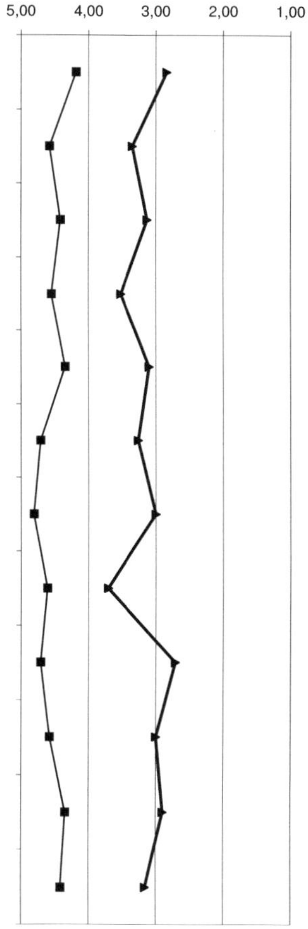

Nr.	ideal	Mittelwert ideal 1 (Quadrat)	Mittelwert real 1 (Dreieck)	real	Nr.
69	Die Lehrkräfte einer guten Schule nehmen regelmäßig eine kritische Bewertung ihrer Unterrichtsarbeit vor.	4,19	2,84	Die Lehrkräfte meiner Schule nehmen regelmäßig eine kritische Bewertung ihrer Unterrichtsarbeit vor.	26
70	An einer idealen Schule bemühen sich die Lehrkräfte, die individuellen Begabungen der Schüler zu fördern.	4,58	3,35	An meiner Schule bemühen sich die Lehrkräfte, die individuellen Begabungen der Schüler zu fördern.	27
71	Die Lehrkräfte gestalten an der Schule, die ich mir wünsche, einen methodisch abwechslungsreichen Unterricht.	4,42	3,13	Die Lehrkräfte gestalten an meiner Schule einen methodisch abwechslungsreichen Unterricht.	28
72	An einer Schule nach meinen Vorstellungen wird Leistungsmessung mit Sorgfalt durchgeführt.	4,55	3,52	An meiner Schule wird Leistungsmessung mit Sorgfalt durchgeführt.	29
73	Die Lehrkräfte einer guten Schule nehmen regelmäßig eine kritische Bewertung ihrer Erziehungsarbeit vor.	4,35	3,10	Die Lehrkräfte meiner Schule nehmen regelmäßig eine kritische Bewertung ihrer Erziehungsarbeit vor.	30
74	Soziales Lernen wird an der Schule, die ich mir wünsche, sehr wichtig genommen.	4,71	3,26	Soziales Lernen wird an meiner Schule sehr wichtig genommen.	31
75	Die Schüler werden an einer Schule nach meinen Vorstellungen zu selbständigem Lernen befähigt.	4,81	3,00	Die Schüler werden an meiner Schule zu selbständigem Lernen befähigt.	32
76	An einer guten Schule werden Konflikte zwischen Lehrkräften und Schülern geklärt.	4,61	3,71	An meiner Schule werden Konflikte zwischen Lehrkräften und Schülern geklärt.	33
77	Die Schüler an einer idealen Schule helfen sich gegenseitig.	4,71	2,71	Die Schüler an meiner Schule helfen sich gegenseitig.	34
78	An einer Schule nach meinen Vorstellungen werden außerschulische Lernorte wahrgenommen	4,58	3,00	An meiner Schule werden außerschulische Lernorte wahrgenommen	35
79	Die Schule, die ich mir wünsche, arbeitet mit außerschulischen Institutionen zusammen.	4,35	2,90	Meine Schule arbeitet mit außerschulischen Institutionen zusammen.	36
80	An einer guten Schule finden Arbeiten von Schülern auch außerhalb der Schule Anerkennung.	4,42	3,16	An meiner Schule finden Arbeiten von Schülern auch außerhalb der Schule Anerkennung.	37

Abbildung 5-4: Ergebnisse von Messung 1 im Bereich Selbst und eigener Unterricht an Schule 1

Schule 1

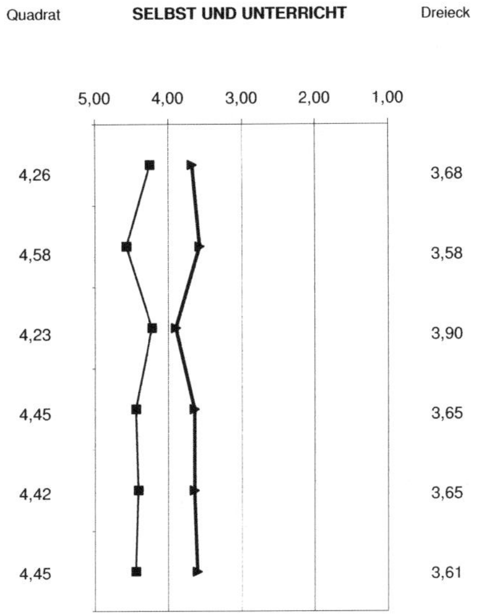

Nr.	ideal	Mittelwert ideal 1	Mittelwert real 1	real	Nr.
81	Im Kollegium kann die ideale Lehrkraft ihre Gefühle offen zeigen.	4,26	3,68	Im Kollegium kann ich meine Gefühle offen zeigen.	38
82	Die ideale Lehrkraft kooperiert mit den Eltern ihrer Schüler.	4,58	3,58	Ich kooperiere mit den Eltern meiner Schüler.	39
83	Fortbildungsangebote nimmt die ideale Lehrkraft wahr.	4,23	3,90	Fortbildungsangebote nehme ich wahr.	40
84	Die ideale Lehrkraft gestaltet einen methodisch abwechslungsreichen Unterricht.	4,45	3,65	Ich gestalte einen methodisch abwechslungsreichen Unterricht.	41
85	Die ideale Lehrkraft bemüht sich im Rahmen des Unterrichtens um viele originale Begegnungen.	4,42	3,65	Ich bemühe mich im Rahmen des Unterrichtens um viele originale Begegnungen.	42
86	Die ideale Lehrkraft wirkt an der Gestaltung der Schulkultur mit.	4,45	3,61	Ich wirke an der Gestaltung der Schulkultur mit.	43

5.5.1.2 Maßnahmen innerer Schulentwicklung nach der ersten Messung

Im Gegensatz zu den Leitungen der anderen Erprobungsschulen verzichtete der Schulleiter von Schule 1 auf eine ausführliche Ergebnisdiskussion sowie eine damit verbundene Moderation. Er tat dies mit der Absicht, sein Kollegium nicht zu schnell mit einem bewussten inneren Entwicklungsprozess zu konfrontieren. Das Kollegium war im Verlauf der zurückliegenden Jahre durch häufige Wechsel in der Schulleitung mit kollegialer Entwicklungsarbeit nicht vertraut. Der Schulleiter wollte mit seinem Vorgehen einen behutsamen Start in die innere Entwicklungsarbeit ermöglichen.

Als Maßnahme innerer Schulentwicklung konnte an dieser Schule nach der ersten Messung deshalb nur die in Tabelle 5-7 dargestellte kurze Ergebnisrückmeldung erfasst werden:

Tabelle 5-7: Maßnahme innerer Entwicklung an Schule 1 nach der ersten Messung

Schulentwicklungssitzung (Schulentwicklungssitzung/Organisationsentwicklung)

Thema	*Dauer*
Rückmeldung der Ergebnisse der ersten Messung	0,5 Stunden

5.5.1.3 Ergebnisse der zweiten Messung

Die zweite Messung wurde ebenfalls im Rahmen einer Kollegiumssitzung am 20. Juli 2000 durchgeführt. Die nachfolgenden Ergebnisse von Messung 1 und 2 wurden den Lehrkräften am 27. Oktober 2000 während einer kurzen Schulentwicklungssitzung vorgestellt.

Die in den Polaritätsprofilen hervorgehobenen Items geben die inhaltlichen Schwerpunktsetzungen des Kollegiums wieder. Diese Setzungen von Zielen innerer Entwicklung wurden auf Basis der Befragungsergebnisse während eines moderierten Schulentwicklungswochenendes am 24. und 25. November 2000 vorgenommen. Die Profile werden in den Abbildungen 5-5 bis 5-8 dargestellt:

Abbildung 5-5: Ergebnisse von Messung 1 und 2 im Bereich Organisationsentwicklung an Schule 1

Schule 1

ORGANISATIONSENTWICKLUNG

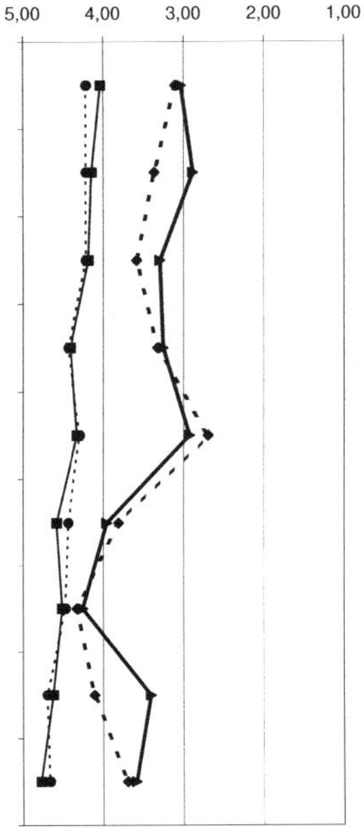

Nr.	ideal	Mittelwert ideal 1 (Kreis)	Mittelwert ideal 2 (Quadrat)	Mittelwert real 2 (Dreieck)	Mittelwert real 1 (Raute)	real	Nr.
44	Den Lehrkräften, Schülern und Eltern einer Schule nach meinen Vorstellungen sind gemeinsame Ziele klar.	4,22	4,04	3,04	3,11	Den Lehrkräften, Schülern und Eltern meiner Schule sind gemeinsame Ziele klar.	1
45	Wertekonflikte werden im Kollegium einer guten Schule aufgegriffen.	4,22	4,15	2,89	3,37	Wertekonflikte werden in meinem Kollegium aufgegriffen.	2
46	Das Kollegium einer Schule, die ich mir wünsche, bemüht sich um ein eigenes Profil.	4,22	4,19	3,30	3,59	Das Kollegium meiner Schule bemüht sich um ein eigenes Profil.	3
47	An der idealen Schule ist es üblich, dass der Bedarf an Innovation erfasst wird.	4,44	4,41	3,26	3,33	An meiner Schule ist es üblich, dass der Bedarf an Innovation erfasst wird.	4
48	Das Kollegium einer guten Schule überprüft regelmäßig, ob die gemeinsam gesetzten Ziele erreicht werden.	4,30	4,33	2,93	2,70	Das Kollegium an meiner Schule überprüft regelmäßig, ob die gemeinsam gesetzten Ziele erreicht werden.	5
49	Die Leitung einer Schule, die ich mir wünsche, regt zu Initiativen an.	4,44	4,59	3,96	3,81	Die Leitung meiner Schule regt zu Initiativen an.	6
50	Die Leitung einer Schule nach meinen Vorstellungen legt Wert auf eine Weiterentwicklung der Schule.	4,48	4,52	4,26	4,33	Die Leitung meiner Schule legt Wert auf eine Weiterentwicklung der Schule.	7
51	Leitung und Kollegium einer idealen Schule erarbeiten die gemeinsamen Werte für das Zusammenleben in der Schule.	4,70	4,63	3,41	4,11	Leitung und Kollegium meiner Schule erarbeiten die gemeinsamen Werte für das Zusammenleben in der Schule.	8
52	Die Konferenzen werden an einer guten Schule zielgerichtet durchgeführt.	4,67	4,78	3,59	3,70	Die Konferenzen werden an meiner Schule zielgerichtet durchgeführt.	9

Abbildung 5-6: Ergebnisse von Messung 1 und 2 im Bereich Personalentwicklung an Schule 1

Schule 1

PERSONALENTWICKLUNG

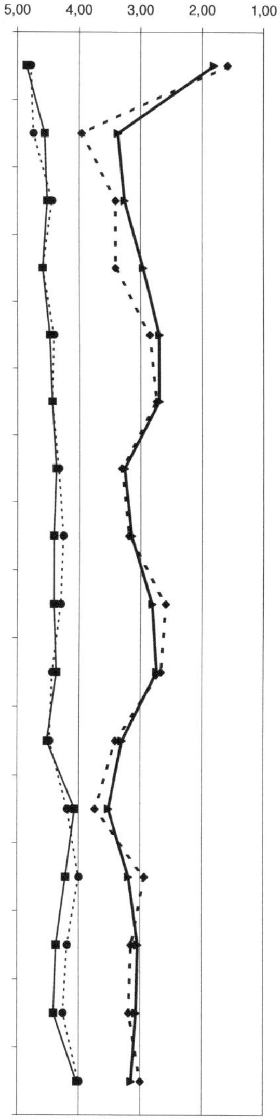

Nr.	ideal	Mittelwert ideal 1 (Kreis)	Mittelwert ideal 2 (Quadrat)	Mittelwert real 2 (Dreieck)	Mittelwert real 1 (Raute)	real	Nr.
53	Die Anlage einer Schule nach meinen Vorstellungen verbreitet eine angenehme Atmosphäre.	4,78	4,85	1,81	1,59	Die Anlage meiner Schule verbreitet eine angenehme Atmosphäre.	10
54	Die Kommunikation ist unter den Lehrkräften einer idealen Schule offen.	4,74	4,56	3,37	3,96	Die Kommunikation ist unter den Lehrkräften meiner Schule offen.	11
55	An einer guten Schule werden Konflikte zwischen Lehrkräften geklärt.	4,44	4,52	3,26	3,41	An meiner Schule werden Konflikte zwischen Lehrkräften geklärt.	12
56	An einer Schule, die ich mir wünsche, begegnen sich Lehrkräfte und Schüler mit Offenheit.	4,59	4,59	2,96	3,41	An meiner Schule begegnen sich Lehrkräfte und Schüler mit Offenheit.	13
57	Die Lehrkräfte einer Schule nach meinen Vorstellungen gehen gerne in ihre Schule.	4,41	4,48	2,70	2,85	Die Lehrkräfte meiner Schule gehen gerne in ihre Schule.	14
58	Die Schüler einer idealen Schule gehen gerne in ihre Schule.	4,44	4,44	2,70	2,74	Die Schüler meiner Schule gehen gerne in ihre Schule.	15
59	Um die Entwicklungsarbeit bemüht sich an einer guten Schule das Kollegium gemeinsam.	4,33	4,37	3,26	3,30	Um die Entwicklungsarbeit bemüht sich an meiner Schule das Kollegium gemeinsam.	16
60	An einer idealen Schule arbeitet das Kollegium in unterrichtlichen Fragen zusammen.	4,26	4,41	3,15	3,19	An meiner Schule arbeitet das Kollegium in unterrichtlichen Fragen zusammen.	17
61	Lehrkräfte und Eltern arbeiten an einer Schule, die ich mir wünsche, zusammen.	4,30	4,41	2,81	2,59	Lehrkräfte und Eltern arbeiten an meiner Schule zusammen.	18
62	An einer idealen Schule arbeiten die Lehrkräfte mit außerschulischen Experten zusammen.	4,44	4,37	2,74	2,67	An meiner Schule arbeiten die Lehrkräfte mit außerschulischen Experten zusammen.	19
63	Das Kollegium an einer Schule nach meinen Vorstellungen ist neuen Ideen gegenüber aufgeschlossen.	4,48	4,52	3,30	3,41	Das Kollegium an meiner Schule ist neuen Ideen gegenüber aufgeschlossen.	20
64	An der Schule, die ich mir wünsche, findet interne Lehrerfortbildung statt.	4,19	4,07	3,52	3,74	An meiner Schule findet interne Lehrerfortbildung statt.	21
65	Die Lehrkräfte einer idealen Schule bemühen sich um die permanente Weiterentwicklung ihrer methodischen Kompetenz.	4,00	4,22	3,19	2,93	Die Lehrkräfte meiner Schule bemühen sich um die permanente Weiterentwicklung ihrer methodischen Kompetenz.	22
66	Die Lehrkräfte einer guten Schule bemühen sich um die permanente Weiterentwicklung ihrer erzieherischen Kompetenz.	4,19	4,37	3,04	3,15	Die Lehrkräfte meiner Schule bemühen sich um die permanente Weiterentwicklung ihrer erzieherischen Kompetenz.	23
67	Die Lehrkräfte einer idealen Schule bemühen sich um die permanente Weiterentwicklung ihrer sozialen Kompetenz.	4,26	4,41	3,07	3,19	Die Lehrkräfte meiner Schule bemühen sich um die permanente Weiterentwicklung ihrer sozialen Kompetenz.	24
68	Die Lehrkräfte einer guten Schule sind bereit, ihr Wissen im Rahmen von regionalen Fortbildungen weiterzugeben.	4,00	4,04	3,15	3,00	Die Lehrkräfte meiner Schule sind bereit, ihr Wissen im Rahmen von regionalen Fortbildungen weiterzugeben.	25

Abbildung 5-7: Ergebnisse von Messung 1 und 2 im Bereich Unterrichtsentwicklung an Schule 1

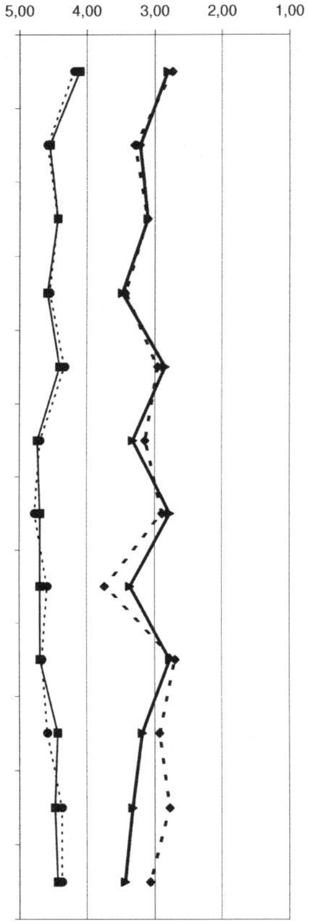

Nr.	ideal	Mittelwert ideal 1 (Kreis)	Mittelwert ideal 2 (Quadrat)	Schule 1 – UNTERRICHTSENTWICKLUNG	Mittelwert real 2 (Dreieck)	Mittelwert real 1 (Raute)	real	Nr.
69	Die Lehrkräfte einer guten Schule nehmen regelmäßig eine kritische Bewertung ihrer Unterrichtsarbeit vor.	4,19	4,11		2,81	2,74	Die Lehrkräfte meiner Schule nehmen regelmäßig eine kritische Bewertung ihrer Unterrichtsarbeit vor.	26
70	An einer idealen Schule bemühen sich die Lehrkräfte, die individuellen Begabungen der Schüler zu fördern.	4,59	4,56		3,22	3,30	An meiner Schule bemühen sich die Lehrkräfte, die individuellen Begabungen der Schüler zu fördern.	27
71	Die Lehrkräfte gestalten an der Schule, die ich mir wünsche, einen methodisch abwechslungsreichen Unterricht.	4,44	4,44		3,11	3,11	Die Lehrkräfte gestalten an meiner Schule einen methodisch abwechslungsreichen Unterricht.	28
72	An einer Schule nach meinen Vorstellungen wird Leistungsmessung mit Sorgfalt durchgeführt.	4,56	4,59		3,48	3,44	An meiner Schule wird Leistungsmessung mit Sorgfalt durchgeführt.	29
73	Die Lehrkräfte einer guten Schule nehmen regelmäßig eine kritische Bewertung ihrer Erziehungsarbeit vor.	4,33	4,41		2,85	2,96	Die Lehrkräfte meiner Schule nehmen regelmäßig eine kritische Bewertung ihrer Erziehungsarbeit vor.	30
74	Soziales Lernen wird an der Schule, die ich mir wünsche, sehr wichtig genommen.	4,70	4,74		3,33	3,15	Soziales Lernen wird an meiner Schule sehr wichtig genommen.	31
75	Die Schüler werden an einer Schule nach meinen Vorstellungen zu selbständigem Lernen befähigt.	4,78	4,70		2,78	2,89	Die Schüler werden an meiner Schule zu selbständigem Lernen befähigt.	32
76	An einer guten Schule werden Konflikte zwischen Lehrkräften und Schülern geklärt.	4,59	4,70		3,37	3,74	An meiner Schule werden Konflikte zwischen Lehrkräften und Schülern geklärt.	33
77	Die Schüler an einer idealen Schule helfen sich gegenseitig.	4,67	4,70		2,78	2,70	Die Schüler an meiner Schule helfen sich gegenseitig.	34
78	An einer Schule nach meinen Vorstellungen werden außerschulische Lernorte wahrgenommen	4,59	4,44		3,19	2,93	An meiner Schule werden außerschulische Lernorte wahrgenommen	35
79	Die Schule, die ich mir wünsche, arbeitet mit außerschulischen Institutionen zusammen.	4,37	4,48		3,33	2,78	Meine Schule arbeitet mit außerschulischen Institutionen zusammen.	36
80	An einer guten Schule finden Arbeiten von Schülern auch außerhalb der Schule Anerkennung.	4,37	4,44		3,44	3,07	An meiner Schule finden Arbeiten von Schülern auch außerhalb der Schule Anerkennung.	37

Abbildung 5-8: Ergebnisse von Messung 1 und 2 im Bereich Selbst und eigener Unterricht an Schule 1

Schule 1

SELBST UND UNTERRICHT

Nr.	ideal	Mittelwert ideal 1 (Kreis)	Mittelwert ideal 2 (Quadrat)	Mittelwert real 2 (Dreieck)	Mittelwert real 1 (Raute)	real	Nr.
81	Im Kollegium kann die ideale Lehrkraft ihre Gefühle offen zeigen.	4,22	4,11	3,33	3,78	Im Kollegium kann ich meine Gefühle offen zeigen.	38
82	Die ideale Lehrkraft kooperiert mit den Eltern ihrer Schüler.	4,56	4,48	3,85	3,59	Ich kooperiere mit den Eltern meiner Schüler.	39
83	Fortbildungsangebote nimmt die ideale Lehrkraft wahr.	4,22	4,41	3,74	3,81	Fortbildungsangebote nehme ich wahr.	40
84	Die ideale Lehrkraft gestaltet einen methodisch abwechslungsreichen Unterricht.	4,44	4,37	3,67	3,59	Ich gestalte einen methodisch abwechslungsreichen Unterricht.	41
85	Die ideale Lehrkraft bemüht sich im Rahmen des Unterrichtens um viele originale Begegnungen.	4,37	4,33	3,56	3,59	Ich bemühe mich im Rahmen des Unterrichtens um viele originale Begegnungen.	42
86	Die ideale Lehrkraft wirkt an der Gestaltung der Schulkultur mit.	4,41	4,48	3,67	3,59	Ich wirke an der Gestaltung der Schulkultur mit.	43

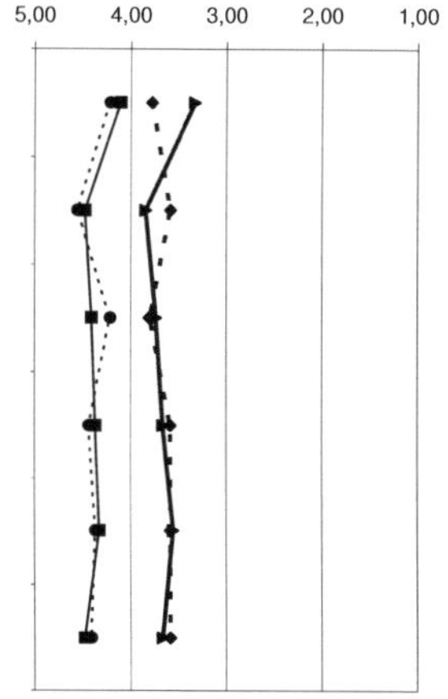

5.5.1.4 *Maßnahmen innerer Schulentwicklung nach der zweiten Messung*

Die ersten Maßnahmen, die direkt nach der zweiten Datenerhebung an Schule 1 durchgeführt wurden, beinhalten die Ergebnisrückmeldung sowie die Etablierung einer Koordinierungsgruppe. Diese Gruppe, die sich aus drei an innerer Entwicklung interessierten Lehrkräften sowie der Schulleitung zusammensetzte,[17] befasste sich mit zwei Themen innerer Entwicklung, die im Anschluss an die Schulentwicklungssitzung vom Gesamtkollegium benannt wurden. Diese ersten Maßnahmen sind in Tabelle 5-8 zusammengefasst:

Tabelle 5-8: Erste Maßnahmen innerer Entwicklung an Schule 1 nach der zweiten Messung

Schulentwicklungssitzung (Schulentwicklungssitzung/Organisationsentwicklung)

Thema	*Dauer*
Rückmeldung der Ergebnisse der zweiten Messung	0,5 Stunden

Koordinierungsgruppe (Steuergruppe/Organisationsentwicklung)

Thema	*Dauer*
Vorbesprechung von Projekttagen zur Gewaltprävention	2 Stunden
Organisation einer Präsentation für den mittelfränkischen Schulentwicklungskongress des bayerischen Kultusministeriums	2 Stunden

Die weiteren Maßnahmen basierten auf Schwerpunktsetzungen, welche die Lehrkräfte des Kollegiums während des am 24. und 25. November 2000 durchgeführten Schulentwicklungswochenendes vornahmen. 70 % der Lehrkräfte beteiligten sich an diesem freiwilligen Wochenende, das von Freitagnachmittag bis Samstagnachmittag in einer kirchlichen Tagungsstätte durchgeführt wurde. Auf Wunsch des Kollegiums wurde das Wochenende von einem Experten der FREIEN ARBEITSGEMEINSCHAFT MODERATION SCHULENTWICKLUNG moderiert. Mittels moderierter Diskussionen in Kleingruppen sowie

17 Die Lehrkräfte dieser Gruppe fungierten als Gruppensprecher der später eingerichteten Qualitätszirkel. Das im Kapitel 4.2.2 begründete methodische Vorgehen im Rahmen der Survey-Feedback-Methode, nach dem sich zunächst die Zirkel bilden sollten, wurde damit in Absprache mit dem Forscher umgekehrt. Auf diese Weise wurde der Autonomie des Kollegiums in der Wahl des für die Schule passenden Entwicklungswegs Rechnung getragen.

im Plenum wurden Items zur realen Schule als Themen für kollegiale Qualitätszirkel ausgewählt und gewichtet. Hierbei fällt auf, dass an Schule 1 vor allem Themen aus dem Bereich der Unterrichtsentwicklung ausgewählt wurden. Der Bereich Selbst und eigener Unterricht blieb unberücksichtigt. Die Zirkel wurden im Rahmen einer Sitzung des Gesamtkollegiums in der folgenden Schulwoche bestätigt.[18] Kurz vor der dritten Messung nahmen die Qualitätszirkel, denen je fünf Lehrkräfte angehörten, vor allem Planungsaktivitäten auf. Diese Maßnahmen werden in Tabelle 5-9 vorgestellt:

Tabelle 5-9: Weitere Maßnahmen innerer Entwicklung an Schule 1 nach der zweiten Messung

Schulentwicklungswochenende (Schulleitung und Kollegium/Personalentwicklung)

Thema	*Dauer*
Teamentwicklung und Zielfindung	8 Stunden

Qualitätszirkel: Schulhaussanierung (Schulgebäude und Schulgelände/Personalentwicklung)

Thema	*Dauer*
Wünsche des Kollegiums hinsichtlich der Sanierung	2 Stunden
Wünsche des Kollegiums hinsichtlich der Sanierung	2 Stunden

Qualitätszirkel: Gemeinsame Regeln (Soziales Lernen/Unterrichtsentwicklung)

Thema	*Dauer*
Erarbeitung eines neuen Schulrechts	2 Stunden

Qualitätszirkel: Unterrichtsmethoden (Unterrichtsentwicklung/Unterrichtsentwicklung)

Thema	*Dauer*
Förderung nichtdeutscher Schüler	1,5 Stunden
Methodische Vorbereitung von Projekttagen zur Gewaltprävention	2,5 Stunden

18 Neben Schule 1 führten auch die fünfte und sechste Untersuchungsschule Wochenenden zur inneren Entwicklung durch. Häufig wurden während dieser Tage, an denen durchschnittlich 75 % der Lehrkräfte teilnahmen, Qualitätszirkel und Steuergruppen gegründet. Die Gründung dieser Arbeitsgemeinschaften wurden anschließend im Rahmen von Gesamtkollegiumssitzungen ausführlich dargestellt, damit sich die Lehrkräfte, die an den Wochenenden nicht teilnehmen konnten, ebenfalls den Gruppen zuordnen konnten.

5.5.1.5 Ergebnisse der dritten Messung

Die letzte Messung wurde in Schule 1 am 6. April 2001 während einer Kollegiumssitzung durchgeführt. Die nachfolgenden Ergebnisse von Messung 1 und 3 wurden dem Kollegium am 10. Juli 2001 vom Forscher im Verlauf einer Sitzung vorgestellt.

In den Polaritätsprofilen sind die Items, welche die vor der dritten Messung gewichteten inhaltlichen Schwerpunktsetzungen des Kollegiums wiedergeben, hervorgehoben. Die Profile werden in den Abbildungen 5-9 bis 5-12 vorgestellt:

Abbildung 5-9: Ergebnisse von Messung 1 und 3 im Bereich Organisationsentwicklung an Schule 1

Nr.	ideal	Mittelwert ideal 1 (Kreis)	Mittelwert ideal 3 (Quadrat)	Mittelwert real 3 (Dreieck)	Mittelwert real 1 (Raute)	real	Nr.
44	Den Lehrkräften, Schülern und Eltern einer Schule nach meinen Vorstellungen sind gemeinsame Ziele klar.	4,21	3,95	3,16	2,89	Den Lehrkräften, Schülern und Eltern meiner Schule sind gemeinsame Ziele klar.	1
45	Wertekonflikte werden im Kollegium einer guten Schule aufgegriffen.	4,11	4,26	3,26	3,21	Wertekonflikte werden in meinem Kollegium aufgegriffen.	2
46	Das Kollegium einer Schule, die ich mir wünsche, bemüht sich um ein eigenes Profil.	4,16	4,32	3,47	3,63	Das Kollegium meiner Schule bemüht sich um ein eigenes Profil.	3
47	An der idealen Schule ist es üblich, dass der Bedarf an Innovation erfasst wird.	4,42	4,26	3,11	3,37	An meiner Schule ist es üblich, dass der Bedarf an Innovation erfasst wird.	4
48	Das Kollegium einer guten Schule überprüft regelmäßig, ob die gemeinsam gesetzten Ziele erreicht werden.	4,32	4,26	3,00	2,79	Das Kollegium an meiner Schule überprüft regelmäßig, ob die gemeinsam gesetzten Ziele erreicht werden.	5
49	Die Leitung einer Schule, die ich mir wünsche, regt zu Initiativen an.	4,47	4,37	3,89	4,05	Die Leitung meiner Schule regt zu Initiativen an.	6
50	Die Leitung einer Schule nach meinen Vorstellungen legt Wert auf eine Weiterentwicklung der Schule.	4,42	4,58	4,21	4,37	Die Leitung meiner Schule legt Wert auf eine Weiterentwicklung der Schule.	7
51	Leitung und Kollegium einer idealen Schule erarbeiten die gemeinsamen Werte für das Zusammenleben in der Schule.	4,74	4,53	3,68	4,11	Leitung und Kollegium meiner Schule erarbeiten die gemeinsamen Werte für das Zusammenleben in der Schule.	8
52	Die Konferenzen werden an einer guten Schule zielgerichtet durchgeführt.	4,58	4,68	3,42	3,63	Die Konferenzen werden an meiner Schule zielgerichtet durchgeführt.	9

Schule 1

ORGANISATIONSENTWICKLUNG

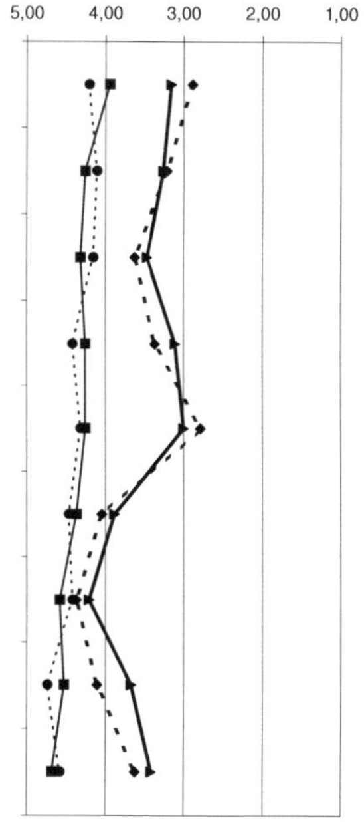

Abbildung 5-10: Ergebnisse von Messung 1 und 3 im Bereich Personalentwicklung an Schule 1

Schule 1

PERSONALENTWICKLUNG

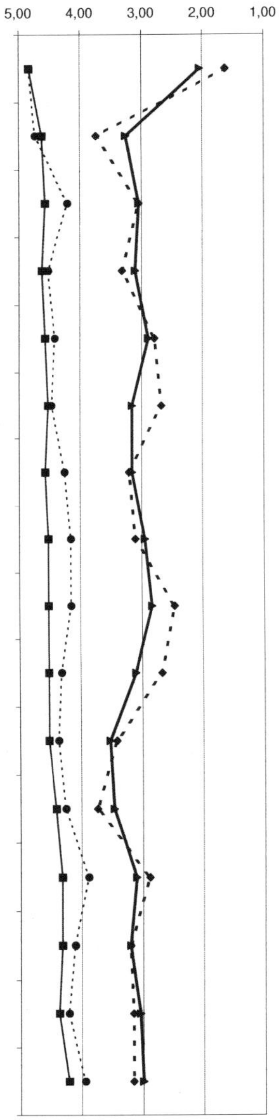

Nr.	ideal	Mittelwert ideal 1 (Kreis)	Mittelwert ideal 3 (Quadrat)	Mittelwert real 3 (Dreieck)	Mittelwert real 1 (Raute)	real	Nr.
53	Die Anlage einer Schule nach meinen Vorstellungen verbreitet eine angenehme Atmosphäre.	4,84	4,84	2,05	1,63	Die Anlage meiner Schule verbreitet eine angenehme Atmosphäre.	10
54	Die Kommunikation ist unter den Lehrkräften einer idealen Schule offen.	4,74	4,63	3,26	3,74	Die Kommunikation ist unter den Lehrkräften meiner Schule offen.	11
55	An einer guten Schule werden Konflikte zwischen Lehrkräften geklärt.	4,21	4,58	3,05	3,05	An meiner Schule werden Konflikte zwischen Lehrkräften geklärt.	12
56	An einer Schule, die ich mir wünsche, begegnen sich Lehrkräfte und Schüler mit Offenheit.	4,53	4,63	3,11	3,32	An meiner Schule begegnen sich Lehrkräfte und Schüler mit Offenheit.	13
57	Die Lehrkräfte einer Schule nach meinen Vorstellungen gehen gerne in ihre Schule.	4,42	4,58	2,89	2,79	Die Lehrkräfte meiner Schule gehen gerne in ihre Schule.	14
58	Die Schüler einer idealen Schule gehen gerne in ihre Schule.	4,47	4,53	3,16	2,68	Die Schüler meiner Schule gehen gerne in ihre Schule.	15
59	Um die Entwicklungsarbeit bemüht sich an einer guten Schule das Kollegium gemeinsam.	4,26	4,58	3,16	3,21	Um die Entwicklungsarbeit bemüht sich an meiner Schule das Kollegium gemeinsam.	16
60	An einer idealen Schule arbeitet das Kollegium in unterrichtlichen Fragen zusammen.	4,16	4,53	2,95	3,11	An meiner Schule arbeitet das Kollegium in unterrichtlichen Fragen zusammen.	17
61	Lehrkräfte und Eltern arbeiten an einer Schule, die ich mir wünsche, zusammen.	4,16	4,53	2,84	2,47	Lehrkräfte und Eltern arbeiten an meiner Schule zusammen.	18
62	An einer idealen Schule arbeiten die Lehrkräfte mit außerschulischen Experten zusammen.	4,32	4,53	3,11	2,68	An meiner Schule arbeiten die Lehrkräfte mit außerschulischen Experten zusammen.	19
63	Das Kollegium an einer Schule nach meinen Vorstellungen ist neuen Ideen gegenüber aufgeschlossen.	4,37	4,53	3,53	3,42	Das Kollegium an meiner Schule ist neuen Ideen gegenüber aufgeschlossen.	20
64	An der Schule, die ich mir wünsche, findet interne Lehrerfortbildung statt.	4,26	4,42	3,47	3,74	An meiner Schule findet interne Lehrerfortbildung statt.	21
65	Die Lehrkräfte einer idealen Schule bemühen sich um die permanente Weiterentwicklung ihrer methodischen Kompetenz.	3,89	4,32	3,11	2,89	Die Lehrkräfte meiner Schule bemühen sich um die permanente Weiterentwicklung ihrer methodischen Kompetenz.	22
66	Die Lehrkräfte einer guten Schule bemühen sich um die permanente Weiterentwicklung ihrer erzieherischen Kompetenz.	4,11	4,32	3,21	3,21	Die Lehrkräfte meiner Schule bemühen sich um die permanente Weiterentwicklung ihrer erzieherischen Kompetenz.	23
67	Die Lehrkräfte einer idealen Schule bemühen sich um die permanente Weiterentwicklung ihrer sozialen Kompetenz.	4,21	4,37	3,05	3,16	Die Lehrkräfte meiner Schule bemühen sich um die permanente Weiterentwicklung ihrer sozialen Kompetenz.	24
68	Die Lehrkräfte einer guten Schule sind bereit, ihr Wissen im Rahmen von regionalen Fortbildungen weiterzugeben.	3,95	4,21	3,00	3,16	Die Lehrkräfte meiner Schule sind bereit, ihr Wissen im Rahmen von regionalen Fortbildungen weiterzugeben.	25

Abbildung 5-11: Ergebnisse von Messung 1 und 3 im Bereich Unterrichtsentwicklung an Schule 1

Schule 1

UNTERRICHTSENTWICKLUNG

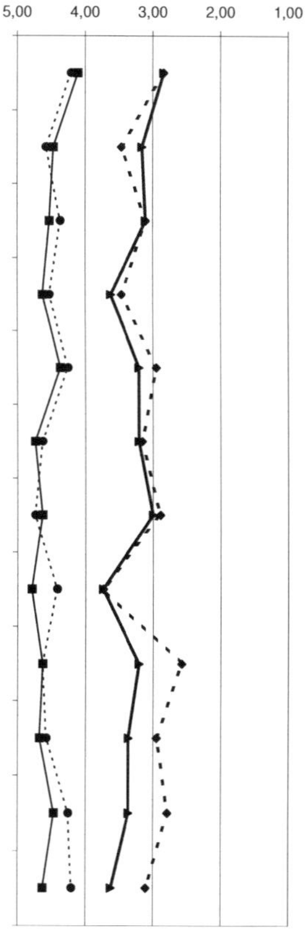

Nr.	ideal	Mittelwert ideal 1 (Kreis)	Mittelwert ideal 3 (Quadrat)	Mittelwert real 3 (Dreieck)	Mittelwert real 1 (Raute)	real	Nr.
69	Die Lehrkräfte einer guten Schule nehmen regelmäßig eine kritische Bewertung ihrer Unterrichtsarbeit vor.	4,21	4,11	2,84	2,84	Die Lehrkräfte meiner Schule nehmen regelmäßig eine kritische Bewertung ihrer Unterrichtsarbeit vor.	26
70	An einer idealen Schule bemühen sich die Lehrkräfte, die individuellen Begabungen der Schüler zu fördern.	4,58	4,47	3,16	3,47	An meiner Schule bemühen sich die Lehrkräfte, die individuellen Begabungen der Schüler zu fördern.	27
71	Die Lehrkräfte gestalten an der Schule, die ich mir wünsche, einen methodisch abwechslungsreichen Unterricht.	4,37	4,53	3,11	3,11	Die Lehrkräfte gestalten an meiner Schule einen methodisch abwechslungsreichen Unterricht.	28
72	An einer Schule nach meinen Vorstellungen wird Leistungsmessung mit Sorgfalt durchgeführt.	4,53	4,63	3,63	3,47	An meiner Schule wird Leistungsmessung mit Sorgfalt durchgeführt.	29
73	Die Lehrkräfte einer guten Schule nehmen regelmäßig eine kritische Bewertung ihrer Erziehungsarbeit vor.	4,26	4,37	3,21	2,95	Die Lehrkräfte meiner Schule nehmen regelmäßig eine kritische Bewertung ihrer Erziehungsarbeit vor.	30
74	Soziales Lernen wird an der Schule, die ich mir wünsche, sehr wichtig genommen.	4,63	4,74	3,21	3,16	Soziales Lernen wird an meiner Schule sehr wichtig genommen.	31
75	Die Schüler werden an einer Schule nach meinen Vorstellungen zu selbständigem Lernen befähigt.	4,74	4,63	3,00	2,89	Die Schüler werden an meiner Schule zu selbständigem Lernen befähigt.	32
76	An einer guten Schule werden Konflikte zwischen Lehrkräften und Schülern geklärt.	4,42	4,79	3,74	3,74	An meiner Schule werden Konflikte zwischen Lehrkräften und Schülern geklärt.	33
77	Die Schüler an einer idealen Schule helfen sich gegenseitig.	4,63	4,63	3,21	2,58	Die Schüler an meiner Schule helfen sich gegenseitig.	34
78	An einer Schule nach meinen Vorstellungen werden außerschulische Lernorte wahrgenommen	4,58	4,68	3,37	2,95	An meiner Schule werden außerschulische Lernorte wahrgenommen	35
79	Die Schule, die ich mir wünsche, arbeitet mit außerschulischen Institutionen zusammen.	4,26	4,47	3,37	2,79	Meine Schule arbeitet mit außerschulischen Institutionen zusammen.	36
80	An einer guten Schule finden Arbeiten von Schülern auch außerhalb der Schule Anerkennung.	4,21	4,63	3,63	3,11	An meiner Schule finden Arbeiten von Schülern auch außerhalb der Schule Anerkennung.	37

Abbildung 5-12: Ergebnisse von Messung 1 und 3 im Bereich Selbst und eigener Unterricht an Schule 1

Schule 1

SELBST UND UNTERRICHT

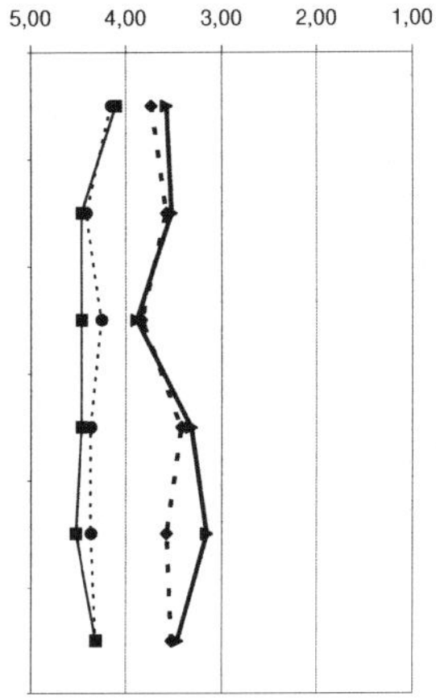

Nr.	ideal	Mittelwert ideal 1 (Kreis)	Mittelwert ideal 3 (Quadrat)	Mittelwert real 3 (Dreieck)	Mittelwert real 1 (Raute)	real	Nr.
81	Im Kollegium kann die ideale Lehrkraft ihre Gefühle offen zeigen.	4,16	4,11	3,58	3,74	Im Kollegium kann ich meine Gefühle offen zeigen.	38
82	Die ideale Lehrkraft kooperiert mit den Eltern ihrer Schüler.	4,42	4,47	3,53	3,58	Ich kooperiere mit den Eltern meiner Schüler.	39
83	Fortbildungsangebote nimmt die ideale Lehrkraft wahr.	4,26	4,47	3,89	3,84	Fortbildungsangebote nehme ich wahr.	40
84	Die ideale Lehrkraft gestaltet einen methodisch abwechslungsreichen Unterricht.	4,37	4,47	3,32	3,42	Ich gestalte einen methodisch abwechslungsreichen Unterricht.	41
85	Die ideale Lehrkraft bemüht sich im Rahmen des Unterrichtens um viele originale Begegnungen.	4,37	4,53	3,16	3,58	Ich bemühe mich im Rahmen des Unterrichtens um viele originale Begegnungen.	42
86	Die ideale Lehrkraft wirkt an der Gestaltung der Schulkultur mit.	4,32	4,32	3,47	3,53	Ich wirke an der Gestaltung der Schulkultur mit.	43

5.5.2 Messergebnisse und Maßnahmen an Schule 2

Schule 2 wird im Rahmen der organisatorischen Formen der Hauptschule in Bayern als Teilhauptschule II bezeichnet. Etwa 420 Jugendliche besuchen die Jahrgangsstufen 7 bis 10. Die Schule liegt in einer Stadt mit etwa 25000 Einwohnern.

Dem Kollegium von Schule 2 wurde die Konzeption wahrnehmungsorientierter Schulentwicklung am 10. Februar 2000 im Rahmen einer Sitzung vorgestellt. Die anschließende kollegiale Diskussion und Entscheidung wurde in Abwesenheit von Schulleitung und Forscher durchgeführt. 90 % der anwesenden Lehrkräfte entschieden sich für die Umsetzung wahrnehmungsorientierter Schulentwicklung. Einige enthielten sich der Stimme.

Über die Kodierung der Fragebögen konnten die in Tabelle 5-10 wiedergegebenen Daten zur Mitwirkung der Lehrkräfte von Schule 2 an den einzelnen Messungen erhoben werden:

Tabelle 5-10: Ausgewählte Daten zur Messungsbeteiligung der Lehrkräfte von Schule 2

Schule 2	n	Prozent
Gesamtkollegium zu Untersuchungsbeginn	32	100,0
Teilnahme an Messung 1	26	81,2
Teilnahme an Messung 1 und 2	20	62,5
Teilnahme an Messung 1, 2 und 3	18	56,2

Im Vergleich zur Eingangsmessung nahm an Schule 2 die Zahl der an der zweiten Messung Teilnehmenden deutlich ab. Dieser Rückgang lässt sich vor allem mit dem unglücklich gewählten Zeitpunkt der zweiten Erhebung erklären: Am Tag der zweiten Messung konnten viele Lehrkräfte der Teilhauptschule II an der Befragung nicht teilnehmen, da sie sich mit wichtigen Arbeiten im Rahmen der Abschlussprüfungen befassen mussten.

5.5.2.1 Ergebnisse der ersten Messung

Am 1. März 2000 erfolgte die erste Messung im Rahmen einer Sitzung der Lehrkräfte von Schule 2. Die Messergebnisse wurden am 3. April 2000 während einer innerer Entwicklung gewidmeten Kollegiumssitzung zurückgemeldet. Im Verlauf dieser Sitzung, die auf Wunsch des Kollegiums von der Leitung einer anderen Untersuchungsschule moderiert wurde,[19] nahmen die Lehrkräfte von Schule 2 nach ausführlichen Diskussionsprozessen eine Gewichtung einzelner Items zur Situation an der eigenen Schule vor. Diese Aussagen, die in den Polaritätsprofilen markiert sind, wurden als Ziele innerer Schulentwicklung aufgegriffen. Die Profile werden in den Abbildungen 5-13 bis 5-16 dargestellt:

---

19 Diese Schulleitung war, wie bereits in Kapitel 5.4 erwähnt, an der AKADEMIE FÜR LEHRERFORTBILDUNG UND PERSONALFÜHRUNG DILLINGEN im Auftrag des BAYERISCHEN STAATSMINISTERIUMS FÜR UNTERRICHT, KULTUS, WISSENSCHAFT UND KUNST (1998) zum Schulentwicklungsmoderator ausgebildet worden.

Abbildung 5-13: Ergebnisse von Messung 1 im Bereich Organisationsentwicklung an Schule 2

Schule 2

ORGANISATIONSENTWICKLUNG

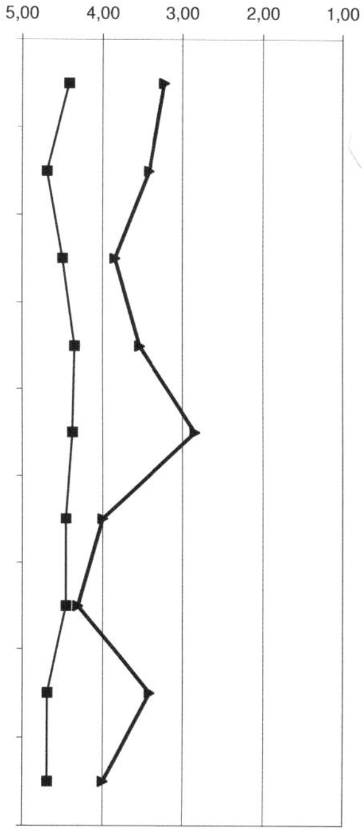

Nr.	ideal	Mittelwert ideal 1 (Quadrat)	Mittelwert real 1 (Dreieck)	real	Nr.
44	Den Lehrkräften, Schülern und Eltern einer Schule nach meinen Vorstellungen sind gemeinsame Ziele klar.	4,42	3,23	Den Lehrkräften, Schülern und Eltern meiner Schule sind gemeinsame Ziele klar.	1
45	Wertekonflikte werden im Kollegium einer guten Schule aufgegriffen.	4,69	3,42	Wertekonflikte werden in meinem Kollegium aufgegriffen.	2
46	Das Kollegium einer Schule, die ich mir wünsche, bemüht sich um ein eigenes Profil.	4,50	3,85	Das Kollegium meiner Schule bemüht sich um ein eigenes Profil.	3
47	An der idealen Schule ist es üblich, dass der Bedarf an Innovation erfasst wird.	4,35	3,54	An meiner Schule ist es üblich, dass der Bedarf an Innovation erfasst wird.	4
48	Das Kollegium einer guten Schule überprüft regelmäßig, ob die gemeinsam gesetzten Ziele erreicht werden.	4,38	2,85	Das Kollegium an meiner Schule überprüft regelmäßig, ob die gemeinsam gesetzten Ziele erreicht werden.	5
49	Die Leitung einer Schule, die ich mir wünsche, regt zu Initiativen an.	4,46	4,00	Die Leitung meiner Schule regt zu Initiativen an.	6
50	Die Leitung einer Schule nach meinen Vorstellungen legt Wert auf eine Weiterentwicklung der Schule.	4,46	4,31	Die Leitung meiner Schule legt Wert auf eine Weiterentwicklung der Schule.	7
51	Leitung und Kollegium einer idealen Schule erarbeiten die gemeinsamen Werte für das Zusammenleben in der Schule.	4,69	3,42	Leitung und Kollegium meiner Schule erarbeiten die gemeinsamen Werte für das Zusammenleben in der Schule.	8
52	Die Konferenzen werden an einer guten Schule zielgerichtet durchgeführt.	4,69	4,00	Die Konferenzen werden an meiner Schule zielgerichtet durchgeführt.	9

Abbildung 5-14: Ergebnisse von Messung 1 im Bereich Personalentwicklung an Schule 2

Schule 2

PERSONALENTWICKLUNG

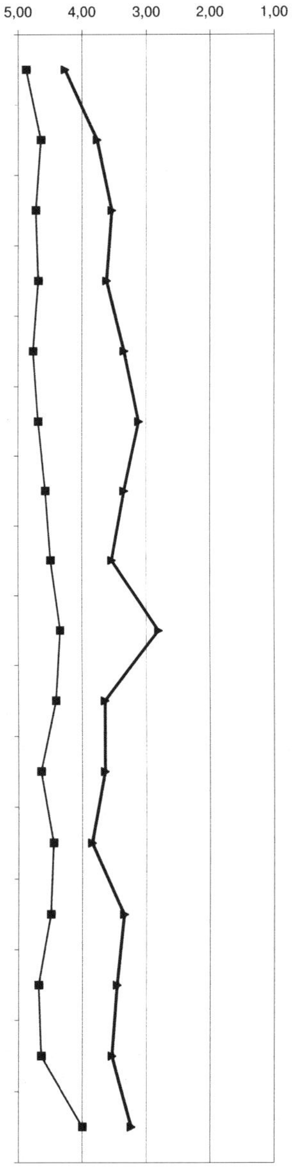

Nr.	ideal	Mittelwert ideal 1 (Quadrat)	Mittelwert real 1 (Dreieck)	real	Nr.
53	Die Anlage einer Schule nach meinen Vorstellungen verbreitet eine angenehme Atmosphäre.	4,88	4,27	Die Anlage meiner Schule verbreitet eine angenehme Atmosphäre.	10
54	Die Kommunikation ist unter den Lehrkräften einer idealen Schule offen.	4,65	3,77	Die Kommunikation ist unter den Lehrkräften meiner Schule offen.	11
55	An einer guten Schule werden Konflikte zwischen Lehrkräften geklärt.	4,73	3,54	An meiner Schule werden Konflikte zwischen Lehrkräften geklärt.	12
56	An einer Schule, die ich mir wünsche, begegnen sich Lehrkräfte und Schüler mit Offenheit.	4,69	3,62	An meiner Schule begegnen sich Lehrkräfte und Schüler mit Offenheit.	13
57	Die Lehrkräfte einer Schule nach meinen Vorstellungen gehen gerne in ihre Schule.	4,77	3,35	Die Lehrkräfte meiner Schule gehen gerne in ihre Schule.	14
58	Die Schüler einer idealen Schule gehen gerne in ihre Schule.	4,69	3,12	Die Schüler meiner Schule gehen gerne in ihre Schule.	15
59	Um die Entwicklungsarbeit bemüht sich an einer guten Schule das Kollegium gemeinsam.	4,58	3,35	Um die Entwicklungsarbeit bemüht sich an meiner Schule das Kollegium gemeinsam.	16
60	An einer idealen Schule arbeitet das Kollegium in unterrichtlichen Fragen zusammen.	4,50	3,54	An meiner Schule arbeitet das Kollegium in unterrichtlichen Fragen zusammen.	17
61	Lehrkräfte und Eltern arbeiten an einer Schule, die ich mir wünsche, zusammen.	4,35	2,81	Lehrkräfte und Eltern arbeiten an meiner Schule zusammen.	18
62	An einer idealen Schule arbeiten die Lehrkräfte mit außerschulischen Experten zusammen.	4,42	3,65	An meiner Schule arbeiten die Lehrkräfte mit außerschulischen Experten zusammen.	19
63	Das Kollegium an einer Schule nach meinen Vorstellungen ist neuen Ideen gegenüber aufgeschlossen.	4,65	3,65	Das Kollegium an meiner Schule ist neuen Ideen gegenüber aufgeschlossen.	20
64	An der Schule, die ich mir wünsche, findet interne Lehrerfortbildung statt.	4,46	3,85	An meiner Schule findet interne Lehrerfortbildung statt.	21
65	Die Lehrkräfte einer idealen Schule bemühen sich um die permanente Weiterentwicklung ihrer methodischen Kompetenz.	4,50	3,35	Die Lehrkräfte meiner Schule bemühen sich um die permanente Weiterentwicklung ihrer methodischen Kompetenz.	22
66	Die Lehrkräfte einer guten Schule bemühen sich um die permanente Weiterentwicklung ihrer erzieherischen Kompetenz.	4,69	3,46	Die Lehrkräfte meiner Schule bemühen sich um die permanente Weiterentwicklung ihrer erzieherischen Kompetenz.	23
67	Die Lehrkräfte einer idealen Schule bemühen sich um die permanente Weiterentwicklung ihrer sozialen Kompetenz.	4,65	3,54	Die Lehrkräfte meiner Schule bemühen sich um die permanente Weiterentwicklung ihrer sozialen Kompetenz.	24
68	Die Lehrkräfte einer guten Schule sind bereit, ihr Wissen im Rahmen von regionalen Fortbildungen weiterzugeben.	4,00	3,24	Die Lehrkräfte meiner Schule sind bereit, ihr Wissen im Rahmen von regionalen Fortbildungen weiterzugeben.	25

Abbildung 5-15: Ergebnisse von Messung 1 im Bereich Unterrichtsentwicklung an Schule 2

Schule 2

UNTERRICHTSENTWICKLUNG

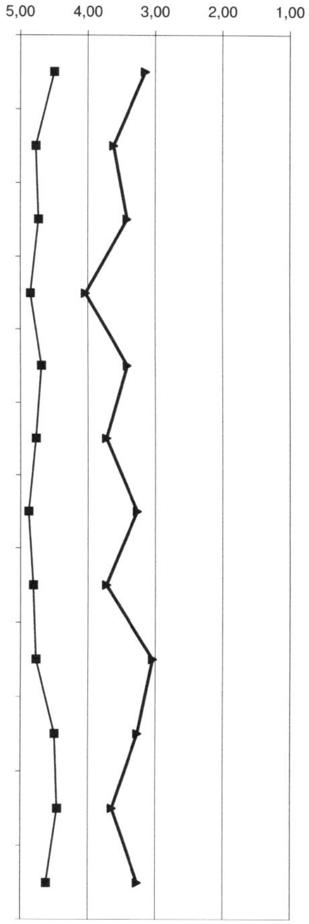

Nr.	ideal	Mittelwert ideal 1 (Quadrat)	Mittelwert real 1 (Dreieck)	real	Nr.
69	Die Lehrkräfte einer guten Schule nehmen regelmäßig eine kritische Bewertung ihrer Unterrichtsarbeit vor.	4,50	3,15	Die Lehrkräfte meiner Schule nehmen regelmäßig eine kritische Bewertung ihrer Unterrichtsarbeit vor.	26
70	An einer idealen Schule bemühen sich die Lehrkräfte, die individuellen Begabungen der Schüler zu fördern.	4,77	3,62	An meiner Schule bemühen sich die Lehrkräfte, die individuellen Begabungen der Schüler zu fördern.	27
71	Die Lehrkräfte gestalten an der Schule, die ich mir wünsche, einen methodisch abwechslungsreichen Unterricht.	4,73	3,42	Die Lehrkräfte gestalten an meiner Schule einen methodisch abwechslungsreichen Unterricht.	28
72	An einer Schule nach meinen Vorstellungen wird Leistungsmessung mit Sorgfalt durchgeführt.	4,85	4,04	An meiner Schule wird Leistungsmessung mit Sorgfalt durchgeführt.	29
73	Die Lehrkräfte einer guten Schule nehmen regelmäßig eine kritische Bewertung ihrer Erziehungsarbeit vor.	4,69	3,42	Die Lehrkräfte meiner Schule nehmen regelmäßig eine kritische Bewertung ihrer Erziehungsarbeit vor.	30
74	Soziales Lernen wird an der Schule, die ich mir wünsche, sehr wichtig genommen.	4,77	3,73	Soziales Lernen wird an meiner Schule sehr wichtig genommen.	31
75	Die Schüler werden an einer Schule nach meinen Vorstellungen zu selbständigem Lernen befähigt.	4,88	3,27	Die Schüler werden an meiner Schule zu selbständigem Lernen befähigt.	32
76	An einer guten Schule werden Konflikte zwischen Lehrkräften und Schülern geklärt.	4,81	3,73	An meiner Schule werden Konflikte zwischen Lehrkräften und Schülern geklärt.	33
77	Die Schüler an einer idealen Schule helfen sich gegenseitig.	4,77	3,04	Die Schüler an meiner Schule helfen sich gegenseitig.	34
78	An einer Schule nach meinen Vorstellungen werden außerschulische Lernorte wahrgenommen	4,50	3,27	An meiner Schule werden außerschulische Lernorte wahrgenommen	35
79	Die Schule, die ich mir wünsche, arbeitet mit außerschulischen Institutionen zusammen.	4,46	3,65	Meine Schule arbeitet mit außerschulischen Institutionen zusammen.	36
80	An einer guten Schule finden Arbeiten von Schülern auch außerhalb der Schule Anerkennung.	4,62	3,27	An meiner Schule finden Arbeiten von Schülern auch außerhalb der Schule Anerkennung.	37

Abbildung 5-16: Ergebnisse von Messung 1 im Bereich Selbst und eigener Unterricht an Schule 2

Schule 2

SELBST UND UNTERRICHT

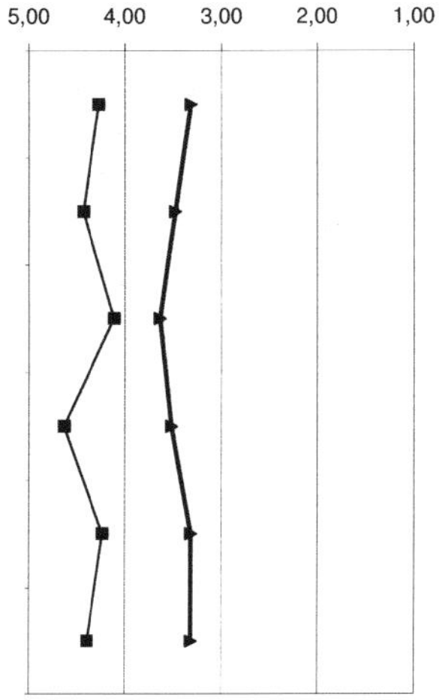

Nr.	ideal	Mittelwert ideal 1 (Quadrat)	Mittelwert real 1 (Dreieck)	real	Nr.
81	Im Kollegium kann die ideale Lehrkraft ihre Gefühle offen zeigen.	4,28	3,32	Im Kollegium kann ich meine Gefühle offen zeigen.	38
82	Die ideale Lehrkraft kooperiert mit den Eltern ihrer Schüler.	4,44	3,48	Ich kooperiere mit den Eltern meiner Schüler.	39
83	Fortbildungsangebote nimmt die ideale Lehrkraft wahr.	4,12	3,64	Fortbildungsangebote nehme ich wahr.	40
84	Die ideale Lehrkraft gestaltet einen methodisch abwechslungsreichen Unterricht.	4,64	3,52	Ich gestalte einen methodisch abwechslungsreichen Unterricht.	41
85	Die ideale Lehrkraft bemüht sich im Rahmen des Unterrichtens um viele originale Begegnungen.	4,24	3,32	Ich bemühe mich im Rahmen des Unterrichtens um viele originale Begegnungen.	42
86	Die ideale Lehrkraft wirkt an der Gestaltung der Schulkultur mit.	4,40	3,32	Ich wirke an der Gestaltung der Schulkultur mit.	43

5.5.2.2 Maßnahmen innerer Schulentwicklung nach der ersten Messung

Die Aussagen, die im Verlauf der Diskussion der ersten Messergebnisse ausgewählt wurden, führten an Schule 2 in den folgenden Monaten zu einigen Sitzungen des Gesamtkollegiums. Die aus den Bereichen der Organisations- und Unterrichtsentwicklung ausgewählten Themen wurden hierbei vertieft diskutiert und führten zu ersten Planungsaktivitäten. Zur Diskussion und Umsetzung von Schulsozialarbeit wurde ein Qualitätszirkel, dem sich sechs interessierte Lehrkräfte anschlossen, gegründet. Die Maßnahmen nach der ersten Messung werden in Tabelle 5-11 zusammengefasst:

Tabelle 5-11: Maßnahmen innerer Entwicklung an Schule 2 nach der ersten Messung

Schulentwicklungssitzungen (Schulentwicklungssitzung/Organisations- und Unterrichtsentwicklung)

Thema	*Dauer*
Rückmeldung der Ergebnisse der ersten Messung	1 Stunde
Diskussion der Messergebnisse	2 Stunden
Organisationsklima	3 Stunden
Normen und Regeln	3 Stunden
Leitbild	4 Stunden
Diskussion verschiedener Unterrichtsprojekte	3 Stunden

Qualitätszirkel: Schulsozialarbeit (Soziales Lernen/Unterrichtsentwicklung)

Thema	*Dauer*
Diskussion und Umsetzung von Schulsozialarbeit	6 Stunden

5.5.2.3 Ergebnisse der zweiten Messung

Die zweite Messung wurde im Rahmen einer Schulentwicklungssitzung am 10. Juli 2000 durchgeführt. Der nachfolgende Vergleich der Ergebnisse von Messung 1 und 2 wurde dem Gesamtkollegium von Schule 2 am 22. November 2000 während eines moderierten Schulentwicklungstages vorgestellt.[20]

20 Der Schulentwicklungstag fand am in Bayern unterrichtsfreien Buß- und Bettag statt.

Der Tag, der in den Räumen von Schule 2 stattfand, wurde wieder durch die Leitung aus einer anderen Untersuchungsschule moderiert. Im Tagesverlauf nahmen die Lehrkräfte von Schule 2 nach gründlichen Diskussionsprozessen eine erneute Gewichtung einzelner Items zur Situation an der eigenen Schule vor. Hierbei wurden mit Ausnahme der Aussage zu den gemeinsamen Werten[21] die Gewichtungen der ersten Rückmeldung bestätigt und durch drei weitere Aussagen zur Umsetzung von Merkmalen guter Schule vor Ort ergänzt. Diese Items wurden als weitere Ziele innerer Schulentwicklung aufgegriffen. An Schule 2 wurden damit Themen aus den Bereichen Organisations-, Personal- und Unterrichtsentwicklung aufgegriffen. Der Bereich Selbst und eigener Unterricht blieb unberücksichtigt.

Neben den bereits nach der ersten Messung ausgewählten Schwerpunkten sind auch die neu gewichteten Aussagen in den Profilen markiert. Die Abbildungen 5-17 bis 5-20 enthalten diese gekennzeichneten Polaritätsprofile:

---

21 Basierend auf dieser Aussage aus dem Bereich Organisation des Fragebogens diskutierte das Kollegium über Normen und Regeln während einer Schulentwicklungssitzung. Die Komplexität des Themas veranlasste die Lehrkräfte, die weitere Auseinandersetzung mit Werteaspekten auf das nächste Schuljahr zu verschieben.

Abbildung 5-17: Ergebnisse von Messung 1 und 2 im Bereich Organisationsentwicklung an Schule 2

<u>Schule 2</u>

ORGANISATIONSENTWICKLUNG

Nr.	ideal	Mittelwert ideal 1 (Kreis)	Mittelwert ideal 2 (Quadrat)	Mittelwert real 2 (Dreieck)	Mittelwert real 1 (Raute)	real	Nr.
44	Den Lehrkräften, Schülern und Eltern einer Schule nach meinen Vorstellungen sind gemeinsame Ziele klar.	4,35	4,35	3,60	3,05	Den Lehrkräften, Schülern und Eltern meiner Schule sind gemeinsame Ziele klar.	1
45	Wertekonflikte werden im Kollegium einer guten Schule aufgegriffen.	4,65	4,40	3,40	3,30	Wertekonflikte werden in meinem Kollegium aufgegriffen.	2
46	Das Kollegium einer Schule, die ich mir wünsche, bemüht sich um ein eigenes Profil.	4,55	4,55	4,10	3,80	Das Kollegium meiner Schule bemüht sich um ein eigenes Profil.	3
47	An der idealen Schule ist es üblich, dass der Bedarf an Innovation erfasst wird.	4,40	4,35	3,55	3,45	An meiner Schule ist es üblich, dass der Bedarf an Innovation erfasst wird.	4
48	Das Kollegium einer guten Schule überprüft regelmäßig, ob die gemeinsam gesetzten Ziele erreicht werden.	4,35	4,30	3,10	2,65	Das Kollegium an meiner Schule überprüft regelmäßig, ob die gemeinsam gesetzten Ziele erreicht werden.	5
49	Die Leitung einer Schule, die ich mir wünsche, regt zu Initiativen an.	4,55	4,30	4,10	3,95	Die Leitung meiner Schule regt zu Initiativen an.	6
50	Die Leitung einer Schule nach meinen Vorstellungen legt Wert auf eine Weiterentwicklung der Schule.	4,45	4,55	4,60	4,20	Die Leitung meiner Schule legt Wert auf eine Weiterentwicklung der Schule.	7
51	Leitung und Kollegium einer idealen Schule erarbeiten die gemeinsamen Werte für das Zusammenleben in der Schule.	4,65	4,60	3,45	3,30	Leitung und Kollegium meiner Schule erarbeiten die gemeinsamen Werte für das Zusammenleben in der Schule.	8
52	Die Konferenzen werden an einer guten Schule zielgerichtet durchgeführt.	4,75	4,75	3,95	3,95	Die Konferenzen werden an meiner Schule zielgerichtet durchgeführt.	9

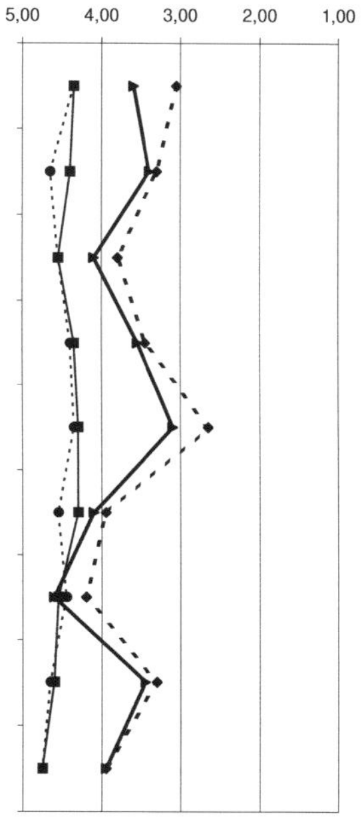

Abbildung 5-18: Ergebnisse von Messung 1 und 2 im Bereich Personalentwicklung an Schule 2

Schule 2

PERSONALENTWICKLUNG

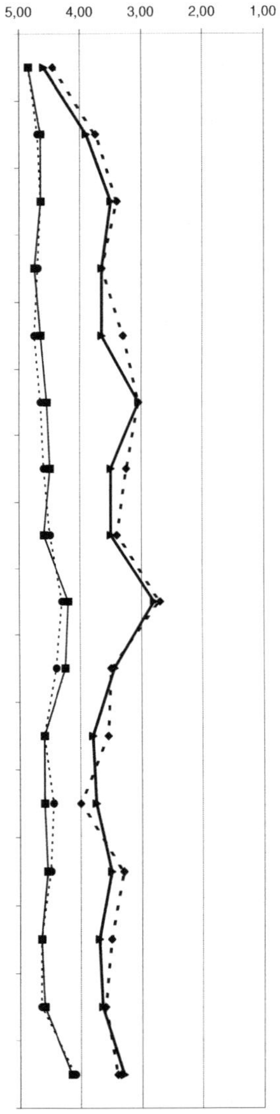

Nr.	ideal	Mittelwert ideal 1 (Kreis)	Mittelwert ideal 2 (Quadrat)	Mittelwert real 2 (Dreieck)	Mittelwert real 1 (Raute)	real	Nr.
53	Die Anlage einer Schule nach meinen Vorstellungen verbreitet eine angenehme Atmosphäre.	4,85	4,85	4,60	4,45	Die Anlage meiner Schule verbreitet eine angenehme Atmosphäre.	10
54	Die Kommunikation ist unter den Lehrkräften einer idealen Schule offen.	4,70	4,65	3,90	3,75	Die Kommunikation ist unter den Lehrkräften meiner Schule offen.	11
55	An einer guten Schule werden Konflikte zwischen Lehrkräften geklärt.	4,65	4,65	3,50	3,40	An meiner Schule werden Konflikte zwischen Lehrkräften geklärt.	12
56	An einer Schule, die ich mir wünsche, begegnen sich Lehrkräfte und Schüler mit Offenheit.	4,70	4,75	3,65	3,65	An meiner Schule begegnen sich Lehrkräfte und Schüler mit Offenheit.	13
57	Die Lehrkräfte einer Schule nach meinen Vorstellungen gehen gerne in ihre Schule.	4,75	4,65	3,65	3,30	Die Lehrkräfte meiner Schule gehen gerne in ihre Schule.	14
58	Die Schüler einer idealen Schule gehen gerne in ihre Schule.	4,65	4,55	3,05	3,05	Die Schüler meiner Schule gehen gerne in ihre Schule.	15
59	Um die Entwicklungsarbeit bemüht sich an einer guten Schule das Kollegium gemeinsam.	4,60	4,50	3,50	3,25	Um die Entwicklungsarbeit bemüht sich an meiner Schule das Kollegium gemeinsam.	16
60	An einer idealen Schule arbeitet das Kollegium in unterrichtlichen Fragen zusammen.	4,50	4,60	3,50	3,40	An meiner Schule arbeitet das Kollegium in unterrichtlichen Fragen zusammen.	17
61	Lehrkräfte und Eltern arbeiten an einer Schule, die ich mir wünsche, zusammen.	4,30	4,20	2,80	2,70	Lehrkräfte und Eltern arbeiten an meiner Schule zusammen.	18
62	An einer idealen Schule arbeiten die Lehrkräfte mit außerschulischen Experten zusammen.	4,40	4,25	3,45	3,50	An meiner Schule arbeiten die Lehrkräfte mit außerschulischen Experten zusammen.	19
63	Das Kollegium an einer Schule nach meinen Vorstellungen ist neuen Ideen gegenüber aufgeschlossen.	4,60	4,60	3,80	3,55	Das Kollegium an meiner Schule ist neuen Ideen gegenüber aufgeschlossen.	20
64	An der Schule, die ich mir wünsche, findet interne Lehrerfortbildung statt.	4,45	4,60	3,75	4,00	An meiner Schule findet interne Lehrerfortbildung statt.	21
65	Die Lehrkräfte einer idealen Schule bemühen sich um die permanente Weiterentwicklung ihrer methodischen Kompetenz.	4,50	4,55	3,50	3,30	Die Lehrkräfte meiner Schule bemühen sich um die permanente Weiterentwicklung ihrer methodischen Kompetenz.	22
66	Die Lehrkräfte einer guten Schule bemühen sich um die permanente Weiterentwicklung ihrer erzieherischen Kompetenz.	4,65	4,65	3,70	3,50	Die Lehrkräfte meiner Schule bemühen sich um die permanente Weiterentwicklung ihrer erzieherischen Kompetenz.	23
67	Die Lehrkräfte einer idealen Schule bemühen sich um die permanente Weiterentwicklung ihrer sozialen Kompetenz.	4,65	4,60	3,65	3,60	Die Lehrkräfte meiner Schule bemühen sich um die permanente Weiterentwicklung ihrer sozialen Kompetenz.	24
68	Die Lehrkräfte einer guten Schule sind bereit, ihr Wissen im Rahmen von regionalen Fortbildungen weiterzugeben.	4,10	4,15	3,30	3,40	Die Lehrkräfte meiner Schule sind bereit, ihr Wissen im Rahmen von regionalen Fortbildungen weiterzugeben.	25

Abbildung 5-19: Ergebnisse von Messung 1 und 2 im Bereich Unterrichtsentwicklung an Schule 2

Schule 2

UNTERRICHTSENTWICKLUNG

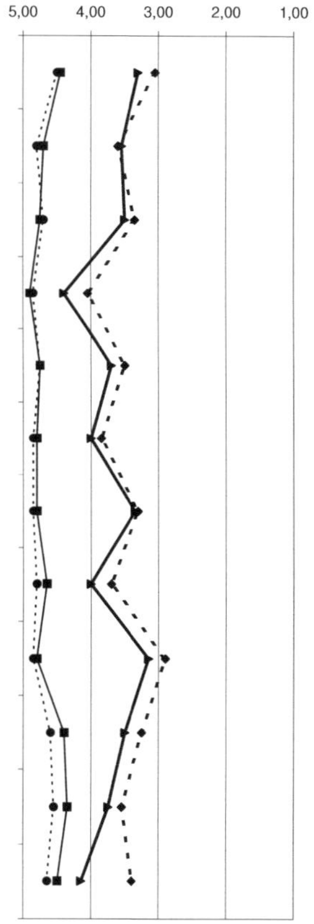

Nr.	ideal	Mittelwert ideal 1 (Kreis)	Mittelwert ideal 2 (Quadrat)	Mittelwert real 2 (Dreieck)	Mittelwert real 1 (Raute)	real	Nr.
69	Die Lehrkräfte einer guten Schule nehmen regelmäßig eine kritische Bewertung ihrer Unterrichtsarbeit vor.	4,50	4,45	3,30	3,05	Die Lehrkräfte meiner Schule nehmen regelmäßig eine kritische Bewertung ihrer Unterrichtsarbeit vor.	26
70	An einer idealen Schule bemühen sich die Lehrkräfte, die individuellen Begabungen der Schüler zu fördern.	4,80	4,70	3,55	3,60	An meiner Schule bemühen sich die Lehrkräfte, die individuellen Begabungen der Schüler zu fördern.	27
71	Die Lehrkräfte gestalten an der Schule, die ich mir wünsche, einen methodisch abwechslungsreichen Unterricht.	4,70	4,75	3,50	3,35	Die Lehrkräfte gestalten an meiner Schule einen methodisch abwechslungsreichen Unterricht.	28
72	An einer Schule nach meinen Vorstellungen wird Leistungsmessung mit Sorgfalt durchgeführt.	4,85	4,90	4,40	4,05	An meiner Schule wird Leistungsmessung mit Sorgfalt durchgeführt.	29
73	Die Lehrkräfte einer guten Schule nehmen regelmäßig eine kritische Bewertung ihrer Erziehungsarbeit vor.	4,75	4,75	3,70	3,50	Die Lehrkräfte meiner Schule nehmen regelmäßig eine kritische Bewertung ihrer Erziehungsarbeit vor.	30
74	Soziales Lernen wird an der Schule, die ich mir wünsche, sehr wichtig genommen.	4,85	4,80	4,00	3,85	Soziales Lernen wird an meiner Schule sehr wichtig genommen.	31
75	Die Schüler werden an einer Schule nach meinen Vorstellungen zu selbständigem Lernen befähigt.	4,85	4,80	3,35	3,30	Die Schüler werden an meiner Schule zu selbständigem Lernen befähigt.	32
76	An einer guten Schule werden Konflikte zwischen Lehrkräften und Schülern geklärt.	4,80	4,65	4,00	3,70	An meiner Schule werden Konflikte zwischen Lehrkräften und Schülern geklärt.	33
77	Die Schüler an einer idealen Schule helfen sich gegenseitig.	4,85	4,80	3,15	2,90	Die Schüler an meiner Schule helfen sich gegenseitig.	34
78	An einer Schule nach meinen Vorstellungen werden außerschulische Lernorte wahrgenommen	4,60	4,40	3,50	3,25	An meiner Schule werden außerschulische Lernorte wahrgenommen	35
79	Die Schule, die ich mir wünsche, arbeitet mit außerschulischen Institutionen zusammen.	4,55	4,35	3,75	3,55	Meine Schule arbeitet mit außerschulischen Institutionen zusammen.	36
80	An einer guten Schule finden Arbeiten von Schülern auch außerhalb der Schule Anerkennung.	4,65	4,50	4,15	3,40	An meiner Schule finden Arbeiten von Schülern auch außerhalb der Schule Anerkennung.	37

Abbildung 5-20: Ergebnisse von Messung 1 und 2 im Bereich Selbst und eigener Unterricht an Schule 2

Schule 2

SELBST UND UNTERRICHT

Nr.	ideal	Mittelwert ideal 1 (Kreis)	Mittelwert ideal 2 (Quadrat)	Mittelwert real 2 (Dreieck)	Mittelwert real 1 (Raute)	real	Nr.
81	Im Kollegium kann die ideale Lehrkraft ihre Gefühle offen zeigen.	4,15	4,20	3,80	3,30	Im Kollegium kann ich meine Gefühle offen zeigen.	38
82	Die ideale Lehrkraft kooperiert mit den Eltern ihrer Schüler.	4,45	4,35	3,65	3,45	Ich kooperiere mit den Eltern meiner Schüler.	39
83	Fortbildungsangebote nimmt die ideale Lehrkraft wahr.	4,10	4,15	3,95	3,55	Fortbildungsangebote nehme ich wahr.	40
84	Die ideale Lehrkraft gestaltet einen methodisch abwechslungsreichen Unterricht.	4,60	4,80	3,55	3,50	Ich gestalte einen methodisch abwechslungsreichen Unterricht.	41
85	Die ideale Lehrkraft bemüht sich im Rahmen des Unterrichtens um viele originale Begegnungen.	4,25	4,50	3,50	3,30	Ich bemühe mich im Rahmen des Unterrichtens um viele originale Begegnungen.	42
86	Die ideale Lehrkraft wirkt an der Gestaltung der Schulkultur mit.	4,40	4,60	3,65	3,30	Ich wirke an der Gestaltung der Schulkultur mit.	43

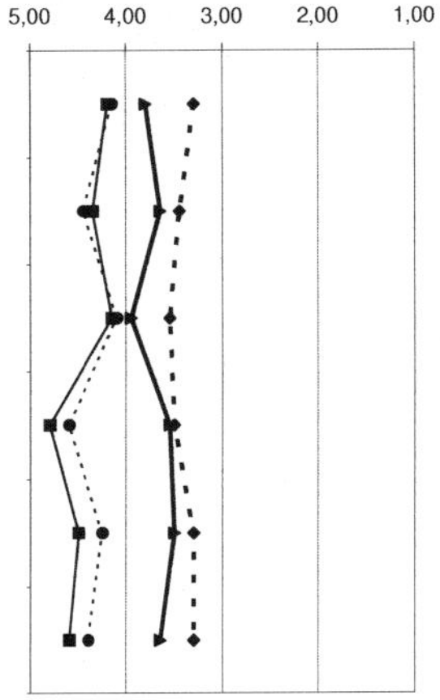

5.5.2.4 Maßnahmen innerer Schulentwicklung nach der zweiten Messung

Während des Schulentwicklungstages wurde an Schule 2 neben den themenspezifischen Qualitätszirkeln auch eine Koordinierungsgruppe gegründet.

Auf Grundlage der drei neu ausgewählten Merkmale des Fragebogens wurde neben dem bestehenden Qualitätszirkel zur Schulsozialarbeit je ein weiterer Zirkel zur Verbesserung der kollegialen Kommunikation, zur Einrichtung eines Schülercafés mit Schülern und Eltern sowie zur Abstimmung gemeinsamer Unterrichtsziele gegründet. Den Qualitätszirkeln ordneten sich jeweils vier Lehrkräfte zu. Die Maßnahmen werden in Tabelle 5-12 zusammengefasst:

Tabelle 5-12: Maßnahmen innerer Entwicklung an Schule 2 nach der zweiten Messung

Schulentwicklungssitzungen (Schulentwicklungssitzung/Organisationsentwicklung)

Thema	*Dauer*
Rückmeldung der Ergebnisse der zweiten Messung	2 Stunden
Zielfindung, Qualitätszirkel- und Koordinierungsgruppengründung	4 Stunden
Organisationsentwicklung und Leitbildentwicklung	5 Stunden

Koordinierungsgruppe (Steuergruppe/Organisationsentwicklung)

Thema	*Dauer*
Diskussion und Koordination der Arbeit der Qualitätszirkel	3 Stunden
Diskussion und Koordination der Arbeit der Qualitätszirkel	3 Stunden
Organisation einer Präsentation für den mittelfränkischen Schulentwicklungskongress des bayerischen Kultusministeriums	3 Stunden
Diskussion und Koordination der Arbeit der Qualitätszirkel	3 Stunden
Diskussion und Koordination der Arbeit der Qualitätszirkel	3 Stunden

Qualitätszirkel: Transparenz (Schulleitung und Kollegium/Personalentwicklung)

Thema	*Dauer*
Diskussion möglicher Maßnahmen zur Verbesserung kollegialer Kommunikation	2 Stunden
Umgestaltung des Lehrerzimmers	5 Stunden
Umgestaltung des Lehrerzimmers	5 Stunden

Qualitätszirkel: Schülercafé (Schulgebäude und Schulgelände/Personalentwicklung)

Thema	*Dauer*
Diskussion möglicher Vorgehensweisen	4 Stunden
Planung des Schülercafés	4 Stunden

Qualitätszirkel: Schulsozialarbeit (Soziales Lernen/Unterrichtsentwicklung)

Thema	*Dauer*
Gestaltung von Schulsozialarbeit	6 Stunden

Qualitätszirkel: Gemeinsame Unterrichtsziele (Unterrichtsentwicklung/Unterrichtsentwicklung)

Thema	*Dauer*
Diskussion gemeinsamer Ziele für soziales und inhaltliches Lernen	2 Stunden
Diskussion gemeinsamer Ziele für soziales und inhaltliches Lernen	2 Stunden

5.5.2.5 Ergebnisse der dritten Messung

In Schule 2 wurde die letzte Messung am 1. März 2001 während einer Kollegiumssitzung durchgeführt. Die Ergebnisse von Messung 1 und 3 wurden am 6. Juli 2001 im Verlauf einer Konferenz vorgestellt.

In den Profilen, die in den Abbildungen 5-21 bis 5-24 wiedergegeben werden, sind die Aussagen, welche die vor der letzten Messung gewichteten inhaltlichen Schwerpunktsetzungen des Kollegiums wiedergeben, hervorgehoben:

Abbildung 5-21: Ergebnisse von Messung 1 und 3 im Bereich Organisationsentwicklung an Schule 2

Schule 2

ORGANISATIONSENTWICKLUNG

Nr.	ideal	Mittelwert ideal 1 (Kreis)	Mittelwert ideal 3 (Quadrat)	Mittelwert real 3 (Dreieck)	Mittelwert real 1 (Raute)	real	Nr.
44	Den Lehrkräften, Schülern und Eltern einer Schule nach meinen Vorstellungen sind gemeinsame Ziele klar.	4,28	3,83	3,44	3,00	Den Lehrkräften, Schülern und Eltern meiner Schule sind gemeinsame Ziele klar.	1
45	Wertekonflikte werden im Kollegium einer guten Schule aufgegriffen.	4,61	4,28	3,61	3,22	Wertekonflikte werden in meinem Kollegium aufgegriffen.	2
46	Das Kollegium einer Schule, die ich mir wünsche, bemüht sich um ein eigenes Profil.	4,50	4,28	4,11	3,72	Das Kollegium meiner Schule bemüht sich um ein eigenes Profil.	3
47	An der idealen Schule ist es üblich, dass der Bedarf an Innovation erfasst wird.	4,33	4,11	3,72	3,39	An meiner Schule ist es üblich, dass der Bedarf an Innovation erfasst wird.	4
48	Das Kollegium einer guten Schule überprüft regelmäßig, ob die gemeinsam gesetzten Ziele erreicht werden.	4,28	4,28	3,50	2,67	Das Kollegium an meiner Schule überprüft regelmäßig, ob die gemeinsam gesetzten Ziele erreicht werden.	5
49	Die Leitung einer Schule, die ich mir wünsche, regt zu Initiativen an.	4,56	4,11	4,22	3,94	Die Leitung meiner Schule regt zu Initiativen an.	6
50	Die Leitung einer Schule nach meinen Vorstellungen legt Wert auf eine Weiterentwicklung der Schule.	4,44	4,17	4,61	4,11	Die Leitung meiner Schule legt Wert auf eine Weiterentwicklung der Schule.	7
51	Leitung und Kollegium einer idealen Schule erarbeiten die gemeinsamen Werte für das Zusammenleben in der Schule.	4,61	4,39	3,72	3,33	Leitung und Kollegium meiner Schule erarbeiten die gemeinsamen Werte für das Zusammenleben in der Schule.	8
52	Die Konferenzen werden an einer guten Schule zielgerichtet durchgeführt.	4,72	4,50	4,00	3,83	Die Konferenzen werden an meiner Schule zielgerichtet durchgeführt.	9

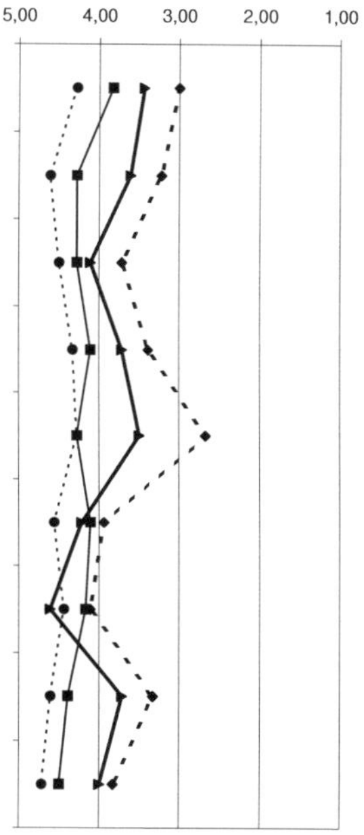

Abbildung 5-22: Ergebnisse von Messung 1 und 3 im Bereich Personalentwicklung an Schule 2

Schule 2

PERSONALENTWICKLUNG

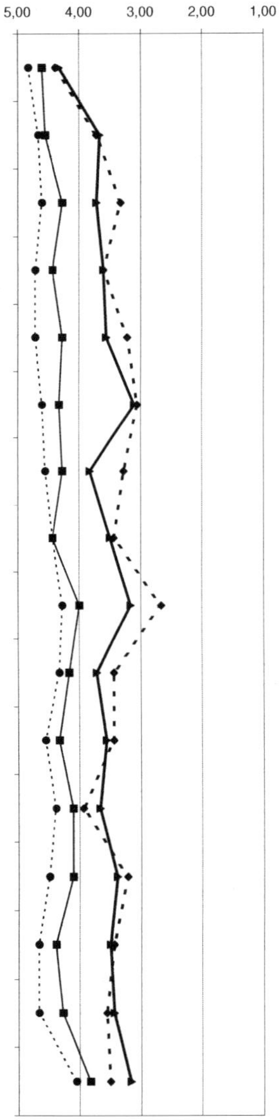

Nr.	ideal	Mittelwert ideal 1 (Kreis)	Mittelwert ideal 3 (Quadrat)	Mittelwert real 3 (Dreieck)	Mittelwert real 1 (Raute)	real	Nr.
53	Die Anlage einer Schule nach meinen Vorstellungen verbreitet eine angenehme Atmosphäre.	4,83	4,61	4,33	4,39	Die Anlage meiner Schule verbreitet eine angenehme Atmosphäre.	10
54	Die Kommunikation ist unter den Lehrkräften einer idealen Schule offen.	4,67	4,56	3,67	3,72	Die Kommunikation ist unter den Lehrkräften meiner Schule offen.	11
55	An einer guten Schule werden Konflikte zwischen Lehrkräften geklärt.	4,61	4,28	3,72	3,33	An meiner Schule werden Konflikte zwischen Lehrkräften geklärt.	12
56	An einer Schule, die ich mir wünsche, begegnen sich Lehrkräfte und Schüler mit Offenheit.	4,72	4,44	3,61	3,61	An meiner Schule begegnen sich Lehrkräfte und Schüler mit Offenheit.	13
57	Die Lehrkräfte einer Schule nach meinen Vorstellungen gehen gerne in ihre Schule.	4,72	4,28	3,56	3,22	Die Lehrkräfte meiner Schule gehen gerne in ihre Schule.	14
58	Die Schüler einer idealen Schule gehen gerne in ihre Schule.	4,61	4,33	3,11	3,06	Die Schüler meiner Schule gehen gerne in ihre Schule.	15
59	Um die Entwicklungsarbeit bemüht sich an einer guten Schule das Kollegium gemeinsam.	4,56	4,28	3,83	3,28	Um die Entwicklungsarbeit bemüht sich an meiner Schule das Kollegium gemeinsam.	16
60	An einer idealen Schule arbeitet das Kollegium in unterrichtlichen Fragen zusammen.	4,44	4,44	3,50	3,44	An meiner Schule arbeitet das Kollegium in unterrichtlichen Fragen zusammen.	17
61	Lehrkräfte und Eltern arbeiten an einer Schule, die ich mir wünsche, zusammen.	4,28	4,00	3,17	2,67	Lehrkräfte und Eltern arbeiten an meiner Schule zusammen.	18
62	An einer idealen Schule arbeiten die Lehrkräfte mit außerschulischen Experten zusammen.	4,33	4,17	3,72	3,44	An meiner Schule arbeiten die Lehrkräfte mit außerschulischen Experten zusammen.	19
63	Das Kollegium an einer Schule nach meinen Vorstellungen ist neuen Ideen gegenüber aufgeschlossen.	4,56	4,33	3,56	3,44	Das Kollegium an meiner Schule ist neuen Ideen gegenüber aufgeschlossen.	20
64	An der Schule, die ich mir wünsche, findet interne Lehrerfortbildung statt.	4,39	4,11	3,67	3,94	An meiner Schule findet interne Lehrerfortbildung statt.	21
65	Die Lehrkräfte einer idealen Schule bemühen sich um die permanente Weiterentwicklung ihrer methodischen Kompetenz.	4,50	4,11	3,39	3,22	Die Lehrkräfte meiner Schule bemühen sich um die permanente Weiterentwicklung ihrer methodischen Kompetenz.	22
66	Die Lehrkräfte einer guten Schule bemühen sich um die permanente Weiterentwicklung ihrer erzieherischen Kompetenz.	4,67	4,39	3,50	3,44	Die Lehrkräfte meiner Schule bemühen sich um die permanente Weiterentwicklung ihrer erzieherischen Kompetenz.	23
67	Die Lehrkräfte einer idealen Schule bemühen sich um die permanente Weiterentwicklung ihrer sozialen Kompetenz.	4,67	4,28	3,44	3,56	Die Lehrkräfte meiner Schule bemühen sich um die permanente Weiterentwicklung ihrer sozialen Kompetenz.	24
68	Die Lehrkräfte einer guten Schule sind bereit, ihr Wissen im Rahmen von regionalen Fortbildungen weiterzugeben.	4,06	3,83	3,17	3,50	Die Lehrkräfte meiner Schule sind bereit, ihr Wissen im Rahmen von regionalen Fortbildungen weiterzugeben.	25

Abbildung 5-23: Ergebnisse von Messung 1 und 3 im Bereich Unterrichtsentwicklung an Schule 2

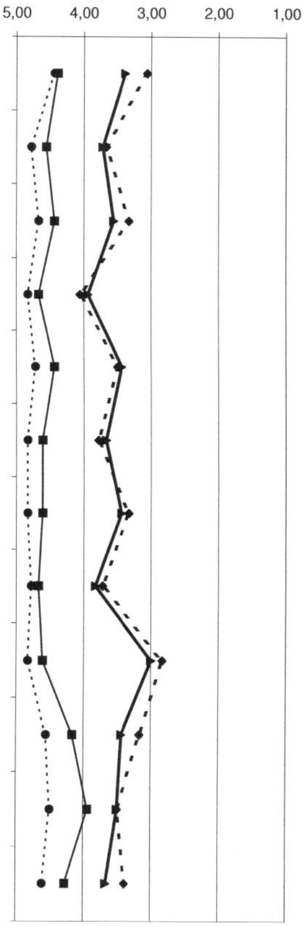

Nr.	ideal	Mittelwert ideal 1 (Kreis)	Mittelwert ideal 3 (Quadrat)	Mittelwert real 3 (Dreieck)	Mittelwert real 1 (Raute)	real	Nr.
69	Die Lehrkräfte einer guten Schule nehmen regelmäßig eine kritische Bewertung ihrer Unterrichtsarbeit vor.	4,44	4,39	3,39	3,06	Die Lehrkräfte meiner Schule nehmen regelmäßig eine kritische Bewertung ihrer Unterrichtsarbeit vor.	26
70	An einer idealen Schule bemühen sich die Lehrkräfte, die individuellen Begabungen der Schüler zu fördern.	4,78	4,56	3,72	3,67	An meiner Schule bemühen sich die Lehrkräfte, die individuellen Begabungen der Schüler zu fördern.	27
71	Die Lehrkräfte gestalten an der Schule, die ich mir wünsche, einen methodisch abwechslungsreichen Unterricht.	4,67	4,44	3,56	3,33	Die Lehrkräfte gestalten an meiner Schule einen methodisch abwechslungsreichen Unterricht.	28
72	An einer Schule nach meinen Vorstellungen wird Leistungsmessung mit Sorgfalt durchgeführt.	4,83	4,67	3,94	4,06	An meiner Schule wird Leistungsmessung mit Sorgfalt durchgeführt.	29
73	Die Lehrkräfte einer guten Schule nehmen regelmäßig eine kritische Bewertung ihrer Erziehungsarbeit vor.	4,72	4,44	3,44	3,50	Die Lehrkräfte meiner Schule nehmen regelmäßig eine kritische Bewertung ihrer Erziehungsarbeit vor.	30
74	Soziales Lernen wird an der Schule, die ich mir wünsche, sehr wichtig genommen.	4,83	4,61	3,67	3,78	Soziales Lernen wird an meiner Schule sehr wichtig genommen.	31
75	Die Schüler werden an einer Schule nach meinen Vorstellungen zu selbständigem Lernen befähigt.	4,83	4,61	3,44	3,33	Die Schüler werden an meiner Schule zu selbständigem Lernen befähigt.	32
76	An einer guten Schule werden Konflikte zwischen Lehrkräften und Schülern geklärt.	4,78	4,67	3,83	3,72	An meiner Schule werden Konflikte zwischen Lehrkräften und Schülern geklärt.	33
77	Die Schüler an einer idealen Schule helfen sich gegenseitig.	4,83	4,61	3,00	2,83	Die Schüler an meiner Schule helfen sich gegenseitig.	34
78	An einer Schule nach meinen Vorstellungen werden außerschulische Lernorte wahrgenommen	4,56	4,17	3,44	3,17	An meiner Schule werden außerschulische Lernorte wahrgenommen	35
79	Die Schule, die ich mir wünsche, arbeitet mit außerschulischen Institutionen zusammen.	4,50	3,94	3,50	3,50	Meine Schule arbeitet mit außerschulischen Institutionen zusammen.	36
80	An einer guten Schule finden Arbeiten von Schülern auch außerhalb der Schule Anerkennung.	4,61	4,28	3,67	3,39	An meiner Schule finden Arbeiten von Schülern auch außerhalb der Schule Anerkennung.	37

Abbildung 5-24: Ergebnisse von Messung 1 und 3 im Bereich Selbst und eigener Unterricht an Schule 2

Nr.	ideal	Mittelwert ideal 1 (Kreis)	Mittelwert ideal 3 (Quadrat)	Mittelwert real 3 (Dreieck)	Mittelwert real 1 (Raute)	real	Nr.
81	Im Kollegium kann die ideale Lehrkraft ihre Gefühle offen zeigen.	4,06	4,11	3,44	3,33	Im Kollegium kann ich meine Gefühle offen zeigen.	38
82	Die ideale Lehrkraft kooperiert mit den Eltern ihrer Schüler.	4,39	4,22	3,72	3,39	Ich kooperiere mit den Eltern meiner Schüler.	39
83	Fortbildungsangebote nimmt die ideale Lehrkraft wahr.	4,06	4,11	3,89	3,61	Fortbildungsangebote nehme ich wahr.	40
84	Die ideale Lehrkraft gestaltet einen methodisch abwechslungsreichen Unterricht.	4,56	4,61	4,00	3,56	Ich gestalte einen methodisch abwechslungsreichen Unterricht.	41
85	Die ideale Lehrkraft bemüht sich im Rahmen des Unterrichtens um viele originale Begegnungen.	4,17	4,11	3,44	3,28	Ich bemühe mich im Rahmen des Unterrichtens um viele originale Begegnungen.	42
86	Die ideale Lehrkraft wirkt an der Gestaltung der Schulkultur mit.	4,33	4,06	3,67	3,39	Ich wirke an der Gestaltung der Schulkultur mit.	43

Schule 2

SELBST UND UNTERRICHT

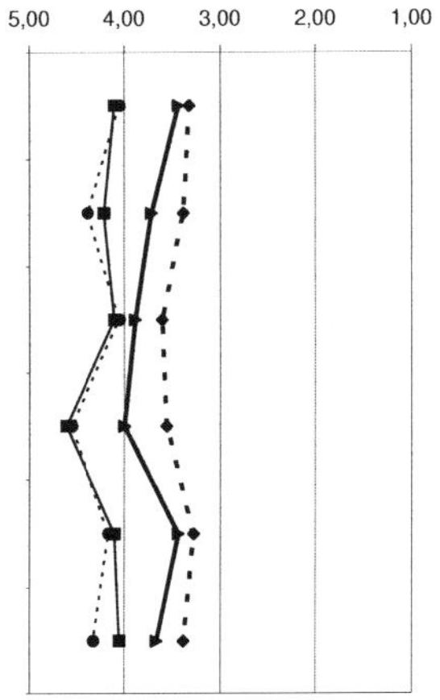

5.5.3 Messergebnisse und Maßnahmen an Schule 3

Die dritte Schule ist eine Volksschule mit den Jahrgangsstufen 1 bis 9 und wird von etwa 400 Schülerinnen und Schülern besucht. Sie liegt in einer Stadt mit cirka 30000 Einwohnern.

Wahrnehmungsorientierte Schulentwicklung wurde dem Kollegium von Schule 3 am 14. Dezember 2000 im Rahmen einer Sitzung vorgestellt. Die anschließende kollegiale Diskussion und Entscheidung wurde in Abwesenheit von Schulleitung und Forscher durchgeführt. 90 % der anwesenden Lehrkräfte entschieden sich für die Umsetzung wahrnehmungsorientierter Schulentwicklung. Die anderen enthielten sich der Stimme.

Über die Fragebogenkodierung konnten die in Tabelle 5-13 wiedergegebenen Zahlen zur Teilnahme der Lehrkräfte von Schule 3 an den Messungen erhoben werden:

Tabelle 5-13: Ausgewählte Daten zur Messungsbeteiligung der Lehrkräfte von Schule 3

Schule 3	n	Prozent
Gesamtkollegium zu Untersuchungsbeginn	35	100,0
Teilnahme an Messung 1	23	65,7
Teilnahme an Messung 1 und 2	20	57,1
Teilnahme an Messung 1, 2 und 3	17	48,6

5.5.3.1 Ergebnisse der ersten Messung

Im Rahmen einer Kollegiumssitzung wurde am 3. März 2000 die erste Messung durchgeführt. Die Befragungsergebnisse diskutierten die Lehrkräfte von Schule 3 am 6. April 2000 während einer der inneren Entwicklung gewidmeten Sitzung.[22] Diese wurde auf Betreiben des Kollegiums von der Leitung einer anderen Untersuchungsschule moderiert.[23] Nach kurzer Diskussion nahmen die Lehrkräfte eine Gewichtung einzelner Items zur Situation an der eigenen Schule vor. Diese Aussagen, die in den Polaritätsprofilen markiert sind, wurden als Schulentwicklungsziele benannt. Die markierten Profile werden in den Abbildungen 5-25 bis 5-28 dargestellt:

22 Neben Schule 3 sind auch die Schulen 4 und 5 Volksschulen. Alle drei Schulen verzichteten auf eine schulartspezifische Ergebnisrückmeldung. Die Lehrkräfte der drei Kollegien wollten auf Basis ihrer Wahrnehmungen eine gemeinsame Entwicklungsarbeit von Grund- und Hauptschule beginnen.

23 Auch diese Schulleitung war, wie bereits in Kapitel 5.4 erwähnt, an der AKADEMIE FÜR LEHRERFORTBILDUNG UND PERSONALFÜHRUNG DILLINGEN im Auftrag des BAYERISCHEN STAATSMINISTERIUMS FÜR UNTERRICHT, KULTUS, WISSENSCHAFT UND KUNST (1998) zum Schulentwicklungsmoderator ausgebildet worden.

Abbildung 5-25: Ergebnisse von Messung 1 im Bereich Organisationsentwicklung an Schule 3

Schule 3

ORGANISATIONSENTWICKLUNG

Quadrat — Dreieck

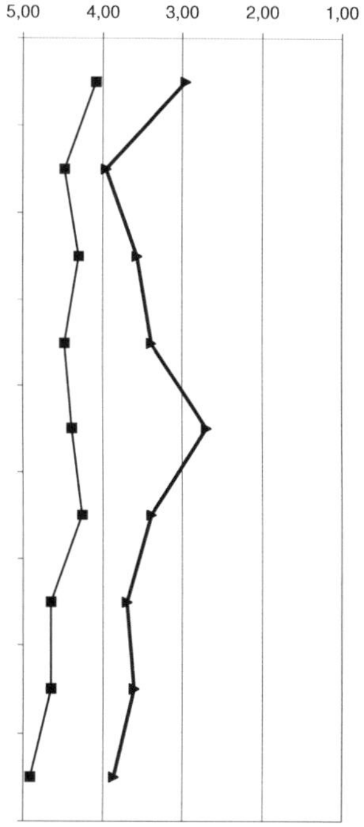

Nr.	ideal	Mittelwert ideal 1	Mittelwert real 1	real	Nr.
44	Den Lehrkräften, Schülern und Eltern einer Schule nach meinen Vorstellungen sind gemeinsame Ziele klar.	4,09	2,96	Den Lehrkräften, Schülern und Eltern meiner Schule sind gemeinsame Ziele klar.	1
45	Wertekonflikte werden im Kollegium einer guten Schule aufgegriffen.	4,48	3,96	Wertekonflikte werden in meinem Kollegium aufgegriffen.	2
46	Das Kollegium einer Schule, die ich mir wünsche, bemüht sich um ein eigenes Profil.	4,30	3,57	Das Kollegium meiner Schule bemüht sich um ein eigenes Profil.	3
47	An der idealen Schule ist es üblich, dass der Bedarf an Innovation erfasst wird.	4,48	3,39	An meiner Schule ist es üblich, dass der Bedarf an Innovation erfasst wird.	4
48	Das Kollegium einer guten Schule überprüft regelmäßig, ob die gemeinsam gesetzten Ziele erreicht werden.	4,39	2,70	Das Kollegium an meiner Schule überprüft regelmäßig, ob die gemeinsam gesetzten Ziele erreicht werden.	5
49	Die Leitung einer Schule, die ich mir wünsche, regt zu Initiativen an.	4,26	3,39	Die Leitung meiner Schule regt zu Initiativen an.	6
50	Die Leitung einer Schule nach meinen Vorstellungen legt Wert auf eine Weiterentwicklung der Schule.	4,65	3,70	Die Leitung meiner Schule legt Wert auf eine Weiterentwicklung der Schule.	7
51	Leitung und Kollegium einer idealen Schule erarbeiten die gemeinsamen Werte für das Zusammenleben in der Schule.	4,65	3,61	Leitung und Kollegium meiner Schule erarbeiten die gemeinsamen Werte für das Zusammenleben in der Schule.	8
52	Die Konferenzen werden an einer guten Schule zielgerichtet durchgeführt.	4,91	3,87	Die Konferenzen werden an meiner Schule zielgerichtet durchgeführt.	9

Abbildung 5-26: Ergebnisse von Messung 1 im Bereich Personalentwicklung an Schule 3

Schule 3

PERSONALENTWICKLUNG

Nr.	ideal	Mittelwert ideal 1 (Quadrat)	Mittelwert real 1 (Dreieck)	real	Nr.
53	Die Anlage einer Schule nach meinen Vorstellungen verbreitet eine angenehme Atmosphäre.	4,87	3,35	Die Anlage meiner Schule verbreitet eine angenehme Atmosphäre.	10
54	Die Kommunikation ist unter den Lehrkräften einer idealen Schule offen.	4,65	4,04	Die Kommunikation ist unter den Lehrkräften meiner Schule offen.	11
55	An einer guten Schule werden Konflikte zwischen Lehrkräften geklärt.	4,78	3,65	An meiner Schule werden Konflikte zwischen Lehrkräften geklärt.	12
56	An einer Schule, die ich mir wünsche, begegnen sich Lehrkräfte und Schüler mit Offenheit.	4,83	3,26	An meiner Schule begegnen sich Lehrkräfte und Schüler mit Offenheit.	13
57	Die Lehrkräfte einer Schule nach meinen Vorstellungen gehen gerne in ihre Schule.	4,65	3,13	Die Lehrkräfte meiner Schule gehen gerne in ihre Schule.	14
58	Die Schüler einer idealen Schule gehen gerne in ihre Schule.	4,48	3,00	Die Schüler meiner Schule gehen gerne in ihre Schule.	15
59	Um die Entwicklungsarbeit bemüht sich an einer guten Schule das Kollegium gemeinsam.	4,52	3,13	Um die Entwicklungsarbeit bemüht sich an meiner Schule das Kollegium gemeinsam.	16
60	An einer idealen Schule arbeitet das Kollegium in unterrichtlichen Fragen zusammen.	4,39	3,39	An meiner Schule arbeitet das Kollegium in unterrichtlichen Fragen zusammen.	17
61	Lehrkräfte und Eltern arbeiten an einer Schule, die ich mir wünsche, zusammen.	4,17	2,65	Lehrkräfte und Eltern arbeiten an meiner Schule zusammen.	18
62	An einer idealen Schule arbeiten die Lehrkräfte mit außerschulischen Experten zusammen.	4,22	2,91	An meiner Schule arbeiten die Lehrkräfte mit außerschulischen Experten zusammen.	19
63	Das Kollegium an einer Schule nach meinen Vorstellungen ist neuen Ideen gegenüber aufgeschlossen.	4,39	3,57	Das Kollegium an meiner Schule ist neuen Ideen gegenüber aufgeschlossen.	20
64	An der Schule, die ich mir wünsche, findet interne Lehrerfortbildung statt.	4,17	4,57	An meiner Schule findet interne Lehrerfortbildung statt.	21
65	Die Lehrkräfte einer idealen Schule bemühen sich um die permanente Weiterentwicklung ihrer methodischen Kompetenz.	4,30	3,39	Die Lehrkräfte meiner Schule bemühen sich um die permanente Weiterentwicklung ihrer methodischen Kompetenz.	22
66	Die Lehrkräfte einer guten Schule bemühen sich um die permanente Weiterentwicklung ihrer erzieherischen Kompetenz.	4,48	3,43	Die Lehrkräfte meiner Schule bemühen sich um die permanente Weiterentwicklung ihrer erzieherischen Kompetenz.	23
67	Die Lehrkräfte einer idealen Schule bemühen sich um die permanente Weiterentwicklung ihrer sozialen Kompetenz.	4,39	3,57	Die Lehrkräfte meiner Schule bemühen sich um die permanente Weiterentwicklung ihrer sozialen Kompetenz.	24
68	Die Lehrkräfte einer guten Schule sind bereit, ihr Wissen im Rahmen von regionalen Fortbildungen weiterzugeben.	4,22	3,35	Die Lehrkräfte meiner Schule sind bereit, ihr Wissen im Rahmen von regionalen Fortbildungen weiterzugeben.	25

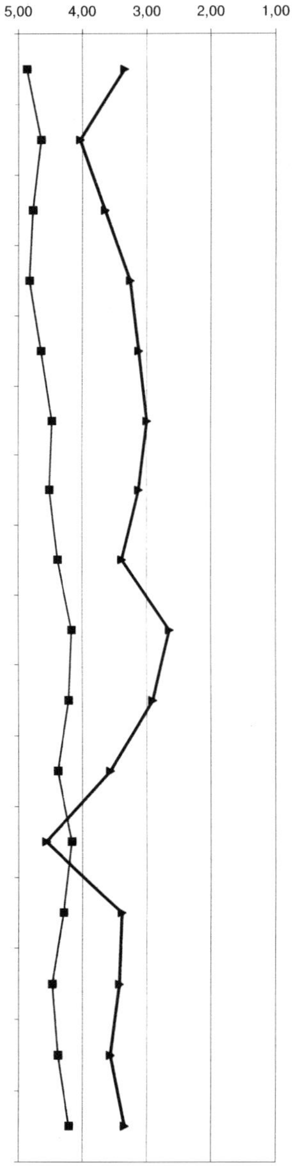

Abbildung 5-27: Ergebnisse von Messung 1 im Bereich Unterrichtsentwicklung an Schule 3

Schule 3

UNTERRICHTSENTWICKLUNG

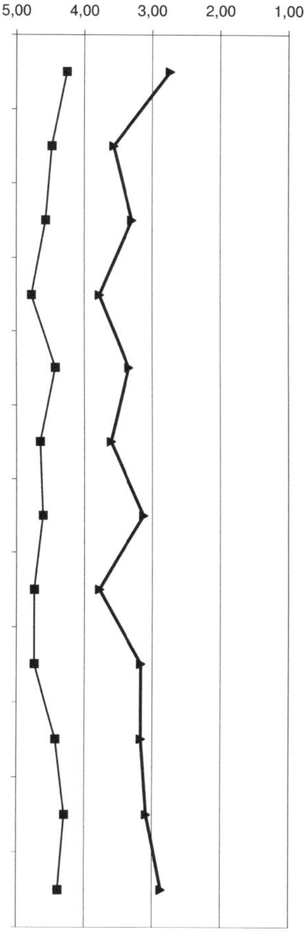

Nr.	ideal	Mittelwert ideal 1 (Quadrat)	Mittelwert real 1 (Dreieck)	real	Nr.
69	Die Lehrkräfte einer guten Schule nehmen regelmäßig eine kritische Bewertung ihrer Unterrichtsarbeit vor.	4,26	2,74	Die Lehrkräfte meiner Schule nehmen regelmäßig eine kritische Bewertung ihrer Unterrichtsarbeit vor.	26
70	An einer idealen Schule bemühen sich die Lehrkräfte, die individuellen Begabungen der Schüler zu fördern.	4,48	3,57	An meiner Schule bemühen sich die Lehrkräfte, die individuellen Begabungen der Schüler zu fördern.	27
71	Die Lehrkräfte gestalten an der Schule, die ich mir wünsche, einen methodisch abwechslungsreichen Unterricht.	4,57	3,30	Die Lehrkräfte gestalten an meiner Schule einen methodisch abwechslungsreichen Unterricht.	28
72	An einer Schule nach meinen Vorstellungen wird Leistungsmessung mit Sorgfalt durchgeführt.	4,78	3,78	An meiner Schule wird Leistungsmessung mit Sorgfalt durchgeführt.	29
73	Die Lehrkräfte einer guten Schule nehmen regelmäßig eine kritische Bewertung ihrer Erziehungsarbeit vor.	4,43	3,35	Die Lehrkräfte meiner Schule nehmen regelmäßig eine kritische Bewertung ihrer Erziehungsarbeit vor.	30
74	Soziales Lernen wird an der Schule, die ich mir wünsche, sehr wichtig genommen.	4,65	3,61	Soziales Lernen wird an meiner Schule sehr wichtig genommen.	31
75	Die Schüler werden an einer Schule nach meinen Vorstellungen zu selbständigem Lernen befähigt.	4,61	3,13	Die Schüler werden an meiner Schule zu selbständigem Lernen befähigt.	32
76	An einer guten Schule werden Konflikte zwischen Lehrkräften und Schülern geklärt.	4,74	3,78	An meiner Schule werden Konflikte zwischen Lehrkräften und Schülern geklärt.	33
77	Die Schüler an einer idealen Schule helfen sich gegenseitig.	4,74	3,17	Die Schüler an meiner Schule helfen sich gegenseitig.	34
78	An einer Schule nach meinen Vorstellungen werden außerschulische Lernorte wahrgenommen	4,43	3,17	An meiner Schule werden außerschulische Lernorte wahrgenommen	35
79	Die Schule, die ich mir wünsche, arbeitet mit außerschulischen Institutionen zusammen.	4,30	3,09	Meine Schule arbeitet mit außerschulischen Institutionen zusammen.	36
80	An einer guten Schule finden Arbeiten von Schülern auch außerhalb der Schule Anerkennung.	4,39	2,87	An meiner Schule finden Arbeiten von Schülern auch außerhalb der Schule Anerkennung.	37

Abbildung 5-28: Ergebnisse von Messung 1 im Bereich Selbst und eigener Unterricht an Schule 3

Schule 3

SELBST UND UNTERRICHT

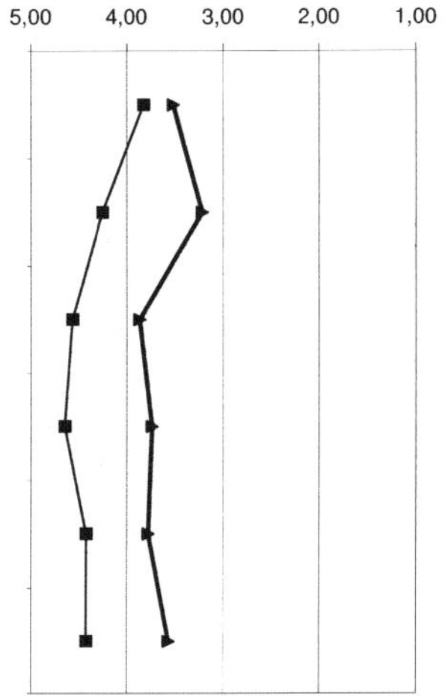

Nr.	ideal	Mittelwert ideal 1 (Quadrat)	Mittelwert real 1 (Dreieck)	real	Nr.
81	Im Kollegium kann die ideale Lehrkraft ihre Gefühle offen zeigen.	3,83	3,52	Im Kollegium kann ich meine Gefühle offen zeigen.	38
82	Die ideale Lehrkraft kooperiert mit den Eltern ihrer Schüler.	4,26	3,22	Ich kooperiere mit den Eltern meiner Schüler.	39
83	Fortbildungsangebote nimmt die ideale Lehrkraft wahr.	4,57	3,87	Fortbildungsangebote nehme ich wahr.	40
84	Die ideale Lehrkraft gestaltet einen methodisch abwechslungsreichen Unterricht.	4,65	3,74	Ich gestalte einen methodisch abwechslungsreichen Unterricht.	41
85	Die ideale Lehrkraft bemüht sich im Rahmen des Unterrichtens um viele originale Begegnungen.	4,43	3,78	Ich bemühe mich im Rahmen des Unterrichtens um viele originale Begegnungen.	42
86	Die ideale Lehrkraft wirkt an der Gestaltung der Schulkultur mit.	4,43	3,57	Ich wirke an der Gestaltung der Schulkultur mit.	43

5.5.3.2 *Maßnahmen innerer Schulentwicklung nach der ersten Messung*

Die vom Kollegium ausgewählten Aussagen des Polaritätsprofils wurden als Aufträge an zwei Qualitätszirkel, denen sich je vier Lehrkräfte zuordneten, delegiert. Die aus den Schulentwicklungsbereichen Organisation und Unterricht ausgewählten Themen wurden in zwei Qualitätszirkeln unter den Titeln „Ziele und Evaluation" sowie „Soziales Lernen" aufgegriffen. Die Maßnahmen innerer Entwicklung werden in Tabelle 5-14 zusammengefasst:

Tabelle 5-14: Maßnahmen innerer Entwicklung an Schule 3 nach der ersten Messung

Schulentwicklungssitzungen (Schulentwicklungssitzung/Organisationsentwicklung)

Thema	*Dauer*
Rückmeldung und Diskussion der Ergebnisse der ersten Messung	1 Stunde

Qualitätszirkel: Ziele und Evaluation (Ziele und Evaluation/Organisationsentwicklung)

Thema	*Dauer*
Diskussion von Zielen und Evaluationsmaßnahmen	3,5 Stunden

Qualitätszirkel: Soziales Lernen (Soziales Lernen/Unterrichtsentwicklung)

Thema	*Dauer*
Erfassen von Defiziten im Bereich des sozialen Lernens	1,5 Stunden

5.5.3.3 *Ergebnisse der zweiten Messung*

Am 6. Juli 2000 erfolgte die zweite Messung ebenfalls im Rahmen einer Kollegiumssitzung. Die nachfolgenden Ergebnisse von Messung 1 und 2 wurden dem Kollegium am 4. Oktober 2000 während einer Schulentwicklungssitzung vorgestellt. Die Sitzung moderierte erneut die Leitung aus einer anderen Untersuchungsschule.

Im Sitzungsverlauf nahmen die Lehrkräfte der dritten Untersuchungsschule nach ausführlichen Diskussionsprozessen eine weitere Gewichtung einzelner Items zur Situation an der eigenen Schule vor. Dabei wurden die Gewichtungen der ersten Rückmeldung bestätigt und durch drei weitere Aussagen zur Umsetzung von Merkmalen guter Schule vor

Ort ergänzt. Die Items wurden als zusätzliche Ziele innerer Schulentwicklung aufgegriffen. Damit griffen die Lehrkräfte Themen aus den Bereichen Organisations-, Personal- und Unterrichtsentwicklung auf. Der Bereich Selbst und eigener Unterricht wurde nicht berücksichtigt.

Neben den bereits nach der ersten Messung ausgewählten Schwerpunkten sind die neu gewählten Aussagen in den Profilen markiert. Sie werden in den Abbildungen 5-29 bis 5-32 dargestellt:

Abbildung 5-29: Ergebnisse von Messung 1 und 2 im Bereich Organisationsentwicklung an Schule 3

Schule 3

ORGANISATIONSENTWICKLUNG

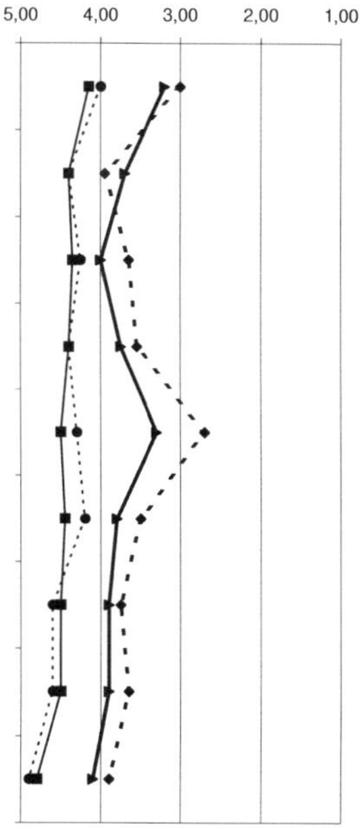

Nr.	ideal	Mittelwert ideal 1 (Kreis)	Mittelwert ideal 2 (Quadrat)	Mittelwert real 2 (Dreieck)	Mittelwert real 1 (Raute)	real	Nr.
44	Den Lehrkräften, Schülern und Eltern einer Schule nach meinen Vorstellungen sind gemeinsame Ziele klar.	4,00	4,15	3,20	3,00	Den Lehrkräften, Schülern und Eltern meiner Schule sind gemeinsame Ziele klar.	1
45	Wertekonflikte werden im Kollegium einer guten Schule aufgegriffen.	4,40	4,40	3,70	3,95	Wertekonflikte werden in meinem Kollegium aufgegriffen.	2
46	Das Kollegium einer Schule, die ich mir wünsche, bemüht sich um ein eigenes Profil.	4,25	4,35	4,00	3,65	Das Kollegium meiner Schule bemüht sich um ein eigenes Profil.	3
47	An der idealen Schule ist es üblich, dass der Bedarf an Innovation erfasst wird.	4,40	4,40	3,75	3,55	An meiner Schule ist es üblich, dass der Bedarf an Innovation erfasst wird.	4
48	Das Kollegium einer guten Schule überprüft regelmäßig, ob die gemeinsam gesetzten Ziele erreicht werden.	4,30	4,50	3,30	2,70	Das Kollegium an meiner Schule überprüft regelmäßig, ob die gemeinsam gesetzten Ziele erreicht werden.	5
49	Die Leitung einer Schule, die ich mir wünsche, regt zu Initiativen an.	4,20	4,45	3,80	3,50	Die Leitung meiner Schule regt zu Initiativen an.	6
50	Die Leitung einer Schule nach meinen Vorstellungen legt Wert auf eine Weiterentwicklung der Schule.	4,60	4,50	3,90	3,75	Die Leitung meiner Schule legt Wert auf eine Weiterentwicklung der Schule.	7
51	Leitung und Kollegium einer idealen Schule erarbeiten die gemeinsamen Werte für das Zusammenleben in der Schule.	4,60	4,50	3,90	3,65	Leitung und Kollegium meiner Schule erarbeiten die gemeinsamen Werte für das Zusammenleben in der Schule.	8
52	Die Konferenzen werden an einer guten Schule zielgerichtet durchgeführt.	4,90	4,80	4,10	3,90	Die Konferenzen werden an meiner Schule zielgerichtet durchgeführt.	9

Abbildung 5-30: Ergebnisse von Messung 1 und 2 im Bereich Personalentwicklung an Schule 3

Schule 3

PERSONALENTWICKLUNG

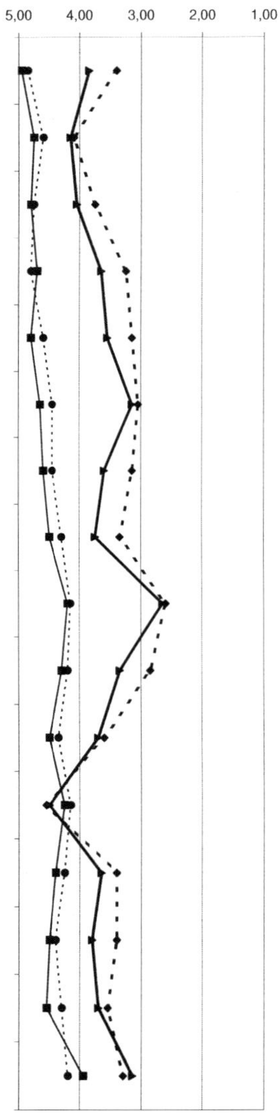

Nr.	ideal	Mittelwert ideal 1 (Kreis)	Mittelwert ideal 2 (Quadrat)	Mittelwert real 2 (Dreieck)	Mittelwert real 1 (Raute)	real	Nr.
53	Die Anlage einer Schule nach meinen Vorstellungen verbreitet eine angenehme Atmosphäre.	4,85	4,95	3,85	3,40	Die Anlage meiner Schule verbreitet eine angenehme Atmosphäre.	10
54	Die Kommunikation ist unter den Lehrkräften einer idealen Schule offen.	4,60	4,75	4,15	4,10	Die Kommunikation ist unter den Lehrkräften meiner Schule offen.	11
55	An einer guten Schule werden Konflikte zwischen Lehrkräften geklärt.	4,75	4,80	4,05	3,75	An meiner Schule werden Konflikte zwischen Lehrkräften geklärt.	12
56	An einer Schule, die ich mir wünsche, begegnen sich Lehrkräfte und Schüler mit Offenheit.	4,80	4,70	3,65	3,25	An meiner Schule begegnen sich Lehrkräfte und Schüler mit Offenheit.	13
57	Die Lehrkräfte einer Schule nach meinen Vorstellungen gehen gerne in ihre Schule.	4,60	4,80	3,55	3,15	Die Lehrkräfte meiner Schule gehen gerne in ihre Schule.	14
58	Die Schüler einer idealen Schule gehen gerne in ihre Schule.	4,45	4,65	3,15	3,05	Die Schüler meiner Schule gehen gerne in ihre Schule.	15
59	Um die Entwicklungsarbeit bemüht sich an einer guten Schule das Kollegium gemeinsam.	4,45	4,60	3,60	3,15	Um die Entwicklungsarbeit bemüht sich an meiner Schule das Kollegium gemeinsam.	16
60	An einer idealen Schule arbeitet das Kollegium in unterrichtlichen Fragen zusammen.	4,30	4,50	3,75	3,35	An meiner Schule arbeitet das Kollegium in unterrichtlichen Fragen zusammen.	17
61	Lehrkräfte und Eltern arbeiten an einer Schule, die ich mir wünsche, zusammen.	4,15	4,20	2,65	2,60	Lehrkräfte und Eltern arbeiten an meiner Schule zusammen.	18
62	An einer idealen Schule arbeiten die Lehrkräfte mit außerschulischen Experten zusammen.	4,20	4,30	3,35	2,85	An meiner Schule arbeiten die Lehrkräfte mit außerschulischen Experten zusammen.	19
63	Das Kollegium an einer Schule nach meinen Vorstellungen ist neuen Ideen gegenüber aufgeschlossen.	4,35	4,50	3,70	3,60	Das Kollegium an meiner Schule ist neuen Ideen gegenüber aufgeschlossen.	20
64	An der Schule, die ich mir wünsche, findet interne Lehrerfortbildung statt.	4,15	4,25	4,50	4,55	An meiner Schule findet interne Lehrerfortbildung statt.	21
65	Die Lehrkräfte einer idealen Schule bemühen sich um die permanente Weiterentwicklung ihrer methodischen Kompetenz.	4,25	4,40	3,65	3,40	Die Lehrkräfte meiner Schule bemühen sich um die permanente Weiterentwicklung ihrer methodischen Kompetenz.	22
66	Die Lehrkräfte einer guten Schule bemühen sich um die permanente Weiterentwicklung ihrer erzieherischen Kompetenz.	4,40	4,50	3,80	3,40	Die Lehrkräfte meiner Schule bemühen sich um die permanente Weiterentwicklung ihrer erzieherischen Kompetenz.	23
67	Die Lehrkräfte einer idealen Schule bemühen sich um die permanente Weiterentwicklung ihrer sozialen Kompetenz.	4,30	4,55	3,70	3,55	Die Lehrkräfte meiner Schule bemühen sich um die permanente Weiterentwicklung ihrer sozialen Kompetenz.	24
68	Die Lehrkräfte einer guten Schule sind bereit, ihr Wissen im Rahmen von regionalen Fortbildungen weiterzugeben.	4,20	3,95	3,15	3,30	Die Lehrkräfte meiner Schule sind bereit, ihr Wissen im Rahmen von regionalen Fortbildungen weiterzugeben.	25

Abbildung 5-31: Ergebnisse von Messung 1 und 2 im Bereich Unterrichtsentwicklung an Schule 3

Schule 3

UNTERRICHTSENTWICKLUNG

Nr.	ideal	Mittelwert ideal 1 (Kreis)	Mittelwert ideal 2 (Quadrat)	Mittelwert real 2 (Dreieck)	Mittelwert real 1 (Raute)	real	Nr.
69	Die Lehrkräfte einer guten Schule nehmen regelmäßig eine kritische Bewertung ihrer Unterrichtsarbeit vor.	4,20	4,30	3,00	2,70	Die Lehrkräfte meiner Schule nehmen regelmäßig eine kritische Bewertung ihrer Unterrichtsarbeit vor.	26
70	An einer idealen Schule bemühen sich die Lehrkräfte, die individuellen Begabungen der Schüler zu fördern.	4,40	4,60	3,80	3,50	An meiner Schule bemühen sich die Lehrkräfte, die individuellen Begabungen der Schüler zu fördern.	27
71	Die Lehrkräfte gestalten an der Schule, die ich mir wünsche, einen methodisch abwechslungsreichen Unterricht.	4,50	4,65	3,35	3,25	Die Lehrkräfte gestalten an meiner Schule einen methodisch abwechslungsreichen Unterricht.	28
72	An einer Schule nach meinen Vorstellungen wird Leistungsmessung mit Sorgfalt durchgeführt.	4,75	4,80	4,10	3,80	An meiner Schule wird Leistungsmessung mit Sorgfalt durchgeführt.	29
73	Die Lehrkräfte einer guten Schule nehmen regelmäßig eine kritische Bewertung ihrer Erziehungsarbeit vor.	4,40	4,50	3,15	3,30	Die Lehrkräfte meiner Schule nehmen regelmäßig eine kritische Bewertung ihrer Erziehungsarbeit vor.	30
74	Soziales Lernen wird an der Schule, die ich mir wünsche, sehr wichtig genommen.	4,60	4,75	4,00	3,55	Soziales Lernen wird an meiner Schule sehr wichtig genommen.	31
75	Die Schüler werden an einer Schule nach meinen Vorstellungen zu selbständigem Lernen befähigt.	4,55	4,70	3,20	3,25	Die Schüler werden an meiner Schule zu selbständigem Lernen befähigt.	32
76	An einer guten Schule werden Konflikte zwischen Lehrkräften und Schülern geklärt.	4,70	4,70	3,65	3,80	An meiner Schule werden Konflikte zwischen Lehrkräften und Schülern geklärt.	33
77	Die Schüler an einer idealen Schule helfen sich gegenseitig.	4,70	4,70	3,05	3,10	Die Schüler an meiner Schule helfen sich gegenseitig.	34
78	An einer Schule nach meinen Vorstellungen werden außerschulische Lernorte wahrgenommen	4,40	4,50	3,45	3,20	An meiner Schule werden außerschulische Lernorte wahrgenommen	35
79	Die Schule, die ich mir wünsche, arbeitet mit außerschulischen Institutionen zusammen.	4,25	4,30	3,60	3,05	Meine Schule arbeitet mit außerschulischen Institutionen zusammen.	36
80	An einer guten Schule finden Arbeiten von Schülern auch außerhalb der Schule Anerkennung.	4,30	4,50	2,90	2,90	An meiner Schule finden Arbeiten von Schülern auch außerhalb der Schule Anerkennung.	37

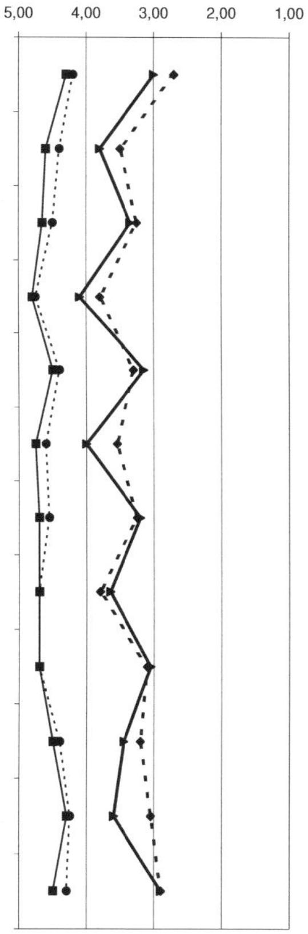

Abbildung 5-32: Ergebnisse von Messung 1 und 2 im Bereich Selbst und eigener Unterricht an Schule 3

Schule 3

SELBST UND UNTERRICHT

Nr.	ideal	Mittelwert ideal 1 (Kreis)	Mittelwert ideal 2 (Quadrat)	Mittelwert real 2 (Dreieck)	Mittelwert real 1 (Raute)	real	Nr.
81	Im Kollegium kann die ideale Lehrkraft ihre Gefühle offen zeigen.	3,65	4,10	3,40	3,50	Im Kollegium kann ich meine Gefühle offen zeigen.	38
82	Die ideale Lehrkraft kooperiert mit den Eltern ihrer Schüler.	4,15	4,30	3,20	3,20	Ich kooperiere mit den Eltern meiner Schüler.	39
83	Fortbildungsangebote nimmt die ideale Lehrkraft wahr.	4,50	4,40	4,00	3,85	Fortbildungsangebote nehme ich wahr.	40
84	Die ideale Lehrkraft gestaltet einen methodisch abwechslungsreichen Unterricht.	4,60	4,65	3,95	3,70	Ich gestalte einen methodisch abwechslungsreichen Unterricht.	41
85	Die ideale Lehrkraft bemüht sich im Rahmen des Unterrichtens um viele originale Begegnungen.	4,35	4,70	4,15	3,70	Ich bemühe mich im Rahmen des Unterrichtens um viele originale Begegnungen.	42
86	Die ideale Lehrkraft wirkt an der Gestaltung der Schulkultur mit.	4,35	4,60	3,75	3,55	Ich wirke an der Gestaltung der Schulkultur mit.	43

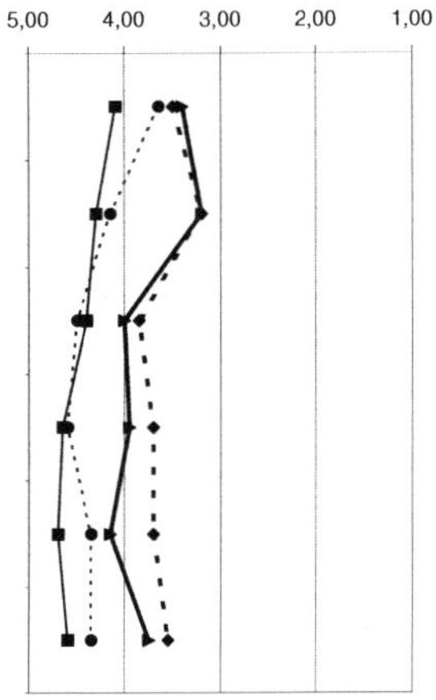

5.5.3.4 Maßnahmen innerer Schulentwicklung nach der zweiten Messung

Am Ende der Schulentwicklungssitzung am 4. Oktober 2000 bildeten sich auf Basis der neu ausgewählten Merkmale des Fragebogens drei neue Qualitätszirkel zu Elternarbeit, Öffentlichkeitsarbeit und Schulhausgestaltung. Je vier Lehrkräfte ordneten sich diesen Arbeitsgruppen zu. Der nach der ersten Ergebnisrückmeldung gegründete Zirkel zum sozialen Lernen wurde weitergeführt. Dadurch, dass mittels der Messungen und Ergebnisrückmeldungen Entwicklungsziele formuliert wurden und später eine Evaluation der Umsetzung der Ziele erfolgte, stellte der Qualitätszirkel „Ziele und Evaluation" seine Arbeit ein. Die Mitarbeitenden ordneten sich den anderen Zirkeln zu. Der Bedarf, die Arbeit der Lehrerarbeitsgruppen in einer Steuergruppe zu koordinieren, ergab sich an Schule 3 zu diesem Zeitpunkt noch nicht. Die Entwicklungsmaßnahmen werden in Tabelle 5-15 zusammengefasst:

Tabelle 5-15: Maßnahmen innerer Entwicklung an Schule 3 nach der zweiten Messung

Schulentwicklungssitzung (Schulentwicklungssitzung/Organisationsentwicklung)

Thema	*Dauer*
Rückmeldung und Diskussion der Ergebnisse der zweiten Messung	3 Stunden

Qualitätszirkel: Elternarbeit (Elternarbeit/Personalentwicklung)

Thema	*Dauer*
Diskussion von Möglichkeiten der Elternarbeit	1,5 Stunden

Qualitätszirkel: Öffentlichkeitsarbeit (Außenbeziehungen/Personalentwicklung)

Thema	*Dauer*
Diskussion der Gestaltung einer Schülerzeitung in Kooperation mit außerschulischen Experten	0,5 Stunden

Qualitätszirkel: Schulhausgestaltung (Schulgebäude und Schulgelände/Personalentwicklung)

Thema	*Dauer*
Diskussion von Gestaltungsmöglichkeiten	1,5 Stunden

Qualitätszirkel: Soziales Lernen (Soziales Lernen/Unterrichtsentwicklung)

Thema	*Dauer*
Vorstellung von Möglichkeiten sozialen Lernens	2 Stunden
Diskussion von Möglichkeiten sozialen Lernens	1 Stunde

5.5.3.5 Ergebnisse der dritten Messung

Die dritte Messung wurde in Schule 3 am 20. Februar 2001 während einer Kollegiumssitzung durchgeführt. Die nachfolgenden Ergebnisse von Messung 1 und 3 wurden dem Kollegium am 21. Juni 2001 im Verlauf einer weiteren Konferenz vorgestellt.

In den Polaritätsprofilen, die in den Abbildungen 5-33 bis 5-36 wiedergegeben werden, sind die Aussagen, welche die vor der dritten Erhebung gewichteten inhaltlichen Schwerpunktsetzungen wiedergeben, hervorgehoben:

Abbildung 5-33: Ergebnisse von Messung 1 und 3 im Bereich Organisationsentwicklung an Schule 3

Schule 3

ORGANISATIONSENTWICKLUNG

Nr.	ideal	Mittelwert ideal 1 (Kreis)	Mittelwert ideal 3 (Quadrat)	Mittelwert real 3 (Dreieck)	Mittelwert real 1 (Raute)	real	Nr.
44	Den Lehrkräften, Schülern und Eltern einer Schule nach meinen Vorstellungen sind gemeinsame Ziele klar.	4,06	4,12	3,24	3,06	Den Lehrkräften, Schülern und Eltern meiner Schule sind gemeinsame Ziele klar.	1
45	Wertekonflikte werden im Kollegium einer guten Schule aufgegriffen.	4,47	4,59	3,76	4,00	Wertekonflikte werden in meinem Kollegium aufgegriffen.	2
46	Das Kollegium einer Schule, die ich mir wünsche, bemüht sich um ein eigenes Profil.	4,29	4,59	4,24	3,82	Das Kollegium meiner Schule bemüht sich um ein eigenes Profil.	3
47	An der idealen Schule ist es üblich, dass der Bedarf an Innovation erfasst wird.	4,41	4,53	3,47	3,65	An meiner Schule ist es üblich, dass der Bedarf an Innovation erfasst wird.	4
48	Das Kollegium einer guten Schule überprüft regelmäßig, ob die gemeinsam gesetzten Ziele erreicht werden.	4,29	4,41	3,29	2,76	Das Kollegium an meiner Schule überprüft regelmäßig, ob die gemeinsam gesetzten Ziele erreicht werden.	5
49	Die Leitung einer Schule, die ich mir wünsche, regt zu Initiativen an.	4,12	4,35	3,71	3,59	Die Leitung meiner Schule regt zu Initiativen an.	6
50	Die Leitung einer Schule nach meinen Vorstellungen legt Wert auf eine Weiterentwicklung der Schule.	4,59	4,65	4,24	3,82	Die Leitung meiner Schule legt Wert auf eine Weiterentwicklung der Schule.	7
51	Leitung und Kollegium einer idealen Schule erarbeiten die gemeinsamen Werte für das Zusammenleben in der Schule.	4,65	4,53	3,88	3,82	Leitung und Kollegium meiner Schule erarbeiten die gemeinsamen Werte für das Zusammenleben in der Schule.	8
52	Die Konferenzen werden an einer guten Schule zielgerichtet durchgeführt.	4,88	4,71	4,29	4,00	Die Konferenzen werden an meiner Schule zielgerichtet durchgeführt.	9

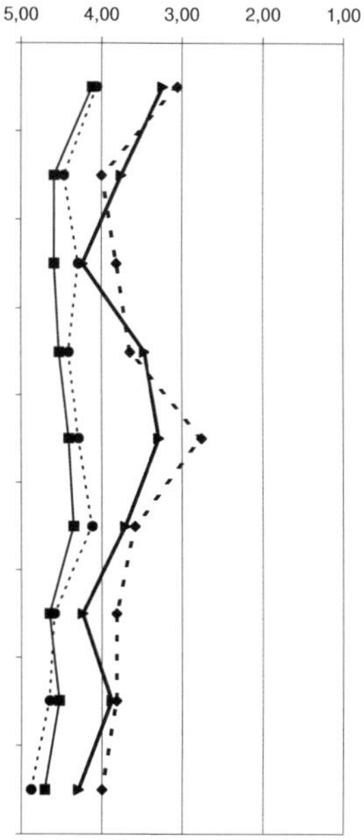

Abbildung 5-34: Ergebnisse von Messung 1 und 3 im Bereich Personalentwicklung an Schule 3

Schule 3

PERSONALENTWICKLUNG

Nr.	ideal	**Mittelwert ideal 1** Kreis	**Mittelwert ideal 3** Quadrat	**Mittelwert real 3** Dreieck	**Mittelwert real 1** Raute	real	Nr.
53	Die Anlage einer Schule nach meinen Vorstellungen verbreitet eine angenehme Atmosphäre.	4,82	4,82	3,82	3,35	Die Anlage meiner Schule verbreitet eine angenehme Atmosphäre.	10
54	Die Kommunikation ist unter den Lehrkräften einer idealen Schule offen.	4,59	4,47	4,12	4,12	Die Kommunikation ist unter den Lehrkräften meiner Schule offen.	11
55	An einer guten Schule werden Konflikte zwischen Lehrkräften geklärt.	4,71	4,59	3,71	3,88	An meiner Schule werden Konflikte zwischen Lehrkräften geklärt.	12
56	An einer Schule, die ich mir wünsche, begegnen sich Lehrkräfte und Schüler mit Offenheit.	4,76	4,35	3,41	3,24	An meiner Schule begegnen sich Lehrkräfte und Schüler mit Offenheit.	13
57	Die Lehrkräfte einer Schule nach meinen Vorstellungen gehen gerne in ihre Schule.	4,59	4,71	3,53	3,18	Die Lehrkräfte meiner Schule gehen gerne in ihre Schule.	14
58	Die Schüler einer idealen Schule gehen gerne in ihre Schule.	4,59	4,71	3,35	3,06	Die Schüler meiner Schule gehen gerne in ihre Schule.	15
59	Um die Entwicklungsarbeit bemüht sich an einer guten Schule das Kollegium gemeinsam.	4,41	4,53	3,59	3,35	Um die Entwicklungsarbeit bemüht sich an meiner Schule das Kollegium gemeinsam.	16
60	An einer idealen Schule arbeitet das Kollegium in unterrichtlichen Fragen zusammen.	4,29	4,47	3,76	3,53	An meiner Schule arbeitet das Kollegium in unterrichtlichen Fragen zusammen.	17
61	Lehrkräfte und Eltern arbeiten an einer Schule, die ich mir wünsche, zusammen.	4,18	4,18	2,71	2,71	Lehrkräfte und Eltern arbeiten an meiner Schule zusammen.	18
62	An einer idealen Schule arbeiten die Lehrkräfte mit außerschulischen Experten zusammen.	4,24	4,29	3,18	2,88	An meiner Schule arbeiten die Lehrkräfte mit außerschulischen Experten zusammen.	19
63	Das Kollegium an einer Schule nach meinen Vorstellungen ist neuen Ideen gegenüber aufgeschlossen.	4,29	4,53	3,82	3,71	Das Kollegium an meiner Schule ist neuen Ideen gegenüber aufgeschlossen.	20
64	An der Schule, die ich mir wünsche, findet interne Lehrerfortbildung statt.	4,12	4,53	4,41	4,59	An meiner Schule findet interne Lehrerfortbildung statt.	21
65	Die Lehrkräfte einer idealen Schule bemühen sich um die permanente Weiterentwicklung ihrer methodischen Kompetenz.	4,29	4,29	3,53	3,47	Die Lehrkräfte meiner Schule bemühen sich um die permanente Weiterentwicklung ihrer methodischen Kompetenz.	22
66	Die Lehrkräfte einer guten Schule bemühen sich um die permanente Weiterentwicklung ihrer erzieherischen Kompetenz.	4,41	4,41	3,53	3,47	Die Lehrkräfte meiner Schule bemühen sich um die permanente Weiterentwicklung ihrer erzieherischen Kompetenz.	23
67	Die Lehrkräfte einer idealen Schule bemühen sich um die permanente Weiterentwicklung ihrer sozialen Kompetenz.	4,29	4,41	3,47	3,65	Die Lehrkräfte meiner Schule bemühen sich um die permanente Weiterentwicklung ihrer sozialen Kompetenz.	24
68	Die Lehrkräfte einer guten Schule sind bereit, ihr Wissen im Rahmen von regionalen Fortbildungen weiterzugeben.	4,24	4,06	3,00	3,29	Die Lehrkräfte meiner Schule sind bereit, ihr Wissen im Rahmen von regionalen Fortbildungen weiterzugeben.	25

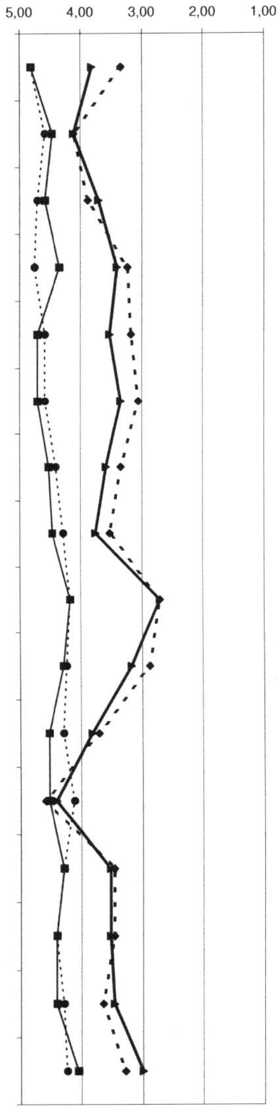

Abbildung 5-35: Ergebnisse von Messung 1 und 3 im Bereich Unterrichtsentwicklung an Schule 3

Nr.	ideal	Mittelwert ideal 1 (Kreis)	Mittelwert ideal 3 (Quadrat)	Schule 3 UNTERRICHTSENTWICKLUNG	Mittelwert real 3 (Dreieck)	Mittelwert real 1 (Raute)	real	Nr.
69	Die Lehrkräfte einer guten Schule nehmen regelmäßig eine kritische Bewertung ihrer Unterrichtsarbeit vor.	4,18	4,18		2,88	2,76	Die Lehrkräfte meiner Schule nehmen regelmäßig eine kritische Bewertung ihrer Unterrichtsarbeit vor.	26
70	An einer idealen Schule bemühen sich die Lehrkräfte, die individuellen Begabungen der Schüler zu fördern.	4,35	4,76		3,76	3,47	An meiner Schule bemühen sich die Lehrkräfte, die individuellen Begabungen der Schüler zu fördern.	27
71	Die Lehrkräfte gestalten an der Schule, die ich mir wünsche, einen methodisch abwechslungsreichen Unterricht.	4,47	4,53		3,47	3,29	Die Lehrkräfte gestalten an meiner Schule einen methodisch abwechslungsreichen Unterricht.	28
72	An einer Schule nach meinen Vorstellungen wird Leistungsmessung mit Sorgfalt durchgeführt.	4,76	4,59		3,94	3,94	An meiner Schule wird Leistungsmessung mit Sorgfalt durchgeführt.	29
73	Die Lehrkräfte einer guten Schule nehmen regelmäßig eine kritische Bewertung ihrer Erziehungsarbeit vor.	4,35	4,41		3,53	3,35	Die Lehrkräfte meiner Schule nehmen regelmäßig eine kritische Bewertung ihrer Erziehungsarbeit vor.	30
74	Soziales Lernen wird an der Schule, die ich mir wünsche, sehr wichtig genommen.	4,59	4,71		4,29	3,71	Soziales Lernen wird an meiner Schule sehr wichtig genommen.	31
75	Die Schüler werden an einer Schule nach meinen Vorstellungen zu selbständigem Lernen befähigt.	4,47	4,59		3,29	3,35	Die Schüler werden an meiner Schule zu selbständigem Lernen befähigt.	32
76	An einer guten Schule werden Konflikte zwischen Lehrkräften und Schülern geklärt.	4,71	4,59		3,76	3,76	An meiner Schule werden Konflikte zwischen Lehrkräften und Schülern geklärt.	33
77	Die Schüler an einer idealen Schule helfen sich gegenseitig.	4,71	4,76		3,24	3,00	Die Schüler an meiner Schule helfen sich gegenseitig.	34
78	An einer Schule nach meinen Vorstellungen werden außerschulische Lernorte wahrgenommen	4,47	4,47		3,41	3,24	An meiner Schule werden außerschulische Lernorte wahrgenommen	35
79	Die Schule, die ich mir wünsche, arbeitet mit außerschulischen Institutionen zusammen.	4,29	4,29		3,35	3,12	Meine Schule arbeitet mit außerschulischen Institutionen zusammen.	36
80	An einer guten Schule finden Arbeiten von Schülern auch außerhalb der Schule Anerkennung.	4,29	4,65		3,29	3,00	An meiner Schule finden Arbeiten von Schülern auch außerhalb der Schule Anerkennung.	37

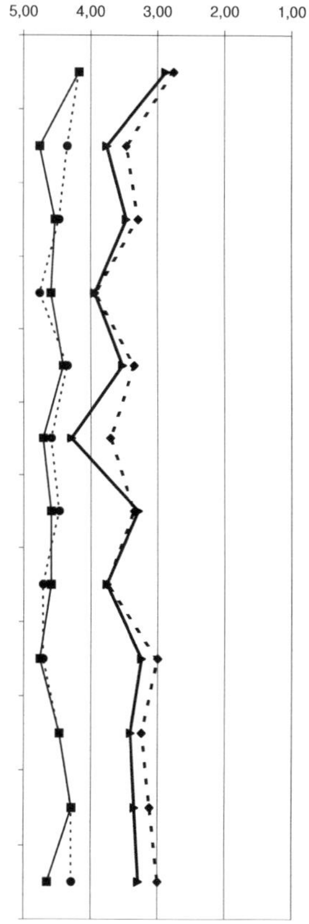

Abbildung 5-36: Ergebnisse von Messung 1 und 3 im Bereich Selbst und eigener Unterricht an Schule 3

Schule 3

SELBST UND UNTERRICHT

Nr.	ideal	Mittelwert ideal 1 (Kreis)	Mittelwert ideal 3 (Quadrat)	Mittelwert real 3 (Dreieck)	Mittelwert real 1 (Raute)	real	Nr.
81	Im Kollegium kann die ideale Lehrkraft ihre Gefühle offen zeigen.	3,59	4,00	3,71	3,47	Im Kollegium kann ich meine Gefühle offen zeigen.	38
82	Die ideale Lehrkraft kooperiert mit den Eltern ihrer Schüler.	4,18	4,29	3,47	3,24	Ich kooperiere mit den Eltern meiner Schüler.	39
83	Fortbildungsangebote nimmt die ideale Lehrkraft wahr.	4,53	4,35	4,06	3,88	Fortbildungsangebote nehme ich wahr.	40
84	Die ideale Lehrkraft gestaltet einen methodisch abwechslungsreichen Unterricht.	4,53	4,53	3,94	3,65	Ich gestalte einen methodisch abwechslungsreichen Unterricht.	41
85	Die ideale Lehrkraft bemüht sich im Rahmen des Unterrichtens um viele originale Begegnungen.	4,29	4,47	4,18	3,71	Ich bemühe mich im Rahmen des Unterrichtens um viele originale Begegnungen.	42
86	Die ideale Lehrkraft wirkt an der Gestaltung der Schulkultur mit.	4,35	4,53	3,94	3,65	Ich wirke an der Gestaltung der Schulkultur mit.	43

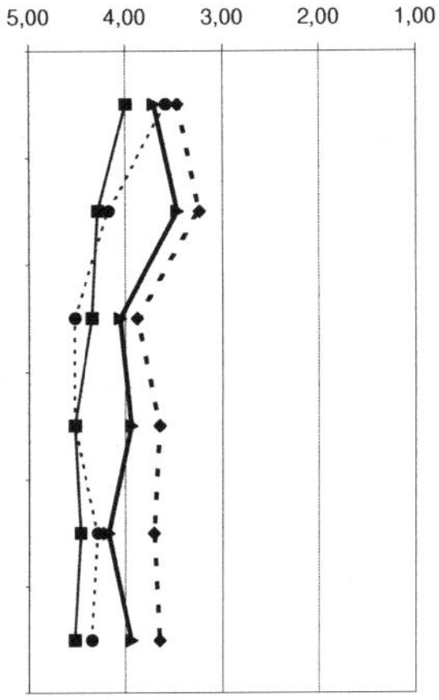

5.5.4 Messergebnisse und Maßnahmen an Schule 4

Schule 4 ist eine Volksschule mit den Jahrgangsstufen 1 bis 9 und wird von etwa 510 Schülerinnen und Schülern besucht. Sie liegt in einer Gemeinde mit cirka 5000 Einwohnern.

Am 3. März 2000 wurde dem Kollegium von Schule 4 die Konzeption wahrnehmungsorientierter Schulentwicklung im Rahmen einer Schulentwicklungssitzung vorgestellt. In Abwesenheit von Schulleitung und Forscher entschieden sich nach kollegialer Diskussion 100 % der anwesenden Lehrkräfte für die Umsetzung wahrnehmungsorientierter Schulentwicklung.[24] Nach der Abstimmung beschloss das Kollegium, die erste Messung durchzuführen.

Über die Kodierung der Fragebögen konnten die in Tabelle 5-16 dargelegten Daten zur Teilnahme der Lehrkräfte von Schule 4 an den einzelnen Messungen erhoben werden:

Tabelle 5-16: Ausgewählte Daten zur Messungsbeteiligung der Lehrkräfte von Schule 4

Schule 4	n	Prozent
Gesamtkollegium zu Untersuchungsbeginn	34	100,0
Teilnahme an Messung 1	23	67,6
Teilnahme an Messung 1 und 2	21	61,8
Teilnahme an Messung 1, 2 und 3	19	55,9

24 Dieses Ergebnis ist besonders hervorzuheben, da das Kollegium von Schule 4 bereits seit einigen Jahren innere Entwicklung betrieben hatte und sich für das Schuljahr, in dem eine wahrnehmungsorientierte Entwicklung erprobt werden sollte, eigentlich keine weiteren Maßnahmen zumuten wollte.

5.5.4.1 Ergebnisse der ersten Messung

Die Messergebnisse wurden am 12. April 2000 im Rahmen einer moderierten Schulentwicklungssitzung zurückgemeldet. Als Moderator wurde einer der beiden für Schulentwicklungsmoderation ausgebildeten Schulleiter, die an anderen Untersuchungsschulen arbeiten, durch das Kollegium von Schule 4 ausgewählt. Im Verlauf ausführlicher Diskussionsprozesse nahmen die Lehrkräfte eine Gewichtung einzelner Items zur Situation an der eigenen Schule vor. Diese Aussagen, die in den folgenden Polaritätsprofilen markiert sind, wurden als Ziele innerer Entwicklung aufgegriffen. Die Abbildungen 5-37 bis 5-40 enthalten die markierten Profile:

Abbildung 5-37: Ergebnisse von Messung 1 im Bereich Organisationsentwicklung an Schule 4

Schule 4

ORGANISATIONSENTWICKLUNG

Nr.	ideal	Mittelwert ideal 1 (Quadrat)	Mittelwert real 1 (Dreieck)	real	Nr.
44	Den Lehrkräften, Schülern und Eltern einer Schule nach meinen Vorstellungen sind gemeinsame Ziele klar.	4,35	3,57	Den Lehrkräften, Schülern und Eltern meiner Schule sind gemeinsame Ziele klar.	1
45	Wertekonflikte werden im Kollegium einer guten Schule aufgegriffen.	4,39	3,87	Wertekonflikte werden in meinem Kollegium aufgegriffen.	2
46	Das Kollegium einer Schule, die ich mir wünsche, bemüht sich um ein eigenes Profil.	4,26	4,26	Das Kollegium meiner Schule bemüht sich um ein eigenes Profil.	3
47	An der idealen Schule ist es üblich, dass der Bedarf an Innovation erfasst wird.	4,26	3,83	An meiner Schule ist es üblich, dass der Bedarf an Innovation erfasst wird.	4
48	Das Kollegium einer guten Schule überprüft regelmäßig, ob die gemeinsam gesetzten Ziele erreicht werden.	4,30	3,09	Das Kollegium an meiner Schule überprüft regelmäßig, ob die gemeinsam gesetzten Ziele erreicht werden.	5
49	Die Leitung einer Schule, die ich mir wünsche, regt zu Initiativen an.	4,48	4,61	Die Leitung meiner Schule regt zu Initiativen an.	6
50	Die Leitung einer Schule nach meinen Vorstellungen legt Wert auf eine Weiterentwicklung der Schule.	4,61	4,74	Die Leitung meiner Schule legt Wert auf eine Weiterentwicklung der Schule.	7
51	Leitung und Kollegium einer idealen Schule erarbeiten die gemeinsamen Werte für das Zusammenleben in der Schule.	4,70	3,87	Leitung und Kollegium meiner Schule erarbeiten die gemeinsamen Werte für das Zusammenleben in der Schule.	8
52	Die Konferenzen werden an einer guten Schule zielgerichtet durchgeführt.	4,83	4,22	Die Konferenzen werden an meiner Schule zielgerichtet durchgeführt.	9

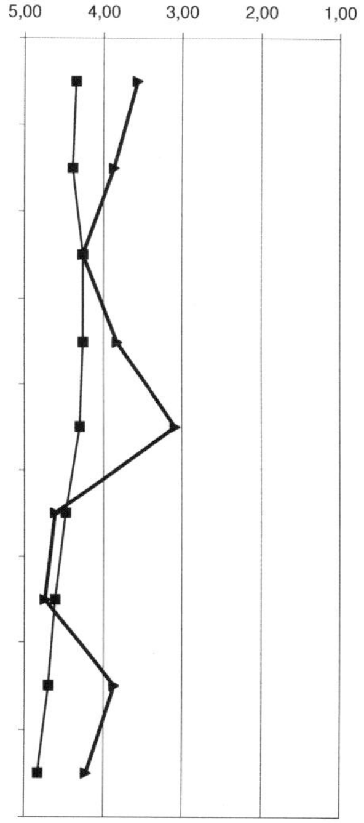

Abbildung 5-38: Ergebnisse von Messung 1 im Bereich Personalentwicklung an Schule 4

Schule 4

PERSONALENTWICKLUNG

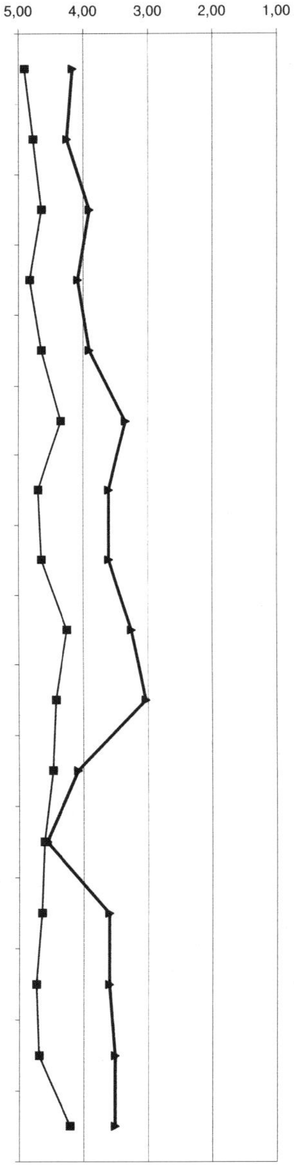

Nr.	ideal	Mittelwert ideal 1 (Quadrat)	Mittelwert real 1 (Dreieck)	real	Nr.
53	Die Anlage einer Schule nach meinen Vorstellungen verbreitet eine angenehme Atmosphäre.	4,91	4,17	Die Anlage meiner Schule verbreitet eine angenehme Atmosphäre.	10
54	Die Kommunikation ist unter den Lehrkräften einer idealen Schule offen.	4,78	4,26	Die Kommunikation ist unter den Lehrkräften meiner Schule offen.	11
55	An einer guten Schule werden Konflikte zwischen Lehrkräften geklärt.	4,65	3,91	An meiner Schule werden Konflikte zwischen Lehrkräften geklärt.	12
56	An einer Schule, die ich mir wünsche, begegnen sich Lehrkräfte und Schüler mit Offenheit.	4,83	4,09	An meiner Schule begegnen sich Lehrkräfte und Schüler mit Offenheit.	13
57	Die Lehrkräfte einer Schule nach meinen Vorstellungen gehen gerne in ihre Schule.	4,65	3,91	Die Lehrkräfte meiner Schule gehen gerne in ihre Schule.	14
58	Die Schüler einer idealen Schule gehen gerne in ihre Schule.	4,35	3,35	Die Schüler meiner Schule gehen gerne in ihre Schule.	15
59	Um die Entwicklungsarbeit bemüht sich an einer guten Schule das Kollegium gemeinsam.	4,70	3,61	Um die Entwicklungsarbeit bemüht sich an meiner Schule das Kollegium gemeinsam.	16
60	An einer idealen Schule arbeitet das Kollegium in unterrichtlichen Fragen zusammen.	4,65	3,61	An meiner Schule arbeitet das Kollegium in unterrichtlichen Fragen zusammen.	17
61	Lehrkräfte und Eltern arbeiten an einer Schule, die ich mir wünsche, zusammen.	4,26	3,26	Lehrkräfte und Eltern arbeiten an meiner Schule zusammen.	18
62	An einer idealen Schule arbeiten die Lehrkräfte mit außerschulischen Experten zusammen.	4,43	3,04	An meiner Schule arbeiten die Lehrkräfte mit außerschulischen Experten zusammen.	19
63	Das Kollegium an einer Schule nach meinen Vorstellungen ist neuen Ideen gegenüber aufgeschlossen.	4,48	4,09	Das Kollegium an meiner Schule ist neuen Ideen gegenüber aufgeschlossen.	20
64	An der Schule, die ich mir wünsche, findet interne Lehrerfortbildung statt.	4,61	4,57	An meiner Schule findet interne Lehrerfortbildung statt.	21
65	Die Lehrkräfte einer idealen Schule bemühen sich um die permanente Weiterentwicklung ihrer methodischen Kompetenz.	4,65	3,61	Die Lehrkräfte meiner Schule bemühen sich um die permanente Weiterentwicklung ihrer methodischen Kompetenz.	22
66	Die Lehrkräfte einer guten Schule bemühen sich um die permanente Weiterentwicklung ihrer erzieherischen Kompetenz.	4,74	3,61	Die Lehrkräfte meiner Schule bemühen sich um die permanente Weiterentwicklung ihrer erzieherischen Kompetenz.	23
67	Die Lehrkräfte einer idealen Schule bemühen sich um die permanente Weiterentwicklung ihrer sozialen Kompetenz.	4,70	3,52	Die Lehrkräfte meiner Schule bemühen sich um die permanente Weiterentwicklung ihrer sozialen Kompetenz.	24
68	Die Lehrkräfte einer guten Schule sind bereit, ihr Wissen im Rahmen von regionalen Fortbildungen weiterzugeben.	4,22	3,52	Die Lehrkräfte meiner Schule sind bereit, ihr Wissen im Rahmen von regionalen Fortbildungen weiterzugeben.	25

Abbildung 5-39: Ergebnisse von Messung 1 im Bereich Unterrichtsentwicklung an Schule 4

Schule 4

UNTERRICHTSENTWICKLUNG

Nr.	ideal	Mittelwert ideal 1 (Quadrat)	Mittelwert real 1 (Dreieck)	real	Nr.
69	Die Lehrkräfte einer guten Schule nehmen regelmäßig eine kritische Bewertung ihrer Unterrichtsarbeit vor.	4,61	3,26	Die Lehrkräfte meiner Schule nehmen regelmäßig eine kritische Bewertung ihrer Unterrichtsarbeit vor.	26
70	An einer idealen Schule bemühen sich die Lehrkräfte, die individuellen Begabungen der Schüler zu fördern.	4,78	3,83	An meiner Schule bemühen sich die Lehrkräfte, die individuellen Begabungen der Schüler zu fördern.	27
71	Die Lehrkräfte gestalten an der Schule, die ich mir wünsche, einen methodisch abwechslungsreichen Unterricht.	4,78	3,61	Die Lehrkräfte gestalten an meiner Schule einen methodisch abwechslungsreichen Unterricht.	28
72	An einer Schule nach meinen Vorstellungen wird Leistungsmessung mit Sorgfalt durchgeführt.	4,87	4,13	An meiner Schule wird Leistungsmessung mit Sorgfalt durchgeführt.	29
73	Die Lehrkräfte einer guten Schule nehmen regelmäßig eine kritische Bewertung ihrer Erziehungsarbeit vor.	4,70	3,57	Die Lehrkräfte meiner Schule nehmen regelmäßig eine kritische Bewertung ihrer Erziehungsarbeit vor.	30
74	Soziales Lernen wird an der Schule, die ich mir wünsche, sehr wichtig genommen.	4,70	3,70	Soziales Lernen wird an meiner Schule sehr wichtig genommen.	31
75	Die Schüler werden an einer Schule nach meinen Vorstellungen zu selbständigem Lernen befähigt.	4,78	3,39	Die Schüler werden an meiner Schule zu selbständigem Lernen befähigt.	32
76	An einer guten Schule werden Konflikte zwischen Lehrkräften und Schülern geklärt.	4,70	3,65	An meiner Schule werden Konflikte zwischen Lehrkräften und Schülern geklärt.	33
77	Die Schüler an einer idealen Schule helfen sich gegenseitig.	4,78	3,26	Die Schüler an meiner Schule helfen sich gegenseitig.	34
78	An einer Schule nach meinen Vorstellungen werden außerschulische Lernorte wahrgenommen	4,43	3,61	An meiner Schule werden außerschulische Lernorte wahrgenommen	35
79	Die Schule, die ich mir wünsche, arbeitet mit außerschulischen Institutionen zusammen.	4,17	3,35	Meine Schule arbeitet mit außerschulischen Institutionen zusammen.	36
80	An einer guten Schule finden Arbeiten von Schülern auch außerhalb der Schule Anerkennung.	4,39	3,35	An meiner Schule finden Arbeiten von Schülern auch außerhalb der Schule Anerkennung.	37

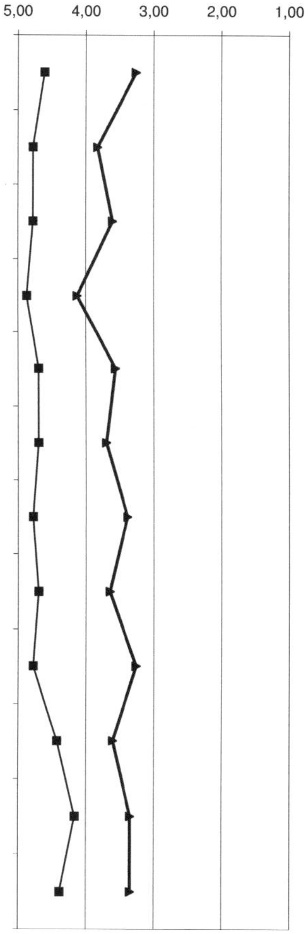

Abbildung 5-40: Ergebnisse von Messung 1 im Bereich Selbst und eigener Unterricht an Schule 4

Schule 4

SELBST UND UNTERRICHT

Nr.	ideal	**Mittelwert ideal 1** (Quadrat)	**Mittelwert real 1** (Dreieck)	real	Nr.
81	Im Kollegium kann die ideale Lehrkraft ihre Gefühle offen zeigen.	4,26	3,96	Im Kollegium kann ich meine Gefühle offen zeigen.	38
82	Die ideale Lehrkraft kooperiert mit den Eltern ihrer Schüler.	4,39	4,00	Ich kooperiere mit den Eltern meiner Schüler.	39
83	Fortbildungsangebote nimmt die ideale Lehrkraft wahr.	4,65	4,09	Fortbildungsangebote nehme ich wahr.	40
84	Die ideale Lehrkraft gestaltet einen methodisch abwechslungsreichen Unterricht.	4,91	4,04	Ich gestalte einen methodisch abwechslungsreichen Unterricht.	41
85	Die ideale Lehrkraft bemüht sich im Rahmen des Unterrichtens um viele originale Begegnungen.	4,83	4,17	Ich bemühe mich im Rahmen des Unterrichtens um viele originale Begegnungen.	42
86	Die ideale Lehrkraft wirkt an der Gestaltung der Schulkultur mit.	4,78	4,30	Ich wirke an der Gestaltung der Schulkultur mit.	43

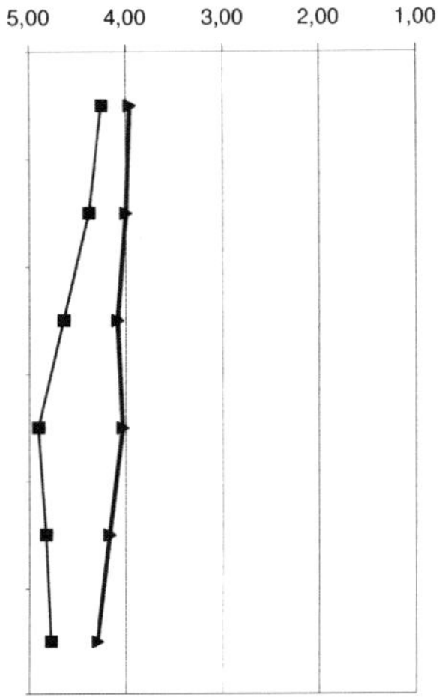

5.5.4.2 Maßnahmen innerer Schulentwicklung nach der ersten Messung

Die Aussagen, die im Verlauf der moderierten Diskussion der ersten Erhebungsergebnisse ausgewählt wurden, führten an Schule 4 zur Gründung zweier Qualitätszirkel zu Elternarbeit und grundschulspezifischen Aufgaben. In diese Zirkel, in denen Themen aus den Bereichen Personal- und Unterrichtsentwicklung aufgegriffen wurden, begaben sich jeweils sechs Lehrkräfte. Die Entwicklungsmaßnahmen werden in Tabelle 5-17 zusammengefasst:

Tabelle 5-17: Maßnahmen innerer Entwicklung an Schule 4 nach der ersten Messung

Schulentwicklungssitzung (Schulentwicklungssitzung/Organisationsentwicklung)

Thema	*Dauer*
Rückmeldung und Diskussion der Ergebnisse der ersten Messung	2 Stunden

Qualitätszirkel: Elternarbeit (Elternarbeit/Personalentwicklung)

Thema	*Dauer*
Durchführung einer Ist- und Sollanalyse	4 Stunden
Gemeinsame Sitzung von Lehrkräften und Eltern	4 Stunden
Lehrkräfte und Eltern planen die Umgestaltung des Pausenhofes	6 Stunden
Lehrkräfte und Eltern planen die Umgestaltung des Pausenhofes	6 Stunden

Qualitätszirkel: Grundschule (Unterrichtsentwicklung/Unterrichtsentwicklung)

Thema	*Dauer*
Teilnahme an einem Modellversuch des Kultusministeriums	6 Stunden
Diskussion und Planung offenen Unterrichts	4 Stunden

5.5.4.3 Ergebnisse der zweiten Messung

Die zweite Messung wurde im Rahmen einer Kollegiumssitzung am 25. Juli 2000 durchgeführt. Die nachfolgenden Ergebnisse von Messung 1 und 2 wurden dem Kollegium von Schule 4 am 4. Dezember 2000 während einer weiteren Sitzung zur inneren Schulentwicklung vorgestellt. Sie wurde erneut durch die Leitung einer anderen Untersuchungsschule moderiert.

Im Sitzungsverlauf nahmen die Lehrkräfte von Schule 4 eine erneute Gewichtung einzelner Aussagen des Fragebogens zur Situation an der eigenen Schule vor. Die

Gewichtungen der ersten Rückmeldung wurden bestätigt und durch zwei weitere Aussagen ergänzt. Die Lehrkräfte griffen die Items als weitere Ziele innerer Schulentwicklung auf. An Schule 4 wurden auf diese Weise Themen aus den Bereichen Personal- und Unterrichtsentwicklung behandelt. Neben der Organisationsentwicklung blieb an dieser Schule auch der Bereich Selbst und eigener Unterricht unberücksichtigt.

Neben den bereits nach der ersten Messung ausgewählten Schwerpunkten sind auch die neu gewichteten Aussagen in den folgenden Profilen markiert. In den Abbildungen 5-41 bis 5-44 werden diese Profile vorgestellt:

Abbildung 5-41: Ergebnisse von Messung 1 und 2 im Bereich Organisationsentwicklung an Schule 4

Schule 4

ORGANISATIONSENTWICKLUNG

Nr.	ideal	Mittelwert ideal 1 (Kreis)	Mittelwert ideal 2 (Quadrat)	Mittelwert real 2 (Dreieck)	Mittelwert real 1 (Raute)	real	Nr.
44	Den Lehrkräften, Schülern und Eltern einer Schule nach meinen Vorstellungen sind gemeinsame Ziele klar.	4,33	4,38	3,48	3,48	Den Lehrkräften, Schülern und Eltern meiner Schule sind gemeinsame Ziele klar.	1
45	Wertekonflikte werden im Kollegium einer guten Schule aufgegriffen.	4,33	4,57	3,52	3,76	Wertekonflikte werden in meinem Kollegium aufgegriffen.	2
46	Das Kollegium einer Schule, die ich mir wünsche, bemüht sich um ein eigenes Profil.	4,24	4,57	4,19	4,24	Das Kollegium meiner Schule bemüht sich um ein eigenes Profil.	3
47	An der idealen Schule ist es üblich, dass der Bedarf an Innovation erfasst wird.	4,19	4,38	3,90	3,81	An meiner Schule ist es üblich, dass der Bedarf an Innovation erfasst wird.	4
48	Das Kollegium einer guten Schule überprüft regelmäßig, ob die gemeinsam gesetzten Ziele erreicht werden.	4,24	4,48	3,00	3,05	Das Kollegium an meiner Schule überprüft regelmäßig, ob die gemeinsam gesetzten Ziele erreicht werden.	5
49	Die Leitung einer Schule, die ich mir wünsche, regt zu Initiativen an.	4,43	4,57	4,81	4,57	Die Leitung meiner Schule regt zu Initiativen an.	6
50	Die Leitung einer Schule nach meinen Vorstellungen legt Wert auf eine Weiterentwicklung der Schule.	4,57	4,57	4,57	4,71	Die Leitung meiner Schule legt Wert auf eine Weiterentwicklung der Schule.	7
51	Leitung und Kollegium einer idealen Schule erarbeiten die gemeinsamen Werte für das Zusammenleben in der Schule.	4,67	4,67	3,90	3,81	Leitung und Kollegium meiner Schule erarbeiten die gemeinsamen Werte für das Zusammenleben in der Schule.	8
52	Die Konferenzen werden an einer guten Schule zielgerichtet durchgeführt.	4,81	4,81	3,95	4,24	Die Konferenzen werden an meiner Schule zielgerichtet durchgeführt.	9

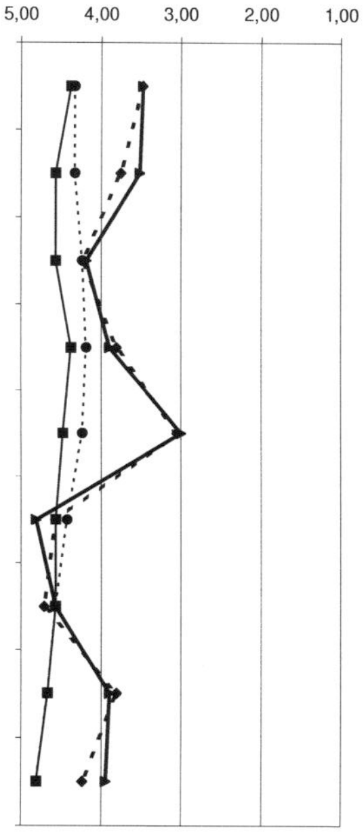

Abbildung 5-42: Ergebnisse von Messung 1 und 2 im Bereich Personalentwicklung an Schule 4

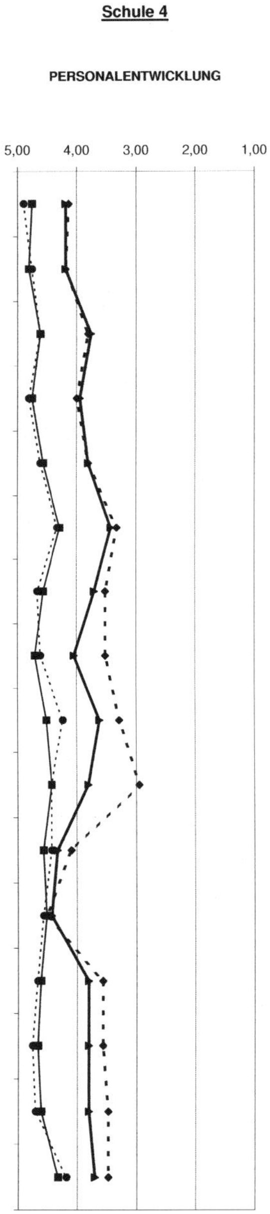

Nr.	ideal	Mittelwert ideal 1 (Kreis)	Mittelwert ideal 2 (Quadrat)	Mittelwert real 2 (Dreieck)	Mittelwert real 1 (Raute)	real	Nr.
53	Die Anlage einer Schule nach meinen Vorstellungen verbreitet eine angenehme Atmosphäre.	4,90	4,76	4,19	4,14	Die Anlage meiner Schule verbreitet eine angenehme Atmosphäre.	10
54	Die Kommunikation ist unter den Lehrkräften einer idealen Schule offen.	4,76	4,81	4,19	4,19	Die Kommunikation ist unter den Lehrkräften meiner Schule offen.	11
55	An einer guten Schule werden Konflikte zwischen Lehrkräften geklärt.	4,62	4,62	3,76	3,81	An meiner Schule werden Konflikte zwischen Lehrkräften geklärt.	12
56	An einer Schule, die ich mir wünsche, begegnen sich Lehrkräfte und Schüler mit Offenheit.	4,81	4,76	3,95	4,00	An meiner Schule begegnen sich Lehrkräfte und Schüler mit Offenheit.	13
57	Die Lehrkräfte einer Schule nach meinen Vorstellungen gehen gerne in ihre Schule.	4,62	4,57	3,81	3,81	Die Lehrkräfte meiner Schule gehen gerne in ihre Schule.	14
58	Die Schüler einer idealen Schule gehen gerne in ihre Schule.	4,33	4,29	3,43	3,33	Die Schüler meiner Schule gehen gerne in ihre Schule.	15
59	Um die Entwicklungsarbeit bemüht sich an einer guten Schule das Kollegium gemeinsam.	4,67	4,57	3,71	3,52	Um die Entwicklungsarbeit bemüht sich an meiner Schule das Kollegium gemeinsam.	16
60	An einer idealen Schule arbeitet das Kollegium in unterrichtlichen Fragen zusammen.	4,62	4,71	4,05	3,52	An meiner Schule arbeitet das Kollegium in unterrichtlichen Fragen zusammen.	17
61	Lehrkräfte und Eltern arbeiten an einer Schule, die ich mir wünsche, zusammen.	4,24	4,52	3,62	3,29	Lehrkräfte und Eltern arbeiten an meiner Schule zusammen.	18
62	An einer idealen Schule arbeiten die Lehrkräfte mit außerschulischen Experten zusammen.	4,43	4,43	3,81	2,95	An meiner Schule arbeiten die Lehrkräfte mit außerschulischen Experten zusammen.	19
63	Das Kollegium an einer Schule nach meinen Vorstellungen ist neuen Ideen gegenüber aufgeschlossen.	4,43	4,57	4,33	4,10	Das Kollegium an meiner Schule ist neuen Ideen gegenüber aufgeschlossen.	20
64	An der Schule, die ich mir wünsche, findet interne Lehrerfortbildung statt.	4,57	4,52	4,43	4,52	An meiner Schule findet interne Lehrerfortbildung statt.	21
65	Die Lehrkräfte einer idealen Schule bemühen sich um die permanente Weiterentwicklung ihrer methodischen Kompetenz.	4,67	4,62	3,81	3,57	Die Lehrkräfte meiner Schule bemühen sich um die permanente Weiterentwicklung ihrer methodischen Kompetenz.	22
66	Die Lehrkräfte einer guten Schule bemühen sich um die permanente Weiterentwicklung ihrer erzieherischen Kompetenz.	4,76	4,67	3,81	3,57	Die Lehrkräfte meiner Schule bemühen sich um die permanente Weiterentwicklung ihrer erzieherischen Kompetenz.	23
67	Die Lehrkräfte einer idealen Schule bemühen sich um die permanente Weiterentwicklung ihrer sozialen Kompetenz.	4,71	4,62	3,81	3,48	Die Lehrkräfte meiner Schule bemühen sich um die permanente Weiterentwicklung ihrer sozialen Kompetenz.	24
68	Die Lehrkräfte einer guten Schule sind bereit, ihr Wissen im Rahmen von regionalen Fortbildungen weiterzugeben.	4,19	4,33	3,71	3,48	Die Lehrkräfte meiner Schule sind bereit, ihr Wissen im Rahmen von regionalen Fortbildungen weiterzugeben.	25

Abbildung 5-43: Ergebnisse von Messung 1 und 2 im Bereich Unterrichtsentwicklung an Schule 4

Schule 4

UNTERRICHTSENTWICKLUNG

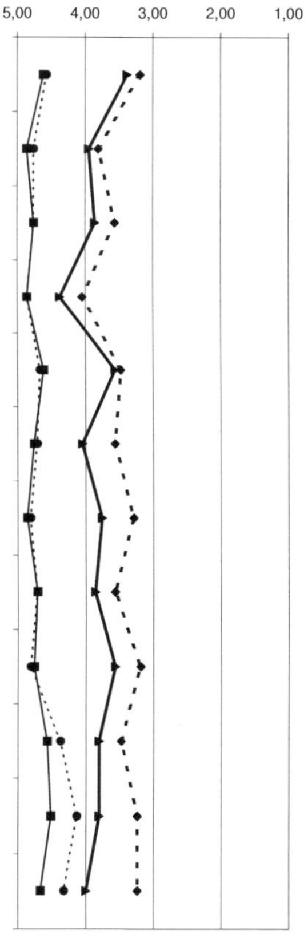

Nr.	ideal	Mittelwert ideal 1 (Kreis)	Mittelwert ideal 2 (Quadrat)	Mittelwert real 2 (Dreieck)	Mittelwert real 1 (Raute)	real	Nr.
69	Die Lehrkräfte einer guten Schule nehmen regelmäßig eine kritische Bewertung ihrer Unterrichtsarbeit vor.	4,57	4,62	3,38	3,19	Die Lehrkräfte meiner Schule nehmen regelmäßig eine kritische Bewertung ihrer Unterrichtsarbeit vor.	26
70	An einer idealen Schule bemühen sich die Lehrkräfte, die individuellen Begabungen der Schüler zu fördern.	4,76	4,86	3,95	3,81	An meiner Schule bemühen sich die Lehrkräfte, die individuellen Begabungen der Schüler zu fördern.	27
71	Die Lehrkräfte gestalten an der Schule, die ich mir wünsche, einen methodisch abwechslungsreichen Unterricht.	4,76	4,76	3,86	3,57	Die Lehrkräfte gestalten an meiner Schule einen methodisch abwechslungsreichen Unterricht.	28
72	An einer Schule nach meinen Vorstellungen wird Leistungsmessung mit Sorgfalt durchgeführt.	4,86	4,86	4,38	4,05	An meiner Schule wird Leistungsmessung mit Sorgfalt durchgeführt.	29
73	Die Lehrkräfte einer guten Schule nehmen regelmäßig eine kritische Bewertung ihrer Erziehungsarbeit vor.	4,67	4,62	3,57	3,48	Die Lehrkräfte meiner Schule nehmen regelmäßig eine kritische Bewertung ihrer Erziehungsarbeit vor.	30
74	Soziales Lernen wird an der Schule, die ich mir wünsche, sehr wichtig genommen.	4,71	4,76	4,05	3,57	Soziales Lernen wird an meiner Schule sehr wichtig genommen.	31
75	Die Schüler werden an einer Schule nach meinen Vorstellungen zu selbständigem Lernen befähigt.	4,81	4,86	3,76	3,29	Die Schüler werden an meiner Schule zu selbständigem Lernen befähigt.	32
76	An einer guten Schule werden Konflikte zwischen Lehrkräften und Schülern geklärt.	4,71	4,71	3,86	3,57	An meiner Schule werden Konflikte zwischen Lehrkräften und Schülern geklärt.	33
77	Die Schüler an einer idealen Schule helfen sich gegenseitig.	4,81	4,76	3,57	3,19	Die Schüler an meiner Schule helfen sich gegenseitig.	34
78	An einer Schule nach meinen Vorstellungen werden außerschulische Lernorte wahrgenommen	4,38	4,57	3,81	3,48	An meiner Schule werden außerschulische Lernorte wahrgenommen	35
79	Die Schule, die ich mir wünsche, arbeitet mit außerschulischen Institutionen zusammen.	4,14	4,52	3,81	3,24	Meine Schule arbeitet mit außerschulischen Institutionen zusammen.	36
80	An einer guten Schule finden Arbeiten von Schülern auch außerhalb der Schule Anerkennung.	4,33	4,67	4,00	3,24	An meiner Schule finden Arbeiten von Schülern auch außerhalb der Schule Anerkennung.	37

Abbildung 5-44: Ergebnisse von Messung 1 und 2 im Bereich Selbst und eigener Unterricht an Schule 4

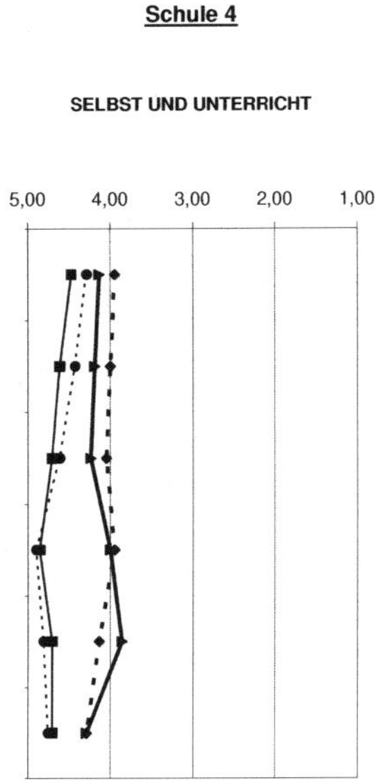

Nr.	ideal	Mittelwert ideal 1 (Kreis)	Mittelwert ideal 2 (Quadrat)	Mittelwert real 2 (Dreieck)	Mittelwert real 1 (Raute)	real	Nr.
81	Im Kollegium kann die ideale Lehrkraft ihre Gefühle offen zeigen.	4,29	4,48	4,14	3,95	Im Kollegium kann ich meine Gefühle offen zeigen.	38
82	Die ideale Lehrkraft kooperiert mit den Eltern ihrer Schüler.	4,43	4,62	4,19	4,00	Ich kooperiere mit den Eltern meiner Schüler.	39
83	Fortbildungsangebote nimmt die ideale Lehrkraft wahr.	4,62	4,71	4,24	4,05	Fortbildungsangebote nehme ich wahr.	40
84	Die ideale Lehrkraft gestaltet einen methodisch abwechslungsreichen Unterricht.	4,90	4,86	4,00	3,95	Ich gestalte einen methodisch abwechslungsreichen Unterricht.	41
85	Die ideale Lehrkraft bemüht sich im Rahmen des Unterrichtens um viele originale Begegnungen.	4,81	4,71	3,86	4,14	Ich bemühe mich im Rahmen des Unterrichtens um viele originale Begegnungen.	42
86	Die ideale Lehrkraft wirkt an der Gestaltung der Schulkultur mit.	4,76	4,71	4,29	4,29	Ich wirke an der Gestaltung der Schulkultur mit.	43

5.5.4.4 *Maßnahmen innerer Schulentwicklung nach der zweiten Messung*

Auf Basis der neu ausgewählten Merkmale des Fragebogens führte das Gesamtkollegium eine Schulentwicklungssitzung zum Thema Leistungsmessung durch. Zusätzlich wurde ein neuer Qualitätszirkel zur Erarbeitung neuer Unterrichtsmethoden gegründet. In den Zirkel begaben sich fünf Lehrkräfte. In den folgenden Tabellen erscheint die Lehrerarbeitsgruppe zur Elternarbeit nicht, da dieses Gremium erst nach der dritten Messung wieder aktiv wurde. Nach der letzten Erhebung wurde an Schule 4 auch eine Steuergruppe eingerichtet, da sich nach diesem Zeitpunkt der Bedarf, die Arbeit der Lehrerarbeitsgruppen in einer Steuergruppe zu koordinieren, ergab. Die Maßnahmen innerer Entwicklung nach der zweiten Messung werden in Tabelle 5-18 zusammengefasst:

Tabelle 5-18: Maßnahmen innerer Entwicklung an Schule 4 nach der zweiten Messung

Schulentwicklungssitzungen (Schulentwicklungssitzung/Organisations- und Unterrichtsentwicklung)

Thema	*Dauer*
Rückmeldung und Diskussion der Ergebnisse der zweiten Messung	2 Stunden
Diskussion neuer Wege der Leistungsmessung	2 Stunden

Qualitätszirkel: Unterrichtsentwicklung (Unterrichtsentwicklung/Unterrichtsentwicklung)

Thema	*Dauer*
Erarbeitung neuer Unterrichtsmethoden	4 Stunden
Erarbeitung neuer Unterrichtsmethoden	4 Stunden
Erarbeitung neuer Unterrichtsmethoden	4 Stunden
Erarbeitung neuer Unterrichtsmethoden	4 Stunden

Qualitätszirkel: Grundschule (Unterrichtsentwicklung/Unterrichtsentwicklung)

Thema	*Dauer*
Diskussion und Planung offenen Unterrichts	6 Stunden
Diskussion und Planung offenen Unterrichts	4 Stunden

5.5.4.5 *Ergebnisse der dritten Messung*

Die letzte Messung wurde in Schule 4 am 15. Februar 2001 im Rahmen einer Kollegiumssitzung durchgeführt. Die Ergebnisse von Messung 1 und 3 wurden am 20. Juni 2001 während einer Konferenz vorgestellt.

Die Aussagen, welche die vor der dritten Erhebung gewichteten inhaltlichen Schwerpunktsetzungen wiedergeben, sind in den Polaritätsprofilen markiert. Die Profile werden in den Abbildungen 5-45 bis 5-48 wiedergegeben:

Abbildung 5-45: Ergebnisse von Messung 1 und 3 im Bereich Organisationsentwicklung an Schule 4

Nr.	ideal	Mittelwert ideal 1 Kreis	Mittelwert ideal 3 Quadrat	Schule 4 ORGANISATIONSENTWICKLUNG	Mittelwert real 3 Dreieck	Mittelwert real 1 Raute	real	Nr.
44	Den Lehrkräften, Schülern und Eltern einer Schule nach meinen Vorstellungen sind gemeinsame Ziele klar.	4,37	4,37		3,58	3,53	Den Lehrkräften, Schülern und Eltern meiner Schule sind gemeinsame Ziele klar.	1
45	Wertekonflikte werden im Kollegium einer guten Schule aufgegriffen.	4,32	4,47		3,68	3,79	Wertekonflikte werden in meinem Kollegium aufgegriffen.	2
46	Das Kollegium einer Schule, die ich mir wünsche, bemüht sich um ein eigenes Profil.	4,21	4,26		4,16	4,21	Das Kollegium meiner Schule bemüht sich um ein eigenes Profil.	3
47	An der idealen Schule ist es üblich, dass der Bedarf an Innovation erfasst wird.	4,16	4,42		3,79	3,89	An meiner Schule ist es üblich, dass der Bedarf an Innovation erfasst wird.	4
48	Das Kollegium einer guten Schule überprüft regelmäßig, ob die gemeinsam gesetzten Ziele erreicht werden.	4,21	4,37		3,32	3,16	Das Kollegium an meiner Schule überprüft regelmäßig, ob die gemeinsam gesetzten Ziele erreicht werden.	5
49	Die Leitung einer Schule, die ich mir wünsche, regt zu Initiativen an.	4,42	4,58		4,37	4,58	Die Leitung meiner Schule regt zu Initiativen an.	6
50	Die Leitung einer Schule nach meinen Vorstellungen legt Wert auf eine Weiterentwicklung der Schule.	4,58	4,58		4,47	4,74	Die Leitung meiner Schule legt Wert auf eine Weiterentwicklung der Schule.	7
51	Leitung und Kollegium einer idealen Schule erarbeiten die gemeinsamen Werte für das Zusammenleben in der Schule.	4,63	4,74		3,89	3,95	Leitung und Kollegium meiner Schule erarbeiten die gemeinsamen Werte für das Zusammenleben in der Schule.	8
52	Die Konferenzen werden an einer guten Schule zielgerichtet durchgeführt.	4,79	4,63		4,21	4,26	Die Konferenzen werden an meiner Schule zielgerichtet durchgeführt.	9

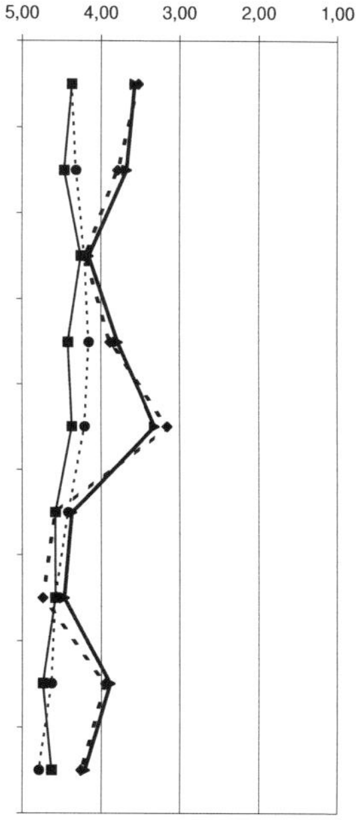

Abbildung 5-46: Ergebnisse von Messung 1 und 3 im Bereich Personalentwicklung an Schule 4

Schule 4

PERSONALENTWICKLUNG

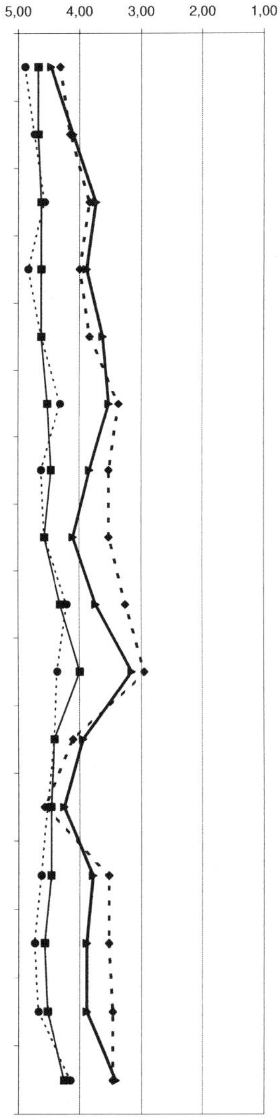

Nr.	ideal	Mittelwert ideal 1 (Kreis)	Mittelwert ideal 3 (Quadrat)	Mittelwert real 3 (Dreieck)	Mittelwert real 1 (Raute)	real	Nr.
53	Die Anlage einer Schule nach meinen Vorstellungen verbreitet eine angenehme Atmosphäre.	4,89	4,68	4,47	4,32	Die Anlage meiner Schule verbreitet eine angenehme Atmosphäre.	10
54	Die Kommunikation ist unter den Lehrkräften einer idealen Schule offen.	4,74	4,68	4,11	4,16	Die Kommunikation ist unter den Lehrkräften meiner Schule offen.	11
55	An einer guten Schule werden Konflikte zwischen Lehrkräften geklärt.	4,58	4,63	3,74	3,84	An meiner Schule werden Konflikte zwischen Lehrkräften geklärt.	12
56	An einer Schule, die ich mir wünsche, begegnen sich Lehrkräfte und Schüler mit Offenheit.	4,84	4,63	3,89	4,00	An meiner Schule begegnen sich Lehrkräfte und Schüler mit Offenheit.	13
57	Die Lehrkräfte einer Schule nach meinen Vorstellungen gehen gerne in ihre Schule.	4,63	4,63	3,63	3,84	Die Lehrkräfte meiner Schule gehen gerne in ihre Schule.	14
58	Die Schüler einer idealen Schule gehen gerne in ihre Schule.	4,32	4,53	3,53	3,37	Die Schüler meiner Schule gehen gerne in ihre Schule.	15
59	Um die Entwicklungsarbeit bemüht sich an einer guten Schule das Kollegium gemeinsam.	4,63	4,47	3,84	3,53	Um die Entwicklungsarbeit bemüht sich an meiner Schule das Kollegium gemeinsam.	16
60	An einer idealen Schule arbeitet das Kollegium in unterrichtlichen Fragen zusammen.	4,58	4,58	4,11	3,53	An meiner Schule arbeitet das Kollegium in unterrichtlichen Fragen zusammen.	17
61	Lehrkräfte und Eltern arbeiten an einer Schule, die ich mir wünsche, zusammen.	4,21	4,32	3,74	3,26	Lehrkräfte und Eltern arbeiten an meiner Schule zusammen.	18
62	An einer idealen Schule arbeiten die Lehrkräfte mit außerschulischen Experten zusammen.	4,37	4,00	3,16	2,95	An meiner Schule arbeiten die Lehrkräfte mit außerschulischen Experten zusammen.	19
63	Das Kollegium an einer Schule nach meinen Vorstellungen ist neuen Ideen gegenüber aufgeschlossen.	4,42	4,42	3,95	4,11	Das Kollegium an meiner Schule ist neuen Ideen gegenüber aufgeschlossen.	20
64	An der Schule, die ich mir wünsche, findet interne Lehrerfortbildung statt.	4,53	4,47	4,26	4,58	An meiner Schule findet interne Lehrerfortbildung statt.	21
65	Die Lehrkräfte einer idealen Schule bemühen sich um die permanente Weiterentwicklung ihrer methodischen Kompetenz.	4,63	4,47	3,79	3,53	Die Lehrkräfte meiner Schule bemühen sich um die permanente Weiterentwicklung ihrer methodischen Kompetenz.	22
66	Die Lehrkräfte einer guten Schule bemühen sich um die permanente Weiterentwicklung ihrer erzieherischen Kompetenz.	4,74	4,58	3,89	3,53	Die Lehrkräfte meiner Schule bemühen sich um die permanente Weiterentwicklung ihrer erzieherischen Kompetenz.	23
67	Die Lehrkräfte einer idealen Schule bemühen sich um die permanente Weiterentwicklung ihrer sozialen Kompetenz.	4,68	4,53	3,89	3,47	Die Lehrkräfte meiner Schule bemühen sich um die permanente Weiterentwicklung ihrer sozialen Kompetenz.	24
68	Die Lehrkräfte einer guten Schule sind bereit, ihr Wissen im Rahmen von regionalen Fortbildungen weiterzugeben.	4,16	4,26	3,42	3,47	Die Lehrkräfte meiner Schule sind bereit, ihr Wissen im Rahmen von regionalen Fortbildungen weiterzugeben.	25

Abbildung 5-47: Ergebnisse von Messung 1 und 3 im Bereich Unterrichtsentwicklung an Schule 4

Schule 4

UNTERRICHTSENTWICKLUNG

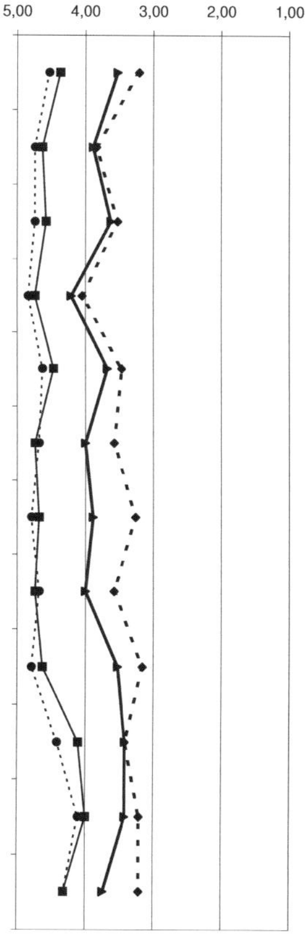

Nr.	ideal	Mittelwert ideal 1 (Kreis)	Mittelwert ideal 3 (Quadrat)	Mittelwert real 3 (Dreieck)	Mittelwert real 1 (Raute)	real	Nr.
69	Die Lehrkräfte einer guten Schule nehmen regelmäßig eine kritische Bewertung ihrer Unterrichtsarbeit vor.	4,53	4,37	3,53	3,21	Die Lehrkräfte meiner Schule nehmen regelmäßig eine kritische Bewertung ihrer Unterrichtsarbeit vor.	26
70	An einer idealen Schule bemühen sich die Lehrkräfte, die individuellen Begabungen der Schüler zu fördern.	4,74	4,63	3,89	3,84	An meiner Schule bemühen sich die Lehrkräfte, die individuellen Begabungen der Schüler zu fördern.	27
71	Die Lehrkräfte gestalten an der Schule, die ich mir wünsche, einen methodisch abwechslungsreichen Unterricht.	4,74	4,58	3,63	3,53	Die Lehrkräfte gestalten an meiner Schule einen methodisch abwechslungsreichen Unterricht.	28
72	An einer Schule nach meinen Vorstellungen wird Leistungsmessung mit Sorgfalt durchgeführt.	4,84	4,74	4,21	4,05	An meiner Schule wird Leistungsmessung mit Sorgfalt durchgeführt.	29
73	Die Lehrkräfte einer guten Schule nehmen regelmäßig eine kritische Bewertung ihrer Erziehungsarbeit vor.	4,63	4,47	3,68	3,47	Die Lehrkräfte meiner Schule nehmen regelmäßig eine kritische Bewertung ihrer Erziehungsarbeit vor.	30
74	Soziales Lernen wird an der Schule, die ich mir wünsche, sehr wichtig genommen.	4,68	4,74	4,00	3,58	Soziales Lernen wird an meiner Schule sehr wichtig genommen.	31
75	Die Schüler werden an einer Schule nach meinen Vorstellungen zu selbständigem Lernen befähigt.	4,79	4,68	3,89	3,26	Die Schüler werden an meiner Schule zu selbständigem Lernen befähigt.	32
76	An einer guten Schule werden Konflikte zwischen Lehrkräften und Schülern geklärt.	4,68	4,74	4,00	3,58	An meiner Schule werden Konflikte zwischen Lehrkräften und Schülern geklärt.	33
77	Die Schüler an einer idealen Schule helfen sich gegenseitig.	4,79	4,63	3,53	3,16	Die Schüler an meiner Schule helfen sich gegenseitig.	34
78	An einer Schule nach meinen Vorstellungen werden außerschulische Lernorte wahrgenommen	4,42	4,11	3,42	3,42	An meiner Schule werden außerschulische Lernorte wahrgenommen	35
79	Die Schule, die ich mir wünsche, arbeitet mit außerschulischen Institutionen zusammen.	4,11	4,00	3,42	3,21	Meine Schule arbeitet mit außerschulischen Institutionen zusammen.	36
80	An einer guten Schule finden Arbeiten von Schülern auch außerhalb der Schule Anerkennung.	4,32	4,32	3,74	3,21	An meiner Schule finden Arbeiten von Schülern auch außerhalb der Schule Anerkennung.	37

Abbildung 5-48: Ergebnisse von Messung 1 und 3 im Bereich Selbst und eigener Unterricht an Schule 4

Schule 4

SELBST UND UNTERRICHT

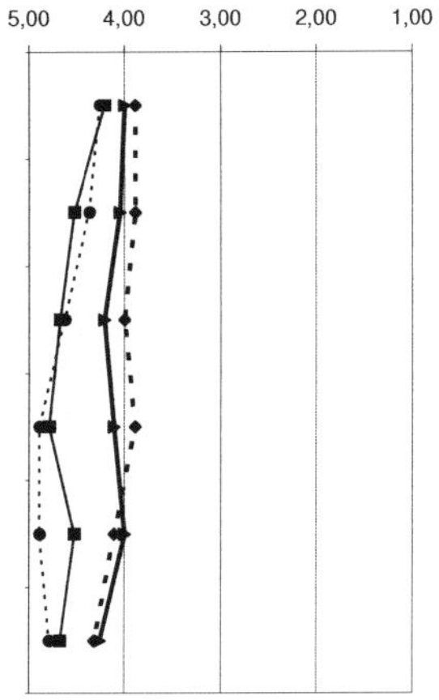

Nr.	ideal	Mittelwert ideal 1 (Kreis)	Mittelwert ideal 3 (Quadrat)	Mittelwert real 3 (Dreieck)	Mittelwert real 1 (Raute)	real	Nr.
81	Im Kollegium kann die ideale Lehrkraft ihre Gefühle offen zeigen.	4,26	4,21	4,00	3,89	Im Kollegium kann ich meine Gefühle offen zeigen.	38
82	Die ideale Lehrkraft kooperiert mit den Eltern ihrer Schüler.	4,37	4,53	4,05	3,89	Ich kooperiere mit den Eltern meiner Schüler.	39
83	Fortbildungsangebote nimmt die ideale Lehrkraft wahr.	4,63	4,68	4,21	4,00	Fortbildungsangebote nehme ich wahr.	40
84	Die ideale Lehrkraft gestaltet einen methodisch abwechslungsreichen Unterricht.	4,89	4,79	4,11	3,89	Ich gestalte einen methodisch abwechslungsreichen Unterricht.	41
85	Die ideale Lehrkraft bemüht sich im Rahmen des Unterrichtens um viele originale Begegnungen.	4,89	4,53	4,00	4,11	Ich bemühe mich im Rahmen des Unterrichtens um viele originale Begegnungen.	42
86	Die ideale Lehrkraft wirkt an der Gestaltung der Schulkultur mit.	4,79	4,68	4,26	4,32	Ich wirke an der Gestaltung der Schulkultur mit.	43

5.5.5 Messergebnisse und Maßnahmen an Schule 5

Die fünfte Schule ist eine Hauptschule mit den Jahrgangsstufen 5 bis 10 und wird von etwa 510 Schülerinnen und Schülern besucht. Sie liegt in einer Stadt mit cirka 40000 Einwohnern.

Die Konzeption wahrnehmungsorientierter Schulentwicklung wurde dem Kollegium von Schule 5 am 24. Februar 2000 im Rahmen einer Sitzung vorgestellt. Die anschließende kollegiale Diskussion und Entscheidung wurde in Abwesenheit von Schulleitung und Forscher durchgeführt. 90 % der anwesenden Lehrkräfte entschieden sich für die Umsetzung wahrnehmungsorientierter Schulentwicklung. Die anderen enthielten sich der Stimme.

Über die Fragebogenkodierung konnten die in Tabelle 5-19 dargelegten Zahlen zur Teilnahme der Lehrkräfte von Schule 5 an den Messungen erhoben werden:

Tabelle 5-19: Ausgewählte Daten zur Messungsbeteiligung der Lehrkräfte von Schule 5

Schule 5	n	Prozent
Gesamtkollegium zu Untersuchungsbeginn	36	100,0
Teilnahme an Messung 1	29	80,5
Teilnahme an Messung 1 und 2	26	72,2
Teilnahme an Messung 1, 2 und 3	23	63,9

5.5.5.1 Ergebnisse der ersten Messung

Am 14. März 2000 wurde die erste Messung im Rahmen einer Kollegiumssitzung durchgeführt. Die nachfolgenden Messergebnisse wurden dem Kollegium von Schule 5 im Verlauf eines moderierten Schulentwicklungswochenendes am 7. und 8. April 2000 zurückgemeldet. 70 % der Lehrkräfte beteiligten sich an diesem freiwilligen Wochenende, das von Freitagnachmittag bis Samstagnachmittag in einer kirchlichen Tagungsstätte durchgeführt wurde. Auf Wunsch der Schulleitung wurde die Gestaltung von einem

Experten der Freien Arbeitsgemeinschaft Moderation Schulentwicklung übernommen. Nach ausführlichen Diskussions- und Gewichtungsprozessen wählten die Lehrkräfte Items zur Situation an der eigenen Schule aus. Diese Aussagen, die in den nachfolgenden Profilen markiert sind, wurden an Schule 5 als Ziele innerer Entwicklung aufgegriffen. Die Profile werden in den Abbildungen 5-49 bis 5-52 wiedergegeben:

Abbildung 5-49: Ergebnisse von Messung 1 im Bereich Organisationsentwicklung an Schule 5

Schule 5

ORGANISATIONSENTWICKLUNG

Nr.	ideal	Mittelwert ideal 1 (Quadrat)	Mittelwert real 1 (Dreieck)	real	Nr.
44	Den Lehrkräften, Schülern und Eltern einer Schule nach meinen Vorstellungen sind gemeinsame Ziele klar.	4,24	2,97	Den Lehrkräften, Schülern und Eltern meiner Schule sind gemeinsame Ziele klar.	1
45	Wertekonflikte werden im Kollegium einer guten Schule aufgegriffen.	4,62	3,31	Wertekonflikte werden in meinem Kollegium aufgegriffen.	2
46	Das Kollegium einer Schule, die ich mir wünsche, bemüht sich um ein eigenes Profil.	4,66	3,83	Das Kollegium meiner Schule bemüht sich um ein eigenes Profil.	3
47	An der idealen Schule ist es üblich, dass der Bedarf an Innovation erfasst wird.	4,52	3,21	An meiner Schule ist es üblich, dass der Bedarf an Innovation erfasst wird.	4
48	Das Kollegium einer guten Schule überprüft regelmäßig, ob die gemeinsam gesetzten Ziele erreicht werden.	4,52	2,66	Das Kollegium an meiner Schule überprüft regelmäßig, ob die gemeinsam gesetzten Ziele erreicht werden.	5
49	Die Leitung einer Schule, die ich mir wünsche, regt zu Initiativen an.	4,62	4,62	Die Leitung meiner Schule regt zu Initiativen an.	6
50	Die Leitung einer Schule nach meinen Vorstellungen legt Wert auf eine Weiterentwicklung der Schule.	4,76	4,72	Die Leitung meiner Schule legt Wert auf eine Weiterentwicklung der Schule.	7
51	Leitung und Kollegium einer idealen Schule erarbeiten die gemeinsamen Werte für das Zusammenleben in der Schule.	4,79	3,93	Leitung und Kollegium meiner Schule erarbeiten die gemeinsamen Werte für das Zusammenleben in der Schule.	8
52	Die Konferenzen werden an einer guten Schule zielgerichtet durchgeführt.	4,90	4,14	Die Konferenzen werden an meiner Schule zielgerichtet durchgeführt.	9

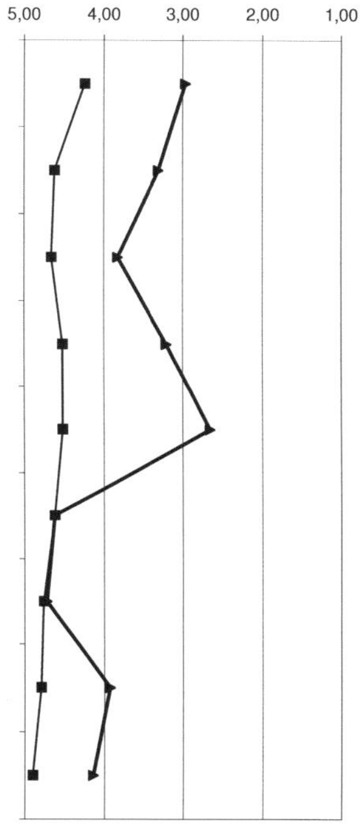

Abbildung 5-50: Ergebnisse von Messung 1 im Bereich Personalentwicklung an Schule 5

Schule 5

PERSONALENTWICKLUNG

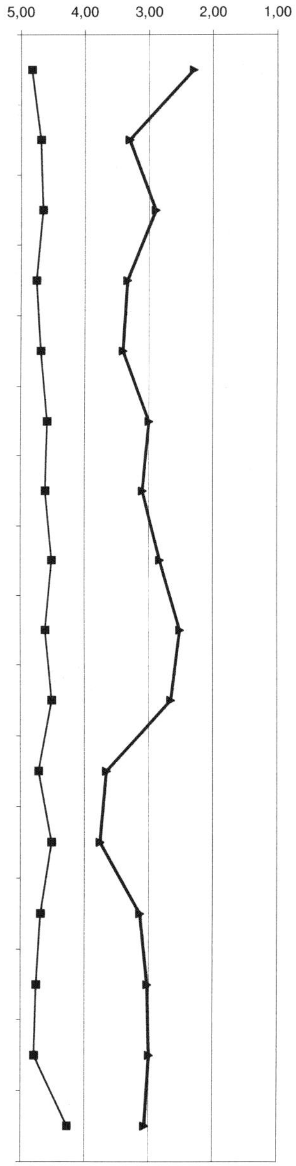

Nr.	ideal	Mittelwert ideal 1 (Quadrat)	Mittelwert real 1 (Dreieck)	real	Nr.
53	Die Anlage einer Schule nach meinen Vorstellungen verbreitet eine angenehme Atmosphäre.	4,83	2,31	Die Anlage meiner Schule verbreitet eine angenehme Atmosphäre.	10
54	Die Kommunikation ist unter den Lehrkräften einer idealen Schule offen.	4,69	3,31	Die Kommunikation ist unter den Lehrkräften meiner Schule offen.	11
55	An einer guten Schule werden Konflikte zwischen Lehrkräften geklärt.	4,66	2,90	An meiner Schule werden Konflikte zwischen Lehrkräften geklärt.	12
56	An einer Schule, die ich mir wünsche, begegnen sich Lehrkräfte und Schüler mit Offenheit.	4,76	3,34	An meiner Schule begegnen sich Lehrkräfte und Schüler mit Offenheit.	13
57	Die Lehrkräfte einer Schule nach meinen Vorstellungen gehen gerne in ihre Schule.	4,69	3,41	Die Lehrkräfte meiner Schule gehen gerne in ihre Schule.	14
58	Die Schüler einer idealen Schule gehen gerne in ihre Schule.	4,59	3,00	Die Schüler meiner Schule gehen gerne in ihre Schule.	15
59	Um die Entwicklungsarbeit bemüht sich an einer guten Schule das Kollegium gemeinsam.	4,62	3,10	Um die Entwicklungsarbeit bemüht sich an meiner Schule das Kollegium gemeinsam.	16
60	An einer idealen Schule arbeitet das Kollegium in unterrichtlichen Fragen zusammen.	4,52	2,83	An meiner Schule arbeitet das Kollegium in unterrichtlichen Fragen zusammen.	17
61	Lehrkräfte und Eltern arbeiten an einer Schule, die ich mir wünsche, zusammen.	4,62	2,52	Lehrkräfte und Eltern arbeiten an meiner Schule zusammen.	18
62	An einer idealen Schule arbeiten die Lehrkräfte mit außerschulischen Experten zusammen.	4,52	2,66	An meiner Schule arbeiten die Lehrkräfte mit außerschulischen Experten zusammen.	19
63	Das Kollegium an einer Schule nach meinen Vorstellungen ist neuen Ideen gegenüber aufgeschlossen.	4,72	3,66	Das Kollegium an meiner Schule ist neuen Ideen gegenüber aufgeschlossen.	20
64	An der Schule, die ich mir wünsche, findet interne Lehrerfortbildung statt.	4,52	3,76	An meiner Schule findet interne Lehrerfortbildung statt.	21
65	Die Lehrkräfte einer idealen Schule bemühen sich um die permanente Weiterentwicklung ihrer methodischen Kompetenz.	4,69	3,14	Die Lehrkräfte meiner Schule bemühen sich um die permanente Weiterentwicklung ihrer methodischen Kompetenz.	22
66	Die Lehrkräfte einer guten Schule bemühen sich um die permanente Weiterentwicklung ihrer erzieherischen Kompetenz.	4,76	3,03	Die Lehrkräfte meiner Schule bemühen sich um die permanente Weiterentwicklung ihrer erzieherischen Kompetenz.	23
67	Die Lehrkräfte einer idealen Schule bemühen sich um die permanente Weiterentwicklung ihrer sozialen Kompetenz.	4,79	3,00	Die Lehrkräfte meiner Schule bemühen sich um die permanente Weiterentwicklung ihrer sozialen Kompetenz.	24
68	Die Lehrkräfte einer guten Schule sind bereit, ihr Wissen im Rahmen von regionalen Fortbildungen weiterzugeben.	4,28	3,07	Die Lehrkräfte meiner Schule sind bereit, ihr Wissen im Rahmen von regionalen Fortbildungen weiterzugeben.	25

Abbildung 5-51: Ergebnisse von Messung 1 im Bereich Unterrichtsentwicklung an Schule 5

Schule 5

UNTERRICHTSENTWICKLUNG

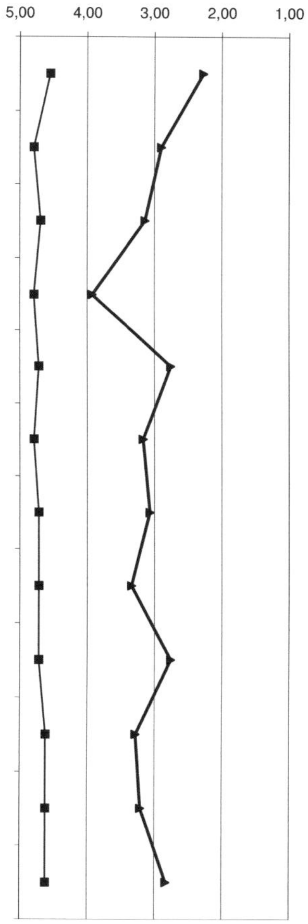

Nr.	ideal	Mittelwert ideal 1 (Quadrat)	Mittelwert real 1 (Dreieck)	real	Nr.
69	Die Lehrkräfte einer guten Schule nehmen regelmäßig eine kritische Bewertung ihrer Unterrichtsarbeit vor.	4,55	2,28	Die Lehrkräfte meiner Schule nehmen regelmäßig eine kritische Bewertung ihrer Unterrichtsarbeit vor.	26
70	An einer idealen Schule bemühen sich die Lehrkräfte, die individuellen Begabungen der Schüler zu fördern.	4,79	2,90	An meiner Schule bemühen sich die Lehrkräfte, die individuellen Begabungen der Schüler zu fördern.	27
71	Die Lehrkräfte gestalten an der Schule, die ich mir wünsche, einen methodisch abwechslungsreichen Unterricht.	4,69	3,14	Die Lehrkräfte gestalten an meiner Schule einen methodisch abwechslungsreichen Unterricht.	28
72	An einer Schule nach meinen Vorstellungen wird Leistungsmessung mit Sorgfalt durchgeführt.	4,79	3,93	An meiner Schule wird Leistungsmessung mit Sorgfalt durchgeführt.	29
73	Die Lehrkräfte einer guten Schule nehmen regelmäßig eine kritische Bewertung ihrer Erziehungsarbeit vor.	4,72	2,76	Die Lehrkräfte meiner Schule nehmen regelmäßig eine kritische Bewertung ihrer Erziehungsarbeit vor.	30
74	Soziales Lernen wird an der Schule, die ich mir wünsche, sehr wichtig genommen.	4,79	3,17	Soziales Lernen wird an meiner Schule sehr wichtig genommen.	31
75	Die Schüler werden an einer Schule nach meinen Vorstellungen zu selbständigem Lernen befähigt.	4,72	3,07	Die Schüler werden an meiner Schule zu selbständigem Lernen befähigt.	32
76	An einer guten Schule werden Konflikte zwischen Lehrkräften und Schülern geklärt.	4,72	3,34	An meiner Schule werden Konflikte zwischen Lehrkräften und Schülern geklärt.	33
77	Die Schüler an einer idealen Schule helfen sich gegenseitig.	4,72	2,76	Die Schüler an meiner Schule helfen sich gegenseitig.	34
78	An einer Schule nach meinen Vorstellungen werden außerschulische Lernorte wahrgenommen	4,62	3,28	An meiner Schule werden außerschulische Lernorte wahrgenommen	35
79	Die Schule, die ich mir wünsche, arbeitet mit außerschulischen Institutionen zusammen.	4,62	3,21	Meine Schule arbeitet mit außerschulischen Institutionen zusammen.	36
80	An einer guten Schule finden Arbeiten von Schülern auch außerhalb der Schule Anerkennung.	4,62	2,83	An meiner Schule finden Arbeiten von Schülern auch außerhalb der Schule Anerkennung.	37

Abbildung 5-52: Ergebnisse von Messung 1 im Bereich Selbst und eigener Unterricht an Schule 5

Schule 5

SELBST UND UNTERRICHT

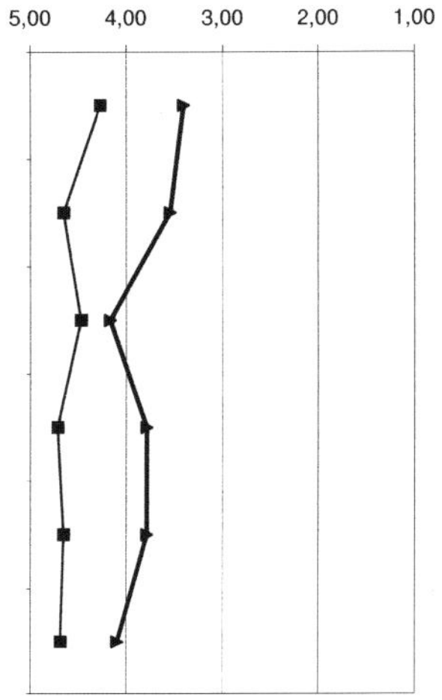

Nr.	ideal	Mittelwert ideal 1 (Quadrat)	Mittelwert real 1 (Dreieck)	real	Nr.
81	Im Kollegium kann die ideale Lehrkraft ihre Gefühle offen zeigen.	4,28	3,41	Im Kollegium kann ich meine Gefühle offen zeigen.	38
82	Die ideale Lehrkraft kooperiert mit den Eltern ihrer Schüler.	4,66	3,55	Ich kooperiere mit den Eltern meiner Schüler.	39
83	Fortbildungsangebote nimmt die ideale Lehrkraft wahr.	4,48	4,17	Fortbildungsangebote nehme ich wahr.	40
84	Die ideale Lehrkraft gestaltet einen methodisch abwechslungsreichen Unterricht.	4,72	3,79	Ich gestalte einen methodisch abwechslungsreichen Unterricht.	41
85	Die ideale Lehrkraft bemüht sich im Rahmen des Unterrichtens um viele originale Begegnungen.	4,66	3,79	Ich bemühe mich im Rahmen des Unterrichtens um viele originale Begegnungen.	42
86	Die ideale Lehrkraft wirkt an der Gestaltung der Schulkultur mit.	4,69	4,10	Ich wirke an der Gestaltung der Schulkultur mit.	43

5.5.5.2 *Maßnahmen innerer Schulentwicklung nach der ersten Messung*

Die während des Schulentwicklungswochenendes vorgenommenen inhaltlichen Schwerpunktsetzungen führten an Schule 5 zu etlichen gesamtkollegialen Schulentwicklungskonferenzen, zur Gründung zahlreicher Qualitätszirkel sowie zur Einrichtung einer Steuergruppe. In die Zirkel begaben sich jeweils vier bis fünf Lehrkräfte. Die Maßnahmen werden in Tabelle 5-20 zusammengefasst:

Tabelle 5-20: Maßnahmen innerer Entwicklung an Schule 5 nach der ersten Messung

Schulentwicklungssitzung (Schulentwicklungssitzung/Organisations- und Unterrichtsentwicklung)

Thema	*Dauer*
Rückmeldung der Ergebnisse der ersten Messung	2 Stunden
Rückmeldung der Ergebnisse des Schulentwicklungswochenendes	2 Stunden
Diskussion von Möglichkeiten der Schulsozialarbeit	2,5 Stunden
Rückmeldung und Anträge der Qualitätszirkel	1,5 Stunden

Schulentwicklungswochenende (Schulentwicklungswochenende/Organisationsentwicklung)

Thema	*Dauer*
Zielfindung, Leitbildentwicklung, Qualitätszirkel- und Steuergruppengründung	10 Stunden

Steuergruppe (Steuergruppe/Organisationsentwicklung)

Thema	*Dauer*
Diskussion und Koordination der Arbeit der Qualitätszirkel	1,5 Stunden
Diskussion und Koordination der Arbeit der Qualitätszirkel	1,5 Stunden
Vorbereitung einer Sitzung des Gesamtkollegiums	1,5 Stunden
Nachbereitung der Gesamtkollegiumssitzung	1,5 Stunden
Diskussion und Koordination der Arbeit der Qualitätszirkel	1,5 Stunden
Diskussion und Koordination der Arbeit der Qualitätszirkel	1,5 Stunden
Diskussion und Koordination der Arbeit der Qualitätszirkel	1,5 Stunden

Qualitätszirkel: Informationsaustausch (Schulleitung und Kollegium/Personalentwicklung)

Thema	*Dauer*
Diskussion von Möglichkeiten des Informationsflusses zwischen Schulleitung und Kollegium	1,5 Stunden
Diskussion von Möglichkeiten des Informationsflusses zwischen Schulleitung und Kollegium	1,5 Stunden
Umsetzung von Maßnahmen zur Verbesserung des Informationsflusses	1,5 Stunden
Umsetzung von Maßnahmen zur Verbesserung des Informationsflusses	1,5 Stunden
Umsetzung von Maßnahmen zur Verbesserung des Informationsflusses	1,5 Stunden

Qualitätszirkel: Schülercafé (Schulgebäude und Schulgelände/Personalentwicklung)

Thema	*Dauer*
Diskussion möglicher Vorgehensweisen	2 Stunden
Planung des Schülercafés	2 Stunden
Planung des Schülercafés	2 Stunden
Planung des Schülercafés	2 Stunden

Qualitätszirkel: Schulrecht (Soziales Lernen/Unterrichtsentwicklung)

Thema	*Dauer*
Diskussion eines Schulrechts für Schüler und Lehrkräfte	1,5 Stunden
Diskussion eines Schulrechts für Schüler und Lehrkräfte	1,5 Stunden
Formulierung eines Schulrechts für Schüler und Lehrkräfte	1,5 Stunden
Formulierung eines Schulrechts für Schüler und Lehrkräfte	1,5 Stunden
Diskussion von Maßnahmen zur Bekanntmachung des Schulrechts für Schüler und Lehrkräfte	1,5 Stunden

Qualitätszirkel: Trainingsraum (Soziales Lernen/Unterrichtsentwicklung)

Thema	*Dauer*
Diskussion des Trainingsraumkonzepts für Schüler, die gegen das Schulrecht verstoßen haben	1,5 Stunden
Diskussion des Trainingsraumkonzepts für Schüler, die gegen das Schulrecht verstoßen haben	1,5 Stunden
Planung eines Trainingsraums für Schüler, die gegen das Schulrecht verstoßen haben	1,5 Stunden
Planung eines Trainingsraums für Schüler, die gegen das Schulrecht verstoßen haben	1,5 Stunden
Umsetzung eines Trainingsraums für Schüler, die gegen das Schulrecht verstoßen haben	1,5 Stunden
Umsetzung eines Trainingsraums für Schüler, die gegen das Schulrecht verstoßen haben	1,5 Stunden

Qualitätszirkel: Hilfeplan (Soziales Lernen/Unterrichtsentwicklung)

Thema	*Dauer*
Diskussion eines kollegialen Hilfeplans bei Erziehungsproblemen	1,5 Stunden
Diskussion eines kollegialen Hilfeplans bei Erziehungsproblemen	1,5 Stunden
Formulierung eines Hilfeplans bei Erziehungsproblemen	1,5 Stunden

5.5.5.3 Ergebnisse der zweiten Messung

Die zweite Messung wurde am 24. Juli 2000 während einer Schulentwicklungssitzung durchgeführt. Die nachfolgenden Ergebnisse von Messung 1 und 2 wurden dem Kollegium von Schule 5 am ersten Tag eines weiteren Schulentwicklungswochenendes, das am 10. und 11. November 2000 dem Themenbereich Unterrichtsentwicklung gewidmet war, vorgestellt. An dem Wochenende, das von Freitagnachmittag bis Samstagnachmittag in einer kirchlichen Tagungsstätte durchgeführt wurde, nahmen 80 % der Lehrkräfte teil.

Im Verlauf der Ergebnisrückmeldung gewichteten die Lehrkräfte von Schule 5 erneut einzelne Items des Fragebogens. Hierbei wurden die nach der ersten Rückmeldung gewählten Aussagen bestätigt und durch eine weitere ergänzt. Bis auf den Bereich Selbst und eigener Unterricht wurden aus allen Bereichen innerer Schulentwicklung Aussagen aufgegriffen.

In den Polaritätsprofilen sind sowohl die bereits nach der ersten Messung ausgewählten Schwerpunkte als auch die neu gewichteten Aussagen markiert. Die Profile werden in den Abbildungen 5-53 bis 5-56 wiedergegeben:

Abbildung 5-53: Ergebnisse von Messung 1 und 2 im Bereich Organisationsentwicklung an Schule 5

Schule 5

ORGANISATIONSENTWICKLUNG

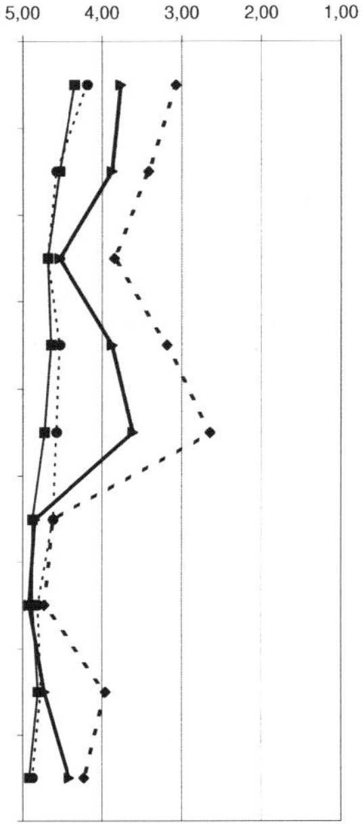

Nr.	ideal	Mittelwert ideal 1 (Kreis)	Mittelwert ideal 2 (Quadrat)	Mittelwert real 2 (Dreieck)	Mittelwert real 1 (Raute)	real	Nr.
44	Den Lehrkräften, Schülern und Eltern einer Schule nach meinen Vorstellungen sind gemeinsame Ziele klar.	4,19	4,35	3,77	3,08	Den Lehrkräften, Schülern und Eltern meiner Schule sind gemeinsame Ziele klar.	1
45	Wertekonflikte werden im Kollegium einer guten Schule aufgegriffen.	4,58	4,54	3,88	3,42	Wertekonflikte werden in meinem Kollegium aufgegriffen.	2
46	Das Kollegium einer Schule, die ich mir wünsche, bemüht sich um ein eigenes Profil.	4,69	4,69	4,54	3,85	Das Kollegium meiner Schule bemüht sich um ein eigenes Profil.	3
47	An der idealen Schule ist es üblich, dass der Bedarf an Innovation erfasst wird.	4,54	4,65	3,88	3,19	An meiner Schule ist es üblich, dass der Bedarf an Innovation erfasst wird.	4
48	Das Kollegium einer guten Schule überprüft regelmäßig, ob die gemeinsam gesetzten Ziele erreicht werden.	4,58	4,73	3,62	2,65	Das Kollegium an meiner Schule überprüft regelmäßig, ob die gemeinsam gesetzten Ziele erreicht werden.	5
49	Die Leitung einer Schule, die ich mir wünsche, regt zu Initiativen an.	4,62	4,88	4,85	4,62	Die Leitung meiner Schule regt zu Initiativen an.	6
50	Die Leitung einer Schule nach meinen Vorstellungen legt Wert auf eine Weiterentwicklung der Schule.	4,81	4,88	4,92	4,73	Die Leitung meiner Schule legt Wert auf eine Weiterentwicklung der Schule.	7
51	Leitung und Kollegium einer idealen Schule erarbeiten die gemeinsamen Werte für das Zusammenleben in der Schule.	4,77	4,81	4,73	3,96	Leitung und Kollegium meiner Schule erarbeiten die gemeinsamen Werte für das Zusammenleben in der Schule.	8
52	Die Konferenzen werden an einer guten Schule zielgerichtet durchgeführt.	4,88	4,92	4,42	4,23	Die Konferenzen werden an meiner Schule zielgerichtet durchgeführt.	9

Abbildung 5-54: Ergebnisse von Messung 1 und 2 im Bereich Personalentwicklung an Schule 5

Schule 5

PERSONALENTWICKLUNG

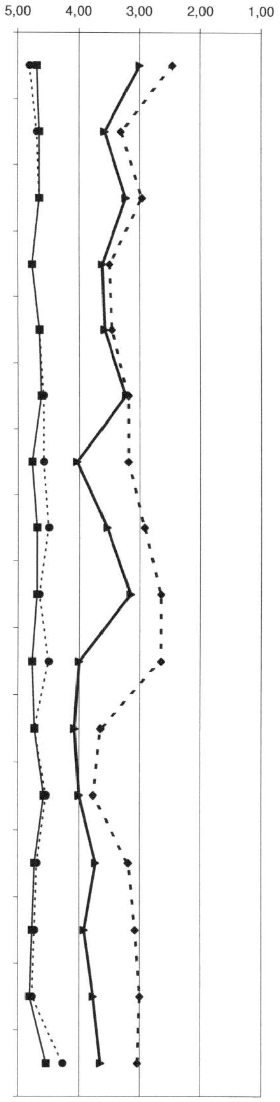

Nr.	ideal	Mittelwert ideal 1 (Kreis)	Mittelwert ideal 2 (Quadrat)	Mittelwert real 2 (Dreieck)	Mittelwert real 1 (Raute)	real	Nr.
53	Die Anlage einer Schule nach meinen Vorstellungen verbreitet eine angenehme Atmosphäre.	4,81	4,69	3,00	2,46	Die Anlage meiner Schule verbreitet eine angenehme Atmosphäre.	10
54	Die Kommunikation ist unter den Lehrkräften einer idealen Schule offen.	4,69	4,65	3,58	3,31	Die Kommunikation ist unter den Lehrkräften meiner Schule offen.	11
55	An einer guten Schule werden Konflikte zwischen Lehrkräften geklärt.	4,65	4,65	3,23	2,96	An meiner Schule werden Konflikte zwischen Lehrkräften geklärt.	12
56	An einer Schule, die ich mir wünsche, begegnen sich Lehrkräfte und Schüler mit Offenheit.	4,77	4,77	3,62	3,50	An meiner Schule begegnen sich Lehrkräfte und Schüler mit Offenheit.	13
57	Die Lehrkräfte einer Schule nach meinen Vorstellungen gehen gerne in ihre Schule.	4,65	4,65	3,58	3,46	Die Lehrkräfte meiner Schule gehen gerne in ihre Schule.	14
58	Die Schüler einer idealen Schule gehen gerne in ihre Schule.	4,58	4,62	3,23	3,19	Die Schüler meiner Schule gehen gerne in ihre Schule.	15
59	Um die Entwicklungsarbeit bemüht sich an einer guten Schule das Kollegium gemeinsam.	4,58	4,77	4,04	3,19	Um die Entwicklungsarbeit bemüht sich an meiner Schule das Kollegium gemeinsam.	16
60	An einer idealen Schule arbeitet das Kollegium in unterrichtlichen Fragen zusammen.	4,50	4,69	3,54	2,92	An meiner Schule arbeitet das Kollegium in unterrichtlichen Fragen zusammen.	17
61	Lehrkräfte und Eltern arbeiten an einer Schule, die ich mir wünsche, zusammen.	4,65	4,69	3,15	2,65	Lehrkräfte und Eltern arbeiten an meiner Schule zusammen.	18
62	An einer idealen Schule arbeiten die Lehrkräfte mit außerschulischen Experten zusammen.	4,50	4,77	4,00	2,65	An meiner Schule arbeiten die Lehrkräfte mit außerschulischen Experten zusammen.	19
63	Das Kollegium an einer Schule nach meinen Vorstellungen ist neuen Ideen gegenüber aufgeschlossen.	4,73	4,73	4,08	3,65	Das Kollegium an meiner Schule ist neuen Ideen gegenüber aufgeschlossen.	20
64	An der Schule, die ich mir wünsche, findet interne Lehrerfortbildung statt.	4,54	4,58	4,00	3,77	An meiner Schule findet interne Lehrerfortbildung statt.	21
65	Die Lehrkräfte einer idealen Schule bemühen sich um die permanente Weiterentwicklung ihrer methodischen Kompetenz.	4,69	4,73	3,73	3,19	Die Lehrkräfte meiner Schule bemühen sich um die permanente Weiterentwicklung ihrer methodischen Kompetenz.	22
66	Die Lehrkräfte einer guten Schule bemühen sich um die permanente Weiterentwicklung ihrer erzieherischen Kompetenz.	4,73	4,77	3,92	3,08	Die Lehrkräfte meiner Schule bemühen sich um die permanente Weiterentwicklung ihrer erzieherischen Kompetenz.	23
67	Die Lehrkräfte einer idealen Schule bemühen sich um die permanente Weiterentwicklung ihrer sozialen Kompetenz.	4,77	4,81	3,77	3,00	Die Lehrkräfte meiner Schule bemühen sich um die permanente Weiterentwicklung ihrer sozialen Kompetenz.	24
68	Die Lehrkräfte einer guten Schule sind bereit, ihr Wissen im Rahmen von regionalen Fortbildungen weiterzugeben.	4,27	4,54	3,65	3,04	Die Lehrkräfte meiner Schule sind bereit, ihr Wissen im Rahmen von regionalen Fortbildungen weiterzugeben.	25

Abbildung 5-55: Ergebnisse von Messung 1 und 2 im Bereich Unterrichtsentwicklung an Schule 5

Schule 5

UNTERRICHTSENTWICKLUNG

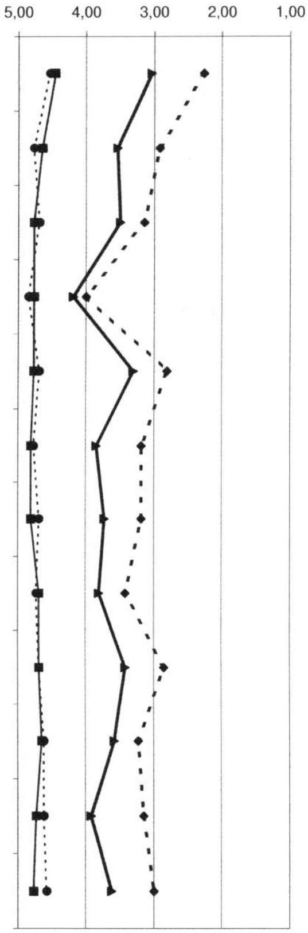

Nr.	ideal	Mittelwert ideal 1 (Kreis)	Mittelwert ideal 2 (Quadrat)	Mittelwert real 2 (Dreieck)	Mittelwert real 1 (Raute)	real	Nr.
69	Die Lehrkräfte einer guten Schule nehmen regelmäßig eine kritische Bewertung ihrer Unterrichtsarbeit vor.	4,54	4,46	3,04	2,27	Die Lehrkräfte meiner Schule nehmen regelmäßig eine kritische Bewertung ihrer Unterrichtsarbeit vor.	26
70	An einer idealen Schule bemühen sich die Lehrkräfte, die individuellen Begabungen der Schüler zu fördern.	4,77	4,65	3,54	2,92	An meiner Schule bemühen sich die Lehrkräfte, die individuellen Begabungen der Schüler zu fördern.	27
71	Die Lehrkräfte gestalten an der Schule, die ich mir wünsche, einen methodisch abwechslungsreichen Unterricht.	4,69	4,77	3,50	3,15	Die Lehrkräfte gestalten an meiner Schule einen methodisch abwechslungsreichen Unterricht.	28
72	An einer Schule nach meinen Vorstellungen wird Leistungsmessung mit Sorgfalt durchgeführt.	4,85	4,77	4,19	4,00	An meiner Schule wird Leistungsmessung mit Sorgfalt durchgeführt.	29
73	Die Lehrkräfte einer guten Schule nehmen regelmäßig eine kritische Bewertung ihrer Erziehungsarbeit vor.	4,69	4,77	3,31	2,81	Die Lehrkräfte meiner Schule nehmen regelmäßig eine kritische Bewertung ihrer Erziehungsarbeit vor.	30
74	Soziales Lernen wird an der Schule, die ich mir wünsche, sehr wichtig genommen.	4,77	4,81	3,85	3,19	Soziales Lernen wird an meiner Schule sehr wichtig genommen.	31
75	Die Schüler werden an einer Schule nach meinen Vorstellungen zu selbständigem Lernen befähigt.	4,69	4,81	3,73	3,19	Die Schüler werden an meiner Schule zu selbständigem Lernen befähigt.	32
76	An einer guten Schule werden Konflikte zwischen Lehrkräften und Schülern geklärt.	4,73	4,69	3,81	3,42	An meiner Schule werden Konflikte zwischen Lehrkräften und Schülern geklärt.	33
77	Die Schüler an einer idealen Schule helfen sich gegenseitig.	4,69	4,69	3,42	2,85	Die Schüler an meiner Schule helfen sich gegenseitig.	34
78	An einer Schule nach meinen Vorstellungen werden außerschulische Lernorte wahrgenommen	4,62	4,65	3,58	3,23	An meiner Schule werden außerschulische Lernorte wahrgenommen	35
79	Die Schule, die ich mir wünsche, arbeitet mit außerschulischen Institutionen zusammen.	4,62	4,73	3,92	3,15	Meine Schule arbeitet mit außerschulischen Institutionen zusammen.	36
80	An einer guten Schule finden Arbeiten von Schülern auch außerhalb der Schule Anerkennung.	4,58	4,77	3,62	3,00	An meiner Schule finden Arbeiten von Schülern auch außerhalb der Schule Anerkennung.	37

Abbildung 5-56: Ergebnisse von Messung 1 und 2 im Bereich Selbst und eigener Unterricht an Schule 5

Schule 5

SELBST UND UNTERRICHT

Nr.	ideal	Mittelwert ideal 1 (Kreis)	Mittelwert ideal 2 (Quadrat)	Mittelwert real 2 (Dreieck)	Mittelwert real 1 (Raute)	real	Nr.
81	Im Kollegium kann die ideale Lehrkraft ihre Gefühle offen zeigen.	4,23	4,19	3,62	3,46	Im Kollegium kann ich meine Gefühle offen zeigen.	38
82	Die ideale Lehrkraft kooperiert mit den Eltern ihrer Schüler.	4,65	4,62	4,04	3,62	Ich kooperiere mit den Eltern meiner Schüler.	39
83	Fortbildungsangebote nimmt die ideale Lehrkraft wahr.	4,46	4,73	4,27	4,12	Fortbildungsangebote nehme ich wahr.	40
84	Die ideale Lehrkraft gestaltet einen methodisch abwechslungsreichen Unterricht.	4,73	4,81	4,00	3,81	Ich gestalte einen methodisch abwechslungsreichen Unterricht.	41
85	Die ideale Lehrkraft bemüht sich im Rahmen des Unterrichtens um viele originale Begegnungen.	4,65	4,77	4,04	3,77	Ich bemühe mich im Rahmen des Unterrichtens um viele originale Begegnungen.	42
86	Die ideale Lehrkraft wirkt an der Gestaltung der Schulkultur mit.	4,69	4,85	4,31	4,08	Ich wirke an der Gestaltung der Schulkultur mit.	43

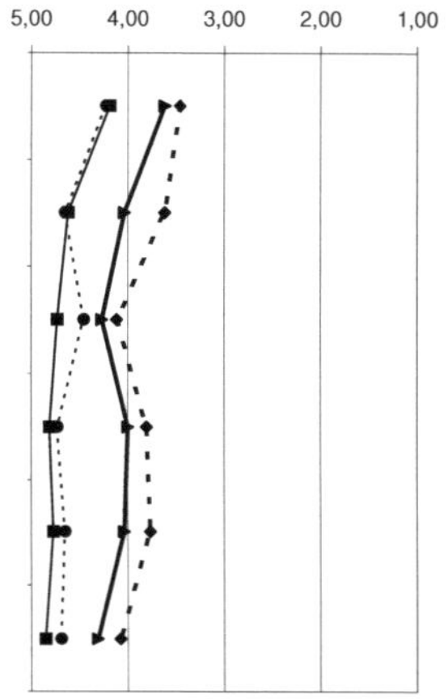

5.5.5.4 *Maßnahmen innerer Schulentwicklung nach der zweiten Messung*

Die nach der ersten Messung formierten Zirkel zum Informationsaustausch, zum Schulrecht sowie zur Erarbeitung eines kollegialen Hilfeplans bei Erziehungsproblemen konnten zügig ihre gesetzten Ziele umsetzten und lösten sich zwischen zweiter und dritter Messung wieder auf. Die Mitarbeitenden begaben sich in bereits bestehende Zirkel oder in den nach dem zweiten Schulentwicklungswochenende neu gegründeten Zirkel zur Gestaltung eines methodisch abwechslungsreichen Unterrichts. Diesem Zirkel schlossen sich insgesamt sechs Lehrkräfte an. In der folgenden Tabelle 5-21 erscheint die Lehrerarbeitsgruppe zum Schülercafé nicht, da dieses Gremium erst nach der dritten Messung gemeinsam mit interessierten Schülern und Eltern wieder aktiv wurde:

Tabelle 5-21: Maßnahmen innerer Entwicklung an Schule 5 nach der zweiten Messung

Schulentwicklungssitzung (Schulentwicklungssitzung/Organisationsentwicklung)

Thema	*Dauer*
Rückmeldung der Ergebnisse der zweiten Messung	2 Stunden
Rückmeldung und Anträge der Qualitätszirkel	2 Stunden

Steuergruppe (Steuergruppe/Organisationsentwicklung)

Thema	*Dauer*
Diskussion und Koordination der Arbeit der Qualitätszirkel	1,5 Stunden
Vorbereitung einer Sitzung des Gesamtkollegiums	1,5 Stunden
Nachbereitung der Gesamtkollegiumssitzung	1,5 Stunden
Diskussion und Koordination der Arbeit der Qualitätszirkel	1,5 Stunden
Organisation der Präsentation für den regionalen Schulentwicklungskongress des Kultusministeriums	1,5 Stunden

Qualitätszirkel: Trainingsraum (Soziales Lernen/Unterrichtsentwicklung)

Thema	*Dauer*
Umsetzung eines Trainingsraums für Schüler, die gegen das Schulrecht verstoßen haben	1,5 Stunden
Umsetzung eines Trainingsraums für Schüler, die gegen das Schulrecht verstoßen haben	1,5 Stunden
Umsetzung eines Trainingsraums für Schüler, die gegen das Schulrecht verstoßen haben	1,5 Stunden

Schulentwicklungswochenende (Unterrichtsentwicklung/Unterrichtsentwicklung)

Thema	*Dauer*
Training von Unterrichtsmethoden	9 Stunden

Qualitätszirkel: Methodentraining (Unterrichtsentwicklung/Unterrichtsentwicklung)

Thema	*Dauer*
Auswahl passender Methoden für einzelne Jahrgangsstufen	1,5 Stunden
Auswahl passender Methoden für einzelne Jahrgangsstufen	1,5 Stunden
Auswahl passender Methoden für einzelne Jahrgangsstufen	1,5 Stunden
Auswahl passender Methoden für einzelne Jahrgangsstufen	1,5 Stunden

5.5.5.5 Ergebnisse der dritten Messung

Die letzte Messung wurde in Schule 5 am 5. März 2001 während einer Kollegiumssitzung durchgeführt. Die nachfolgenden Ergebnisse von Messung 1 und 3 wurden dem Kollegium am 24. April 2001 im Rahmen einer Sitzung vorgestellt.

In den folgenden Profilen, die in den Abbildungen 5-57 bis 5-60 wiedergegeben werden, sind die Items, welche die vor der dritten Erhebung gewichteten inhaltlichen Schwerpunktsetzungen wiedergeben, hervorgehoben:

Abbildung 5-57: Ergebnisse von Messung 1 und 3 im Bereich Organisationsentwicklung an Schule 5

Schule 5

ORGANISATIONSENTWICKLUNG

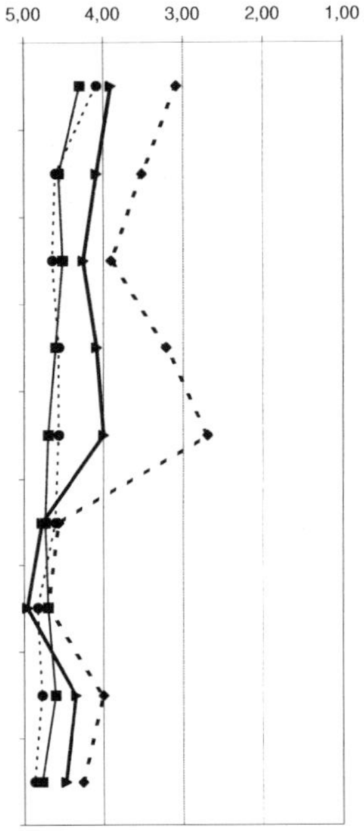

Nr.	ideal	Mittelwert ideal 1 (Kreis)	Mittelwert ideal 3 (Quadrat)	Mittelwert real 3 (Dreieck)	Mittelwert real 1 (Raute)	real	Nr.
44	Den Lehrkräften, Schülern und Eltern einer Schule nach meinen Vorstellungen sind gemeinsame Ziele klar.	4,09	4,30	3,91	3,09	Den Lehrkräften, Schülern und Eltern meiner Schule sind gemeinsame Ziele klar.	1
45	Wertekonflikte werden im Kollegium einer guten Schule aufgegriffen.	4,61	4,57	4,09	3,52	Wertekonflikte werden in meinem Kollegium aufgegriffen.	2
46	Das Kollegium einer Schule, die ich mir wünsche, bemüht sich um ein eigenes Profil.	4,65	4,52	4,26	3,91	Das Kollegium meiner Schule bemüht sich um ein eigenes Profil.	3
47	An der idealen Schule ist es üblich, dass der Bedarf an Innovation erfasst wird.	4,57	4,61	4,09	3,22	An meiner Schule ist es üblich, dass der Bedarf an Innovation erfasst wird.	4
48	Das Kollegium einer guten Schule überprüft regelmäßig, ob die gemeinsam gesetzten Ziele erreicht werden.	4,57	4,70	4,00	2,70	Das Kollegium an meiner Schule überprüft regelmäßig, ob die gemeinsam gesetzten Ziele erreicht werden.	5
49	Die Leitung einer Schule, die ich mir wünsche, regt zu Initiativen an.	4,61	4,74	4,78	4,57	Die Leitung meiner Schule regt zu Initiativen an.	6
50	Die Leitung einer Schule nach meinen Vorstellungen legt Wert auf eine Weiterentwicklung der Schule.	4,83	4,70	4,96	4,70	Die Leitung meiner Schule legt Wert auf eine Weiterentwicklung der Schule.	7
51	Leitung und Kollegium einer idealen Schule erarbeiten die gemeinsamen Werte für das Zusammenleben in der Schule.	4,78	4,61	4,35	4,00	Leitung und Kollegium meiner Schule erarbeiten die gemeinsamen Werte für das Zusammenleben in der Schule.	8
52	Die Konferenzen werden an einer guten Schule zielgerichtet durchgeführt.	4,87	4,78	4,48	4,26	Die Konferenzen werden an meiner Schule zielgerichtet durchgeführt.	9

Abbildung 5-58: Ergebnisse von Messung 1 und 3 im Bereich Personalentwicklung an Schule 55

Schule 5

PERSONALENTWICKLUNG

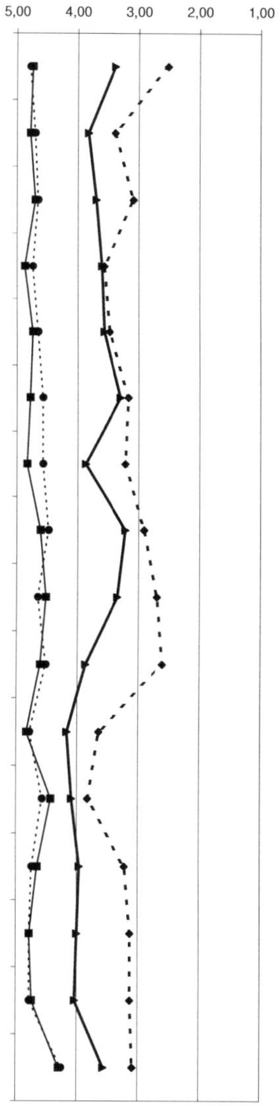

Nr.	ideal	Mittelwert ideal 1 (Kreis)	Mittelwert ideal 3 (Quadrat)	Mittelwert real 3 (Dreieck)	Mittelwert real 1 (Raute)	real	Nr.
53	Die Anlage einer Schule nach meinen Vorstellungen verbreitet eine angenehme Atmosphäre.	4,78	4,74	3,39	2,52	Die Anlage meiner Schule verbreitet eine angenehme Atmosphäre.	10
54	Die Kommunikation ist unter den Lehrkräften einer idealen Schule offen.	4,70	4,78	3,83	3,39	Die Kommunikation ist unter den Lehrkräften meiner Schule offen.	11
55	An einer guten Schule werden Konflikte zwischen Lehrkräften geklärt.	4,65	4,70	3,70	3,09	An meiner Schule werden Konflikte zwischen Lehrkräften geklärt.	12
56	An einer Schule, die ich mir wünsche, begegnen sich Lehrkräfte und Schüler mit Offenheit.	4,74	4,87	3,61	3,57	An meiner Schule begegnen sich Lehrkräfte und Schüler mit Offenheit.	13
57	Die Lehrkräfte einer Schule nach meinen Vorstellungen gehen gerne in ihre Schule.	4,65	4,74	3,57	3,48	Die Lehrkräfte meiner Schule gehen gerne in ihre Schule.	14
58	Die Schüler einer idealen Schule gehen gerne in ihre Schule.	4,57	4,78	3,30	3,17	Die Schüler meiner Schule gehen gerne in ihre Schule.	15
59	Um die Entwicklungsarbeit bemüht sich an einer guten Schule das Kollegium gemeinsam.	4,57	4,83	3,87	3,22	Um die Entwicklungsarbeit bemüht sich an meiner Schule das Kollegium gemeinsam.	16
60	An einer idealen Schule arbeitet das Kollegium in unterrichtlichen Fragen zusammen.	4,48	4,61	3,22	2,91	An meiner Schule arbeitet das Kollegium in unterrichtlichen Fragen zusammen.	17
61	Lehrkräfte und Eltern arbeiten an einer Schule, die ich mir wünsche, zusammen.	4,65	4,52	3,35	2,70	Lehrkräfte und Eltern arbeiten an meiner Schule zusammen.	18
62	An einer idealen Schule arbeiten die Lehrkräfte mit außerschulischen Experten zusammen.	4,52	4,61	3,87	2,61	An meiner Schule arbeiten die Lehrkräfte mit außerschulischen Experten zusammen.	19
63	Das Kollegium an einer Schule nach meinen Vorstellungen ist neuen Ideen gegenüber aufgeschlossen.	4,78	4,83	4,17	3,65	Das Kollegium an meiner Schule ist neuen Ideen gegenüber aufgeschlossen.	20
64	An der Schule, die ich mir wünsche, findet interne Lehrerfortbildung statt.	4,57	4,43	4,09	3,83	An meiner Schule findet interne Lehrerfortbildung statt.	21
65	Die Lehrkräfte einer idealen Schule bemühen sich um die permanente Weiterentwicklung ihrer methodischen Kompetenz.	4,74	4,65	3,96	3,22	Die Lehrkräfte meiner Schule bemühen sich um die permanente Weiterentwicklung ihrer methodischen Kompetenz.	22
66	Die Lehrkräfte einer guten Schule bemühen sich um die permanente Weiterentwicklung ihrer erzieherischen Kompetenz.	4,78	4,78	4,00	3,13	Die Lehrkräfte meiner Schule bemühen sich um die permanente Weiterentwicklung ihrer erzieherischen Kompetenz.	23
67	Die Lehrkräfte einer idealen Schule bemühen sich um die permanente Weiterentwicklung ihrer sozialen Kompetenz.	4,78	4,74	4,04	3,13	Die Lehrkräfte meiner Schule bemühen sich um die permanente Weiterentwicklung ihrer sozialen Kompetenz.	24
68	Die Lehrkräfte einer guten Schule sind bereit, ihr Wissen im Rahmen von regionalen Fortbildungen weiterzugeben.	4,26	4,30	3,57	3,09	Die Lehrkräfte meiner Schule sind bereit, ihr Wissen im Rahmen von regionalen Fortbildungen weiterzugeben.	25

Abbildung 5-59: Ergebnisse von Messung 1 und 3 im Bereich Unterrichtsentwicklung an Schule 5

Schule 5

UNTERRICHTSENTWICKLUNG

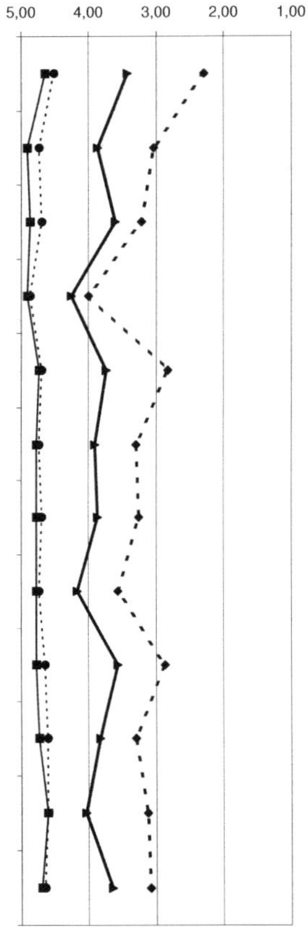

Nr.	ideal	Mittelwert ideal 1 (Kreis)	Mittelwert ideal 3 (Quadrat)	Mittelwert real 3 (Dreieck)	Mittelwert real 1 (Raute)	real	Nr.
69	Die Lehrkräfte einer guten Schule nehmen regelmäßig eine kritische Bewertung ihrer Unterrichtsarbeit vor.	4,52	4,65	3,43	2,30	Die Lehrkräfte meiner Schule nehmen regelmäßig eine kritische Bewertung ihrer Unterrichtsarbeit vor.	26
70	An einer idealen Schule bemühen sich die Lehrkräfte, die individuellen Begabungen der Schüler zu fördern.	4,74	4,91	3,87	3,04	An meiner Schule bemühen sich die Lehrkräfte, die individuellen Begabungen der Schüler zu fördern.	27
71	Die Lehrkräfte gestalten an der Schule, die ich mir wünsche, einen methodisch abwechslungsreichen Unterricht.	4,70	4,87	3,61	3,22	Die Lehrkräfte gestalten an meiner Schule einen methodisch abwechslungsreichen Unterricht.	28
72	An einer Schule nach meinen Vorstellungen wird Leistungsmessung mit Sorgfalt durchgeführt.	4,87	4,91	4,26	4,00	An meiner Schule wird Leistungsmessung mit Sorgfalt durchgeführt.	29
73	Die Lehrkräfte einer guten Schule nehmen regelmäßig eine kritische Bewertung ihrer Erziehungsarbeit vor.	4,70	4,74	3,74	2,83	Die Lehrkräfte meiner Schule nehmen regelmäßig eine kritische Bewertung ihrer Erziehungsarbeit vor.	30
74	Soziales Lernen wird an der Schule, die ich mir wünsche, sehr wichtig genommen.	4,74	4,78	3,91	3,30	Soziales Lernen wird an meiner Schule sehr wichtig genommen.	31
75	Die Schüler werden an einer Schule nach meinen Vorstellungen zu selbständigem Lernen befähigt.	4,70	4,78	3,87	3,26	Die Schüler werden an meiner Schule zu selbständigem Lernen befähigt.	32
76	An einer guten Schule werden Konflikte zwischen Lehrkräften und Schülern geklärt.	4,74	4,78	4,17	3,57	An meiner Schule werden Konflikte zwischen Lehrkräften und Schülern geklärt.	33
77	Die Schüler an einer idealen Schule helfen sich gegenseitig.	4,65	4,78	3,57	2,87	Die Schüler an meiner Schule helfen sich gegenseitig.	34
78	An einer Schule nach meinen Vorstellungen werden außerschulische Lernorte wahrgenommen	4,61	4,74	3,83	3,30	An meiner Schule werden außerschulische Lernorte wahrgenommen	35
79	Die Schule, die ich mir wünsche, arbeitet mit außerschulischen Institutionen zusammen.	4,61	4,61	4,04	3,13	Meine Schule arbeitet mit außerschulischen Institutionen zusammen.	36
80	An einer guten Schule finden Arbeiten von Schülern auch außerhalb der Schule Anerkennung.	4,65	4,70	3,65	3,09	An meiner Schule finden Arbeiten von Schülern auch außerhalb der Schule Anerkennung.	37

Abbildung 5-60: Ergebnisse von Messung 1 und 3 im Bereich Selbst und eigener Unterricht an Schule 5

Nr.	ideal	**Mittelwert ideal 1** Kreis	**Mittelwert ideal 3** Quadrat	**Schule 5** **SELBST UND UNTERRICHT** 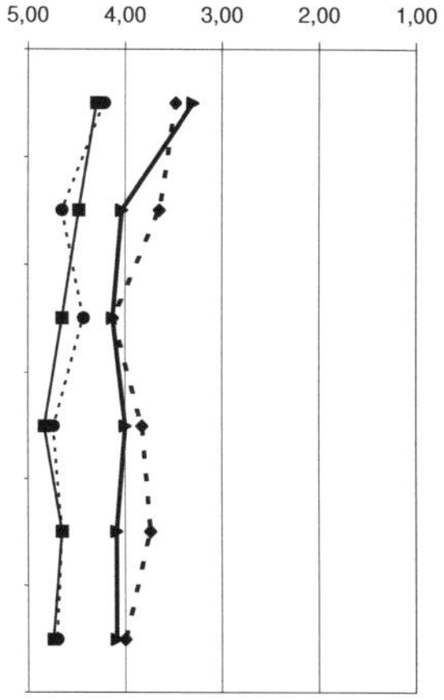	**Mittelwert real 3** Dreieck	**Mittelwert real 1** Raute	real	Nr.
81	Im Kollegium kann die ideale Lehrkraft ihre Gefühle offen zeigen.	4,22	4,30		3,30	3,48	Im Kollegium kann ich meine Gefühle offen zeigen.	38
82	Die ideale Lehrkraft kooperiert mit den Eltern ihrer Schüler.	4,65	4,48		4,04	3,65	Ich kooperiere mit den Eltern meiner Schüler.	39
83	Fortbildungsangebote nimmt die ideale Lehrkraft wahr.	4,43	4,65		4,13	4,13	Fortbildungsangebote nehme ich wahr.	40
84	Die ideale Lehrkraft gestaltet einen methodisch abwechslungsreichen Unterricht.	4,74	4,83		4,00	3,83	Ich gestalte einen methodisch abwechslungsreichen Unterricht.	41
85	Die ideale Lehrkraft bemüht sich im Rahmen des Unterrichtens um viele originale Begegnungen.	4,65	4,65		4,09	3,74	Ich bemühe mich im Rahmen des Unterrichtens um viele originale Begegnungen.	42
86	Die ideale Lehrkraft wirkt an der Gestaltung der Schulkultur mit.	4,70	4,74		4,09	4,00	Ich wirke an der Gestaltung der Schulkultur mit.	43

5.5.6 *Messergebnisse und Maßnahmen an Schule 6*

Die sechste Schule ist eine Volksschule mit den Jahrgangsstufen 1 bis 10 und wird von etwa 530 Schülerinnen und Schülern besucht. Sie liegt in einer Kleinstadt mit cirka 5000 Einwohnern.

Dem Kollegium von Schule 6 wurde die Konzeption wahrnehmungsorientierter Schulentwicklung am 20. März 2000 im Rahmen einer Konferenz vorgestellt. Die anschließende kollegiale Diskussion und Entscheidung wurde in Abwesenheit von Schulleitung und Forscher durchgeführt. 100 % der anwesenden Lehrkräfte entschieden sich für die Umsetzung wahrnehmungsorientierter Schulentwicklung. Im Anschluss an diese Abstimmung entschied sich das Kollegium, die erste Messung sofort durchzuführen.

Über die Kodierung der Fragebögen konnten die in Tabelle 5-22 wiedergegebenen Daten zur Teilnahme der Lehrkräfte von Schule 6 an den Messungen erhoben werden:

Tabelle 5-22: Ausgewählte Daten zur Messungsbeteiligung der Lehrkräfte von Schule 6

Schule 6	n	Prozent
Gesamtkollegium zu Untersuchungsbeginn	39	100,0
Teilnahme an Messung 1	25	64,1
Teilnahme an Messung 1 und 2	24	61,5
Teilnahme an Messung 1, 2 und 3	17	43,6

Die abnehmende Zahl der Teilnehmenden lässt sich vor allem dadurch erklären, dass zwischen zweiter und dritter Erhebung ein jahrelang schwelender innerkollegialer Konflikt aufgebrochen war. Während eines Schulentwicklungswochenendes, das zwischen zweiter und dritter Befragung durchgeführt worden war, wurde deutlich, dass sich eine kleine Gruppe von Lehrkräften mit dem inneren Entwicklungsprozess nicht identifizierte und ihn blockierte. Als Ergebnis einer längeren moderierten kollegialen Diskussion wurde vereinbart, dass die Kleingruppe zukünftig die Mehrheit der Kollegen in ihren Schulentwicklungsaktivitäten nicht mehr blockieren sollte. Im Gegenzug wollte die

Mehrheit des Kollegiums tolerieren, dass sich die Minderheit nicht an inneren Entwicklungsbemühungen beteiligte. Es ist anzunehmen, dass die Lehrkräfte, die innere Entwicklung ablehnten, an der dritten Erhebung nicht mehr teilnahmen.

5.5.6.1 Ergebnisse der ersten Messung

Am 7. April 2000 erfolgte die Rückmeldung der Messergebnisse im Rahmen einer Schulentwicklungssitzung. Auf Wunsch der Schulleitung wurde die Sitzung von einem Experten der Freien Arbeitsgemeinschaft Moderation Schulentwicklung gestaltet. Nach ausführlichen Diskussionsprozessen nahmen die Lehrkräfte eine Gewichtung einzelner Items zur Situation an der eigenen Schule vor. Diese Aussagen, die in den nachfolgenden Polaritätsprofilen markiert sind, wurden an Schule 6 als Ziele innerer Entwicklung thematisiert. Die Profile werden in den Abbildungen 5-61 bis 5-64 dargestellt:

Abbildung 5-61: Ergebnisse von Messung 1 im Bereich Organisationsentwicklung an Schule 6

Schule 6

ORGANISATIONSENTWICKLUNG

Nr.	ideal	Mittelwert ideal 1 (Quadrat)	Mittelwert real 1 (Dreieck)	real	Nr.
44	Den Lehrkräften, Schülern und Eltern einer Schule nach meinen Vorstellungen sind gemeinsame Ziele klar.	4,20	3,32	Den Lehrkräften, Schülern und Eltern meiner Schule sind gemeinsame Ziele klar.	1
45	Wertekonflikte werden im Kollegium einer guten Schule aufgegriffen.	4,36	3,28	Wertekonflikte werden in meinem Kollegium aufgegriffen.	2
46	Das Kollegium einer Schule, die ich mir wünsche, bemüht sich um ein eigenes Profil.	4,12	3,20	Das Kollegium meiner Schule bemüht sich um ein eigenes Profil.	3
47	An der idealen Schule ist es üblich, dass der Bedarf an Innovation erfasst wird.	4,24	3,20	An meiner Schule ist es üblich, dass der Bedarf an Innovation erfasst wird.	4
48	Das Kollegium einer guten Schule überprüft regelmäßig, ob die gemeinsam gesetzten Ziele erreicht werden.	3,88	2,16	Das Kollegium an meiner Schule überprüft regelmäßig, ob die gemeinsam gesetzten Ziele erreicht werden.	5
49	Die Leitung einer Schule, die ich mir wünsche, regt zu Initiativen an.	3,88	4,08	Die Leitung meiner Schule regt zu Initiativen an.	6
50	Die Leitung einer Schule nach meinen Vorstellungen legt Wert auf eine Weiterentwicklung der Schule.	4,12	4,32	Die Leitung meiner Schule legt Wert auf eine Weiterentwicklung der Schule.	7
51	Leitung und Kollegium einer idealen Schule erarbeiten die gemeinsamen Werte für das Zusammenleben in der Schule.	4,52	3,48	Leitung und Kollegium meiner Schule erarbeiten die gemeinsamen Werte für das Zusammenleben in der Schule.	8
52	Die Konferenzen werden an einer guten Schule zielgerichtet durchgeführt.	4,72	3,36	Die Konferenzen werden an meiner Schule zielgerichtet durchgeführt.	9

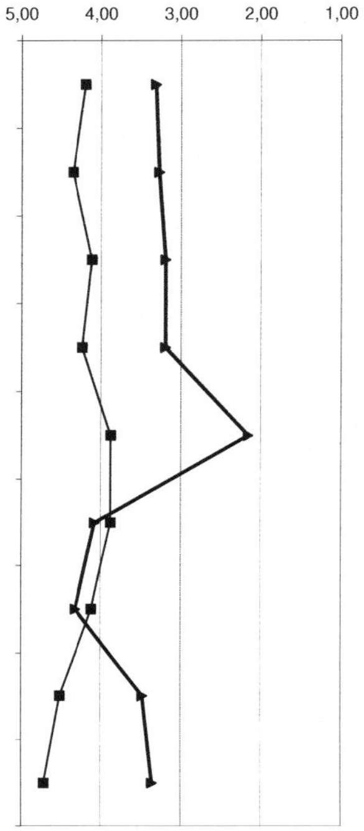

Abbildung 5-62: Ergebnisse von Messung 1 im Bereich Personalentwicklung an Schule 6

Schule 6

PERSONALENTWICKLUNG

Quadrat = Mittelwert ideal 1; Dreieck = Mittelwert real 1

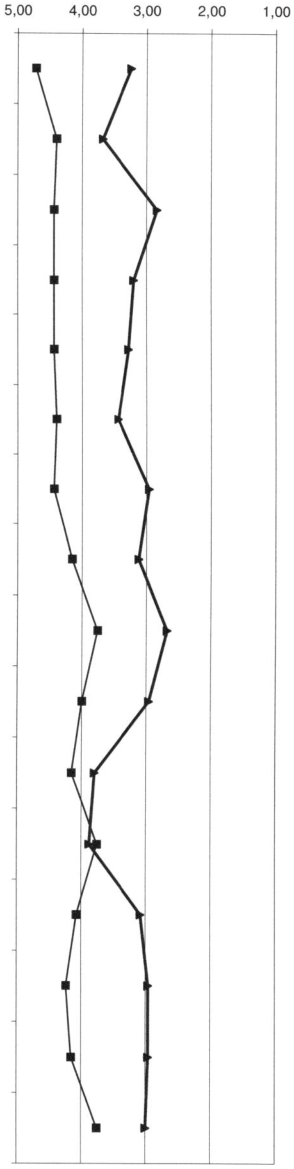

Nr.	ideal	Mittelwert ideal 1 (Quadrat)	Mittelwert real 1 (Dreieck)	real	Nr.
53	Die Anlage einer Schule nach meinen Vorstellungen verbreitet eine angenehme Atmosphäre.	4,72	3,24	Die Anlage meiner Schule verbreitet eine angenehme Atmosphäre.	10
54	Die Kommunikation ist unter den Lehrkräften einer idealen Schule offen.	4,40	3,68	Die Kommunikation ist unter den Lehrkräften meiner Schule offen.	11
55	An einer guten Schule werden Konflikte zwischen Lehrkräften geklärt.	4,44	2,84	An meiner Schule werden Konflikte zwischen Lehrkräften geklärt.	12
56	An einer Schule, die ich mir wünsche, begegnen sich Lehrkräfte und Schüler mit Offenheit.	4,44	3,20	An meiner Schule begegnen sich Lehrkräfte und Schüler mit Offenheit.	13
57	Die Lehrkräfte einer Schule nach meinen Vorstellungen gehen gerne in ihre Schule.	4,44	3,28	Die Lehrkräfte meiner Schule gehen gerne in ihre Schule.	14
58	Die Schüler einer idealen Schule gehen gerne in ihre Schule.	4,40	3,44	Die Schüler meiner Schule gehen gerne in ihre Schule.	15
59	Um die Entwicklungsarbeit bemüht sich an einer guten Schule das Kollegium gemeinsam.	4,44	2,96	Um die Entwicklungsarbeit bemüht sich an meiner Schule das Kollegium gemeinsam.	16
60	An einer idealen Schule arbeitet das Kollegium in unterrichtlichen Fragen zusammen.	4,16	3,12	An meiner Schule arbeitet das Kollegium in unterrichtlichen Fragen zusammen.	17
61	Lehrkräfte und Eltern arbeiten an einer Schule, die ich mir wünsche, zusammen.	3,76	2,68	Lehrkräfte und Eltern arbeiten an meiner Schule zusammen.	18
62	An einer idealen Schule arbeiten die Lehrkräfte mit außerschulischen Experten zusammen.	4,00	2,96	An meiner Schule arbeiten die Lehrkräfte mit außerschulischen Experten zusammen.	19
63	Das Kollegium an einer Schule nach meinen Vorstellungen ist neuen Ideen gegenüber aufgeschlossen.	4,16	3,80	Das Kollegium an meiner Schule ist neuen Ideen gegenüber aufgeschlossen.	20
64	An der Schule, die ich mir wünsche, findet interne Lehrerfortbildung statt.	3,76	3,88	An meiner Schule findet interne Lehrerfortbildung statt.	21
65	Die Lehrkräfte einer idealen Schule bemühen sich um die permanente Weiterentwicklung ihrer methodischen Kompetenz.	4,08	3,08	Die Lehrkräfte meiner Schule bemühen sich um die permanente Weiterentwicklung ihrer methodischen Kompetenz.	22
66	Die Lehrkräfte einer guten Schule bemühen sich um die permanente Weiterentwicklung ihrer erzieherischen Kompetenz.	4,24	2,96	Die Lehrkräfte meiner Schule bemühen sich um die permanente Weiterentwicklung ihrer erzieherischen Kompetenz.	23
67	Die Lehrkräfte einer idealen Schule bemühen sich um die permanente Weiterentwicklung ihrer sozialen Kompetenz.	4,16	2,96	Die Lehrkräfte meiner Schule bemühen sich um die permanente Weiterentwicklung ihrer sozialen Kompetenz.	24
68	Die Lehrkräfte einer guten Schule sind bereit, ihr Wissen im Rahmen von regionalen Fortbildungen weiterzugeben.	3,76	3,00	Die Lehrkräfte meiner Schule sind bereit, ihr Wissen im Rahmen von regionalen Fortbildungen weiterzugeben.	25

Abbildung 5-63: Ergebnisse von Messung 1 im Bereich Unterrichtsentwicklung an Schule 6

Nr.	ideal	Mittelwert ideal 1 Quadrat	Schule 6 UNTERRICHTSENTWICKLUNG	Mittelwert real 1 Dreieck	real	Nr.
69	Die Lehrkräfte einer guten Schule nehmen regelmäßig eine kritische Bewertung ihrer Unterrichtsarbeit vor.	3,96		2,48	Die Lehrkräfte meiner Schule nehmen regelmäßig eine kritische Bewertung ihrer Unterrichtsarbeit vor.	26
70	An einer idealen Schule bemühen sich die Lehrkräfte, die individuellen Begabungen der Schüler zu fördern.	4,24		3,32	An meiner Schule bemühen sich die Lehrkräfte, die individuellen Begabungen der Schüler zu fördern.	27
71	Die Lehrkräfte gestalten an der Schule, die ich mir wünsche, einen methodisch abwechslungsreichen Unterricht.	4,48		3,20	Die Lehrkräfte gestalten an meiner Schule einen methodisch abwechslungsreichen Unterricht.	28
72	An einer Schule nach meinen Vorstellungen wird Leistungsmessung mit Sorgfalt durchgeführt.	4,60		3,80	An meiner Schule wird Leistungsmessung mit Sorgfalt durchgeführt.	29
73	Die Lehrkräfte einer guten Schule nehmen regelmäßig eine kritische Bewertung ihrer Erziehungsarbeit vor.	4,28		2,96	Die Lehrkräfte meiner Schule nehmen regelmäßig eine kritische Bewertung ihrer Erziehungsarbeit vor.	30
74	Soziales Lernen wird an der Schule, die ich mir wünsche, sehr wichtig genommen.	4,68		3,28	Soziales Lernen wird an meiner Schule sehr wichtig genommen.	31
75	Die Schüler werden an einer Schule nach meinen Vorstellungen zu selbständigem Lernen befähigt.	4,48		3,08	Die Schüler werden an meiner Schule zu selbständigem Lernen befähigt.	32
76	An einer guten Schule werden Konflikte zwischen Lehrkräften und Schülern geklärt.	4,48		3,44	An meiner Schule werden Konflikte zwischen Lehrkräften und Schülern geklärt.	33
77	Die Schüler an einer idealen Schule helfen sich gegenseitig.	4,52		3,04	Die Schüler an meiner Schule helfen sich gegenseitig.	34
78	An einer Schule nach meinen Vorstellungen werden außerschulische Lernorte wahrgenommen	4,28		3,56	An meiner Schule werden außerschulische Lernorte wahrgenommen	35
79	Die Schule, die ich mir wünsche, arbeitet mit außerschulischen Institutionen zusammen.	4,12		3,28	Meine Schule arbeitet mit außerschulischen Institutionen zusammen.	36
80	An einer guten Schule finden Arbeiten von Schülern auch außerhalb der Schule Anerkennung.	4,24		3,32	An meiner Schule finden Arbeiten von Schülern auch außerhalb der Schule Anerkennung.	37

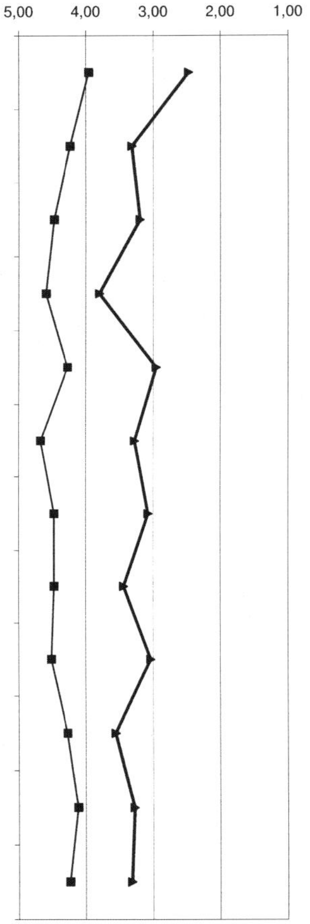

Abbildung 5-64: Ergebnisse von Messung 1 im Bereich Selbst und eigener Unterricht an Schule 6

Schule 6

SELBST UND UNTERRICHT

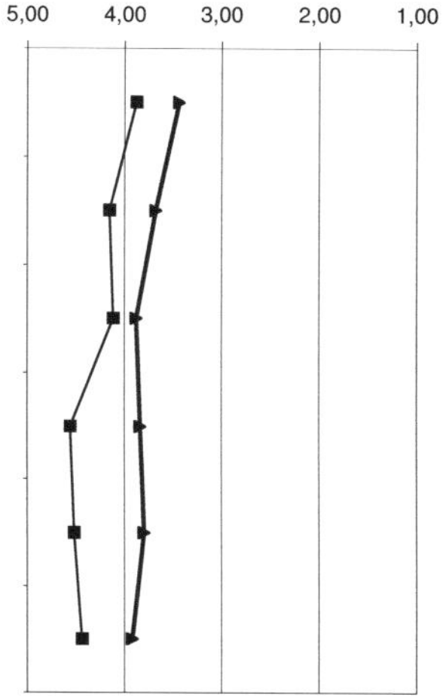

Nr.	ideal	Mittelwert ideal 1 (Quadrat)	Mittelwert real 1 (Dreieck)	real	Nr.
81	Im Kollegium kann die ideale Lehrkraft ihre Gefühle offen zeigen.	3,88	3,44	Im Kollegium kann ich meine Gefühle offen zeigen.	38
82	Die ideale Lehrkraft kooperiert mit den Eltern ihrer Schüler.	4,16	3,68	Ich kooperiere mit den Eltern meiner Schüler.	39
83	Fortbildungsangebote nimmt die ideale Lehrkraft wahr.	4,12	3,88	Fortbildungsangebote nehme ich wahr.	40
84	Die ideale Lehrkraft gestaltet einen methodisch abwechslungsreichen Unterricht.	4,56	3,84	Ich gestalte einen methodisch abwechslungsreichen Unterricht.	41
85	Die ideale Lehrkraft bemüht sich im Rahmen des Unterrichtens um viele originale Begegnungen.	4,52	3,80	Ich bemühe mich im Rahmen des Unterrichtens um viele originale Begegnungen.	42
86	Die ideale Lehrkraft wirkt an der Gestaltung der Schulkultur mit.	4,44	3,92	Ich wirke an der Gestaltung der Schulkultur mit.	43

5.5.6.2 Maßnahmen innerer Schulentwicklung nach der ersten Messung

Die während der am 7. April 2000 durchgeführten Entwicklungssitzung beschlossenen inhaltlichen Schwerpunktsetzungen führten an der Untersuchungsschule 6 zu einem grundschulspezifischen Qualitätszirkel. Für diesen Zirkel zur Unterrichtsentwicklung meldeten sich sechs Grundschullehrkräfte. Die Maßnahmen nach der ersten Erhebung werden in Tabelle 5-23 zusammengefasst:

Tabelle 5-23: Maßnahmen innerer Entwicklung an Schule 6 nach der ersten Messung

Schulentwicklungssitzung (Schulentwicklungssitzung/Organisationsentwicklung)

Thema	*Dauer*
Rückmeldung der Ergebnisse und inhaltliche Schwerpunktsetzungen	3 Stunden

Qualitätszirkel: Grundschule (Grundschule/Unterrichtsentwicklung)

Thema	*Dauer*
Diskussion neuer gemeinsamer Regeln für die Grundschule	3,5 Stunden
Diskussion neuer gemeinsamer Regeln für die Grundschule	3,5 Stunden

5.5.6.3 Ergebnisse der zweiten Messung

Die zweite Messung erfolgte während einer Kollegiumssitzung am 24. Juli 2000. Die Ergebnisse von Messung 1 und 2 wurden dem Kollegium von Schule 6 zu Beginn eines Schulentwicklungswochenendes, das am 6. und 7. Oktober 2000 in einem Landhotel durchgeführt wurde, vorgestellt. An diesem Wochenende, das erneut durch den Experten der Freien Arbeitsgemeinschaft Moderation Schulentwicklung moderiert wurde, nahmen 75 % der Lehrkräfte teil.

Nach der Rückmeldung der Befragungsergebnisse führten die Lehrkräfte eine weitere Gewichtung einzelner Aussagen des Befragungsinstruments zur Situation an der eigenen Schule durch. Die bereits nach der ersten Ergebnisrückmeldung ausgewählten Aussagen wurden durch weitere ergänzt. An Schule 6 wurden aus den drei Kernbereichen innerer Entwicklung Items aufgegriffen. Der Bereich Selbst und eigener Unterricht fand keine Berücksichtigung.

Neben den bereits nach der ersten Messung ausgewählten Schwerpunkten sind in den Profilen die neu gewählten Aussagen markiert. Die Abbildungen 5-65 bis 5-68 enthalten die gekennzeichneten Polaritätsprofile:

Abbildung 5-65: Ergebnisse von Messung 1 und 2 im Bereich Organisationsentwicklung an Schule 6

Nr.	ideal	Mittelwert ideal 1 (Kreis)	Mittelwert ideal 2 (Quadrat)	Mittelwert real 2 (Dreieck)	Mittelwert real 1 (Raute)	real	Nr.
44	Den Lehrkräften, Schülern und Eltern einer Schule nach meinen Vorstellungen sind gemeinsame Ziele klar.	4,17	3,67	3,33	3,33	Den Lehrkräften, Schülern und Eltern meiner Schule sind gemeinsame Ziele klar.	1
45	Wertekonflikte werden im Kollegium einer guten Schule aufgegriffen.	4,38	4,13	3,42	3,29	Wertekonflikte werden in meinem Kollegium aufgegriffen.	2
46	Das Kollegium einer Schule, die ich mir wünsche, bemüht sich um ein eigenes Profil.	4,13	4,00	3,71	3,25	Das Kollegium meiner Schule bemüht sich um ein eigenes Profil.	3
47	An der idealen Schule ist es üblich, dass der Bedarf an Innovation erfasst wird.	4,21	4,21	3,46	3,25	An meiner Schule ist es üblich, dass der Bedarf an Innovation erfasst wird.	4
48	Das Kollegium einer guten Schule überprüft regelmäßig, ob die gemeinsam gesetzten Ziele erreicht werden.	3,88	4,00	2,71	2,21	Das Kollegium an meiner Schule überprüft regelmäßig, ob die gemeinsam gesetzten Ziele erreicht werden.	5
49	Die Leitung einer Schule, die ich mir wünsche, regt zu Initiativen an.	3,88	3,88	4,13	4,13	Die Leitung meiner Schule regt zu Initiativen an.	6
50	Die Leitung einer Schule nach meinen Vorstellungen legt Wert auf eine Weiterentwicklung der Schule.	4,13	4,13	4,21	4,38	Die Leitung meiner Schule legt Wert auf eine Weiterentwicklung der Schule.	7
51	Leitung und Kollegium einer idealen Schule erarbeiten die gemeinsamen Werte für das Zusammenleben in der Schule.	4,50	4,33	3,50	3,54	Leitung und Kollegium meiner Schule erarbeiten die gemeinsamen Werte für das Zusammenleben in der Schule.	8
52	Die Konferenzen werden an einer guten Schule zielgerichtet durchgeführt.	4,75	4,54	3,54	3,38	Die Konferenzen werden an meiner Schule zielgerichtet durchgeführt.	9

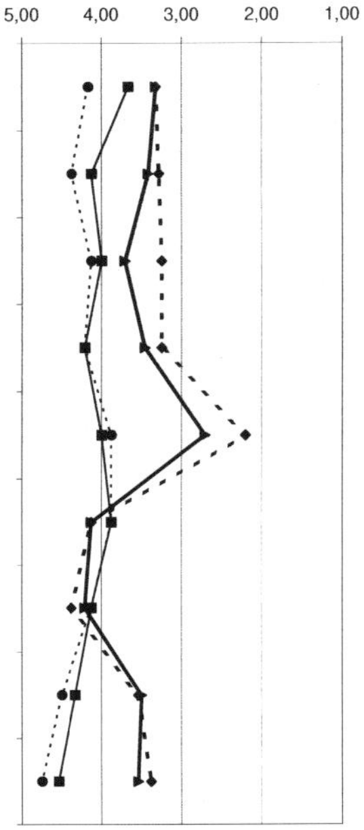

Abbildung 5-66: Ergebnisse von Messung 1 und 2 im Bereich Personalentwicklung an Schule 6

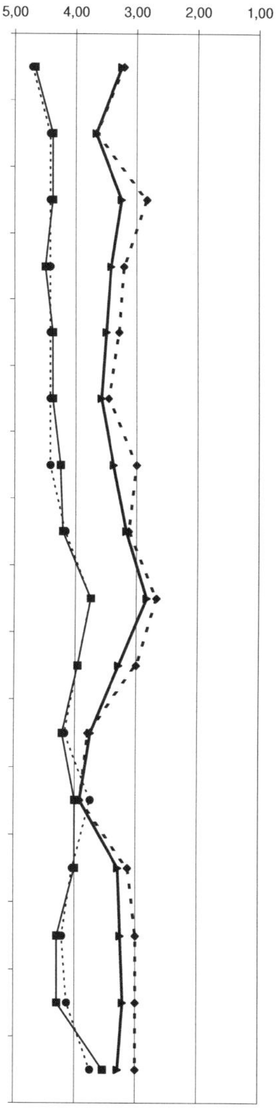

Nr.	ideal	Mittelwert ideal 1 (Kreis)	Mittelwert ideal 2 (Quadrat)	Mittelwert real 2 (Dreieck)	Mittelwert real 1 (Raute)	real	Nr.
53	Die Anlage einer Schule nach meinen Vorstellungen verbreitet eine angenehme Atmosphäre.	4,71	4,67	3,25	3,21	Die Anlage meiner Schule verbreitet eine angenehme Atmosphäre.	10
54	Die Kommunikation ist unter den Lehrkräften einer idealen Schule offen.	4,42	4,38	3,67	3,67	Die Kommunikation ist unter den Lehrkräften meiner Schule offen.	11
55	An einer guten Schule werden Konflikte zwischen Lehrkräften geklärt.	4,42	4,38	3,25	2,83	An meiner Schule werden Konflikte zwischen Lehrkräften geklärt.	12
56	An einer Schule, die ich mir wünsche, begegnen sich Lehrkräfte und Schüler mit Offenheit.	4,42	4,50	3,42	3,21	An meiner Schule begegnen sich Lehrkräfte und Schüler mit Offenheit.	13
57	Die Lehrkräfte einer Schule nach meinen Vorstellungen gehen gerne in ihre Schule.	4,42	4,38	3,50	3,29	Die Lehrkräfte meiner Schule gehen gerne in ihre Schule.	14
58	Die Schüler einer idealen Schule gehen gerne in ihre Schule.	4,42	4,38	3,58	3,46	Die Schüler meiner Schule gehen gerne in ihre Schule.	15
59	Um die Entwicklungsarbeit bemüht sich an einer guten Schule das Kollegium gemeinsam.	4,42	4,25	3,38	3,00	Um die Entwicklungsarbeit bemüht sich an meiner Schule das Kollegium gemeinsam.	16
60	An einer idealen Schule arbeitet das Kollegium in unterrichtlichen Fragen zusammen.	4,17	4,21	3,17	3,13	An meiner Schule arbeitet das Kollegium in unterrichtlichen Fragen zusammen.	17
61	Lehrkräfte und Eltern arbeiten an einer Schule, die ich mir wünsche, zusammen.	3,75	3,75	2,83	2,67	Lehrkräfte und Eltern arbeiten an meiner Schule zusammen.	18
62	An einer idealen Schule arbeiten die Lehrkräfte mit außerschulischen Experten zusammen.	3,96	3,96	3,29	3,00	An meiner Schule arbeiten die Lehrkräfte mit außerschulischen Experten zusammen.	19
63	Das Kollegium an einer Schule nach meinen Vorstellungen ist neuen Ideen gegenüber aufgeschlossen.	4,17	4,21	3,75	3,79	Das Kollegium an meiner Schule ist neuen Ideen gegenüber aufgeschlossen.	20
64	An der Schule, die ich mir wünsche, findet interne Lehrerfortbildung statt.	3,75	4,00	3,92	3,92	An meiner Schule findet interne Lehrerfortbildung statt.	21
65	Die Lehrkräfte einer idealen Schule bemühen sich um die permanente Weiterentwicklung ihrer methodischen Kompetenz.	4,04	4,00	3,29	3,13	Die Lehrkräfte meiner Schule bemühen sich um die permanente Weiterentwicklung ihrer methodischen Kompetenz.	22
66	Die Lehrkräfte einer guten Schule bemühen sich um die permanente Weiterentwicklung ihrer erzieherischen Kompetenz.	4,21	4,29	3,25	3,00	Die Lehrkräfte meiner Schule bemühen sich um die permanente Weiterentwicklung ihrer erzieherischen Kompetenz.	23
67	Die Lehrkräfte einer idealen Schule bemühen sich um die permanente Weiterentwicklung ihrer sozialen Kompetenz.	4,13	4,29	3,21	3,00	Die Lehrkräfte meiner Schule bemühen sich um die permanente Weiterentwicklung ihrer sozialen Kompetenz.	24
68	Die Lehrkräfte einer guten Schule sind bereit, ihr Wissen im Rahmen von regionalen Fortbildungen weiterzugeben.	3,75	3,54	3,29	3,00	Die Lehrkräfte meiner Schule sind bereit, ihr Wissen im Rahmen von regionalen Fortbildungen weiterzugeben.	25

Abbildung 5-67: Ergebnisse von Messung 1 und 2 im Bereich Unterrichtsentwicklung an Schule 6

Schule 6

UNTERRICHTSENTWICKLUNG

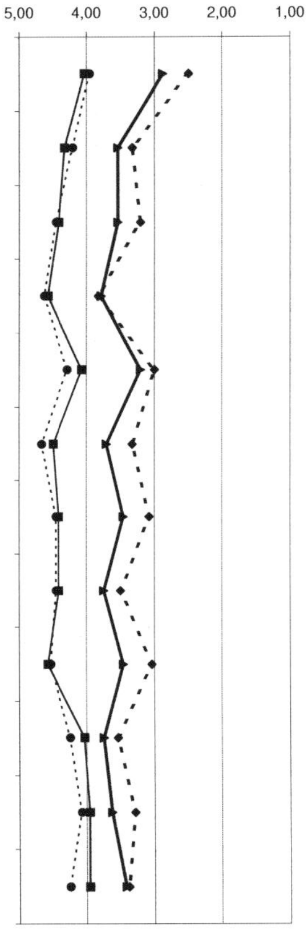

Nr.	ideal	Mittelwert ideal 1 (Kreis)	Mittelwert ideal 2 (Quadrat)	Mittelwert real 2 (Dreieck)	Mittelwert real 1 (Raute)	real	Nr.
69	Die Lehrkräfte einer guten Schule nehmen regelmäßig eine kritische Bewertung ihrer Unterrichtsarbeit vor.	3,96	4,04	2,88	2,50	Die Lehrkräfte meiner Schule nehmen regelmäßig eine kritische Bewertung ihrer Unterrichtsarbeit vor.	26
70	An einer idealen Schule bemühen sich die Lehrkräfte, die individuellen Begabungen der Schüler zu fördern.	4,21	4,33	3,54	3,33	An meiner Schule bemühen sich die Lehrkräfte, die individuellen Begabungen der Schüler zu fördern.	27
71	Die Lehrkräfte gestalten an der Schule, die ich mir wünsche, einen methodisch abwechslungsreichen Unterricht.	4,46	4,42	3,54	3,21	Die Lehrkräfte gestalten an meiner Schule einen methodisch abwechslungsreichen Unterricht.	28
72	An einer Schule nach meinen Vorstellungen wird Leistungsmessung mit Sorgfalt durchgeführt.	4,63	4,58	3,79	3,83	An meiner Schule wird Leistungsmessung mit Sorgfalt durchgeführt.	29
73	Die Lehrkräfte einer guten Schule nehmen regelmäßig eine kritische Bewertung ihrer Erziehungsarbeit vor.	4,29	4,08	3,21	3,00	Die Lehrkräfte meiner Schule nehmen regelmäßig eine kritische Bewertung ihrer Erziehungsarbeit vor.	30
74	Soziales Lernen wird an der Schule, die ich mir wünsche, sehr wichtig genommen.	4,67	4,50	3,71	3,33	Soziales Lernen wird an meiner Schule sehr wichtig genommen.	31
75	Die Schüler werden an einer Schule nach meinen Vorstellungen zu selbständigem Lernen befähigt.	4,46	4,42	3,46	3,08	Die Schüler werden an meiner Schule zu selbständigem Lernen befähigt.	32
76	An einer guten Schule werden Konflikte zwischen Lehrkräften und Schülern geklärt.	4,46	4,42	3,75	3,50	An meiner Schule werden Konflikte zwischen Lehrkräften und Schülern geklärt.	33
77	Die Schüler an einer idealen Schule helfen sich gegenseitig.	4,54	4,58	3,46	3,04	Die Schüler an meiner Schule helfen sich gegenseitig.	34
78	An einer Schule nach meinen Vorstellungen werden außerschulische Lernorte wahrgenommen	4,25	4,04	3,75	3,54	An meiner Schule werden außerschulische Lernorte wahrgenommen	35
79	Die Schule, die ich mir wünsche, arbeitet mit außerschulischen Institutionen zusammen.	4,08	3,96	3,63	3,29	Meine Schule arbeitet mit außerschulischen Institutionen zusammen.	36
80	An einer guten Schule finden Arbeiten von Schülern auch außerhalb der Schule Anerkennung.	4,25	3,96	3,42	3,38	An meiner Schule finden Arbeiten von Schülern auch außerhalb der Schule Anerkennung.	37

Abbildung 5-68: Ergebnisse von Messung 1 und 2 im Bereich Selbst und eigener Unterricht an Schule 6

Schule 6

SELBST UND UNTERRICHT

Nr.	ideal	Mittelwert ideal 1 (Kreis)	Mittelwert ideal 2 (Quadrat)	Mittelwert real 2 (Dreieck)	Mittelwert real 1 (Raute)	real	Nr.
81	Im Kollegium kann die ideale Lehrkraft ihre Gefühle offen zeigen.	3,88	3,79	3,38	3,46	Im Kollegium kann ich meine Gefühle offen zeigen.	38
82	Die ideale Lehrkraft kooperiert mit den Eltern ihrer Schüler.	4,17	4,13	3,75	3,71	Ich kooperiere mit den Eltern meiner Schüler.	39
83	Fortbildungsangebote nimmt die ideale Lehrkraft wahr.	4,13	4,13	3,79	3,83	Fortbildungsangebote nehme ich wahr.	40
84	Die ideale Lehrkraft gestaltet einen methodisch abwechslungsreichen Unterricht.	4,54	4,42	3,75	3,83	Ich gestalte einen methodisch abwechslungsreichen Unterricht.	41
85	Die ideale Lehrkraft bemüht sich im Rahmen des Unterrichtens um viele originale Begegnungen.	4,50	4,29	3,75	3,79	Ich bemühe mich im Rahmen des Unterrichtens um viele originale Begegnungen.	42
86	Die ideale Lehrkraft wirkt an der Gestaltung der Schulkultur mit.	4,42	4,29	3,88	3,92	Ich wirke an der Gestaltung der Schulkultur mit.	43

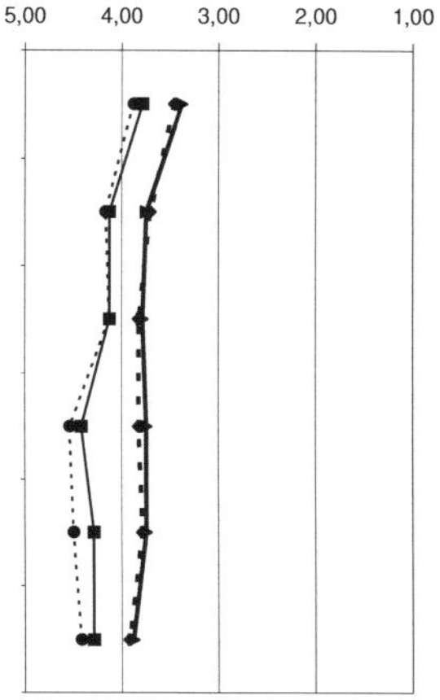

5.5.6.4 Maßnahmen innerer Schulentwicklung nach der zweiten Messung

Im Rahmen des Schulentwicklungswochenendes nach der zweiten Messung befassten sich die teilnehmenden Lehrkräfte nach der Rückmeldung und Gewichtung der Messergebnisse mit dem kollegialen Klima sowie mit der Entwicklung eines Leitbilds. Neben Qualitätszirkeln zur Kooperation von Leitung und Kollegium, zur Pflege von Außenbeziehungen sowie zum Methodentraining wurde auch eine Steuergruppe eingerichtet. Der grundschulspezifische Zirkel löste sich, nachdem die intendierte Zielsetzung umgesetzt werden konnte, vor der zweiten Messung auf. Die Lehrkräfte dieses Arbeitskreises begaben sich in die neu gegründeten Zirkel, die von jeweils fünf bis sechs Teilnehmenden getragen wurden. Die Entwicklungsmaßnahmen werden in Tabelle 5-24 zusammengefasst:

Tabelle 5-24: Maßnahmen innerer Entwicklung an Schule 6 nach der zweiten Messung

Schulentwicklungswochenende (Schulleitung und Kollegium/Personalentwicklung)

Thema	*Dauer*
Rückmeldung der Ergebnisse der zweiten Messung, Qualitätszirkel- und Steuergruppengründung, Diskussion des kollegialen Klimas sowie Leitbilddiskussion	7 Stunden

Schulentwicklungssitzung (Schulentwicklungssitzung/Organisationsentwicklung)

Thema	*Dauer*
Rückmeldung der Ergebnisse des Schulentwicklungswochenendes	2 Stunden

Steuergruppe (Steuergruppe/Organisationsentwicklung)

Thema	*Dauer*
Diskussion und Koordination der Arbeit der Qualitätszirkel	1,5 Stunden
Organisation der Präsentation für den regionalen Schulentwicklungskongress des Kultusministeriums	1,5 Stunden

Qualitätszirkel: Leitung (Schulleitung und Kollegium/Personalentwicklung)

Thema	*Dauer*
Diskussion und Planung von kollegialen Projekten	4 Stunden
Diskussion und Planung von kollegialen Projekten	4 Stunden

Qualitätszirkel: Außenbeziehungen (Außenbeziehungen/Personalentwicklung)

Thema	*Dauer*
Diskussion von Jugendarbeit mit außerschulischen Partnern	2,5 Stunden
Diskussion von Jugendarbeit mit außerschulischen Partnern	2,5 Stunden

Qualitätszirkel: Unterricht und Erziehung (Unterrichtsentwicklung/Unterrichtsentwicklung)

Thema	*Dauer*
Vorbereitung von Methodentraining	2 Stunden
Planung eines Schülerprojekts zum Lernen des Lernens	2 Stunden

5.5.6.5 Ergebnisse der dritten Messung

In Schule 6 fand die letzte Messung am 19. Februar 2001 während einer Kollegiumssitzung statt. Die Ergebnisse von Messung 1 und 3 wurden am 3. Juli 2001 während einer weiteren Sitzung vorgestellt. Die entsprechenden Profile werden in den Abbildungen 5-69 bis 5-72 dargestellt:

Abbildung 5-69: Ergebnisse von Messung 1 und 3 im Bereich Organisationsentwicklung an Schule 6

Schule 6

ORGANISATIONSENTWICKLUNG

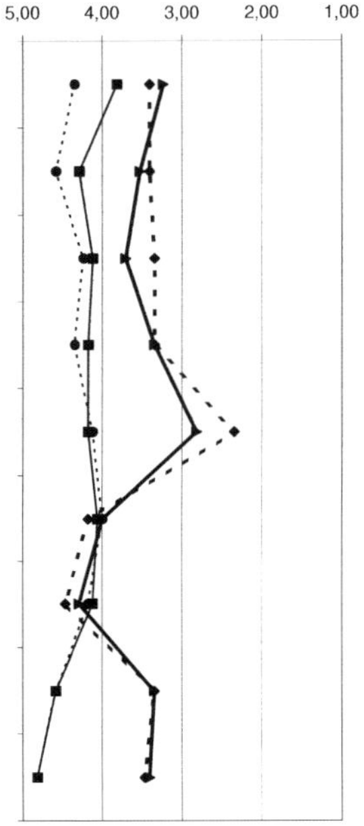

Nr.	ideal	Mittelwert ideal 1 (Kreis)	Mittelwert ideal 3 (Quadrat)	Mittelwert real 3 (Dreieck)	Mittelwert real 1 (Raute)	real	Nr.
44	Den Lehrkräften, Schülern und Eltern einer Schule nach meinen Vorstellungen sind gemeinsame Ziele klar.	4,35	3,82	3,24	3,41	Den Lehrkräften, Schülern und Eltern meiner Schule sind gemeinsame Ziele klar.	1
45	Wertekonflikte werden im Kollegium einer guten Schule aufgegriffen.	4,59	4,29	3,53	3,41	Wertekonflikte werden in meinem Kollegium aufgegriffen.	2
46	Das Kollegium einer Schule, die ich mir wünsche, bemüht sich um ein eigenes Profil.	4,24	4,12	3,71	3,35	Das Kollegium meiner Schule bemüht sich um ein eigenes Profil.	3
47	An der idealen Schule ist es üblich, dass der Bedarf an Innovation erfasst wird.	4,35	4,18	3,35	3,35	An meiner Schule ist es üblich, dass der Bedarf an Innovation erfasst wird.	4
48	Das Kollegium einer guten Schule überprüft regelmäßig, ob die gemeinsam gesetzten Ziele erreicht werden.	4,12	4,18	2,82	2,35	Das Kollegium an meiner Schule überprüft regelmäßig, ob die gemeinsam gesetzten Ziele erreicht werden.	5
49	Die Leitung einer Schule, die ich mir wünsche, regt zu Initiativen an.	4,00	4,06	4,00	4,18	Die Leitung meiner Schule regt zu Initiativen an.	6
50	Die Leitung einer Schule nach meinen Vorstellungen legt Wert auf eine Weiterentwicklung der Schule.	4,18	4,12	4,29	4,47	Die Leitung meiner Schule legt Wert auf eine Weiterentwicklung der Schule.	7
51	Leitung und Kollegium einer idealen Schule erarbeiten die gemeinsamen Werte für das Zusammenleben in der Schule.	4,59	4,59	3,35	3,35	Leitung und Kollegium meiner Schule erarbeiten die gemeinsamen Werte für das Zusammenleben in der Schule.	8
52	Die Konferenzen werden an einer guten Schule zielgerichtet durchgeführt.	4,82	4,82	3,41	3,47	Die Konferenzen werden an meiner Schule zielgerichtet durchgeführt.	9

Abbildung 5-70: Ergebnisse von Messung 1 und 3 im Bereich Personalentwicklung an Schule 6

Schule 6

PERSONALENTWICKLUNG

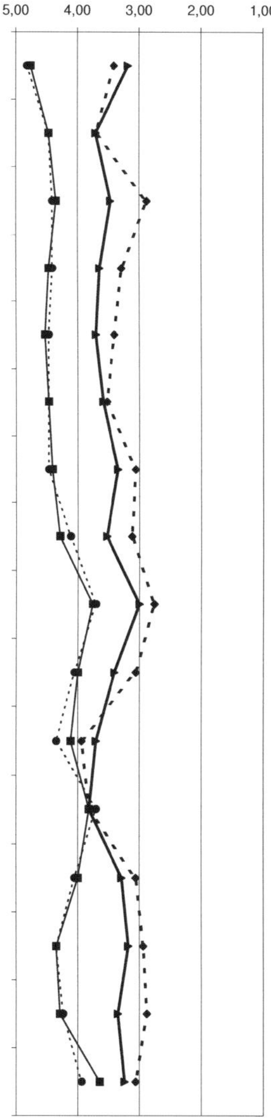

Nr.	ideal	Mittelwert ideal 1 (Kreis)	Mittelwert ideal 3 (Quadrat)	Mittelwert real 3 (Dreieck)	Mittelwert real 1 (Raute)	real	Nr.
53	Die Anlage einer Schule nach meinen Vorstellungen verbreitet eine angenehme Atmosphäre.	4,82	4,76	3,18	3,41	Die Anlage meiner Schule verbreitet eine angenehme Atmosphäre.	10
54	Die Kommunikation ist unter den Lehrkräften einer idealen Schule offen.	4,47	4,47	3,71	3,71	Die Kommunikation ist unter den Lehrkräften meiner Schule offen.	11
55	An einer guten Schule werden Konflikte zwischen Lehrkräften geklärt.	4,41	4,35	3,47	2,88	An meiner Schule werden Konflikte zwischen Lehrkräften geklärt.	12
56	An einer Schule, die ich mir wünsche, begegnen sich Lehrkräfte und Schüler mit Offenheit.	4,41	4,47	3,65	3,29	An meiner Schule begegnen sich Lehrkräfte und Schüler mit Offenheit.	13
57	Die Lehrkräfte einer Schule nach meinen Vorstellungen gehen gerne in ihre Schule.	4,47	4,53	3,71	3,41	Die Lehrkräfte meiner Schule gehen gerne in ihre Schule.	14
58	Die Schüler einer idealen Schule gehen gerne in ihre Schule.	4,47	4,47	3,59	3,53	Die Schüler meiner Schule gehen gerne in ihre Schule.	15
59	Um die Entwicklungsarbeit bemüht sich an einer guten Schule das Kollegium gemeinsam.	4,47	4,41	3,35	3,06	Um die Entwicklungsarbeit bemüht sich an meiner Schule das Kollegium gemeinsam.	16
60	An einer idealen Schule arbeitet das Kollegium in unterrichtlichen Fragen zusammen.	4,12	4,29	3,53	3,12	An meiner Schule arbeitet das Kollegium in unterrichtlichen Fragen zusammen.	17
61	Lehrkräfte und Eltern arbeiten an einer Schule, die ich mir wünsche, zusammen.	3,71	3,76	3,00	2,76	Lehrkräfte und Eltern arbeiten an meiner Schule zusammen.	18
62	An einer idealen Schule arbeiten die Lehrkräfte mit außerschulischen Experten zusammen.	4,06	4,00	3,41	3,06	An meiner Schule arbeiten die Lehrkräfte mit außerschulischen Experten zusammen.	19
63	Das Kollegium an einer Schule nach meinen Vorstellungen ist neuen Ideen gegenüber aufgeschlossen.	4,35	4,12	3,71	3,94	Das Kollegium an meiner Schule ist neuen Ideen gegenüber aufgeschlossen.	20
64	An der Schule, die ich mir wünsche, findet interne Lehrerfortbildung statt.	3,71	3,82	3,82	3,82	An meiner Schule findet interne Lehrerfortbildung statt.	21
65	Die Lehrkräfte einer idealen Schule bemühen sich um die permanente Weiterentwicklung ihrer methodischen Kompetenz.	4,06	4,00	3,29	3,06	Die Lehrkräfte meiner Schule bemühen sich um die permanente Weiterentwicklung ihrer methodischen Kompetenz.	22
66	Die Lehrkräfte einer guten Schule bemühen sich um die permanente Weiterentwicklung ihrer erzieherischen Kompetenz.	4,35	4,35	3,18	2,94	Die Lehrkräfte meiner Schule bemühen sich um die permanente Weiterentwicklung ihrer erzieherischen Kompetenz.	23
67	Die Lehrkräfte einer idealen Schule bemühen sich um die permanente Weiterentwicklung ihrer sozialen Kompetenz.	4,24	4,29	3,35	2,88	Die Lehrkräfte meiner Schule bemühen sich um die permanente Weiterentwicklung ihrer sozialen Kompetenz.	24
68	Die Lehrkräfte einer guten Schule sind bereit, ihr Wissen im Rahmen von regionalen Fortbildungen weiterzugeben.	3,94	3,65	3,24	3,06	Die Lehrkräfte meiner Schule sind bereit, ihr Wissen im Rahmen von regionalen Fortbildungen weiterzugeben.	25

Abbildung 5-71: Ergebnisse von Messung 1 und 3 im Bereich Unterrichtsentwicklung an Schule 6

Schule 6

UNTERRICHTSENTWICKLUNG

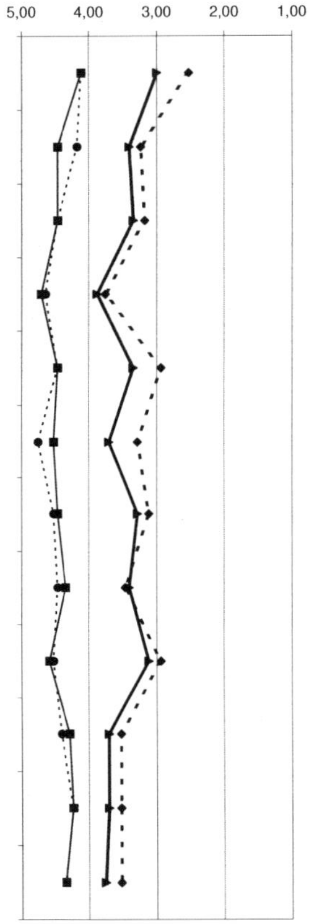

Nr.	ideal	Mittelwert ideal 1 (Kreis)	Mittelwert ideal 3 (Quadrat)	Mittelwert real 3 (Dreieck)	Mittelwert real 1 (Raute)	real	Nr.
69	Die Lehrkräfte einer guten Schule nehmen regelmäßig eine kritische Bewertung ihrer Unterrichtsarbeit vor.	4,12	4,12	3,00	2,53	Die Lehrkräfte meiner Schule nehmen regelmäßig eine kritische Bewertung ihrer Unterrichtsarbeit vor.	26
70	An einer idealen Schule bemühen sich die Lehrkräfte, die individuellen Begabungen der Schüler zu fördern.	4,18	4,47	3,41	3,24	An meiner Schule bemühen sich die Lehrkräfte, die individuellen Begabungen der Schüler zu fördern.	27
71	Die Lehrkräfte gestalten an der Schule, die ich mir wünsche, einen methodisch abwechslungsreichen Unterricht.	4,47	4,47	3,35	3,18	Die Lehrkräfte gestalten an meiner Schule einen methodisch abwechslungsreichen Unterricht.	28
72	An einer Schule nach meinen Vorstellungen wird Leistungsmessung mit Sorgfalt durchgeführt.	4,65	4,71	3,88	3,76	An meiner Schule wird Leistungsmessung mit Sorgfalt durchgeführt.	29
73	Die Lehrkräfte einer guten Schule nehmen regelmäßig eine kritische Bewertung ihrer Erziehungsarbeit vor.	4,47	4,47	3,35	2,94	Die Lehrkräfte meiner Schule nehmen regelmäßig eine kritische Bewertung ihrer Erziehungsarbeit vor.	30
74	Soziales Lernen wird an der Schule, die ich mir wünsche, sehr wichtig genommen.	4,76	4,53	3,71	3,29	Soziales Lernen wird an meiner Schule sehr wichtig genommen.	31
75	Die Schüler werden an einer Schule nach meinen Vorstellungen zu selbständigem Lernen befähigt.	4,53	4,47	3,29	3,12	Die Schüler werden an meiner Schule zu selbständigem Lernen befähigt.	32
76	An einer guten Schule werden Konflikte zwischen Lehrkräften und Schülern geklärt.	4,47	4,35	3,41	3,47	An meiner Schule werden Konflikte zwischen Lehrkräften und Schülern geklärt.	33
77	Die Schüler an einer idealen Schule helfen sich gegenseitig.	4,53	4,59	3,12	2,94	Die Schüler an meiner Schule helfen sich gegenseitig.	34
78	An einer Schule nach meinen Vorstellungen werden außerschulische Lernorte wahrgenommen	4,41	4,29	3,71	3,53	An meiner Schule werden außerschulische Lernorte wahrgenommen	35
79	Die Schule, die ich mir wünsche, arbeitet mit außerschulischen Institutionen zusammen.	4,24	4,24	3,71	3,53	Meine Schule arbeitet mit außerschulischen Institutionen zusammen.	36
80	An einer guten Schule finden Arbeiten von Schülern auch außerhalb der Schule Anerkennung.	4,35	4,35	3,76	3,53	An meiner Schule finden Arbeiten von Schülern auch außerhalb der Schule Anerkennung.	37

Abbildung 5-72: Ergebnisse von Messung 1 und 3 im Bereich Selbst und eigener Unterricht an Schule 6

Schule 6

SELBST UND UNTERRICHT

Nr.	ideal	Mittel-wert ideal 1 (Kreis)	Mittel-wert ideal 3 (Quadrat)	Mittel-wert real 3 (Dreieck)	Mittel-wert real 1 (Raute)	real	Nr.
81	Im Kollegium kann die ideale Lehrkraft ihre Gefühle offen zeigen.	4,00	3,82	3,35	3,41	Im Kollegium kann ich meine Gefühle offen zeigen.	38
82	Die ideale Lehrkraft kooperiert mit den Eltern ihrer Schüler.	4,18	4,00	3,94	3,88	Ich kooperiere mit den Eltern meiner Schüler.	39
83	Fortbildungsangebote nimmt die ideale Lehrkraft wahr.	4,24	4,41	4,12	3,88	Fortbildungsangebote nehme ich wahr.	40
84	Die ideale Lehrkraft gestaltet einen methodisch abwechslungsreichen Unterricht.	4,59	4,76	3,82	3,76	Ich gestalte einen methodisch abwechslungsreichen Unterricht.	41
85	Die ideale Lehrkraft bemüht sich im Rahmen des Unterrichtens um viele originale Begegnungen.	4,65	4,65	4,00	3,88	Ich bemühe mich im Rahmen des Unterrichtens um viele originale Begegnungen.	42
86	Die ideale Lehrkraft wirkt an der Gestaltung der Schulkultur mit.	4,59	4,59	4,12	4,00	Ich wirke an der Gestaltung der Schulkultur mit.	43

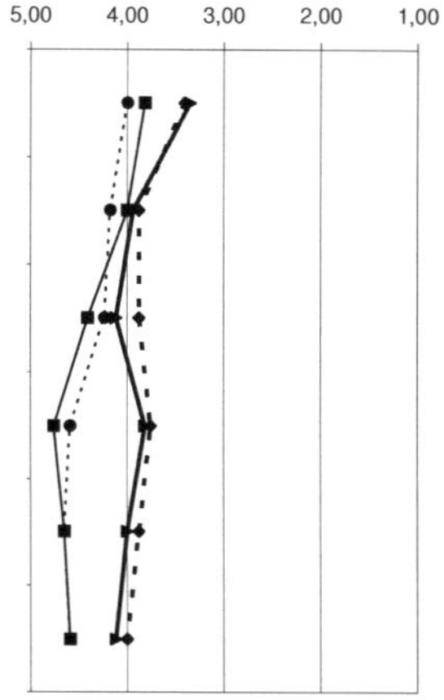

5.6 Messergebnisse an der Kontrollschule

Die Schule, deren Kollegium als Kontrollgruppe der Untersuchung von wahrnehmungsorientierter Schulentwicklung mitwirkte, ist eine Hauptschule mit den Jahrgangsstufen 5 bis 9 und wird von etwa 420 Schülerinnen und Schülern besucht. Sie liegt in einer Stadt mit cirka 40000 Einwohnern.

Am 13. April 2000 wurde das Kollegium im Rahmen einer Dienstbesprechung gebeten, als Kontrollgruppe für die Untersuchung einer wahrnehmungsorientierten Schulentwicklung zu fungieren und den Fragebogen zur Erfassung der Wahrnehmungen von idealer und realer Schule zu drei Messzeitpunkten auszufüllen. Die Lehrkräfte wurden darauf hingewiesen, dass erst nach Durchführung der dritten Messung eine Rückmeldung der Erhebungsergebnisse erfolgen würde. Auf diese Weise sollte eine Beeinflussung des Kollegiums durch die jeweiligen Messergebnisse vor der zweiten und dritten Messung verhindert werden.

Eine kollegiale Diskussion und Entscheidung wurde in Abwesenheit von Schulleitung und Forscher durchgeführt. 80 % der anwesenden Lehrkräfte entschieden sich für das dreimalige Ausfüllen des Fragebogeninstruments. Die anderen enthielten sich der Stimme. Im Anschluss an diese Abstimmung entschied sich das Kollegium, gleich die erste Messung durchzuführen.

Über die Kodierung der Fragebögen konnten die in Tabelle 5-25 wiedergegebenen Daten zur Teilnahme der Lehrkräfte der Kontrollschule an den Messungen erhoben werden:

Tabelle 5-25: Ausgewählte Daten zur Messungsbeteiligung der Lehrkräfte der Kontrollschule

Kontrollschule	n	Prozent
Gesamtkollegium zu Untersuchungsbeginn[25]	29	100,0
Teilnahme an Messung 1	16	55,2
Teilnahme an Messung 1 und 2	12	41,4
Teilnahme an Messung 1, 2 und 3	5	17,2

Die niedrige Teilnahmequote an der ersten Messung ist damit zu erklären, das an der Dienstbesprechung nur 25 Lehrkräfte anwesend waren. Dass sich auch bei den nachfolgenden Messungen die Zahl der teilnehmenden Lehrkräfte deutlich verringerte, lag vermutlich an der Tatsache, dass sich durch die Befragungen für das Kollegium der Kontrollschule kein direkter Nutzen ergab.

5.6.1 Ergebnisse der ersten Messung

In den Abbildungen 5-73 bis 5-76 werden die Ergebnisse der am 13. April 2000 durchgeführten ersten Messung dargestellt:

25 Wie bei den Untersuchungsschulen wurde auch die Leitung der Kontrollschule nicht in die anonyme Erhebung einbezogen.

Abbildung 5-73: Ergebnisse von Messung 1 im Bereich Organisationsentwicklung an der Kontrollschule

Schule 7

ORGANISATIONSENTWICKLUNG

Nr.	ideal	Mittelwert ideal 1 (Quadrat)	Mittelwert real 1 (Dreieck)	real	Nr.
44	Den Lehrkräften, Schülern und Eltern einer Schule nach meinen Vorstellungen sind gemeinsame Ziele klar.	4,50	3,92	Den Lehrkräften, Schülern und Eltern meiner Schule sind gemeinsame Ziele klar.	1
45	Wertekonflikte werden im Kollegium einer guten Schule aufgegriffen.	4,75	4,17	Wertekonflikte werden in meinem Kollegium aufgegriffen.	2
46	Das Kollegium einer Schule, die ich mir wünsche, bemüht sich um ein eigenes Profil.	4,67	4,33	Das Kollegium meiner Schule bemüht sich um ein eigenes Profil.	3
47	An der idealen Schule ist es üblich, dass der Bedarf an Innovation erfasst wird.	4,58	3,42	An meiner Schule ist es üblich, dass der Bedarf an Innovation erfasst wird.	4
48	Das Kollegium einer guten Schule überprüft regelmäßig, ob die gemeinsam gesetzten Ziele erreicht werden.	4,67	3,50	Das Kollegium an meiner Schule überprüft regelmäßig, ob die gemeinsam gesetzten Ziele erreicht werden.	5
49	Die Leitung einer Schule, die ich mir wünsche, regt zu Initiativen an.	4,58	4,33	Die Leitung meiner Schule regt zu Initiativen an.	6
50	Die Leitung einer Schule nach meinen Vorstellungen legt Wert auf eine Weiterentwicklung der Schule.	4,67	4,50	Die Leitung meiner Schule legt Wert auf eine Weiterentwicklung der Schule.	7
51	Leitung und Kollegium einer idealen Schule erarbeiten die gemeinsamen Werte für das Zusammenleben in der Schule.	4,92	4,25	Leitung und Kollegium meiner Schule erarbeiten die gemeinsamen Werte für das Zusammenleben in der Schule.	8
52	Die Konferenzen werden an einer guten Schule zielgerichtet durchgeführt.	4,83	4,92	Die Konferenzen werden an meiner Schule zielgerichtet durchgeführt.	9

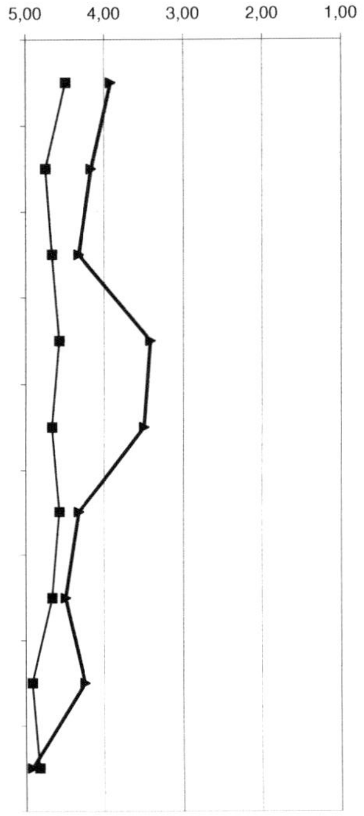

Abbildung 5-74: Ergebnisse von Messung 1 im Bereich Personalentwicklung an der Kontrollschule

Schule 7

PERSONALENTWICKLUNG

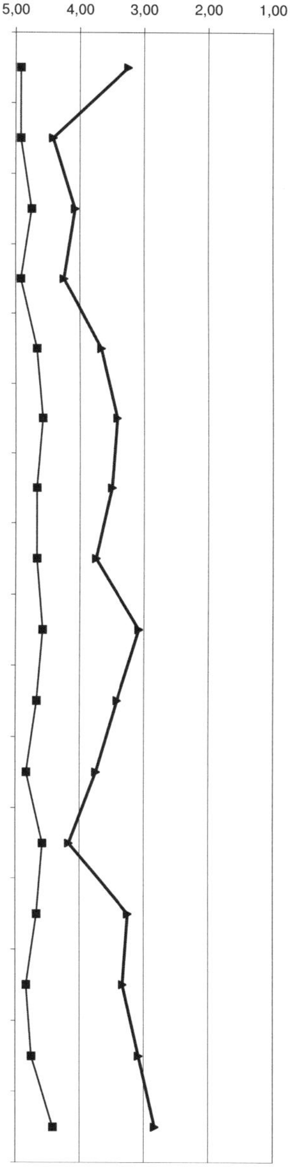

Nr.	ideal	Mittelwert ideal 1 (Quadrat)	Mittelwert real 1 (Dreieck)	real	Nr.
53	Die Anlage einer Schule nach meinen Vorstellungen verbreitet eine angenehme Atmosphäre.	4,92	3,25	Die Anlage meiner Schule verbreitet eine angenehme Atmosphäre.	10
54	Die Kommunikation ist unter den Lehrkräften einer idealen Schule offen.	4,92	4,42	Die Kommunikation ist unter den Lehrkräften meiner Schule offen.	11
55	An einer guten Schule werden Konflikte zwischen Lehrkräften geklärt.	4,75	4,08	An meiner Schule werden Konflikte zwischen Lehrkräften geklärt.	12
56	An einer Schule, die ich mir wünsche, begegnen sich Lehrkräfte und Schüler mit Offenheit.	4,92	4,25	An meiner Schule begegnen sich Lehrkräfte und Schüler mit Offenheit.	13
57	Die Lehrkräfte einer Schule nach meinen Vorstellungen gehen gerne in ihre Schule.	4,67	3,67	Die Lehrkräfte meiner Schule gehen gerne in ihre Schule.	14
58	Die Schüler einer idealen Schule gehen gerne in ihre Schule.	4,58	3,42	Die Schüler meiner Schule gehen gerne in ihre Schule.	15
59	Um die Entwicklungsarbeit bemüht sich an einer guten Schule das Kollegium gemeinsam.	4,67	3,50	Um die Entwicklungsarbeit bemüht sich an meiner Schule das Kollegium gemeinsam.	16
60	An einer idealen Schule arbeitet das Kollegium in unterrichtlichen Fragen zusammen.	4,67	3,75	An meiner Schule arbeitet das Kollegium in unterrichtlichen Fragen zusammen.	17
61	Lehrkräfte und Eltern arbeiten an einer Schule, die ich mir wünsche, zusammen.	4,58	3,08	Lehrkräfte und Eltern arbeiten an meiner Schule zusammen.	18
62	An einer idealen Schule arbeiten die Lehrkräfte mit außerschulischen Experten zusammen.	4,67	3,42	An meiner Schule arbeiten die Lehrkräfte mit außerschulischen Experten zusammen.	19
63	Das Kollegium an einer Schule nach meinen Vorstellungen ist neuen Ideen gegenüber aufgeschlossen.	4,83	3,75	Das Kollegium an meiner Schule ist neuen Ideen gegenüber aufgeschlossen.	20
64	An der Schule, die ich mir wünsche, findet interne Lehrerfortbildung statt.	4,58	4,17	An meiner Schule findet interne Lehrerfortbildung statt.	21
65	Die Lehrkräfte einer idealen Schule bemühen sich um die permanente Weiterentwicklung ihrer methodischen Kompetenz.	4,67	3,25	Die Lehrkräfte meiner Schule bemühen sich um die permanente Weiterentwicklung ihrer methodischen Kompetenz.	22
66	Die Lehrkräfte einer guten Schule bemühen sich um die permanente Weiterentwicklung ihrer erzieherischen Kompetenz.	4,83	3,33	Die Lehrkräfte meiner Schule bemühen sich um die permanente Weiterentwicklung ihrer erzieherischen Kompetenz.	23
67	Die Lehrkräfte einer idealen Schule bemühen sich um die permanente Weiterentwicklung ihrer sozialen Kompetenz.	4,75	3,08	Die Lehrkräfte meiner Schule bemühen sich um die permanente Weiterentwicklung ihrer sozialen Kompetenz.	24
68	Die Lehrkräfte einer guten Schule sind bereit, ihr Wissen im Rahmen von regionalen Fortbildungen weiterzugeben.	4,42	2,83	Die Lehrkräfte meiner Schule sind bereit, ihr Wissen im Rahmen von regionalen Fortbildungen weiterzugeben.	25

Abbildung 5-75: Ergebnisse von Messung 1 im Bereich Unterrichtsentwicklung an der Kontrollschule

Schule 7

UNTERRICHTSENTWICKLUNG

Nr.	ideal	Mittelwert ideal 1 (Quadrat)	Mittelwert real 1 (Dreieck)	real	Nr.
69	Die Lehrkräfte einer guten Schule nehmen regelmäßig eine kritische Bewertung ihrer Unterrichtsarbeit vor.	4,58	2,75	Die Lehrkräfte meiner Schule nehmen regelmäßig eine kritische Bewertung ihrer Unterrichtsarbeit vor.	26
70	An einer idealen Schule bemühen sich die Lehrkräfte, die individuellen Begabungen der Schüler zu fördern.	4,83	3,92	An meiner Schule bemühen sich die Lehrkräfte, die individuellen Begabungen der Schüler zu fördern.	27
71	Die Lehrkräfte gestalten an der Schule, die ich mir wünsche, einen methodisch abwechslungsreichen Unterricht.	4,83	3,25	Die Lehrkräfte gestalten an meiner Schule einen methodisch abwechslungsreichen Unterricht.	28
72	An einer Schule nach meinen Vorstellungen wird Leistungsmessung mit Sorgfalt durchgeführt.	4,75	4,08	An meiner Schule wird Leistungsmessung mit Sorgfalt durchgeführt.	29
73	Die Lehrkräfte einer guten Schule nehmen regelmäßig eine kritische Bewertung ihrer Erziehungsarbeit vor.	4,67	3,25	Die Lehrkräfte meiner Schule nehmen regelmäßig eine kritische Bewertung ihrer Erziehungsarbeit vor.	30
74	Soziales Lernen wird an der Schule, die ich mir wünsche, sehr wichtig genommen.	4,83	3,75	Soziales Lernen wird an meiner Schule sehr wichtig genommen.	31
75	Die Schüler werden an einer Schule nach meinen Vorstellungen zu selbständigem Lernen befähigt.	4,83	3,33	Die Schüler werden an meiner Schule zu selbständigem Lernen befähigt.	32
76	An einer guten Schule werden Konflikte zwischen Lehrkräften und Schülern geklärt.	4,92	4,42	An meiner Schule werden Konflikte zwischen Lehrkräften und Schülern geklärt.	33
77	Die Schüler an einer idealen Schule helfen sich gegenseitig.	4,75	3,33	Die Schüler an meiner Schule helfen sich gegenseitig.	34
78	An einer Schule nach meinen Vorstellungen werden außerschulische Lernorte wahrgenommen	4,67	3,67	An meiner Schule werden außerschulische Lernorte wahrgenommen	35
79	Die Schule, die ich mir wünsche, arbeitet mit außerschulischen Institutionen zusammen.	4,67	3,75	Meine Schule arbeitet mit außerschulischen Institutionen zusammen.	36
80	An einer guten Schule finden Arbeiten von Schülern auch außerhalb der Schule Anerkennung.	4,58	4,00	An meiner Schule finden Arbeiten von Schülern auch außerhalb der Schule Anerkennung.	37

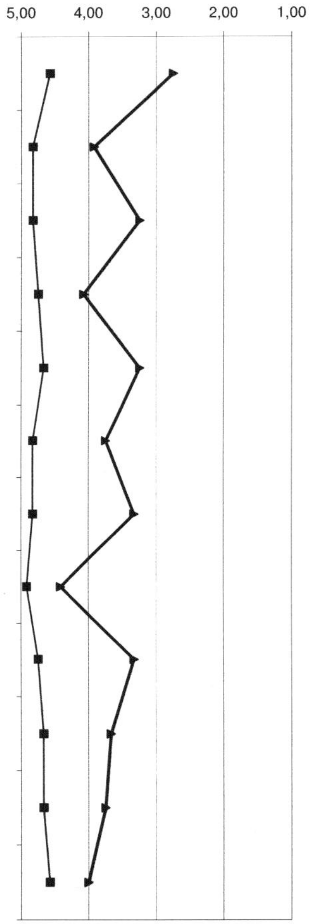

Abbildung 5-76: Ergebnisse von Messung 1 im Bereich Selbst und eigener Unterricht an der Kontrollschule

<u>Schule 7</u>

SELBST UND UNTERRICHT

Nr.	ideal	Mittelwert ideal 1 (Quadrat)	Mittelwert real 1 (Dreieck)	real	Nr.
81	Im Kollegium kann die ideale Lehrkraft ihre Gefühle offen zeigen.	4,25	4,00	Im Kollegium kann ich meine Gefühle offen zeigen.	38
82	Die ideale Lehrkraft kooperiert mit den Eltern ihrer Schüler.	4,50	4,00	Ich kooperiere mit den Eltern meiner Schüler.	39
83	Fortbildungsangebote nimmt die ideale Lehrkraft wahr.	4,58	4,00	Fortbildungsangebote nehme ich wahr.	40
84	Die ideale Lehrkraft gestaltet einen methodisch abwechslungsreichen Unterricht.	4,83	3,75	Ich gestalte einen methodisch abwechslungsreichen Unterricht.	41
85	Die ideale Lehrkraft bemüht sich im Rahmen des Unterrichtens um viele originale Begegnungen.	4,67	3,83	Ich bemühe mich im Rahmen des Unterrichtens um viele originale Begegnungen.	42
86	Die ideale Lehrkraft wirkt an der Gestaltung der Schulkultur mit.	4,67	4,08	Ich wirke an der Gestaltung der Schulkultur mit.	43

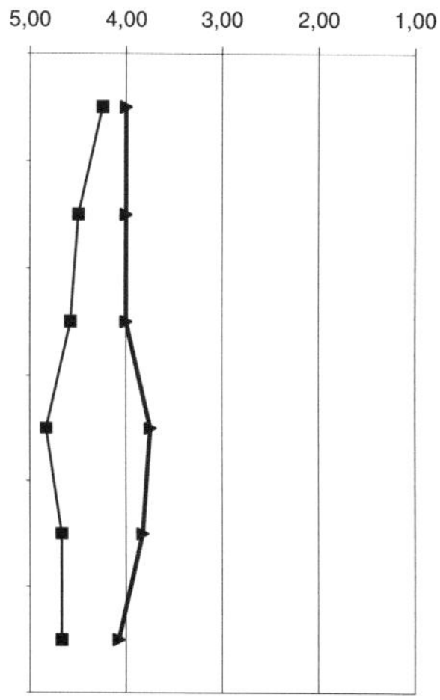

5.6.2 Ergebnisse der zweiten Messung

Die zweite Messung wurde während einer Kollegiumssitzung am 24. Juli 2000 durchgeführt. Die Abbildungen 5-77 bis 5-80 enthalten die Ergebnisse dieser Messung im Vergleich zu den Resultaten der ersten Erhebung:

Abbildung 5-77: Ergebnisse von Messung 1 und 2 im Bereich Organisationsentwicklung an der Kontrollschule

<u>Schule 7</u>

ORGANISATIONSENTWICKLUNG

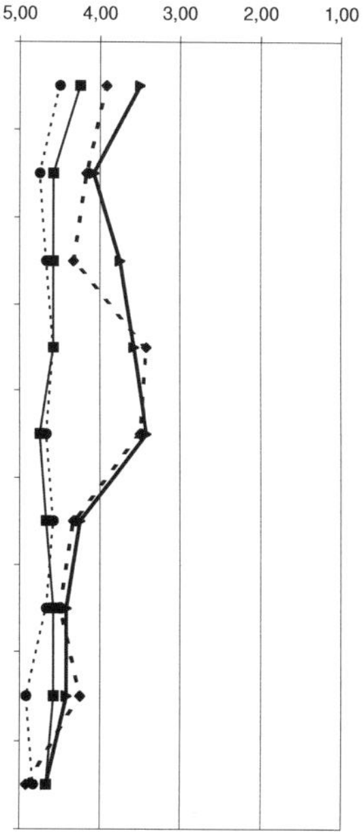

Nr.	ideal	Mittelwert ideal 1 (Kreis)	Mittelwert ideal 2 (Quadrat)	Mittelwert real 2 (Dreieck)	Mittelwert real 1 (Raute)	real	Nr.
44	Den Lehrkräften, Schülern und Eltern einer Schule nach meinen Vorstellungen sind gemeinsame Ziele klar.	4,50	4,25	3,50	3,92	Den Lehrkräften, Schülern und Eltern meiner Schule sind gemeinsame Ziele klar.	1
45	Wertekonflikte werden im Kollegium einer guten Schule aufgegriffen.	4,75	4,58	4,08	4,17	Wertekonflikte werden in meinem Kollegium aufgegriffen.	2
46	Das Kollegium einer Schule, die ich mir wünsche, bemüht sich um ein eigenes Profil.	4,67	4,58	3,75	4,33	Das Kollegium meiner Schule bemüht sich um ein eigenes Profil.	3
47	An der idealen Schule ist es üblich, dass der Bedarf an Innovation erfasst wird.	4,58	4,58	3,58	3,42	An meiner Schule ist es üblich, dass der Bedarf an Innovation erfasst wird.	4
48	Das Kollegium einer guten Schule überprüft regelmäßig, ob die gemeinsam gesetzten Ziele erreicht werden.	4,67	4,75	3,42	3,50	Das Kollegium an meiner Schule überprüft regelmäßig, ob die gemeinsam gesetzten Ziele erreicht werden.	5
49	Die Leitung einer Schule, die ich mir wünsche, regt zu Initiativen an.	4,58	4,67	4,25	4,33	Die Leitung meiner Schule regt zu Initiativen an.	6
50	Die Leitung einer Schule nach meinen Vorstellungen legt Wert auf eine Weiterentwicklung der Schule.	4,67	4,58	4,42	4,50	Die Leitung meiner Schule legt Wert auf eine Weiterentwicklung der Schule.	7
51	Leitung und Kollegium einer idealen Schule erarbeiten die gemeinsamen Werte für das Zusammenleben in der Schule.	4,92	4,58	4,42	4,25	Leitung und Kollegium meiner Schule erarbeiten die gemeinsamen Werte für das Zusammenleben in der Schule.	8
52	Die Konferenzen werden an einer guten Schule zielgerichtet durchgeführt.	4,83	4,67	4,67	4,92	Die Konferenzen werden an meiner Schule zielgerichtet durchgeführt.	9

Abbildung 5-78: Ergebnisse von Messung 1 und 2 im Bereich Personalentwicklung an der Kontrollschule

Schule 7

PERSONALENTWICKLUNG

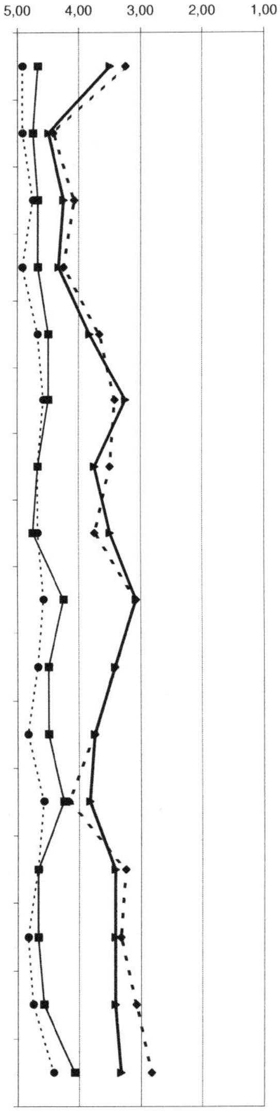

Nr.	ideal	Mittelwert ideal 1 (Kreis)	Mittelwert ideal 2 (Quadrat)	Mittelwert real 2 (Dreieck)	Mittelwert real 1 (Raute)	real	Nr.
53	Die Anlage einer Schule nach meinen Vorstellungen verbreitet eine angenehme Atmosphäre.	4,92	4,67	3,50	3,25	Die Anlage meiner Schule verbreitet eine angenehme Atmosphäre.	10
54	Die Kommunikation ist unter den Lehrkräften einer idealen Schule offen.	4,92	4,75	4,50	4,42	Die Kommunikation ist unter den Lehrkräften meiner Schule offen.	11
55	An einer guten Schule werden Konflikte zwischen Lehrkräften geklärt.	4,75	4,67	4,25	4,08	An meiner Schule werden Konflikte zwischen Lehrkräften geklärt.	12
56	An einer Schule, die ich mir wünsche, begegnen sich Lehrkräfte und Schüler mit Offenheit.	4,92	4,67	4,33	4,25	An meiner Schule begegnen sich Lehrkräfte und Schüler mit Offenheit.	13
57	Die Lehrkräfte einer Schule nach meinen Vorstellungen gehen gerne in ihre Schule.	4,67	4,50	3,83	3,67	Die Lehrkräfte meiner Schule gehen gerne in ihre Schule.	14
58	Die Schüler einer idealen Schule gehen gerne in ihre Schule.	4,58	4,50	3,25	3,42	Die Schüler meiner Schule gehen gerne in ihre Schule.	15
59	Um die Entwicklungsarbeit bemüht sich an einer guten Schule das Kollegium gemeinsam.	4,67	4,67	3,75	3,50	Um die Entwicklungsarbeit bemüht sich an meiner Schule das Kollegium gemeinsam.	16
60	An einer idealen Schule arbeitet das Kollegium in unterrichtlichen Fragen zusammen.	4,67	4,75	3,50	3,75	An meiner Schule arbeitet das Kollegium in unterrichtlichen Fragen zusammen.	17
61	Lehrkräfte und Eltern arbeiten an einer Schule, die ich mir wünsche, zusammen.	4,58	4,25	3,08	3,08	Lehrkräfte und Eltern arbeiten an meiner Schule zusammen.	18
62	An einer idealen Schule arbeiten die Lehrkräfte mit außerschulischen Experten zusammen.	4,67	4,50	3,42	3,42	An meiner Schule arbeiten die Lehrkräfte mit außerschulischen Experten zusammen.	19
63	Das Kollegium an einer Schule nach meinen Vorstellungen ist neuen Ideen gegenüber aufgeschlossen.	4,83	4,50	3,75	3,75	Das Kollegium an meiner Schule ist neuen Ideen gegenüber aufgeschlossen.	20
64	An der Schule, die ich mir wünsche, findet interne Lehrerfortbildung statt.	4,58	4,25	3,83	4,17	An meiner Schule findet interne Lehrerfortbildung statt.	21
65	Die Lehrkräfte einer idealen Schule bemühen sich um die permanente Weiterentwicklung ihrer methodischen Kompetenz.	4,67	4,67	3,42	3,25	Die Lehrkräfte meiner Schule bemühen sich um die permanente Weiterentwicklung ihrer methodischen Kompetenz.	22
66	Die Lehrkräfte einer guten Schule bemühen sich um die permanente Weiterentwicklung ihrer erzieherischen Kompetenz.	4,83	4,67	3,42	3,33	Die Lehrkräfte meiner Schule bemühen sich um die permanente Weiterentwicklung ihrer erzieherischen Kompetenz.	23
67	Die Lehrkräfte einer idealen Schule bemühen sich um die permanente Weiterentwicklung ihrer sozialen Kompetenz.	4,75	4,58	3,42	3,08	Die Lehrkräfte meiner Schule bemühen sich um die permanente Weiterentwicklung ihrer sozialen Kompetenz.	24
68	Die Lehrkräfte einer guten Schule sind bereit, ihr Wissen im Rahmen von regionalen Fortbildungen weiterzugeben.	4,42	4,08	3,33	2,83	Die Lehrkräfte meiner Schule sind bereit, ihr Wissen im Rahmen von regionalen Fortbildungen weiterzugeben.	25

Abbildung 5-79: Ergebnisse von Messung 1 und 2 im Bereich Unterrichtsentwicklung an der Kontrollschule

<u>Schule 7</u>

UNTERRICHTSENTWICKLUNG

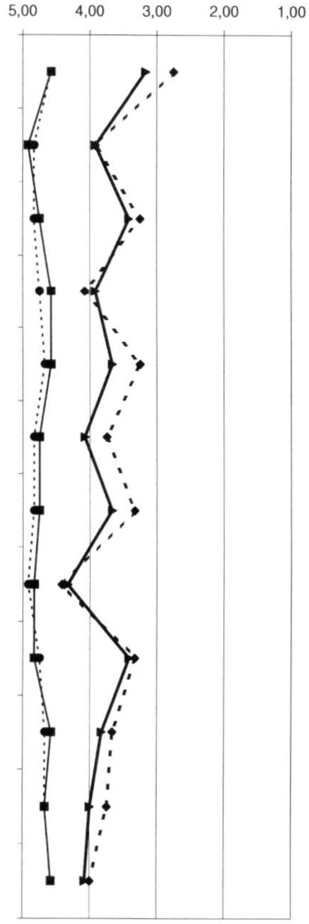

Nr.	ideal	Mittelwert ideal 1 (Kreis)	Mittelwert ideal 2 (Quadrat)	Mittelwert real 2 (Dreieck)	Mittelwert real 1 (Raute)	real	Nr.
69	Die Lehrkräfte einer guten Schule nehmen regelmäßig eine kritische Bewertung ihrer Unterrichtsarbeit vor.	4,58	4,58	3,17	2,75	Die Lehrkräfte meiner Schule nehmen regelmäßig eine kritische Bewertung ihrer Unterrichtsarbeit vor.	26
70	An einer idealen Schule bemühen sich die Lehrkräfte, die individuellen Begabungen der Schüler zu fördern.	4,83	4,92	3,92	3,92	An meiner Schule bemühen sich die Lehrkräfte, die individuellen Begabungen der Schüler zu fördern.	27
71	Die Lehrkräfte gestalten an der Schule, die ich mir wünsche, einen methodisch abwechslungsreichen Unterricht.	4,83	4,75	3,42	3,25	Die Lehrkräfte gestalten an meiner Schule einen methodisch abwechslungsreichen Unterricht.	28
72	An einer Schule nach meinen Vorstellungen wird Leistungsmessung mit Sorgfalt durchgeführt.	4,75	4,58	3,92	4,08	An meiner Schule wird Leistungsmessung mit Sorgfalt durchgeführt.	29
73	Die Lehrkräfte einer guten Schule nehmen regelmäßig eine kritische Bewertung ihrer Erziehungsarbeit vor.	4,67	4,58	3,67	3,25	Die Lehrkräfte meiner Schule nehmen regelmäßig eine kritische Bewertung ihrer Erziehungsarbeit vor.	30
74	Soziales Lernen wird an der Schule, die ich mir wünsche, sehr wichtig genommen.	4,83	4,75	4,08	3,75	Soziales Lernen wird an meiner Schule sehr wichtig genommen.	31
75	Die Schüler werden an einer Schule nach meinen Vorstellungen zu selbständigem Lernen befähigt.	4,83	4,75	3,67	3,33	Die Schüler werden an meiner Schule zu selbständigem Lernen befähigt.	32
76	An einer guten Schule werden Konflikte zwischen Lehrkräften und Schülern geklärt.	4,92	4,83	4,33	4,42	An meiner Schule werden Konflikte zwischen Lehrkräften und Schülern geklärt.	33
77	Die Schüler an einer idealen Schule helfen sich gegenseitig.	4,75	4,83	3,42	3,33	Die Schüler an meiner Schule helfen sich gegenseitig.	34
78	An einer Schule nach meinen Vorstellungen werden außerschulische Lernorte wahrgenommen	4,67	4,58	3,83	3,67	An meiner Schule werden außerschulische Lernorte wahrgenommen	35
79	Die Schule, die ich mir wünsche, arbeitet mit außerschulischen Institutionen zusammen.	4,67	4,67	4,00	3,75	Meine Schule arbeitet mit außerschulischen Institutionen zusammen.	36
80	An einer guten Schule finden Arbeiten von Schülern auch außerhalb der Schule Anerkennung.	4,58	4,58	4,08	4,00	An meiner Schule finden Arbeiten von Schülern auch außerhalb der Schule Anerkennung.	37

Abbildung 5-80: Ergebnisse von Messung 1 und 2 im Bereich Selbst und eigener Unterricht an der Kontrollschule

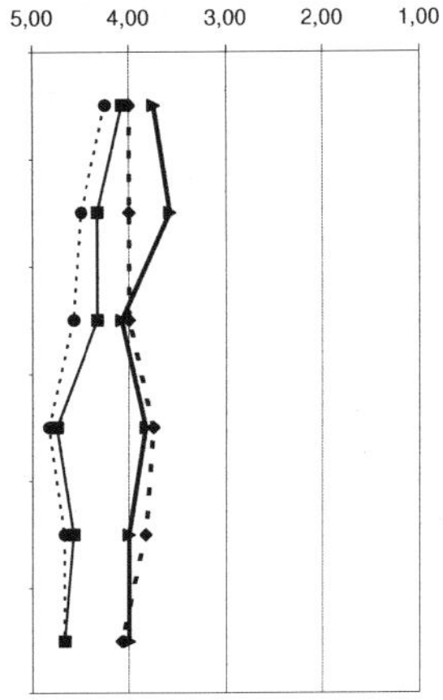

Nr.	ideal	Mittelwert ideal 1 (Kreis)	Mittelwert ideal 2 (Quadrat)	Schule 7 – SELBST UND UNTERRICHT	Mittelwert real 2 (Dreieck)	Mittelwert real 1 (Raute)	real	Nr.
81	Im Kollegium kann die ideale Lehrkraft ihre Gefühle offen zeigen.	4,25	4,08		3,75	4,00	Im Kollegium kann ich meine Gefühle offen zeigen.	38
82	Die ideale Lehrkraft kooperiert mit den Eltern ihrer Schüler.	4,50	4,33		3,58	4,00	Ich kooperiere mit den Eltern meiner Schüler.	39
83	Fortbildungsangebote nimmt die ideale Lehrkraft wahr.	4,58	4,33		4,08	4,00	Fortbildungsangebote nehme ich wahr.	40
84	Die ideale Lehrkraft gestaltet einen methodisch abwechslungsreichen Unterricht.	4,83	4,75		3,83	3,75	Ich gestalte einen methodisch abwechslungsreichen Unterricht.	41
85	Die ideale Lehrkraft bemüht sich im Rahmen des Unterrichtens um viele originale Begegnungen.	4,67	4,58		4,00	3,83	Ich bemühe mich im Rahmen des Unterrichtens um viele originale Begegnungen.	42
86	Die ideale Lehrkraft wirkt an der Gestaltung der Schulkultur mit.	4,67	4,67		4,00	4,08	Ich wirke an der Gestaltung der Schulkultur mit.	43

5.6.3 Ergebnisse der dritten Messung

Im Kollegium der Kontrollgruppe wurde die letzte Messung am 7. April 2001 durchgeführt. Auf eine Rückmeldung der Ergebnisse der Messungen verzichtete die Leitung der Kontrollschule.[26]

Die Abbildungen 5-81 bis 5-84 enthalten die Ergebnisse dieser letzten Erhebung im Vergleich zur ersten Befragung:

---

26 Trotz mehrmaliger Angebote verzichtete die Leitung der Schule darauf, nach der dritten Erhebung eine Datenrückmeldung im Kollegium durchzuführen. Dies lag vermutlich daran, dass nur eine kleine Gruppe von fünf Lehrkräften an allen drei Messungen teilgenommen hatte. Ein weiterer Grund für das Desinteresse dürfte auch darin gelegen haben, dass die Daten nicht für eine schulinterne Entwicklung und Evaluation genutzt wurden.

Abbildung 5-81: Ergebnisse von Messung 1 und 3 im Bereich Organisationsentwicklung an der Kontrollschule

Schule 7

ORGANISATIONSENTWICKLUNG

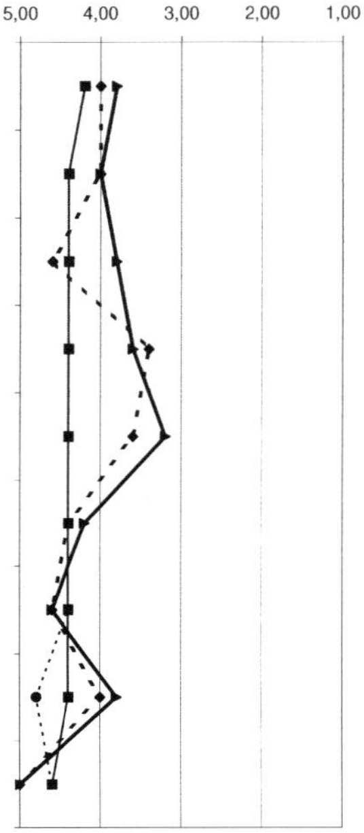

Nr.	ideal	Mittelwert ideal 1 (Kreis)	Mittelwert ideal 3 (Quadrat)	Mittelwert real 3 (Dreieck)	Mittelwert real 1 (Raute)	real	Nr.
44	Den Lehrkräften, Schülern und Eltern einer Schule nach meinen Vorstellungen sind gemeinsame Ziele klar.	4,20	4,20	3,80	4,00	Den Lehrkräften, Schülern und Eltern meiner Schule sind gemeinsame Ziele klar.	1
45	Wertekonflikte werden im Kollegium einer guten Schule aufgegriffen.	4,40	4,40	4,00	4,00	Wertekonflikte werden in meinem Kollegium aufgegriffen.	2
46	Das Kollegium einer Schule, die ich mir wünsche, bemüht sich um ein eigenes Profil.	4,40	4,40	3,80	4,60	Das Kollegium meiner Schule bemüht sich um ein eigenes Profil.	3
47	An der idealen Schule ist es üblich, dass der Bedarf an Innovation erfasst wird.	4,40	4,40	3,60	3,40	An meiner Schule ist es üblich, dass der Bedarf an Innovation erfasst wird.	4
48	Das Kollegium einer guten Schule überprüft regelmäßig, ob die gemeinsam gesetzten Ziele erreicht werden.	4,40	4,40	3,20	3,60	Das Kollegium an meiner Schule überprüft regelmäßig, ob die gemeinsam gesetzten Ziele erreicht werden.	5
49	Die Leitung einer Schule, die ich mir wünsche, regt zu Initiativen an.	4,40	4,40	4,20	4,40	Die Leitung meiner Schule regt zu Initiativen an.	6
50	Die Leitung einer Schule nach meinen Vorstellungen legt Wert auf eine Weiterentwicklung der Schule.	4,40	4,40	4,60	4,60	Die Leitung meiner Schule legt Wert auf eine Weiterentwicklung der Schule.	7
51	Leitung und Kollegium einer idealen Schule erarbeiten die gemeinsamen Werte für das Zusammenleben in der Schule.	4,80	4,40	3,80	4,00	Leitung und Kollegium meiner Schule erarbeiten die gemeinsamen Werte für das Zusammenleben in der Schule.	8
52	Die Konferenzen werden an einer guten Schule zielgerichtet durchgeführt.	4,60	4,60	5,00	5,00	Die Konferenzen werden an meiner Schule zielgerichtet durchgeführt.	9

Abbildung 5-82: Ergebnisse von Messung 1 und 3 im Bereich Personalentwicklung an der Kontrollschule

Schule 7

PERSONALENTWICKLUNG

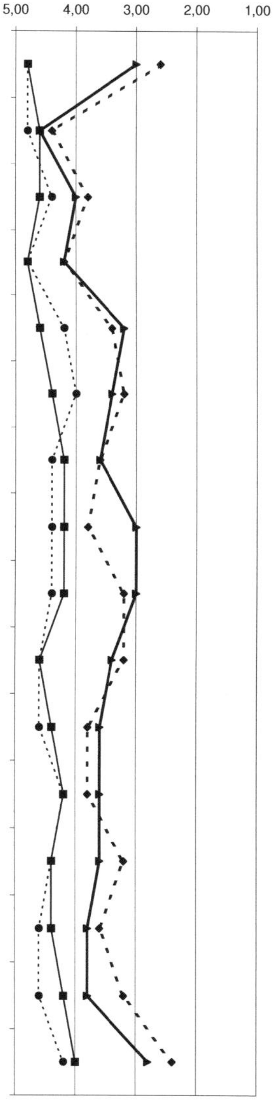

Nr.	ideal	Mittelwert ideal 1 (Kreis)	Mittelwert ideal 3 (Quadrat)	Mittelwert real 3 (Dreieck)	Mittelwert real 1 (Raute)	real	Nr.
53	Die Anlage einer Schule nach meinen Vorstellungen verbreitet eine angenehme Atmosphäre.	4,80	4,80	3,00	2,60	Die Anlage meiner Schule verbreitet eine angenehme Atmosphäre.	10
54	Die Kommunikation ist unter den Lehrkräften einer idealen Schule offen.	4,80	4,60	4,60	4,40	Die Kommunikation ist unter den Lehrkräften meiner Schule offen.	11
55	An einer guten Schule werden Konflikte zwischen Lehrkräften geklärt.	4,40	4,60	4,00	3,80	An meiner Schule werden Konflikte zwischen Lehrkräften geklärt.	12
56	An einer Schule, die ich mir wünsche, begegnen sich Lehrkräfte und Schüler mit Offenheit.	4,80	4,80	4,20	4,20	An meiner Schule begegnen sich Lehrkräfte und Schüler mit Offenheit.	13
57	Die Lehrkräfte einer Schule nach meinen Vorstellungen gehen gerne in ihre Schule.	4,20	4,60	3,20	3,40	Die Lehrkräfte meiner Schule gehen gerne in ihre Schule.	14
58	Die Schüler einer idealen Schule gehen gerne in ihre Schule.	4,00	4,40	3,40	3,20	Die Schüler meiner Schule gehen gerne in ihre Schule.	15
59	Um die Entwicklungsarbeit bemüht sich an einer guten Schule das Kollegium gemeinsam.	4,40	4,20	3,60	3,60	Um die Entwicklungsarbeit bemüht sich an meiner Schule das Kollegium gemeinsam.	16
60	An einer idealen Schule arbeitet das Kollegium in unterrichtlichen Fragen zusammen.	4,40	4,20	3,00	3,80	An meiner Schule arbeitet das Kollegium in unterrichtlichen Fragen zusammen.	17
61	Lehrkräfte und Eltern arbeiten an einer Schule, die ich mir wünsche, zusammen.	4,40	4,20	3,00	3,20	Lehrkräfte und Eltern arbeiten an meiner Schule zusammen.	18
62	An einer idealen Schule arbeiten die Lehrkräfte mit außerschulischen Experten zusammen.	4,60	4,60	3,40	3,20	An meiner Schule arbeiten die Lehrkräfte mit außerschulischen Experten zusammen.	19
63	Das Kollegium an einer Schule nach meinen Vorstellungen ist neuen Ideen gegenüber aufgeschlossen.	4,60	4,40	3,60	3,80	Das Kollegium an meiner Schule ist neuen Ideen gegenüber aufgeschlossen.	20
64	An der Schule, die ich mir wünsche, findet interne Lehrerfortbildung statt.	4,20	4,20	3,60	3,80	An meiner Schule findet interne Lehrerfortbildung statt.	21
65	Die Lehrkräfte einer idealen Schule bemühen sich um die permanente Weiterentwicklung ihrer methodischen Kompetenz.	4,40	4,40	3,60	3,20	Die Lehrkräfte meiner Schule bemühen sich um die permanente Weiterentwicklung ihrer methodischen Kompetenz.	22
66	Die Lehrkräfte einer guten Schule bemühen sich um die permanente Weiterentwicklung ihrer erzieherischen Kompetenz.	4,60	4,40	3,80	3,60	Die Lehrkräfte meiner Schule bemühen sich um die permanente Weiterentwicklung ihrer erzieherischen Kompetenz.	23
67	Die Lehrkräfte einer idealen Schule bemühen sich um die permanente Weiterentwicklung ihrer sozialen Kompetenz.	4,60	4,20	3,80	3,20	Die Lehrkräfte meiner Schule bemühen sich um die permanente Weiterentwicklung ihrer sozialen Kompetenz.	24
68	Die Lehrkräfte einer guten Schule sind bereit, ihr Wissen im Rahmen von regionalen Fortbildungen weiterzugeben.	4,20	4,00	2,80	2,40	Die Lehrkräfte meiner Schule sind bereit, ihr Wissen im Rahmen von regionalen Fortbildungen weiterzugeben.	25

Abbildung 5-83: Ergebnisse von Messung 1 und 3 im Bereich Unterrichtsentwicklung an der Kontrollschule

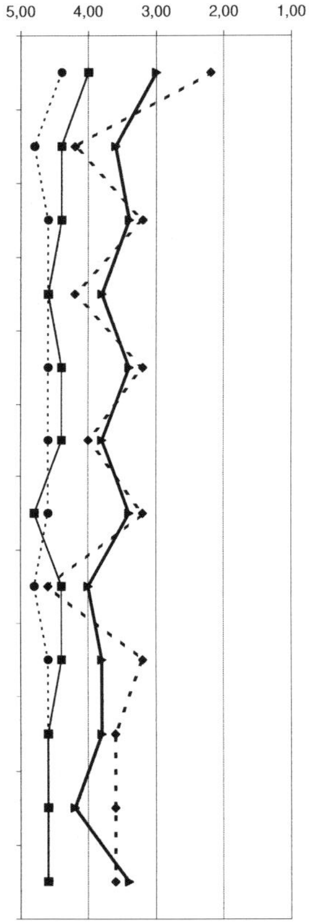

Nr.	ideal	Mittelwert ideal 1 (Kreis)	Mittelwert ideal 3 (Quadrat)	Mittelwert real 3 (Dreieck)	Mittelwert real 1 (Raute)	real	Nr.
69	Die Lehrkräfte einer guten Schule nehmen regelmäßig eine kritische Bewertung ihrer Unterrichtsarbeit vor.	4,40	4,00	3,00	2,20	Die Lehrkräfte meiner Schule nehmen regelmäßig eine kritische Bewertung ihrer Unterrichtsarbeit vor.	26
70	An einer idealen Schule bemühen sich die Lehrkräfte, die individuellen Begabungen der Schüler zu fördern.	4,80	4,40	3,60	4,20	An meiner Schule bemühen sich die Lehrkräfte, die individuellen Begabungen der Schüler zu fördern.	27
71	Die Lehrkräfte gestalten an der Schule, die ich mir wünsche, einen methodisch abwechslungsreichen Unterricht.	4,60	4,40	3,40	3,20	Die Lehrkräfte gestalten an meiner Schule einen methodisch abwechslungsreichen Unterricht.	28
72	An einer Schule nach meinen Vorstellungen wird Leistungsmessung mit Sorgfalt durchgeführt.	4,60	4,60	3,80	4,20	An meiner Schule wird Leistungsmessung mit Sorgfalt durchgeführt.	29
73	Die Lehrkräfte einer guten Schule nehmen regelmäßig eine kritische Bewertung ihrer Erziehungsarbeit vor.	4,60	4,40	3,40	3,20	Die Lehrkräfte meiner Schule nehmen regelmäßig eine kritische Bewertung ihrer Erziehungsarbeit vor.	30
74	Soziales Lernen wird an der Schule, die ich mir wünsche, sehr wichtig genommen.	4,60	4,40	3,80	4,00	Soziales Lernen wird an meiner Schule sehr wichtig genommen.	31
75	Die Schüler werden an einer Schule nach meinen Vorstellungen zu selbständigem Lernen befähigt.	4,60	4,80	3,40	3,20	Die Schüler werden an meiner Schule zu selbständigem Lernen befähigt.	32
76	An einer guten Schule werden Konflikte zwischen Lehrkräften und Schülern geklärt.	4,80	4,40	4,00	4,60	An meiner Schule werden Konflikte zwischen Lehrkräften und Schülern geklärt.	33
77	Die Schüler an einer idealen Schule helfen sich gegenseitig.	4,60	4,40	3,80	3,20	Die Schüler an meiner Schule helfen sich gegenseitig.	34
78	An einer Schule nach meinen Vorstellungen werden außerschulische Lernorte wahrgenommen	4,60	4,60	3,80	3,60	An meiner Schule werden außerschulische Lernorte wahrgenommen	35
79	Die Schule, die ich mir wünsche, arbeitet mit außerschulischen Institutionen zusammen.	4,60	4,60	4,20	3,60	Meine Schule arbeitet mit außerschulischen Institutionen zusammen.	36
80	An einer guten Schule finden Arbeiten von Schülern auch außerhalb der Schule Anerkennung.	4,60	4,60	3,40	3,60	An meiner Schule finden Arbeiten von Schülern auch außerhalb der Schule Anerkennung.	37

Abbildung 5-84: Ergebnisse von Messung 1 und 3 im Bereich Selbst und eigener Unterricht an der Kontrollschule

Schule 7

SELBST UND UNTERRICHT

Nr.	ideal	Mittelwert ideal 1 (Kreis)	Mittelwert ideal 3 (Quadrat)	Mittelwert real 3 (Dreieck)	Mittelwert real 1 (Raute)	real	Nr.
81	Im Kollegium kann die ideale Lehrkraft ihre Gefühle offen zeigen.	4,00	4,20	3,80	3,40	Im Kollegium kann ich meine Gefühle offen zeigen.	38
82	Die ideale Lehrkraft kooperiert mit den Eltern ihrer Schüler.	4,40	4,60	4,00	3,80	Ich kooperiere mit den Eltern meiner Schüler.	39
83	Fortbildungsangebote nimmt die ideale Lehrkraft wahr.	4,40	4,20	4,20	3,60	Fortbildungsangebote nehme ich wahr.	40
84	Die ideale Lehrkraft gestaltet einen methodisch abwechslungsreichen Unterricht.	4,60	4,60	4,20	3,60	Ich gestalte einen methodisch abwechslungsreichen Unterricht.	41
85	Die ideale Lehrkraft bemüht sich im Rahmen des Unterrichtens um viele originale Begegnungen.	4,40	4,40	4,60	3,80	Ich bemühe mich im Rahmen des Unterrichtens um viele originale Begegnungen.	42
86	Die ideale Lehrkraft wirkt an der Gestaltung der Schulkultur mit.	4,20	4,60	4,60	4,20	Ich wirke an der Gestaltung der Schulkultur mit.	43

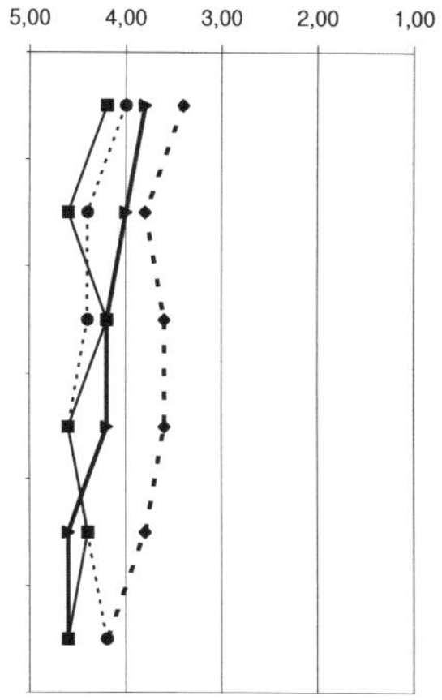

5.7 Zusammenfassung

Die Entwicklungsmaßnahmen, die an den sechs Untersuchungsschulen während der Erprobung von wahrnehmungsorientierter Schulentwicklung auf Basis der Erhebungen ergriffen wurden, legen die Vermutung nahe, dass durch diese Konzeption tatsächlich bedarfsorientierte innere Entwicklungsprozesse angezeigt und angestoßen werden können.

Wie in Untersuchungsmodell und Design festgelegt, konnte der formale Ablauf von praktischer Erprobung und wissenschaftlicher Begleitung an den sechs Schulen umgesetzt werden. Auch an der Schule, die als Kontrollgruppe fungierte, war es möglich, den formalen Ablauf der Messungen einzuhalten. Die im Design intendierte Zeitplanung konnte während dieses Zusammenwirkens von Wissenschaft und Praxis eingehalten werden. Weiterhin wurden alle für die Untersuchung ausgewählten Methoden und Verfahren eingesetzt. Die Option, als Kollegium aus der Erprobung wahrnehmungsorientierter Entwicklung auszusteigen, wurde von keiner Schule genutzt.

Die im Zusammenhang mit der primären Fragestellung formulierte Erwartung, dass sich mit der ersten Messung der Wahrnehmungen der Lehrkräfte Differenzen zwischen Ideal und Wirklichkeit zeigen werden, bestätigte sich an allen Schulen. An den Untersuchungsschulen erwiesen sich die gemessenen Differenzen tatsächlich als Ausgangspunkte innerer Schulentwicklung.

Mit Ausnahme der ersten Rückmeldung an Schule 1 wurde an allen Untersuchungsschulen die kollegiale Auseinandersetzung mit den Ergebnissen der jeweiligen Befragungen moderiert. Die von Experten durchgeführten Moderationen unterstützten kollegiale, gruppendynamische Prozesse. Wie im Untersuchungsmodell begründet, lag damit die inhaltliche Steuerkompetenz zu jeder Zeit in den Kollegien der Erprobungsschulen. Auf Basis der Diskussion der kollegialen Wahrnehmung von idealer und realer Schule wählten die Lehrkräfte Aussagen zur Situation an ihrer Schule aus, deren Mittelwerte häufig eine große Differenz zu den Werten der jeweiligen Idealvorstellungen aufwiesen. Die gewählten Items wurden anschließend erneut diskutiert und mit Hilfe der Moderatoren gewichtet. Auf diese Weise erarbeiteten sich die Kollegien der Modellschulen Prioritäten für eine Entwicklungsarbeit, die über die Wahrnehmung von Merkmalen guter Schule an ihren tatsächlichen Bedürfnissen vor Ort orientiert war. In einem weiteren Schritt wurden auf Grundlage der ausgewählten Items Entwicklungsziele formuliert. Somit bestimmten die Kollegien der Untersuchungsschulen ohne äußere Gängelung die Zielsetzung ihres Wegs innerer Entwicklung.

Die gewählten Ziele bildeten wiederum die inhaltliche Grundlage für die Gründung von Qualitätszirkeln. An jeder der sechs Schulen wurden derartige Lehrerarbeitsgruppen zur Präzisierung der Zielsetzungen sowie zur Planung und Umsetzung von Maßnahmen innerer Entwicklung eingerichtet. In den Erprobungsschulen wurden über die kooperative Arbeit im Gesamtkollegium, in der Steuergruppe sowie in den Zirkeln Maßnahmen aus den drei Entwicklungsbereichen Organisation, Personal und Unterricht aufgegriffen und umgesetzt. Eine Beschränkung der schulischen Entwicklungsarbeit auf das Aufgreifen nur eines Merkmals guter Schule oder nur eines Entwicklungsbereichs konnte an keiner Schule beobachtet werden. Auf Basis ihrer eigenen Wahrnehmungen und den daraus abgeleiteten Bedürfnissen starteten die Lehrkräfte eine bereichsübergreifende innere Schulentwicklung.[27] Auf diese Weise konnte innere Entwicklung *indiziert* und *initiiert* werden.

Die Befragungsergebnisse der zweiten und dritten Messung zeigten an den Untersuchungsschulen eine Veränderung der Differenzen zwischen Ideal und Wirklichkeit in den Wahrnehmungen der Lehrkräfte. Für die Kollegien war hier vor allem von Interesse, wie sich die Differenzen der von ihnen ausgewählten Items zur eigenen Realität im Verhältnis zu den entsprechenden Aussagen im idealen Bereich veränderten. Darüber hinaus zeigten sich auch Veränderungen bei Items, die nicht vorab durch die Lehrkräfte markiert worden waren. Dies deutet auf ein Zusammenwirken der in den Items gespiegelten Themen und Bereiche im System Schule hin. Die Schwerpunktsetzungen in den Qualitätszirkeln und die Umsetzung von Maßnahmen innerer Entwicklung betrafen meist auch andere Aspekte innerer Entwicklung. Solche übergreifenden Auswirkungen

---

27 Dass keine der Aussagen zum Bereich „Selbst und eigener Unterricht", welche im Befragungsinstrument die drei Bereiche innerer Schulentwicklung ergänzten, aufgegriffen wurde, könnte daran gelegen haben, dass sich die Lehrkräfte mit kollegialer Kooperation befassen wollten. Die Formulierungen der Items zum letzten Bereich des Bogens waren für die Kollegien vermutlich zu sehr auf individuelle Reflexion und Aktion bezogen.

schulischer Entwicklungsarbeit wurden über die erneute Erfassung der Wahrnehmungen transparent.

Aufgrund der Differenzen zwischen den Aussagen zur idealen und zur realen Schule konnten die Kollegien ihre geleistete Entwicklungsarbeit *evaluieren.*[28] Häufig näherten sich die Werte der Realitätseinschätzung denen zur Wahrnehmung der idealen Schule an. Mit Hilfe der Messergebnisse konnte die Arbeit bestehender Qualitätszirkel bestätigt, neu ausgerichtet oder beendet werden. Zusätzlich motivierten die Resultate die Gründung neuer Lehrerarbeitsgruppen.

In einigen Zirkeln konnten bereits während des Untersuchungszeitraums die betreffenden Ziele schulpraktisch verwirklicht werden. Die an diesen Qualitätszirkeln beteiligten Lehrkräfte lösten ihre Gremien auf und ordneten sich dann meist anderen Arbeitsgruppen zu. Die Verwirklichung der Zielsetzungen der anderen Gruppen machte eine mittelfristige Zeitplanung, die über den dritten Messpunkt hinausging, nötig. Nach der letzten Messung wurden an den Untersuchungsschulen auch Vertreter von Schülern und Eltern zur Mitwirkung in einige dieser Qualitätszirkel eingebunden. Die Entwicklung eines passgenauen, standortspezifischen Leitbilds, die Formulierung von gemeinsamen Regeln für das Zusammenleben, die Intensivierung der Kooperation mit den Schülereltern sowie die Gestaltung von Gelände und Gebäude der Schule waren dabei häufig Thema gemeinsamer Bemühungen.[29] Diese Planungen wurden anschließend durch die Aktivierung größerer Schüler- und Elterngruppen realisiert. Wie im Untersuchungsmodell intendiert, wurden damit die auf Grundlage der Lehrerwahrnehmungen entwickelten Zielsetzungen mit Schülern und Eltern abgestimmt und umgesetzt.

Der Verlauf der Untersuchung macht deutlich, dass sich Hauptschulkollegien auf Basis von Lehrerwahrnehmungen zu gemeinsamer Entwicklungsarbeit motivieren lassen. Am Beispiel der Untersuchungsschulen zeigte sich, dass die innere Steuerung eines derart

28 Die wesentlichen Ergebnisse der wissenschaftlichen Evaluation der Wahrnehmungen und Maßnahmen wurden den Kollegien vom Forscher über die Schulleitungen nach Abschluss der empirischen Analyse im Frühjahr 2002 mitgeteilt.

29 Als Beispiel für derartige Bemühungen findet sich im Anhang unter Punkt 3 ein gemeinsam erarbeitetes Leitbild.

komplexen Systems auf Basis der Wahrnehmung standortgegebener Bedarfslagen möglich ist. Eine Außensteuerung derartiger interne Regulationsprozesse scheint nur bedingt möglich zu sein. Die über Jahrzehnte hinweg mit wenig Erfolg betriebenen Bemühungen, die komplexen Systeme der Einzelschulen überwiegend von außen zu steuern, erscheinen im Blick auf die Erfahrungen mit wahrnehmungsorientierter Schulentwicklung nahezu paradox.

Über wahrnehmungsorientierte Schulentwicklung wurde an den Erprobungsschulen dem durch Außensteuerung unbeabsichtigt erzeugten Phänomen des „Einzelkämpfertums" in Lehrerkollegien entgegengewirkt. Über Lehrerkooperation in den Qualitäts- und Steuergruppen konnte gezeigt werden, dass sich das System Schule selbst regulieren kann. Die Ideale guter Schule erwiesen sich hierbei als Steuerungsgröße, an der interne Systemprozesse ausgerichtet werden konnten. Alle Schulen, die sich mit wahrnehmungsorientierter Schulentwicklung befassten, wurden auf ihrem Weg durch die übergeordnete Schulbehörde unterstützt.[30] Diese Form der äußeren Unterstützung der Schulen auf ihrem Weg einer permanenten bedarfsgerechten Entwicklung verdeutlichte gleichzeitig, wie innere und äußere Schulentwicklung miteinander verknüpft werden sollten.

Vor der statistischen Analyse wahrnehmungsorientierter Entwicklung sollen im folgenden sechsten Kapitel über eine Expertenbefragung die an den Untersuchungsschulen durchgeführten Maßnahmen quantifiziert und der Faktor „Maßnahme" definiert werden. Die statistische Evaluation zur empirischen Untersuchung der beschriebenen Beobachtungen zum Verlauf von wahrnehmungsorientierter Schulentwicklung an den Erprobungsschulen wird in Kapitel 7 dargelegt.

30 Neben der ideellen Unterstützung kümmerten sich die Schulaufsichtsbeamten beispielsweise um die Bezahlung der Moderatoren sowie um eine Honorierung besonders engagierter Lehrkräfte über flexible Arbeitszeitregelungen.

6 Expertenbefragung zur Intensität von Schulentwicklungsmaßnahmen

Zur Bestimmung des Faktors „Maßnahme“ werden, wie in Kapitel 4.2.3 beschrieben, die Entwicklungsmaßnahmen, die an den Untersuchungsschulen durchgeführt wurden, auf Basis eines von Experten erstellten Bezugssystems bewertet (DAHLKEY & HELMER, 1963, S. 458-467). Dabei wird die Relevanz der Maßnahmen für innere Schulentwicklung im Hinblick auf ihre Intensität bewertet. Nach einer Schichtung der Schulen in solche mit hoher, mittlerer und geringer Intensität ist es möglich zu prüfen, ob die Wahrnehmungsänderungen auf Seiten der Lehrkräfte mit der Intensität der durchgeführten Maßnahmen zusammenhängen.

6.1 Vorbereitung und Durchführung der schriftlichen Befragungen zum Erzielen eines Expertenkonsensus

6.1.1 Entwicklung eines Instrumentariums zur schriftlichen Expertenbefragung

Auf Basis der in Kapitel 5 vorgestellten Schulentwicklungsmaßnahmen, die über Beobachtung und Befragung erfasst wurden,[1] konnte ein Fragebogeninstrument für die Teilnehmer der Expertenbefragung nach der Delphi-Methode konzipiert werden:[2]

Die einzelnen an den Untersuchungsschulen durchgeführten Entwicklungsmaßnahmen wurden zunächst in Grundtypen zusammengefasst. Auf diese Weise konnten aus den konkreten Entwicklungsschritten Maßnahmen als Qualitätszirkel mit Themen wie „Ziele und Evaluation“, „Schulleitung und Kollegium“, „Elternarbeit“, „Außenbeziehungen“, „Soziales Lernen“, „Schulgebäude und Schulgelände“ „Unterrichtsentwicklung“ sowie „Grundschule“ destilliert und beschrieben werden. Im Fragebogen wurden diesen

1 Der hierzu entwickelte Fragebogen für die Steuergruppen an den Untersuchungsschulen befindet sich im Anhang unter Punkt 2.

2 Der erste Fragebogen im Rahmen der schriftlichen Befragung zum Erzielen eines Expertenkonsensus befindet sich im Anhang unter Punkt 4.1.

inhaltsspezifischen Qualitätszirkeln einige eher den organisatorischen Ablauf des Entwicklungsprozesses thematisierende Maßnahmen[3] wie „Schulentwicklungssitzung“, „Schulentwicklungswochenende“, und „Steuergruppe“ vorangestellt. Mit der Gewichtung der zweiten Maßnahmengruppe durch die Experten sollten zunächst übergreifende Schulentwicklungsaktivitäten an den Untersuchungsschulen erfasst werden. Gleichzeitig sollten die Expertenurteile bezüglich inhaltsspezifischer und übergreifender Maßnahmen im Rahmen weiterer Forschungsaktivitäten dazu dienen, entwicklungsbereiten Schulen die Bedeutung einzelner Maßnahmen transparent zu machen. Zu diesem Zweck wurden noch die einen gesamten Schulentwicklungsprozess prägenden Maßnahmen „Leitbild“ und „Qualitätszirkel“ in den Fragebogen aufgenommen.[4]

Im Rahmen des Fragebogens sollten die Teilnehmer am Expertenkonsensus über eine fünfpolige Ratingskala die Bedeutung der jeweiligen Maßnahme für innere Schulentwicklung einschätzen. Weiterhin wurden sie auch darum gebeten, zu beurteilen, wie oft die beschriebene Maßnahme an der einzelnen Schule im Zeitraum eines Kalenderjahres stattfinden sollte, um dauerhafte Veränderungen zu erzeugen. Abschließend wurden die Experten nach ihrer Einschätzung der jeweiligen Durchführungsdauer der einzelnen Maßnahme gefragt.

6.1.2 Auswahl der Experten

Wie in Kapitel 4.2.3 ausgeführt, sollten die Teilnehmer am Konsensus Experten für innere Schulentwicklung und in verschiedenen Ebenen und Fachrichtungen des bayerischen Bildungswesens tätig sein. Für die praktische Umsetzung konnten zehn ausgewiesene Experten aus dem Bayerischen Staatsministerium für Unterricht und Kultus

---

3 Die Beschreibung dieser Schulentwicklungsmaßnahmen erfolgte, wie bereits in Kapitel 5 dargestellt, in Anlehnung an den „Institutionellen Schulentwicklungs-Prozess“ von DALIN, ROLFF und BUCHEN (1995). Die nähere Beschreibung dieser Grundtypen findet sich in den Fragebögen zum Erzielen eines Expertenkonsensus im Anhang unter Punkt 4.

4 Mit der Gewichtung der Maßnahme „Qualitätszirkel“ war intendiert, die Bedeutung von kollegialen Arbeitsgruppen im Rahmen innerer Entwicklung aus Expertensicht zu erfassen. Die Einschätzung der Maßnahme „Leitbild“ durch Experten sollte die Bedeutung dieser Entwicklungsaktivität transparent machen.

(Ministerialrätin Regina PÖTKE), der Schulabteilung der Regierung von Mittelfranken (Regierungsschulrat Hans-Joachim JENCHEN), den Universitäten Erlangen-Nürnberg (Prof. Dr. Annette SCHEUNPFLUG, Lehrstuhl für Pädagogik I) und Bamberg (Prof. Dr. Heinz ROSENBUSCH, Forschungsstelle Schulmanagement und Schulentwicklung; Akademischer Oberrat Nikolaus SCHRÖCK, Lehrstuhl für Schulpädagogik), dem Staatsinstitut für Schulqualität und Bildungsforschung München (stellvertretender Abteilungsleiter Dr. Franz HUBER), der Akademie für Lehrerfortbildung und Personalführung Dillingen (Institutsrektor Günter HOLZ), dem Pädagogischen Institut der Stadt Nürnberg (Institutsleiter Dr. Wolfgang ECKART), der Schulleitung im Volksschulbereich (Rektor Dr. Norbert AUTENRIETH) sowie dem Bereich der Schulentwicklungsmoderation (Rektor Dr. Gerald KLENK) gewonnen werden.

6.1.3 Durchführung der schriftlichen Expertenbefragungen

Die Durchführung der ersten schriftlichen Befragung zum Erzielen eines Expertenkonsensus fand im Mai 2002 statt. Die ausgewählten Fachleute erhielten den Fragebogen zur ersten Befragungsrunde per Post zugesandt und schickten ihn innerhalb von zwei Wochen zur Auswertung und Vorbereitung der zweiten Expertenrunde zurück.

Auf Grundlage der nachfolgend beschriebenen Befragungsergebnisse konnte ein weiterer Fragebogen entwickelt werden, der im Juni 2002 an die Experten zur Bearbeitung versandt wurde. In diesem Bogen wurden die 13 Schulentwicklungsmaßnahmen, die bereits in dem für die erste Befragung eingesetzten Instrument enthalten waren, erneut beschrieben. Zusätzlich war dieser zweite Bogen mit der für jeden Experten angepassten Angabe der individuellen Einschätzungen und Gewichtungen der anderen Fachleute versehen.[5] In Kenntnis dieser Antworten konnte jeder Teilnehmer seine eigenen Angaben aus der ersten Befragung modifizieren oder bestätigen.

5 Dieser zweite Fragebogen, der im Rahmen der schriftlichen Befragung zum Erzielen eines Expertenkonsensus eingesetzt wurde, findet sich im Anhang unter Punkt 4.2.

Ziel dieser zweiten Befragung nach den Prinzipien der Delphi-Methode sollte sein, die nach der ersten Befragung deutlich variierenden Urteile der Experten zu harmonisieren, um zu eindeutigen Bewertungen zu kommen. Aus methodischer Sicht war beabsichtigt, dass für die Einschätzungen der Bedeutung der einzelnen Maßnahmen ein Modalwert als „derjenige Wert, der am häufigsten vorkommt", eindeutig festgelegt werden konnte (BORTZ, 1999, S. 37). Basierend auf der Feststellung eines derartigen Expertenkonsensus sollten aus den Einschätzungen von Häufigkeit und Dauer der Schulentwicklungsmaßnahmen mathematische Produkte gebildet werden. Diese Produkte waren eine weitere wesentliche Grundlage zur Gewichtung der Schulentwicklungsmaßnahmen. Da hier große Streuungen zu erwarten waren, sollten die Werte des oberen Terzils sowie des unteren Terzils als Dispersionsmaße (S. 41) zur Berechnung der Gewichtung verwendet werden.

Aufgrund der Eindeutigkeit des zweiten Expertenurteils konnte auf weitere Befragungen im Rahmen der Delphi-Studie verzichtet werden. Wesentliche Resultate der beiden Befragungen zum Erzielen eines Expertenkonsensus werden nachfolgend dargestellt.

6.2 Ergebnisse der schriftlichen Befragungen zum Erzielen eines Expertenkonsensus

6.2.1 Ergebnisse der ersten Runde

In der folgenden Tabelle 6-1 werden auf Basis der Einschätzungen von Bedeutung, Häufigkeit und Dauer der einzelnen Schulentwicklungsmaßnahmen, welche die Experten im Rahmen der ersten Erhebung vornahmen, für jede Maßnahme Minimum, Maximum und Modus der Bedeutungsbeimessungen sowie unteres und oberes Terzil aus den Produkten von Häufigkeit und Dauer angegeben:

Tabelle 6-1: Statistische Kennzahlen zu den Expertenurteilen im Rahmen der ersten Befragung (n = 10)

Schulentwicklungsmaßnahme	Minimum	Maximum	Modus	Unteres Terzil	Oberes Terzil
1. Schulentwicklungssitzung	4	5	-	3,00	7,50
2. Schulentwicklungswochenende	3	5	-	7,50	11,00
3. Leitbild	3	5	-	3,75	7,00
4. Qualitätszirkel	3	5	5	7,00	17,75
5. Steuergruppe	2	5	5	7,75	20,00
6. Ziele und Evaluation	2	5	-	6,00	12,00
7. Schulleitung und Kollegium	3	5	-	4,50	12,00
8. Elternarbeit	3	5	3	4,50	10,50
9. Außenbeziehungen	2	5	-	3,00	10,50
10. Soziales Lernen	2	5	4	5,50	14,00
11. Schulgebäude und Schulgelände	1	5	3	2,50	9,00
12. Unterrichtsentwicklung	4	5	5	8,00	16,00
13. Grundschule	2	5	-	4,00	11,50

Legende: Minimum, Maximum: niedrigstes bzw. höchstes Rating im Rahmen der Bedeutungsbemessung der jeweiligen Schulentwicklungsmaßnahme;
Modus: das am häufigsten vergebene Rating bei der Einschätzung der Bedeutung der jeweiligen Schulentwicklungsmaßnahme;
Unteres Terzil: Wert, der genau in der arithmetischen Mitte zwischen dem dritt- und viertniedrigsten Produkt aus Häufigkeit und Dauer der jeweiligen Schulentwicklungsmaßnahme liegt;
Oberes Terzil: Wert, der genau in der arithmetischen Mitte zwischen dem dritt- und vierthöchsten Produkt aus Häufigkeit und Dauer der jeweiligen Schulentwicklungsmaßnahme liegt;

Anmerkung: Die im Fragebogen verwendete Ratingskala reichte von „1 = unwichtig“ bis „5 = wichtig“.

Die Ergebnisse der ersten Expertenbefragung verdeutlichen, dass für sieben Maßnahmen kein Modalwert festgelegt werden konnte. Wie die Werte für oberes und unteres Terzil zeigen, ergaben sich im Expertenurteil auch bei den Einschätzungen zur Häufigkeit und Dauer einzelner Schulentwicklungsmaßnahmen noch große Streuungen. Eine weitere Konsensrunde war daher notwendig.

6.2.2 Ergebnisse der zweiten Runde

Im Rahmen der zweiten Erhebung nahm jeder Schulentwicklungsexperte in Kenntnis der Urteile der anderen Fachleute eine erneute Einschätzung von Bedeutung, Häufigkeit und Dauer der einzelnen Schulentwicklungsmaßnahmen vor. In Tabelle 6-2 werden auf Basis dieser erneuten Beurteilungen für jede Maßnahme Minimum, Maximum und Modus der Bedeutungsbeimessungen sowie unteres und oberes Terzil aus den Produkten von Häufigkeit und Dauer angegeben:

Tabelle 6-2: Statistische Kennzahlen zu den Expertenurteilen im Rahmen der zweiten Befragung (n = 10)

Schulentwicklungsmaßnahme	Minimum	Maximum	Modus	Unteres Terzil	Oberes Terzil
1. Schulentwicklungssitzung	3	5	5	3,00	6,00
2. Schulentwicklungswochenende	3	5	5	8,00	10,00
3. Leitbild	3	5	5	4,00	7,00
4. Qualitätszirkel	4	5	5	7,00	12,00
5. Steuergruppe	3	5	5	10,00	20,00
6. Ziele und Evaluation	3	5	4	6,00	10,50
7. Schulleitung und Kollegium	3	5	4	5,00	8,25
8. Elternarbeit	3	5	3	4,00	8,50
9. Außenbeziehungen	3	5	4	4,00	7,50
10. Soziales Lernen	3	5	4	5,50	7,00
11. Schulgebäude und Schulgelände	1	5	3	2,50	5,00
12. Unterrichtsentwicklung	5	5	5	8,00	13,00
13. Grundschule	2	5	5	4,50	9,50

Legende: Siehe Legende und Anmerkung zu Tabelle 6-1.

Basierend auf den Ergebnissen der zweiten Runde der schriftlichen Befragungen zum Erzielen eines Expertenkonsensus kann für alle 13 Schulentwicklungsmaßnahmen ein Modalwert bestimmt werden. Sieben Maßnahmen lassen sich mit der höchsten, vier mit der zweithöchsten und zwei mit der mittleren Gewichtung klassifizieren. Die Modalwerte verdeutlichen, dass die Fachleute bei leicht unterschiedlicher Gewichtung alle ihnen vorgestellten Entwicklungsmaßnahmen für bedeutsam hielten. Damit die Maßnahmen, die an den Schulen durchgeführt wurden, differenzierter gewichtet werden können, müssen die von den Experten für optimal befundenen Einschätzungen von Häufigkeit und Dauer der

Schulentwicklungsmaßnahmen analysiert und hinsichtlich ihrer Verwendbarkeit als Gewichtungsgrundlage überprüft werden. Auf Basis der beiden Expertenbefragungen können die Differenzen zwischen oberem und unterem Terzil verglichen werden. In Tabelle 6-3 wird dieser Vergleich dargestellt:

Tabelle 6-3: Vergleich von unterem und oberem Terzil der ersten und zweiten Expertenbefragung (n = 10)

	Erste Befragung			Zweite Befragung		
Schulentwicklungsmaßnahme	**Unteres Terzil**	**Oberes Terzil**	**Differenz**	**Unteres Terzil**	**Oberes Terzil**	**Differenz**
1. Schulentwicklungssitzung	3,00	7,50	4,50	3,00	6,00	3,00
2. Schulentwicklungswochenende	7,50	11,00	3,50	8,00	10,00	2,00
3. Leitbild	3,75	7,00	3,25	4,00	7,00	3,00
4. Qualitätszirkel	7,00	17,75	10,75	7,00	12,00	5,00
5. Steuergruppe	7,75	20,00	12,25	10,00	20,00	10,00
6. Ziele und Evaluation	6,00	12,00	6,00	6,00	10,50	4,50
7. Schulleitung und Kollegium	4,50	12,00	7,50	5,00	8,25	3,25
8. Elternarbeit	4,50	10,50	6,00	4,00	8,50	4,50
9. Außenbeziehungen	3,00	10,50	7,50	4,00	7,50	3,50
10. Soziales Lernen	5,50	14,00	8,50	5,50	7,00	1,50
11. Schulgebäude und Schulgelände	2,50	9,00	6,50	2,50	5,00	2,50
12. Unterrichtsentwicklung	8,00	16,00	8,00	8,00	13,00	5,00
13. Grundschule	4,00	11,50	7,50	4,50	9,50	5,00

Legende: Unteres Terzil: Wert, der genau in der arithmetischen Mitte zwischen dem dritt- und viertniedrigsten Produkt aus Häufigkeit und Dauer der jeweiligen Schulentwicklungsmaßnahme liegt;
Oberes Terzil: Wert, der genau in der arithmetischen Mitte zwischen dem dritt- und vierthöchsten Produkt aus Häufigkeit und Dauer der jeweiligen Schulentwicklungsmaßnahme liegt;
Differenz: Differenz oberes Terzil – unteres Terzil;

Der Vergleich der Differenzen aus oberem und unterem Terzil von erster und zweiter Befragung zeigt, dass sich im Rahmen der zweiten Expertenrunde die Differenzen für alle dreizehn Maßnahmen verringerten. Auffällig ist auch, dass die meisten Werte für das obere Terzil im Rahmen des Expertenurteils der zweiten Runde abnahmen. Weiterhin zeigen sich im oberen Terzil deutliche Unterschiede hinsichtlich der Gewichtung von Häufigkeit und Dauer einzelner Maßnahmen. Die allgemeinen Maßnahmen „Schulentwicklungswochenende“, „Qualitätszirkel“ und „Steuergruppe“ sowie die spezifischen Entwicklungsmaßnahmen „Ziele und Evaluation" und „Unterrichtsentwicklung" wurden als besonders bedeutsam eingeschätzt.

Sowohl die Möglichkeit der Formulierung von Modalwerten für alle Maßnahmen als auch die abnehmenden Differenzen sind als der angestrebte Expertenkonsensus, der durch die zweite Runde erzielt werden konnte, zu interpretieren. Die Modalwerte verdeutlichen, dass die Experten die vorgestellten Entwicklungsmaßnahmen für ähnlich bedeutsam hielten. Für die Gewichtung der an den Untersuchungsschulen durchgeführten Entwicklungsmaßnahmen werden deshalb die Werte der zweiten Expertenrunde für unteres und oberes Terzil verwendet. Diese Werte ermöglichen eine genauere Differenzierung der einzelnen Maßnahmen. Sie bieten daher die Grundlage zur Berechnung der spezifischen Intensität innerer Entwicklung an den Untersuchungsschulen.

6.3 Berechnung der Intensität der Schulentwicklungsmaßnahmen an den Untersuchungsschulen

6.3.1 Bewertung der an den Untersuchungsschulen durchgeführten Maßnahmen

Basierend auf den maßnahmenspezifischen Werten für unteres und oberes Terzil können die durchgeführten Entwicklungsaktivitäten gewichtet und die spezifische Gesamtintensität innerer Entwicklung für jede Untersuchungsschule berechnet werden.

Zunächst werden für die während der Untersuchung über Beobachtung und Steuergruppenbefragung erhobenen schulspezifischen Maßnahmen die Produkte aus

Häufigkeit und Zeit errechnet.[6] Anschließend werden diese Produkte mit den Werten des unteren und oberen Terzils aus der Expertenbefragung verglichen. Ist der schulspezifische Produktwert niedriger als derjenige des unteren Terzils, so erhält die Schule die Zahl „1" als ein Maß für geringe Intensität zugewiesen. Liegt der Wert innerhalb des unteren und oberen Terzils, so wird die Zahl „2" als ein Maß für eine dem Expertenurteil entsprechende Intensität eingetragen. Einer Schule wird die Zahl „3" zugewiesen, wenn ihr Produkt für die betreffende Maßnahme größer als der Wert des oberen Terzils ist. Die Intensität der spezifischen Maßnahmenumsetzung an dieser Schule lag damit über dem Wert im Expertenurteil, das heißt die Maßnahme wurde häufiger und länger eingesetzt als dies nach Meinung der Experten nötig gewesen wäre.

In Tabelle 6-4 wird die Intensität der Durchführung der Schulentwicklungsmaßnahmen an den Untersuchungsschulen vorgestellt:

6 Häufigkeit und Dauer der schulspezifischen Maßnahmen wurden in Kapitel 5 dargestellt. Da an allen sechs Untersuchungsschulen spezifische Qualitätszirkel eingerichtet wurden, erübrigt sich eine Prüfung der allgemeinen Maßnahme „Qualitätszirkel". Im Verlauf der Untersuchung begannen Schule 5 und 6 mit der Leitbildentwicklung im Rahmen eines Schulentwicklungswochenendes. Da während dieser Wochenenden parallel zur Leitbildarbeit weitere andere Themenschwerpunkte im Mittelpunkt der inneren Entwicklung standen, konnte eine zeitliche Gewichtung nicht vorgenommen werden. An Schule 2 begann die Entwicklung eines Leitbilds im Rahmen einer Schulentwicklungssitzung. Die Maßnahme „Leitbild" konnte auch hier nicht quantifiziert werden. Alle drei Leitbilder wurden gemeinsam mit Schülern und Eltern nach der dritten Messung ausformuliert und verabschiedet.

Tabelle 6-4: Intensität der Durchführung der Schulentwicklungsmaßnahmen an den Untersuchungsschulen (n = 6)

	Intensität					
Schulentwicklungsmaßnahme	**Schule 1**	**Schule 2**	**Schule 3**	**Schule 4**	**Schule 5**	**Schule 6**
1. Schulentwicklungssitzung	1	3	2	2	3	2
2. Schulentwicklungswochenende	-	-	-	-	2	-
5. Steuergruppe	1	2	-	-	2	1
6. Ziele und Evaluation	-	-	1	-	-	-
7. Schulleitung und Kollegium	2	3	-	-	2	3
8. Elternarbeit	-	-	1	3	-	-
9. Außenbeziehungen	-	-	1	-	-	2
10. Soziales Lernen	1	3	1	-	3	-
11. Schulgebäude und Schulgelände	2	3	1	-	3	-
12. Unterrichtsentwicklung	1	1	-	3	3	1
13. Grundschule	-	-	-	3	-	2

Legende: Intensität 1, 2 oder 3: Die jeweilige Entwicklungsmaßnahme wurde an der betreffenden Schule mit geringer, mittlerer oder hoher Intensität durchgeführt.

Anhand der Bewertung der Intensität, mit der einzelne Schulentwicklungsmaßnahmen realisiert wurden, lässt sich eine globale Intensität für jede Untersuchungsschule berechnen.

6.3.2 Globale Bewertung der Intensität der Maßnahmen an den Untersuchungsschulen

Vor der globalen Bewertung der Intensität, mit der die einzelnen Untersuchungsschulen Maßnahmen innerer Entwicklung aufgriffen und umsetzten, sollen die Aktivitäten aufgrund der jeweiligen inhaltlichen Ausrichtung den drei Bereichen innerer Schulentwicklung zugeordnet werden. Mit Hilfe dieser in Kapitel 5.5 dargelegten Einteilung können in Tabelle 6-5 inhaltliche Schwerpunktsetzungen bereichsspezifisch sortiert werden:

Tabelle 6-5: Grundtypen von Maßnahmen innerer Schulentwicklung an den Untersuchungsschulen[7]

Innere Schulentwicklung		
Organisationsentwicklung	**Personalentwicklung**	**Unterrichtsentwicklung**
1. Schulentwicklungssitzung	7. Schulleitung und Kollegium	10. Soziales Lernen
2. Schulentwicklungswochenende	8. Elternarbeit	12. Unterrichtsentwicklung
5. Steuergruppe	9. Außenbeziehungen	13. Grundschule
6. Ziele und Evaluation	11. Schulgebäude und Schulgelände	

Diesen Grundtypen werden die an den einzelnen Schulen durchgeführten unterschiedlichen Maßnahmen (M) mit ihrer jeweiligen Intensität (I) zugeordnet. Über die Addition der spezifischen Intensitäten kann sowohl für jede Untersuchungsschule als auch für jeden Entwicklungsbereich eine globale Intensität ermittelt werden.

In Tabelle 6-6 werden Maßnahmen und globale Intensität innerer Schulentwicklung an den Untersuchungsschulen und in den Bereichen vorgestellt:

7 Wie in Kapitel 5 dargelegt, wählten die Lehrkräfte der Untersuchungsschulen im Verlauf der Erprobung von wahrnehmungsorientierter Schulentwicklung keine Items aus dem Bereich Selbst und eigener Unterricht als Ziele innerer Entwicklung aus. Da dem Bereich deshalb keine Maßnahmen zugeordnet werden können, entfällt er im Zusammenhang mit der Typisierung.

Tabelle 6-6: **Maßnahmen und globale Intensität innerer Schulentwicklung an den Untersuchungsschulen und in den Bereichen (n = 6)**

Schule	Organisations-entwicklung	Personal-entwicklung	Unterrichts-entwicklung	Globale Intensität an den Schulen
1	M 1_I **1** M 5_I **1**	M 7_I **2** M 11_I **2**	M 10_I **1** M 12_I **1**	**8**
2	M 1_I **3** M 5_I **2**	M 7_I **3** M 11_I **3**	M 10_I **3** M 12_I **1**	**15**
3	M 1_I **2** M 6_I **1**	M 8_I **1** M 9_I **1** M 11_I **1**	M 10_I **1**	**7**
4	M 1_I **2**	M 8_I **3**	M 12_I **3** M 13_I **3**	**11**
5	M 1_I **3** M 2_I **2** M 5_I **2**	M 7_I **2** M 11_I **3**	M 10_I **3** M 12_I **3**	**18**
6	M 1_I **2** M 5_I **1**	M 7_I **3** M 9_I **2**	M 12_I **1** M 13_I **2**	**11**
Globale Intensität in den Bereichen	**22**	**26**	**22**	

Legende: M (1, 2, 5, 6, 7, 8, 9, 10, 11, 12, 13): spezifische Maßnahme innerer Schulentwicklung; I (1, 2, 3): Intensität der Durchführung der jeweiligen Maßnahmen innerer Schulentwicklung;

Beim Vergleich der globalen Intensitäten der einzelnen Entwicklungsbereiche zeigt sich, dass in den Bereichen Organisation und Unterricht mit gleicher Intensität gearbeitet wurde. Die Intensität im Bereich Personalentwicklung liegt leicht über den beiden anderen. Ein einseitiges Aufgreifen von Maßnahmen eines Entwicklungsbereichs ist nicht festzustellen.

Der Vergleich der Intensitätswerte der einzelnen Untersuchungsschulen lässt eine Dreiteilung erkennen:

Zwei Schulen liegen bei Werten von 7 und 8, zwei bei jeweils 11 und zwei weisen die Intensitäten 15 und 18 auf. Den Untersuchungsschulen mit den Werten 7 und 8 kann in Anlehnung an die Berechnung der Intensität der Umsetzung der Entwicklungsmaßnahmen die Zahl „1“ als ein Maß für geringe Intensität (Intensitätsklasse 1) zugewiesen werden. Die Zahl „2“ als ein Maß für eine angemessene Intensität (Intensitätsklasse 2) wird den Schulen mit dem Wert 11 beigemessen. Die beiden Untersuchungsschulen mit dem Werten 15 und 18 erhalten die Zahl „3“ in dem Sinne zugewiesen, dass an diesen

Institutionen Schulentwicklungsmaßnahmen mit hoher Intensität (Intensitätsklasse 3) durchgeführt wurden.

Auf Basis dieser schulspezifischen Werte kann ein Faktor „Maßnahme“ beschrieben und im folgenden Kapitel 7 ein möglicher statistischer Zusammenhang zwischen der Intensität der praktischen Entwicklungsarbeit und den Wahrnehmungsänderungen der Lehrkräfte analysiert werden.

7 Evaluierung

Die Beschreibung der Maßnahmen, die an den sechs Untersuchungsschulen während der Erprobung von wahrnehmungsorientierter Schulentwicklung auf Basis der Erhebungen ergriffen wurden, legte die Vermutung nahe, dass durch diese Konzeption tatsächlich bedarfsorientierte innere Entwicklungsprozesse *indiziert* und *initiiert* werden könnten.

Mittels der deskriptiven Darstellung der Gesamtergebnisse der Studie, der Analyse des Einflusses des Treatments auf die Wahrnehmungen der Teilnehmenden sowie Analysen zur Wirkung weiterer Faktoren des Untersuchungsmodells erfolgt eine Evaluation der beschriebenen Beobachtungen zum Verlauf von wahrnehmungsorientierter Schulentwicklung an den Erprobungsschulen. Hierbei sollen sowohl die primäre Fragestellung, *ob* über Wahrnehmungen innere Schulentwicklungsprozesse *indiziert, initiiert* und *evaluiert* werden können, als auch die sekundären Fragestellungen nach dem *Wie*, das heißt der Wirkungsweise ausgewählter Faktoren auf die Wahrnehmungen der Lehrkräfte, geklärt werden.

7.1 Prüfung der primären Fragestellung

7.1.1 Evaluation der Untersuchungshypothese auf Basis des Gesamtscores

Wie in den Kapiteln 3.2 und 4.4.1 dargelegt, interessieren zur Überprüfung der Untersuchungshypothese die Differenzen (DIFF1, DIFF2 und DIFF3) der Mittelwerte zwischen den Skalen zur idealen und realen Schule (IDEAL1, IDEAL2, IDEAL3, REAL1, REAL2 und REAL3). Die Mittelwerte, die im Rahmen von drei Messungen erhobenen wurden, beziehen sich auf Wahrnehmungen von 113 Lehrkräften, die an allen drei Erhebungen teilnahmen.

In Tabelle 7-1 werden deskriptive Informationen zum Ideal- und Realbild sowie zur Differenz zwischen Ideal– und Realbild für alle drei Messzeitpunkte berichtet. Die Differenzen beschreiben die Abweichung der tatsächlich wahrgenommenen von der als ideal vorgestellten Schule. Die Mittelwerte aller Variablen sind in Abbildung 7-1 grafisch dargestellt.

Tabelle 7-1: Originalurteile zur idealen und realen Schule im Studienverlauf (n = 113)

	Messung 1			Messung 2			Messung 3		
Statistik	IDEAL1	REAL1	DIFF1	IDEAL2	REAL2	DIFF2	IDEAL3	REAL3	DIFF3
MW	4,47	3,50	0,97	4,51	3,69	0,82	4,46	3,70	0,76
SD	0,37	0,38	0,40	0,38	0,46	0,48	0,41	0,41	0,42
Min	3,44	2,61	-0,01	3,68	2,15	-0,08	3,09	2,72	0,03
Max	5,00	4,46	1,84	5,00	4,73	2,55	5,00	4,69	1,91

Legende: MW: arithmetischer Mittelwert; SD: Standardabweichung; Min, Max: niedrigstes bzw. höchstes Rating; DIFF: Differenz IDEAL – REAL für die drei Messzeitpunkte (1, 2, 3);

Anmerkungen: Die im Fragebogen verwendete Ratingskala reichte von „1 = stimme nicht zu“ bis „5 = stimme voll zu“. Eine Differenz von DIFF = 0 zeigt an, dass sich Ideal- und Realbild nicht unterscheiden. Eine positive Differenz gibt an, dass das Idealbild positiver beschrieben wird als das Realbild.

Abbildung 7-1: Mittelwerte der idealen und realen Schule sowie der Ideal-Realbild-Differenzen im Studienverlauf (n = 113)

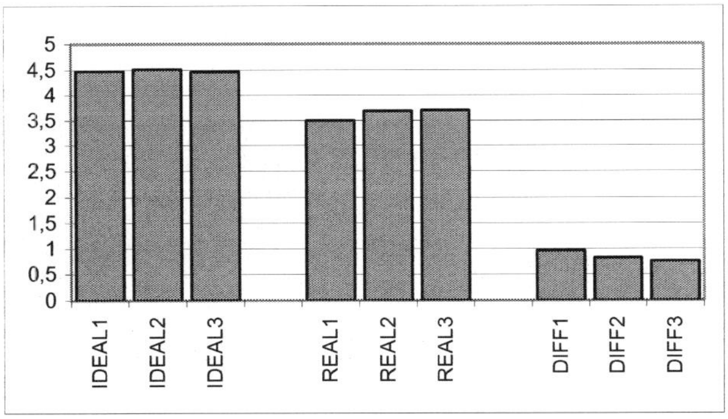

Legende: Siehe Legende und Anmerkungen zu Tabelle 7-1.

Die mittleren Urteile zum Idealbild sind über alle drei Messzeitpunkte hinweg stabil und liegen in der Mitte des Intervalls zwischen den Skalenkategorien „4 = stimme eher zu“ und „5 = stimme voll zu“. Die tatsächlich eingeschätzte Schule liegt als das Realbild vor Beginn der in den einzelnen Schulen eingeleiteten Maßnahmen um einen Scorepunkt unterhalb des Idealbildes zwischen den Skalenkategorien „3 = teils – teils“ und „4 = stimme eher zu“. Bei den folgenden Erhebungen steigen die Mittelwerte des Realbildes an und nähern sich dem mittleren Urteil zum Idealbild an. Das zeigt sich auch in einer Abnahme der Differenzen zwischen Ideal- und Realbild. Aus der Spannweite der Differenzen ist zu entnehmen, dass einerseits bei einigen Lehrkräften eine Übereinstimmung von Ideal- und Realbild vorkommt. Andererseits sind bei anderen auch deutliche Unterschiede zwischen einem positiven Idealbild und einem weniger positiven Realbild (Maxima mit Differenzen > 2) festzustellen.

In Tabelle 7-2 werden Ergebnisse zum Vergleich zwischen je zwei Messzeitpunkten berichtet, um damit Veränderungen im Studienverlauf zu erfassen. Verglichen werden die Differenzen zwischen Ideal- und Realbild pro Messzeitpunkt. Die Tabelle enthält neben deskriptiven Statistiken auch das Ergebnis der teststatistischen Vergleiche der Veränderungen der Ideal-Realbild-Differenzen im Studienverlauf. Abbildung 7-2 stellt die deskriptiven Informationen grafisch dar.

Tabelle 7-2: Vergleich der Ideal-Realbild-Differenzen zu den verschiedenen Messzeitpunkten (n = 113)

Statistik	DIFFM1 – DIFFM2	DIFFM1 – DIFFM3	DIFFM2 – DIFFM3
MW	0,15	0,21	0,06
SD	0,43	0,40	0,42
Min	-1,22	-0,82	-1,09
Max	1,14	1,12	2,02
p-Wert	< 0,001	< 0,001	0,060

Legende: MW: arithmetischer Mittelwert; SD: Standardabweichung; Min, Max: niedrigstes bzw. höchstes Rating; DIFFM: Differenz der mittleren Differenzen von Ideal- und Realbild zwischen je zwei der drei Messzeitpunkte (1, 2, 3);

Anmerkungen: Die im Fragebogen verwendete Ratingskala reichte von „1 = stimme nicht zu“ bis „5 = stimme voll zu“.

Ein positiver MW in den Spalten besagt, dass die im Titel zuerst genannte Differenz größer ist als die zweite (Beispiel: DIFFM1 – DIFFM2: Die Ideal-Realbild-Differenz ist bei Messung 1 um durchschnittlich 0,15 Punkte größer als bei Messzeitpunkt 2).

Eine negative Differenz bei Min zeigt an, dass bei einzelnen Lehrkräften die Ideal-Realbild-Differenz zwischen zwei Messzeitpunkten zugenommen hat, während hohe positive Differenzen bei Max eine deutliche Abnahme der Divergenz zwischen Ideal- und Realbild beschreiben.

Der p-Wert ist assoziiert mit dem Wilcoxon-U-Test für abhängige Stichproben. Der Test untersucht die Nullhypothese: Die Differenzen der Ideal-Realbild-Differenzen sind an den beiden verglichenen Messzeitpunkten gleich (= 0).

Abbildung 7-2: Mittelwerte der Ideal-Realbild-Differenzen zu den verschiedenen Messzeitpunkten (n = 113)

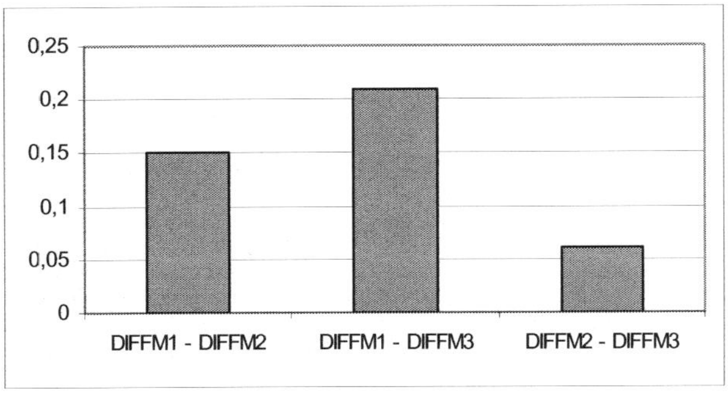

Legende: Siehe Legende und Anmerkungen zu Tabelle 7-2.

Tabelle 7-2 zeigt, dass alle drei mittleren Differenzen positiv sind. Das bedeutet, dass sich die Ideal-Realbild-Differenzen im Beobachtungsverlauf stetig aneinander angenähert haben. Die größte Differenz lässt sich zwischen der Ausgangs- (Messung 1) und der Abschlussmessung (Messung 3) beobachten. Allerdings ist die Veränderung bereits zwischen der Ausgangsmessung (Messung 1) und der Messung nach einem halben Jahr, in dem die ersten Maßnahmen zur inneren Schulentwicklung durchgeführt wurden (Messung 2), zu beobachten. Damit fällt die Veränderung zwischen Messung 2 und Messung 3 nur noch gering aus.

Die hypothesenuntersuchende Analyse der primären Fragestellung wurde in Kapitel 4.4 über die Veränderung zwischen den Messzeitpunkten 3 und 1 konzipiert; die übrigen Vergleiche zwischen den Messzeitpunkten 2 und 1 sowie 3 und 2 sind in ihrer Bedeutung nachgeordnet.

Die Ergebnisse zeigen (vgl. p-Werte in Tabelle 7-2), dass sich nach einem Jahr und damit zwei Feedback-Runden die als Ideal-Realbild-Differenzen erfassten Wahrnehmungen der Lehrkräfte zwischen der Abschlussmessung und der Ausgangsbefragung veränderten und statistisch unterscheiden ($p < 0{,}001$).

Die Resultate verdeutlichen weiterhin, das sich bereits nach einem halben Jahr und der ersten Feedback-Runde die Wahrnehmungen zwischen dem zweiten Messzeitpunkt und der Ausgangsbefragung veränderten und sich statistisch unterscheiden ($p < 0{,}001$).

Zwischen der nach einem Jahr durchgeführten dritten Messung und dem zweiten Messzeitpunkt nach einem halben Jahr lässt sich kein Unterschied in den Wahrnehmungen der Lehrkräfte belegen, obwohl sich die Werte der beiden Messzeitpunkte zumindest tendenziell unterscheiden ($p = 0{,}060$).

Mit diesen Ergebnissen kann die Nullhypothese dieser Untersuchung, dass sich die Ideal-Realbild-Wahrnehmungen der Lehrkräfte über den Beobachtungsverlauf hinweg nicht verändern, zurückgewiesen werden. Stattdessen gilt, dass sich die Ideal-Realbild-Differenzen zwischen der Ausgangslage, vor Beginn der Durchführung der Maßnahmen innerer Schulentwicklung, und den folgenden Befragungen sowohl nach einer ersten wie auch nach einer zweiten Feedback-Runde statistisch signifikant unterscheiden, das heißt verringern. Die Veränderungen zwischen der zweiten und der dritten Befragung sind dagegen marginal und statistisch nicht abgesichert. Wie oben beschrieben, gehen die beobachteten Veränderungen im Durchschnitt aller befragten Lehrkräfte auf Änderungen des Realbildes zurück (vgl. Tabelle 7-1 und Abbildung 7-1), während die Idealbilder, die ja ohnedies sehr positiv waren, im Verlauf der Beobachtung konstant blieben.

7.1.2 *Untersuchung des Zusammenhangs zwischen Wahrnehmungsänderung und Maßnahmen innerer Schulentwicklung*

Für eine Untersuchung des Zusammenhangs der Wahrnehmungsänderungen und den Maßnahmen innerer Schulentwicklung sind die in Kapitel 6 berechneten Intensitäten der in den einzelnen Schulen angewandten Maßnahmen der inneren Schulentwicklung (Intensität 1, 2 und 3) relevant. Im Unterschied zu den in Kapitel 7.1.1 beschriebenen Auswertungen zum Verlauf der interessierenden Variablen über drei Untersuchungszeitpunkte innerhalb der Gesamtstichprobe wird in den folgenden Auswertungen eine Behandlungsvariable eingeführt, mit der auf Unterschiede in den Wahrnehmungsänderungen der drei Intensitätsklassen geprüft werden soll.

7.1.2.1 *Veränderungen zwischen den Messzeitpunkten pro Intensitätsklasse*

Die nachfolgenden Vergleiche erfolgen sowohl auf Basis der Mittelwerte zwischen den Skalen zur idealen und realen Schule (IDEAL1, IDEAL2, IDEAL3, REAL1, REAL2 und REAL3) als auch auf den Ideal-Realbild-Differenzen (DIFF1, DIFF2 und DIFF3), die zu den drei Messzeitpunkten erhoben wurden. Die folgende Tabelle 7-3 entspricht der Tabelle 7-1; sie wurde hier allerdings stratifiziert nach den drei Intensitätsklassen (Klasse 1, 2 und 3). Ebenso korrespondiert Abbildung 7-3 mit Abbildung 7-1.

Tabelle 7-3: Originalurteile zur idealen und realen Schule in den Intensitätsklassen im Studienverlauf

		Messung 1			**Messung 2**			**Messung 3**		
Intensität	**Statistik**	IDEAL1	REAL1	DIFF1	IDEAL2	REAL2	DIFF2	IDEAL3	REAL3	DIFF3
Klasse 1 (n = 36)	MW	4,38	3,41	0,97	4,47	3,48	0,99	4,46	3,5	0,96
	SD	0,36	0,35	0,40	0,41	0,46	0,59	0,42	0,38	0,49
	Min	3,68	2,66	-0,01	3,68	2,15	0,04	3,74	2,72	0,15
	Max	5,00	4,46	1,68	5,00	4,12	2,55	5,00	4,24	1,91
Klasse 2 (n = 36)	MW	4,46	3,63	0,83	4,47	3,76	0,71	4,42	3,75	0,67
	SD	0,33	0,39	0,38	0,38	0,54	0,44	0,35	0,42	0,32
	Min	3,62	2,61	0,11	3,76	2,25	-0,08	3,26	3,01	0,19
	Max	5,00	4,37	1,73	5,00	4,59	1,93	5,00	4,69	1,43
Klasse 3 (n = 41)	MW	4,56	3,46	1,10	4,59	3,81	0,78	4,50	3,83	0,67
	SD	0,40	0,36	0,39	0,34	0,32	0,35	0,45	0,37	0,37
	Min	3,44	2,64	0,02	3,87	3,21	0,18	3,09	2,99	0,03
	Max	5,00	4,39	1,84	5,00	4,73	1,40	5,00	4,62	1,46

Legende: MW: arithmetischer Mittelwert; SD: Standardabweichung; Min, Max: niedrigstes bzw. höchstes Rating; DIFF: Differenz IDEAL – REAL für die drei Messzeitpunkte (1, 2, 3);

Anmerkungen: Die im Fragebogen verwendete Ratingskala reichte von „1 = stimme nicht zu“ bis „5 = stimme voll zu“. Eine Differenz von DIFFx = 0 zeigt an, dass sich Ideal- und Realbild nicht unterscheiden, eine positive Differenz gibt an, dass das Idealbild positiver beschrieben wird als das Realbild.

Abbildung 7-3: Mittelwerte der idealen und realen Schule sowie der Ideal-Realbild-Differenzen im Studienverlauf für Intensitätsklasse 1 (n = 36)

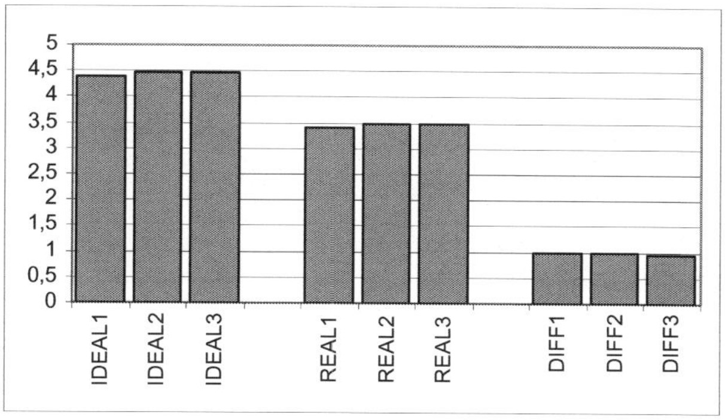

Legende: Siehe Legende und Anmerkungen zu Tabelle 7-3.

Abbildung 7-4: Mittelwerte der idealen und realen Schule sowie der Ideal-Realbild-Differenzen im Studienverlauf für Intensitätsklasse 2 (n = 36)

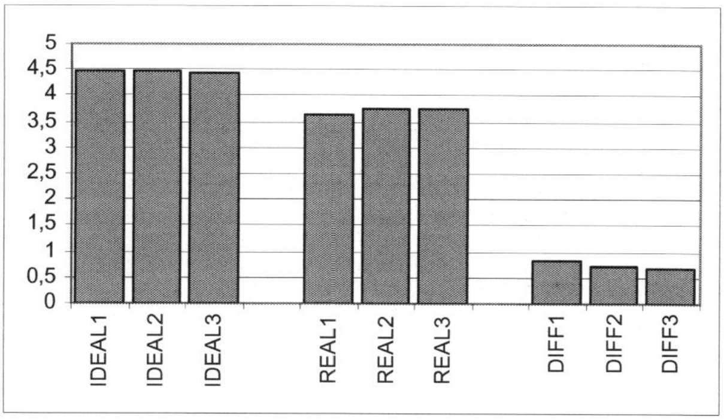

Legende: Siehe Legende und Anmerkungen zu Tabelle 7-3.

Abbildung 7-5: Mittelwerte der idealen und realen Schule sowie der Ideal-Realbild-Differenzen im Studienverlauf für Intensitätsklasse 3 (n = 41)

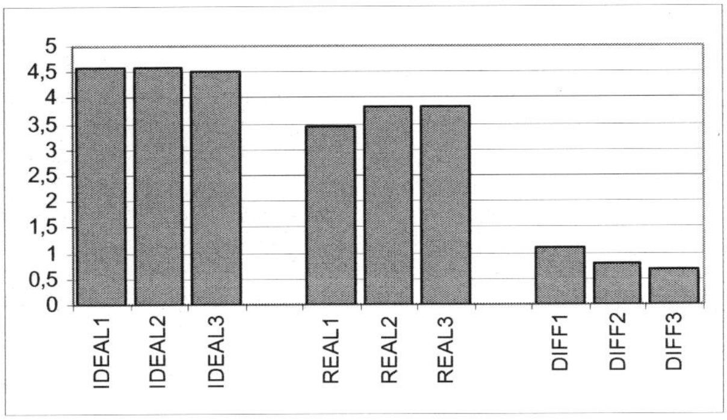

Legende: Siehe Legende und Anmerkungen zu Tabelle 7-3.

Die Idealbilder in der Ausgangsuntersuchung (Messung 1) unterscheiden sich in den drei Intensitätsgruppen geringfügig: Die durchschnittlichen Einschätzungen steigen von Intensitätsklasse 1 zu Klasse 3 leicht an. In den initialen Realbildbeschreibungen sind die Intensitätsklassen 1 und 3 vergleichbar. Sie sind in Intensitätsklasse 2 leicht positiver als in den beiden anderen Gruppen. Das führt auch zur geringsten Idealbild-Realbild-Differenz. Die Differenz ist in Intensitätsklasse 1 höher und in Intensitätsgruppe 3, die Maßnahmen der inneren Schulentwicklung am intensivsten durchgeführt hat, am höchsten.

Im Beobachtungsverlauf bleiben die Idealbilder in allen drei Intensitätsgruppen im Durchschnitt aller pro Gruppe befragten Lehrkräfte gleich. Trotz einer leicht positiveren Beschreibung des Realbildes in der Intensitätsgruppe 1 im Beobachtungsverlauf verändern sich die Mittelwerte in dieser Gruppe wenig. In den beiden anderen Intensitätsgruppen sind die Realbildbeschreibungen bei der zweiten Erhebung nach einem halben Jahr (Messung 2) deutlich positiver. Zur Abschlussbefragung zeigen sich keine relevanten Veränderungen mehr.

Die Differenzen zwischen Ideal- und Realbild sind in Intensitätsgruppe 1 weitgehend stabil. Sie verringern sich dagegen kontinuierlich in den beiden anderen Intensitätsgruppen. Am deutlichsten ist die Abnahme in Intensitätsgruppe 3.

In Tabelle 7-4 sind die Veränderungen der Differenzen zwischen Ideal- und Realbild zwischen zwei Beobachtungszeitpunkten mit deskriptiven Informationen wiedergegeben. Die in der Tabelle berichteten p-Werte beschreiben wie in der oben dargestellten Tabelle 7-2 die Unterschiede zwischen je zwei Messzeitpunkten pro Intensitätsgruppe. Abbildung 7-3 stellt die deskriptiven Informationen grafisch dar.

Tabelle 7-4: Vergleich der Veränderungen zwischen Messzeitpunkten in den Intensitätsklassen

Intensität	Statistik	DIFFM1 – DIFFM2	DIFFM1 – DIFFM3	DIFFM2 – DIFFM3
	MW	-0,02	0,01	0,03
Klasse 1	SD	0,46	0,36	0,50
(n = 36)	Min	-1,19	-0,82	-1,09
	Max	1,10	0,82	2,02
	p-Wert	0,863	0,441	0,637
	MW	0,12	0,16	0,04
Klasse 2	SD	0,40	0,38	0,35
(n = 36)	Min	-1,22	-0,51	-1,01
	Max	0,75	0,95	0,76
	p-Wert	0,034	0,034	0,540
	MW	0,32	0,43	0,11
Klasse 3	SD	0,36	0,35	0,39
(n = 41)	Min	-0,44	-0,24	-1,05
	Max	1,14	1,12	0,84
	p-Wert	< 0,001	< 0,001	0,046

Legende: MW: arithmetischer Mittelwert; SD: Standardabweichung; Min, Max: niedrigstes bzw. höchstes Rating; DIFFM: Differenz der mittleren Differenzen von Ideal- und Realbild zwischen je zwei der drei Messzeitpunkte (1, 2, 3);

Anmerkungen: Die im Fragebogen verwendete Ratingskala reichte von „1 = stimme nicht zu“ bis „5 = stimme voll zu“.
Ein positiver MW in den Spalten besagt, dass die im Titel zuerst genannte Differenz größer ist als die zweite.
Eine negative Differenz bei Min zeigt an, dass bei einzelnen Lehrkräften die Ideal-Realbild-Differenz zwischen zwei Messzeitpunkten zugenommen hat, während hohe positive Differenzen bei Max eine deutliche Abnahme der Divergenz zwischen Ideal- und Realbild beschreiben.
Der p-Wert ist assoziiert mit dem Wilcoxon-U-Test für abhängige Stichproben.

Abbildung 7-6: Mittelwerte der Ideal-Realbild-Differenzen der Intensitätsklassen zu den verschiedenen Messzeitpunkten

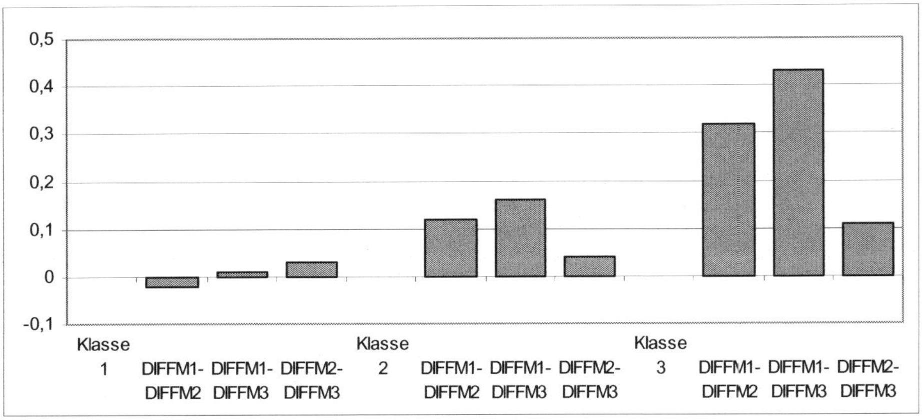

Legende: Siehe Legende und Anmerkungen zu Tabelle 7-4.

Die Vergleiche der Veränderungen zwischen den Messzeitpunkten pro Intensitätsklasse verdeutlichen, das sich bei Intensität 1 keine Veränderungen in den Wahrnehmungen der Lehrkräfte zwischen je zwei der drei Messzeitpunkte aufzeigen lassen.

In Intensitätsklasse 2 zeigen sich quantitativ geringe, aber dennoch überzufällige Veränderungen von der Ausgangsmessung zu Messung 2 ($p = 0,034$) und Messung 3 ($p = 0,034$).

Die klarsten Veränderungen lassen sich bei Intensität 3 belegen. Hier ist bereits nach einem halben Jahr bei Messung 2 eine deutliche Veränderung zu sehen ($p < 0,001$). Zwischen zweiter Messung und Abschlussmessung ist ebenfalls eine Veränderung zu erkennen ($p = 0,046$). Der Vergleich zwischen der letzten Messung und der Ausgangsmessung zeigt dann statistisch bedeutsame Veränderungen ($p < 0,001$).

7.1.2.2 Vergleich der Intensitätsklassen im Hinblick auf Veränderungen zwischen den Messzeitpunkten

In diesem Teilkapitel werden die beschriebenen deskriptiven Unterschiede zwischen den drei Intensitätsklassen statistisch weiter untersucht. Das geschieht zunächst global mittels einer univariaten Varianzanalyse mit „Intensitätsklassen“ (Klasse 1, 2 und 3) als unabhängigem Faktor und den Ideal-Realbild-Differenzen (DIFF1, DIFF2 und DIFF3) zwischen je zwei Messzeitpunkten als abhängiger Variablen. In Tabelle 7-5 sind die mit dem unabhängigen Faktor (Unterschied zwischen den Intensitätsklassen) assoziierten p-Werte für den F-Test wiedergegeben.

Tabelle 7-5: Vergleich der Intensitätsklassen im Hinblick auf Veränderungen zwischen den Messzeitpunkten

	Statistik	DIFFM1 – DIFFM2	DIFFM1 – DIFFM3	DIFFM2 – DIFFM3
Intensitätsklassen	p-Wert	0,002	< 0,001	0,640

Anmerkung: Der p-Wert ist assoziiert mit dem F-Test aus univariaten Varianzanalysen.

Der Vergleich der Intensitätsklassen im Blick auf Veränderungen zwischen den Messungen zeigt globale Unterschiede (das heißt, dass sich mindestens zwei Gruppen unterscheiden) zwischen dem ersten und zweiten Messzeitpunkt ($p = 0,002$) sowie zwischen erster und dritter Messung ($p < 0,001$). Zwischen Messung 2 und 3 lassen sich keine Unterschiede zwischen den drei Intensitätsklassen belegen ($p = 0,640$).

Die Frage, in welchen Intensitätsklassen die Veränderungen zwischen je zwei Messzeitpunkten unterschiedlich sind, wird nachfolgend mit multiplen Mann-Whitney-U-Tests weiter untersucht.

Tabelle 7-6: Vergleiche zwischen den Intensitäten im Hinblick auf Veränderungen zwischen den Messzeitpunkten

Vergleich der Intensitätsklassen	Statistik	DIFFM1 – DIFFM2	DIFFM1 – DIFFM3	DIFFM2 – DIFFM3
1 versus 2	p-Wert	0,124	0,193	0,955
1 versus 3	p-Wert	0,001	< 0,001	0,176
2 versus 3	p-Wert	0,027	0,003	0,277

Anmerkung: Die p-Werte assoziieren mit Mann-Whitney-U-Tests für unabhängige Stichproben.

Zwischen Intensitätsklassen 1 und 2 ergeben sich im Blick auf Veränderungen zwischen den Messungen keine Unterschiede. Dagegen sind deutliche Unterschiede zwischen den Intensitätsklassen 1 und 3 zwischen erster und zweiter ($p = 0{,}001$) sowie zwischen erster und dritter Messung ($p < 0{,}001$) zu beobachten. Die Intensitäten 2 und 3 unterscheiden sich zwischen erstem und zweitem ($p = 0{,}027$) sowie zwischen erstem und drittem Messzeitpunkt ($p = 0{,}003$). Die inhaltlichen Bedeutungen dieser Unterschiede sind oben in Tabellen 7-3 und 7-4 dargestellt. Sie besagen, dass die Unterschiede in den Veränderungen der Ideal-Realbild-Differenzen in Intensitätsklasse 3 stärker sind als in Intensitätsklassen 2 und 1 und dass sich auch Intensitätsklasse 3 von Intensitätsklasse 2 in stärkeren Veränderungen unterscheidet. Für die Veränderungen der Ideal-Realbild-Differenzen zwischen den Messzeitpunkten 2 und 3 kann zwischen den Intensitätsklassen kein Unterschied aufgezeigt werden.

Für die hypothesenuntersuchende Beurteilung der primären Fragestellung wurden Vergleiche zwischen je zwei Intensitätsklassen zwischen den Messzeitpunkten 3 und 1 durchgeführt und die Überschreitungswahrscheinlichkeit zu einem nach Bonferoni adjustieren $\alpha^*=\alpha\ /\ 3 = 0.05/3 = 0.0167$ beurteilt. Tabelle 7-6 zeigt, dass die Intensitätsklasse 3 sowohl der Intensitätsklasse 1 wie auch der Intensitätsklasse 2 in der Veränderung der Wahrnehmungen überlegen ist. Diese Klassen unterscheiden sich im Hinblick auf die Veränderungen zwischen den Ideal-Realbild-Differenzen der Ausgangserhebung vor Beginn und der Abschlusserhebung nach Durchführung von Maßnahmen der inneren Schulentwicklung. Intensitätsklasse 2 und 1 sind dagegen in dieser Auswertung nicht unterschiedlich. Alle übrigen Ergebnisse der vorangehenden Auswertungen werden explorativ beurteilt.

Die für die Gesamtstichprobe aller teilnehmenden Schulen und Lehrkräfte gefundenen Ergebnisse (vgl. Tab. 7-2) gelten nach dieser weiterführenden Auswertung demnach nur dann, wenn Maßnahmen in einer hohen Intensität (Klasse 3) durchgeführt werden. Eine Rangordnung des Einflusses niedriger Intensitäten der Maßnahmen lässt sich zwar quantitativ darstellen, aber statistisch nicht als überzufällig und damit systematisch nachweisen.

7.1.3 Ergebnisse der Analysen zur primären Fragestellung der Untersuchung

Die primäre Fragestellung, „*ob* über die Wahrnehmung von Schulqualitätsmerkmalen durch Lehrkräfte innere Schulentwicklungsprozesse *indiziert, initiiert* und *evaluiert* werden können“, wurde in zwei untersuchungsleitende Teilfragen transformiert:

1. Verändern sich die Wahrnehmungen der Lehrkräfte innerhalb der Beobachtungszeit?

2. In welchem Zusammenhang stehen diese Veränderungen, falls sie nachgewiesen werden können, mit den Maßnahmen, die in den Schulen durchgeführt wurden?

Die Vergleiche der Differenzen der Mittelwerte zu Ideal- und Realbild zu den drei Messzeitpunkten verdeutlichten, dass sich die Wahrnehmungen der Lehrkräfte tatsächlich innerhalb der Beobachtungszeit veränderten. Die Veränderungen konnten gegenüber der Ausgangslage nach einem Jahr, in dem Schulentwicklungsmaßnahmen durchgeführt wurden, eindeutig belegt werden. Hierbei waren überzufällige Veränderungen bereits nach der ersten Feedback-Runde nach sechs Monaten zu beobachten, die weiteren Veränderungen im zweiten Halbjahr fielen dagegen deutlich geringer aus. Über die deskriptive Beschreibung der Mittelwerte von idealer und realer Schule zu den drei Messungen ließ sich weiterhin zeigen, dass sich die Verringerung der Differenzen vor allem über die positivere Wahrnehmung der realen Schule ergab.

Anhand der Resultate deskriptiver Darstellungen und analytischer Testverfahren kann die erste Teilfrage, *ob* sich die Wahrnehmungen der Lehrkräfte innerhalb der Beobachtungszeit verändern, bejaht werden.

Die Prüfung der zweiten Teilfrage erfolgte unter Einbezug des über eine Expertenbefragung bestimmten Faktors „Maßnahme“. Die Analyse ergab, dass sich die drei Maßnahmeintensitäten innerer Entwicklung im Hinblick auf die Veränderungen der Wahrnehmungen der Lehrkräfte unterschieden. Dieser globale Unterschied zwischen den drei Gruppen ließ sich in weiteren Analysen entscheidend auf die stärksten Veränderungen (das heißt Verringerungen) der Ideal-Realbild-Differenzen in der Intensitätsklasse 3 zurückführen, in der die Maßnahmen innerer Entwicklung am effektivsten umgesetzt wurden. Zwischen den Intensitätsklassen 1 und 2 konnten dagegen keine Unterschiede in den statistischen Analysen gefunden werden.

7.2 Prüfung der sekundären Fragestellungen

Nachdem empirisch belegt werden konnte, *dass* über Wahrnehmungen von Lehrkräften innere Schulentwicklungsprozesse *angezeigt, angestoßen* und *beurteilt* werden können, soll nun geklärt werden, *wie* solche Wahrnehmungen innere Entwicklung *indizieren, initiieren* und *evaluieren* können.

Wie in Kapitel 3.2.2 dargelegt, wird der zweite Teil der Zielformulierung der Studie in Teilfragen differenziert. Diese Fragen, die sich auf die jeweiligen Effekte der Faktoren „Bereiche“, „Maßnahmen“ und „Lehrkraft“ auf die Prozessvariablen beziehen, werden auf Basis von deskriptiven Darstellungen und Analysen im Rahmen des Wilcoxon-U-Tests für abhängige Stichproben beantwortet. Die Prozessvariablen können mit Hilfe dieses Tests hinsichtlich überzufälliger Veränderungen in Abhängigkeit von den Einflussfaktoren mit deren jeweiliger Stufung und Wechselwirkung zu den einzelnen Messzeitpunkten sowie in den unterschiedlichen Bereichen geprüft werden

7.2.1 Untersuchung des Zusammenhangs zwischen Wahrnehmungsänderung und Bereichen innerer Schulentwicklung

Für die Untersuchung des Zusammenhangs zwischen Wahrnehmungsänderung und Bereichen innerer Entwicklung (Organisation, Personal, Unterricht, Selbstbild) werden die Differenzen (DIFF1, DIFF2 und DIFF3) der Mittelwerte zwischen den Skalen zur idealen und realen Schule (IDEAL1, IDEAL2, IDEAL3, REAL1, REAL2 und REAL3) bereichsspezifisch erfasst. Die Mittelwerte, die im Rahmen von drei Messungen erhoben wurden, beziehen sich auf Wahrnehmungen der 113 Lehrkräfte, die an allen drei Erhebungen teilnahmen.

In Tabelle 7-7 werden deskriptive Informationen zum Ideal- und Realbild sowie zur Differenz zwischen Ideal- und Realbild für alle drei Messzeitpunkte in den einzelnen Entwicklungsbereichen dargestellt. Die Differenzen beschreiben die Abweichung der tatsächlich wahrgenommenen von der als ideal vorgestellten Schule.

Tabelle 7-7: Originalurteile zur idealen und realen Schule in den Bereichen im Studienverlauf (n = 113)

		Messung 1			Messung 2			Messung 3		
Bereich	**Statistik**	IDEAL1	REAL1	DIFF1	IDEAL2	REAL2	DIFF2	IDEAL3	REAL3	DIFF3
Organisation	MW	4,45	3,66	0,79	4,46	3,82	0,64	4,41	3,84	0,57
	SD	0,43	0,50	0,62	0,45	0,57	0,60	0,50	0,54	0,58
	Min	3,44	2,44	-0,56	3,44	2,00	-0,56	2,89	2,56	-1,22
	Max	5,00	4,78	2,33	5,00	5,00	2,56	5,00	5,00	2,33
Personal	MW	4,46	3,34	1,12	4,51	3,55	0,96	4,46	3,54	0,92
	SD	0,44	0,47	0,54	0,42	0,55	0,61	0,44	0,48	0,53
	Min	3,31	2,13	-0,13	3,50	1,75	-0,25	3,06	2,13	-0,19
	Max	5,00	4,44	2,50	5,00	4,69	3,06	5,00	4,75	2,56
Unterricht	MW	4,56	3,28	1,28	4,59	3,57	1,02	4,55	3,58	0,97
	SD	0,41	0,48	0,53	0,39	0,57	0,61	0,42	0,50	0,54
	Min	3,08	2,08	0,08	3,75	1,83	-0,50	3,08	2,42	-0,33
	Max	5,00	4,50	2,67	5,00	4,75	2,75	5,00	4,92	2,25
Selbstbild	MW	4,41	3,72	0,69	4,48	3,82	0,66	4,43	3,84	0,59
	SD	0,47	0,52	0,42	0,42	0,51	0,47	0,48	0,51	0,44
	Min	3,17	2,17	-0,17	3,67	2,50	-0,17	3,17	2,67	-0,17
	Max	5,00	4,83	1,83	5,00	5,00	2,17	5,00	4,83	2,33

Legende: MW: arithmetischer Mittelwert; SD: Standardabweichung; Min, Max: niedrigstes bzw. höchstes Rating; DIFF: Differenz IDEAL – REAL für die drei Messzeitpunkte (1, 2, 3);

Anmerkungen: Die im Fragebogen verwendete Ratingskala reichte von „1 = stimme nicht zu" bis „5 = stimme voll zu". Eine Differenz von DIFFx = 0 zeigt an, dass sich Ideal- und Realbild nicht unterscheiden. Eine positive Differenz gibt an, dass das Idealbild positiver beschrieben wird als das Realbild.

Die mittleren Urteile zum Idealbild sind in allen vier Bereichen über alle drei Messzeitpunkte hinweg stabil und liegen in der Mitte des Intervalls zwischen den Skalenkategorien „4 = stimme eher zu" und „5 = stimme voll zu". Die tatsächlich eingeschätzte Schule liegt als das Realbild vor Beginn der in den einzelnen Schulen eingeleiteten Maßnahmen in den vier Bereichen unterhalb des Idealbildes zwischen den Skalenkategorien „3 = teils – teils" und „4 = stimme eher zu". Es fällt auf, dass die Bereiche Personal und Unterricht von den Lehrkräften niedriger eingeschätzt wurden als die Bereiche Organisation und Selbstbild. Bei der folgenden zweiten Erhebung steigen die Mittelwerte des Realbildes in allen vier Bereichen an und nähern sich dem mittleren Urteil zum Idealbild an. Im Rahmen der dritten Messung nehmen die mittleren Urteile in den Bereichen Organisation, Unterricht und Selbstbild nur noch geringfügig zu. Die

Änderungen zeigen sich auch in einer Abnahme der Differenzen zwischen Ideal- und Realbild in allen Bereichen.

In Tabelle 7-8 werden Ergebnisse zum Vergleich zwischen je zwei Messzeitpunkten in den vier Entwicklungsbereichen berichtet, um damit Veränderungen im Studienverlauf zu erfassen. Verglichen werden die bereichsspezifischen Differenzen zwischen Ideal- und Realbild pro Messzeitpunkt. Die Tabelle enthält neben deskriptiven Statistiken auch das Ergebnis der teststatistischen Vergleiche der Veränderungen der Ideal-Realbild-Differenzen in den Entwicklungsbereichen im Studienverlauf.

Tabelle 7-8: Vergleich der Ideal-Realbild-Differenzen in den Bereichen zu den verschiedenen Messzeitpunkten (n = 113)

Bereich	Statistik	DIFFM1 – DIFFM2	DIFFM1 – DIFFM3	DIFFM2 – DIFFM3
Organisation	MW	0,15	0,22	0,07
	SD	0,65	0,67	0,61
	Min	-1,78	-1,33	-1,56
	Max	2,00	2,22	2,78
	p-Wert	0,014	0,002	0,285
Personal	MW	0,16	0,20	0,04
	SD	0,57	0,49	0,58
	Min	-1,69	-1,06	-1,75
	Max	1,94	1,50	2,88
	p-Wert	0,001	< 0,001	0,303
Unterricht	MW	0,26	0,31	0,05
	SD	0,55	0,55	0,56
	Min	-1,67	-1,00	-1,75
	Max	1,75	2,00	1,42
	p-Wert	< 0,001	< 0,001	0,427
Selbstbild	MW	0,03	0,10	0,07
	SD	0,52	0,50	0,45
	Min	-2,17	-2,00	-0,83
	Max	1,17	1,67	1,33
	p-Wert	0,316	0,007	0,109

Legende: MW: arithmetischer Mittelwert; SD: Standardabweichung; Min, Max: niedrigstes bzw. höchstes Rating; DIFFM: Differenz der mittleren Differenzen von Ideal- und Realbild zwischen je zwei der drei Messzeitpunkte (1, 2, 3);

Anmerkungen: Die im Fragebogen verwendete Ratingskala reichte von „1 = stimme nicht zu“ bis „5 = stimme voll zu“.
Ein positiver MW in den Spalten besagt, dass die im Titel zuerst genannte Differenz größer ist als die zweite.
Eine negative Differenz bei Min zeigt an, dass bei einzelnen Lehrkräften die Ideal-Realbild-Differenz zwischen zwei Messzeitpunkten zugenommen hat, während hohe positive Differenzen bei Max eine deutliche Abnahme der Divergenz zwischen Ideal- und Realbild beschreiben.
Der p-Wert ist assoziiert mit dem Wilcoxon-U-Test für abhängige Stichproben.

Tabelle 7-8 zeigt, dass in den vier Entwicklungsbereichen alle drei mittleren Differenzen positiv sind. Das bedeutet, dass sich die Ideal-Realbild-Differenzen im Beobachtungsverlauf kontinuierlich aneinander angenähert haben. Die größte Differenz lässt sich in allen Bereichen zwischen Ausgangs- (Messung 1) und Abschlussmessung (Messung 3) beobachten.

Die statistische Analyse dieser sekundären Frage wurde in Kapitel 4.4 über den Wilcoxon-U-Test für abhängige Stichproben zur Überprüfung von Veränderungen zwischen je zwei Messzeitpunkten konzipiert.

Die Ergebnisse zeigen (vgl. p-Werte in Tabelle 7-8), dass sich die Wahrnehmungen der Lehrkräfte (Ideal-Realbild-Differenzen) im Bereich Organisation zwischen dem Messzeitpunkt 3 und der Ausgangsbefragung sowie zwischen Messung 2 und Ausgangsbefragung verändert haben und sich statistisch unterscheiden ($p = 0,002$ beziehungsweise $p = 0,014$). Auch in den Bereichen Personal und Unterricht lassen sich Veränderungen und statistisch auffällige Unterschiede zu diesen Messzeitpunkten aufzeigen ($p < 0,001$ beziehungsweise $p = 0,001$ sowie $p < 0,001$ beziehungsweise $p < 0,001$). Im Bereich Selbstbild können erst zwischen Messzeitpunkt 3 und der Ausgangsbefragung statistisch auffällige Veränderungen in den Wahrnehmungen der Lehrkräfte nachgewiesen werden ($p = 0,007$).

7.2.2 Untersuchung des Zusammenhangs zwischen Wahrnehmungsänderung und Bereichen innerer Schulentwicklung in den Intensitätsklassen

Für die Untersuchung des Zusammenhangs zwischen Wahrnehmungsänderung und Bereichen innerer Entwicklung (Organisation, Personal, Unterricht, Selbstbild) in den einzelnen Intensitätsklassen (Klasse 1, 2 und 3) werden die Differenzen (DIFF1, DIFF2 und DIFF3) der Mittelwerte zwischen den Skalen zur idealen und realen Schule (IDEAL1, IDEAL2, IDEAL3, REAL1, REAL2 und REAL3) bereichsspezifisch erfasst.

Vor der Analyse der einzelnen Klassen sollen zunächst die Ideal-Realbild-Differenzen der Intensitäten in den vier Bereichen im Untersuchungsverlauf dargestellt werden.

7.2.2.1 Ideal-Realbild-Differenzen der Intensitätsklassen in den Bereichen innerer Schulentwicklung im Verlauf der Untersuchung

In Abbildung 7-5 werden die Differenzen der Mittelwerte zwischen den Skalen zur idealen und realen Schule für den Organisationsbereich (ORG_DIFF1, ORG_DIFF2 und ORG_DIFF3) innerhalb der einzelnen Intensitätsklassen dargestellt.

Abbildung 7-7: Mittelwerte der Ideal-Realbild-Differenzen der Intensitätsklassen im Bereich Organisation zu den verschiedenen Messzeitpunkten

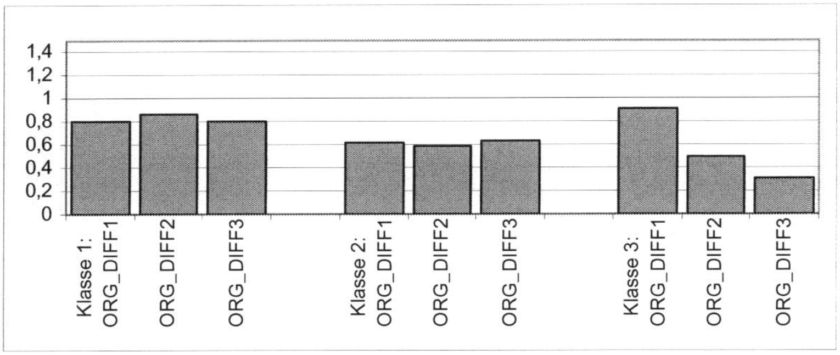

Legende: ORG_DIFF: Differenz IDEAL – REAL im Bereich Organisation für die drei Messzeitpunkte (1, 2, 3);

Die Differenzen in den Intensitätsklassen 1 und 2 bleiben über alle drei Messzeitpunkte hinweg weitgehend stabil. In den beiden Schulen mit Intensität 3 nehmen die Differenzen zwischen Ideal- und Realbild im Bereich Organisation kontinuierlich ab.

Die Differenzen der Mittelwerte zwischen den Skalen zur idealen und realen Schule für den Personalbereich (PER_DIFF1, PER_DIFF2 und PER_DIFF3) innerhalb der einzelnen Intensitätsklassen werden in Abbildung 7-6 visualisiert.

Abbildung 7-8: Mittelwerte der Ideal-Realbild-Differenzen der Intensitätsklassen im Bereich Personal zu den verschiedenen Messzeitpunkten

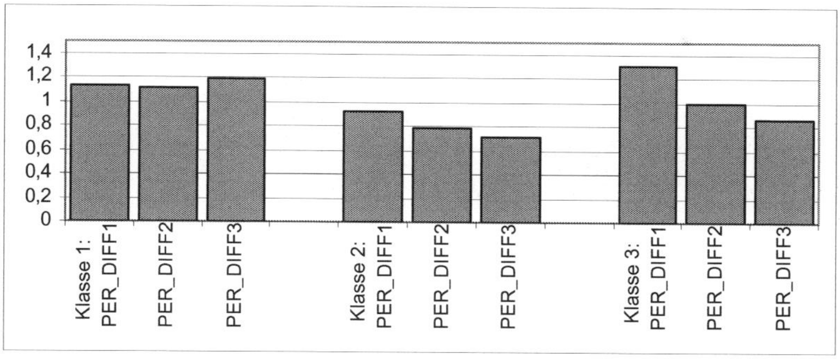

Legende: PER_DIFF: Differenz IDEAL – REAL im Bereich Personal für die drei Messzeitpunkte (1, 2, 3);

Während sich die Differenz im Personalentwicklungsbereich in Intensitätsklasse 1 zwischen erster und dritter Messung vergrößert, nehmen in den beiden anderen Klassen die Differenzen in diesem Bereich kontinuierlich ab.

In Abbildung 7-7 werden die Differenzen der Mittelwerte zwischen den Skalen zur idealen und realen Schule für den Bereich der Unterrichtsentwicklung (UNT_DIFF1, UNT_DIFF2 und UNT_DIFF3) innerhalb der einzelnen Intensitätsklassen verdeutlicht.

Abbildung 7-9: Mittelwerte der Ideal-Realbild-Differenzen der Intensitätsklassen im Bereich Unterricht zu den verschiedenen Messzeitpunkten

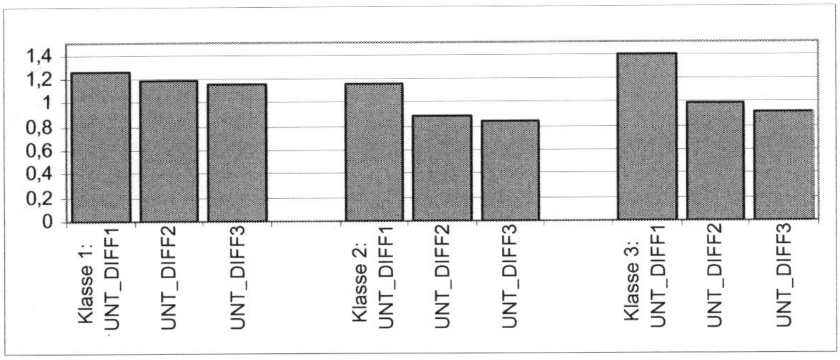

Legende: UNT_DIFF: Differenz IDEAL – REAL im Bereich Unterricht für die drei Messzeitpunkte (1, 2, 3);

Im Bereich Unterrichtsentwicklung nehmen in allen Intensitätsklassen die Differenzen im Untersuchungsverlauf ab. Am deutlichsten verringern sich die Ideal-Realbild-Differenzen in Intensitätsklasse 3.

Die Differenzen der Mittelwerte zwischen den Skalen zur idealen und realen Schule für den Bereich Selbstbild (SEL_DIFF1, SEL_DIFF2 und SEL_DIFF3) innerhalb der einzelnen Intensitätsklassen werden in Abbildung 7-8 visualisiert.

Abbildung 7-10: Mittelwerte der Ideal-Realbild-Differenzen der Intensitätsklassen im Bereich Selbstbild zu den verschiedenen Messzeitpunkten

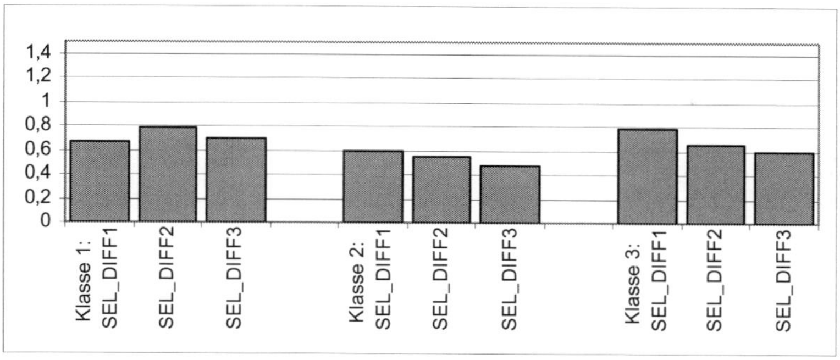

Legende: SEL_DIFF: Differenz IDEAL – REAL im Bereich Selbstbild für die drei Messzeitpunkte (1, 2, 3);

Während sich die Differenz im Bereich Selbstbild in Intensitätsklasse 1 zwischen erster und sowohl zweiter wie auch dritter Messung vergrößert, nehmen in den beiden anderen Klassen die Differenzen kontinuierlich ab.

7.2.2.2 Intensitätsklasse 1

In Tabelle 7-9 werden deskriptive Informationen zum Ideal- und Realbild sowie zur Differenz zwischen Ideal– und Realbild für alle drei Messzeitpunkte in den einzelnen Entwicklungsbereichen für Intensitätsklasse 1 dargestellt. Die Differenzen beschreiben die Abweichung der tatsächlich wahrgenommenen von der als ideal vorgestellten Schule.

Tabelle 7-9: Originalurteile zur idealen und realen Schule in den Bereichen an Schulen in Intensitätsklasse 1 im Studienverlauf (n = 36)

		Intensitätsklasse 1								
		Messung 1			Messung 2			Messung 3		
Bereich	**Statistik**	IDEAL1	REAL1	DIFF1	IDEAL2	REAL2	DIFF2	IDEAL3	REAL3	DIFF3
Organisation	MW	4,40	3,59	0,81	4,45	3,59	0,86	4,42	3,62	0,80
	SD	0,36	0,49	0,58	0,46	0,49	0,70	0,46	0,47	0,55
	Min	3,67	2,56	-0,33	3,56	2,44	-0,56	3,67	2,56	-0,22
	Max	5,00	4,56	1,89	5,00	4,44	2,56	5,00	4,67	2,11
Personal	MW	4,36	3,23	1,13	4,47	3,36	1,11	4,48	3,29	1,19
	SD	0,45	0,45	0,54	0,46	0,58	0,76	0,41	0,47	0,61
	Min	3,31	2,31	-0,13	3,50	1,75	-0,25	3,81	2,13	0,13
	Max	5,00	4,44	2,50	5,00	4,44	3,06	5,00	4,25	2,56
Unterricht	MW	4,46	3,21	1,25	4,53	3,35	1,18	4,55	3,40	1,15
	SD	0,43	0,44	0,47	0,41	0,59	0,66	0,40	0,43	0,51
	Min	3,08	2,50	0,25	3,75	1,92	0,17	3,92	2,42	0,25
	Max	5,00	4,50	2,17	5,00	4,50	2,75	5,00	4,08	2,17
Selbstbild	MW	4,28	3,61	0,67	4,42	3,63	0,79	4,38	3,68	0,70
	SD	0,49	0,49	0,42	0,48	0,56	0,62	0,53	0,56	0,58
	Min	3,17	2,83	-0,17	3,67	2,50	0,00	3,33	2,67	-0,17
	Max	5,00	4,50	1,50	5,00	5,00	2,17	5,00	4,83	2,33

Legende: MW: arithmetischer Mittelwert; SD: Standardabweichung; Min, Max: niedrigstes bzw. höchstes Rating; DIFF: Differenz IDEAL – REAL für die drei Messzeitpunkte (1, 2, 3);

Anmerkungen: Die im Fragebogen verwendete Ratingskala reichte von „1 = stimme nicht zu“ bis „5 = stimme voll zu“. Eine Differenz von DIFFx = 0 zeigt an, dass sich Ideal- und Realbild nicht unterscheiden. Eine positive Differenz gibt an, dass das Idealbild positiver beschrieben wird als das Realbild.

Die mittleren Urteile zum Idealbild sind in Intensitätsklasse 1 in allen vier Bereichen über alle drei Messzeitpunkte hinweg stabil und liegen in der Mitte des Intervalls zwischen den Skalenkategorien „4 = stimme eher zu“ und „5 = stimme voll zu“.

Die tatsächlich eingeschätzte Schule liegt als das Realbild vor Beginn der eingeleiteten Maßnahmen in den vier Bereichen unterhalb des Idealbildes zwischen den Skalenkategorien „3 = teils – teils“ und „4 = stimme eher zu“. Es fällt auf, dass die Bereiche Personal und Unterricht von den Lehrkräften an den beiden Schulen in Intensitätsklasse 1 niedriger eingeschätzt wurden als die Bereiche Organisation und Selbstbild. Bei der folgenden zweiten Erhebung steigen die Mittelwerte des Realbildes in den Bereichen Personal, Unterricht und Selbstbild leicht an. Im Rahmen der dritten Messung nehmen die mittleren Urteile in den Bereichen Organisation, Unterricht und

Selbstbild nur geringfügig zu. Die Differenzen zwischen Ideal- und Realbild verändern sich beim Vergleich von erster und dritter Messung in den Bereichen Organisation, Personal und Selbstbild minimal. Im Bereich Unterricht ist hingegen eine deutliche Verringerung zu beobachten.

In Tabelle 7-10 werden Ergebnisse zum Vergleich zwischen je zwei Messzeitpunkten in den Bereichen dargelegt, um damit Veränderungen im Studienverlauf zu erfassen. Verglichen werden die bereichsspezifischen Differenzen zwischen Ideal- und Realbild pro Messzeitpunkt. Die Tabelle enthält neben deskriptiven Statistiken auch das Ergebnis der teststatistischen Vergleiche der Veränderungen der Ideal-Realbild-Differenzen in den Entwicklungsbereichen von Intensitätsklasse 1 im Studienverlauf.

Tabelle 7-10: Vergleich der Ideal-Realbild-Differenzen in den Bereichen an Schulen in Intensitätsklasse 1 zu den verschiedenen Messzeitpunkten (n = 36)

Intensitätsklasse 1				
Bereich	**Statistik**	**DIFFM1 – DIFFM2**	**DIFFM1 – DIFFM3**	**DIFFM2 – DIFFM3**
Organisation	MW	-0,05	0,01	0,06
	SD	0,70	0,52	0,74
	Min	-1,78	-0,78	-1,56
	Max	1,67	1,11	2,78
	p-Wert	0,365	0,986	0,730
Personal	MW	0,02	-0,06	-0,08
	SD	0,69	0,46	0,72
	Min	-1,69	-1,06	-1,75
	Max	1,94	1,19	2,88
	p-Wert	0,851	0,463	0,385
Unterricht	MW	0,07	0,10	0,03
	SD	0,49	0,38	0,45
	Min	-1,00	-0,83	-0,75
	Max	0,83	0,67	1,42
	p-Wert	0,309	0,080	0,948
Selbstbild	MW	-0,12	-0,03	0,09
	SD	0,56	0,61	0,51
	Min	-2,17	-2,00	-0,83
	Max	0,67	0,67	1,33
	p-Wert	0,416	0,632	0,397

Legende: MW: arithmetischer Mittelwert; SD: Standardabweichung; Min, Max: niedrigstes bzw. höchstes Rating; DIFFM: Differenz der mittleren Differenzen von Ideal- und Realbild zwischen je zwei der drei Messzeitpunkte (1, 2, 3);

Anmerkungen: Die im Fragebogen verwendete Ratingskala reichte von „1 = stimme nicht zu" bis „5 = stimme voll zu".
Ein positiver MW in den Spalten besagt, dass die im Titel zuerst genannte Differenz größer ist als die zweite.
Eine negative Differenz bei Min zeigt an, dass bei einzelnen Lehrkräften die Ideal-Realbild-Differenz zwischen zwei Messzeitpunkten zugenommen hat, während hohe positive Differenzen bei Max eine deutliche Abnahme der Divergenz zwischen Ideal- und Realbild beschreiben.
Der p-Wert ist assoziiert mit dem Wilcoxon-U-Test für abhängige Stichproben.

Die in Tabelle 7-10 dargelegten Ergebnisse für die beiden Schulen in Intensitätsklasse 1 zeigen, dass sich die Wahrnehmungen der Lehrkräfte (Real-Idealbild-Differenzen) nur im Entwicklungsbereich Unterricht zwischen Messung 3 und Ausgangsbefragung tendenziell unterscheiden (p = 0,080).

7.2.2.3 *Intensitätsklasse 2*

Tabelle 7-11 enthält deskriptive Informationen zum Ideal- und Realbild sowie zur Differenz zwischen Ideal– und Realbild für alle drei Messzeitpunkte in den einzelnen Entwicklungsbereichen für Intensitätsklasse 2. Die Differenzen beschreiben die Abweichung der realen von der idealen Schule.

Tabelle 7-11: Originalurteile zur idealen und realen Schule in den Bereichen an Schulen in Intensitätsklasse 2 im Studienverlauf (n = 36)

Intensitätsklasse 2										
		Messung 1			Messung 2			Messung 3		
Bereich	**Statistik**	IDEAL1	REAL1	DIFF1	IDEAL2	REAL2	DIFF2	IDEAL3	REAL3	DIFF3
Organisation	MW	4,38	3,76	0,62	4,36	3,77	0,59	4,37	3,74	0,63
	SD	0,42	0,54	0,71	0,48	0,65	0,59	0,42	0,54	0,56
	Min	3,44	2,89	-0,56	3,44	2,00	-0,56	3,00	2,56	-0,22
	Max	5,00	4,67	2,11	5,00	5,00	2,00	5,00	4,67	2,33
Personal	MW	4,41	3,49	0,92	4,45	3,66	0,79	4,37	3,65	0,72
	SD	0,39	0,49	0,48	0,41	0,66	0,52	0,38	0,46	0,35
	Min	3,50	2,13	0,00	3,56	2,00	-0,25	3,13	2,81	0,00
	Max	5,00	4,25	2,25	5,00	4,69	2,13	5,00	4,75	1,38
Unterricht	MW	4,52	3,37	1,15	4,55	3,66	0,89	4,46	3,62	0,84
	SD	0,38	0,52	0,57	0,41	0,62	0,63	0,40	0,48	0,51
	Min	3,67	2,08	0,33	3,83	1,83	-0,50	3,42	2,75	-0,33
	Max	5,00	4,50	2,67	5,00	4,67	2,75	5,00	4,67	1,75
Selbstbild	MW	4,51	3,91	0,60	4,48	3,93	0,55	4,48	4,00	0,48
	SD	0,42	0,44	0,38	0,37	0,49	0,33	0,45	0,45	0,35
	Min	3,33	3,00	0,00	3,67	2,83	-0,17	3,17	3,17	-0,17
	Max	5,00	4,83	1,50	5,00	4,83	1,17	5,00	4,67	1,17

Legende: Siehe Legende und Anmerkungen zu Tabelle 7-9.

Wie in Intensitätsklasse 1 sind auch in Klasse 2 die mittleren Urteile zum Idealbild in allen vier Bereichen über alle drei Messzeitpunkte hinweg stabil und liegen in der Mitte des Intervalls zwischen den Skalenkategorien „4 = stimme eher zu“ und „5 = stimme voll zu“.

Vor Beginn der eingeleiteten Maßnahmen liegt die wahrgenommene reale Schule als das Realbild in den vier Bereichen unterhalb des Idealbildes zwischen den Skalenkategorien „3 = teils – teils“ und „4 = stimme eher zu“. Es fällt auf, dass wie in Intensitätsklasse 1 auch an den beiden Schulen in Klasse 2 die Bereiche Personal und Unterricht von den Lehrkräften niedriger eingeschätzt wurden als die Bereiche Organisation und Selbstbild. Bei der zweiten Messung erhöhen sich die Mittelwerte des Realbildes in den Bereichen Personal und Unterricht deutlich und nähern sich dem mittleren Urteil zum Idealbild an. Im Rahmen der dritten Messung verändern sich die mittleren Urteile zur Realität in den Bereichen nur geringfügig. Der Vergleich der Differenzen zwischen Ideal- und Realbild von erster und dritter Messung zeigt eine deutliche Abnahme in den Entwicklungsbereichen Personal und Unterricht.

In Tabelle 7-12 werden Ergebnisse zum Vergleich zwischen je zwei Messzeitpunkten in den Bereichen dargelegt, um damit Veränderungen in Intensitätsklasse 2 im Studienverlauf zu erfassen. Verglichen werden die bereichsspezifischen Differenzen zwischen Ideal- und Realbild pro Messzeitpunkt. Die Tabelle enthält neben deskriptiven Statistiken auch das Ergebnis der teststatistischen Vergleiche der Veränderungen der Ideal-Realbild-Differenzen in den Entwicklungsbereichen von Intensitätsklasse 2 im Verlauf der Untersuchung.

Tabelle 7-12: Vergleich der Ideal-Realbild-Differenzen in den Bereichen an Schulen in Intensitätsklasse 2 zu den verschiedenen Messzeitpunkten (n = 36)

		Intensitätsklasse 2		
Bereich	**Statistik**	**DIFFM1 – DIFFM2**	**DIFFM1 – DIFFM3**	**DIFFM2 – DIFFM3**
Organisation	MW	0,03	-0,01	-0,04
	SD	0,66	0,65	0,47
	Min	-1,33	-1,33	-0,89
	Max	2,00	1,33	0,89
	p-Wert	0,993	0,795	0,548
Personal	MW	0,13	0,20	0,07
	SD	0,41	0,44	0,42
	Min	-1,38	-0,75	-1,25
	Max	0,88	1,00	0,88
	p-Wert	0,008	0,015	0,321
Unterricht	MW	0,26	0,31	0,05
	SD	0,59	0,59	0,60
	Min	-1,67	-1,00	-1,75
	Max	1,75	2,00	1,42
	p-Wert	0,005	0,003	0,605
Selbstbild	MW	0,05	0,12	0,07
	SD	0,46	0,40	0,34
	Min	-0,83	-0,67	-0,67
	Max	0,83	1,00	0,67
	p-Wert	0,567	0,081	0,156

Legende: Siehe Legende und Anmerkungen zu Tabelle 7-10.

Die für die beiden Schulen in Intensitätsklasse 2 in Tabelle 7-12 vorgestellten Resultate verdeutlichen, dass sich die Wahrnehmungen der Lehrkräfte (Ideal-Realbild-Differenzen) in den Bereichen Personal und Unterricht zwischen dem Messzeitpunkt 2 und der Eingangsmessung ($p = 0{,}008$ beziehungsweise $p = 0{,}005$) sowie zwischen Messung 3 und Eingangsmessung ($p = 0{,}015$ beziehungsweise $p = 0{,}003$) statistisch unterscheiden. Im Entwicklungsbereich Selbstbild können zwischen dritter und erster Messung Wahrnehmungsunterschiede tendenziell belegt werden ($p = 0{,}081$).

7.2.2.4 Intensitätsklasse 3

In Tabelle 7-13 werden deskriptive Informationen zum Ideal- und Realbild sowie zur Differenz zwischen Ideal– und Realbild für alle drei Messzeitpunkte in den einzelnen Entwicklungsbereichen für Intensitätsklasse 3 dargelegt. Die Differenzen beschreiben die Abweichung der realen von der idealen Schule.

Tabelle 7-13: Originalurteile zur idealen und realen Schule in den Bereichen an Schulen in Intensitätsklasse 3 im Studienverlauf (n = 41)

Intensitätsklasse 3										
		Messung 1			Messung 2			Messung 3		
Bereich	Statistik	IDEAL1	REAL1	DIFF1	IDEAL2	REAL2	DIFF2	IDEAL3	REAL3	DIFF3
Organisation	MW	4,55	3,63	0,92	4,56	4,07	0,49	4,44	4,13	0,31
	SD	0,48	0,45	0,53	0,39	0,47	0,45	0,59	0,47	0,54
	Min	3,56	2,44	0,00	3,56	2,89	-0,33	2,89	3,00	-1,22
	Max	5,00	4,78	2,33	5,00	4,89	1,33	5,00	5,00	1,56
Personal	MW	4,59	3,29	1,30	4,59	3,60	0,99	4,50	3,64	0,86
	SD	0,45	0,45	0,55	0,40	0,38	0,49	0,50	0,42	0,50
	Min	3,38	2,31	0,00	3,63	2,75	-0,13	3,06	3,00	-0,19
	Max	5,00	4,38	2,38	5,00	4,50	1,94	5,00	4,69	1,75
Unterricht	MW	4,69	3,29	1,40	4,66	3,67	0,99	4,63	3,71	0,92
	SD	0,39	0,46	0,54	0,36	0,45	0,52	0,44	0,53	0,56
	Min	3,67	2,50	0,08	3,83	2,67	0,00	3,08	2,75	0,00
	Max	5,00	4,50	2,50	5,00	4,75	2,33	5,00	4,92	2,25
Selbstbild	MW	4,43	3,64	0,79	4,53	3,88	0,65	4,43	3,83	0,60
	SD	0,47	0,57	0,43	0,40	0,45	0,42	0,48	0,49	0,36
	Min	3,17	2,17	0,00	3,67	2,83	0,00	3,33	2,83	-0,17
	Max	5,00	4,67	1,83	5,00	5,00	1,67	5,00	4,83	1,33

Legende: Siehe Legende und Anmerkungen zu Tabelle 7-9.

Wie in den beiden anderen Intensitätsklassen sind auch in Klasse 3 die mittleren Urteile zum Idealbild in allen vier Bereichen über alle drei Messzeitpunkte hinweg stabil und liegen in der Mitte des Intervalls zwischen den Skalenkategorien „4 = stimme eher zu" und „5 = stimme voll zu".

Vor Beginn der eingeleiteten Maßnahmen liegt die tatsächlich eingeschätzte Schule als das Realbild in den vier Bereichen unterhalb des Idealbildes zwischen den Skalenkategorien

„3 = teils – teils" und „4 = stimme eher zu". Es fällt auf, dass wie in den Klassen 1 und 2 auch an den beiden Schulen in Intensitätsklasse 3 die Entwicklungsbereiche Personal und Unterricht von den Lehrkräften niedriger eingeschätzt wurden als die Bereiche Organisation und Selbstbild. Bei der zweiten Messung erhöhen sich die Mittelwerte des Realbildes in allen vier Bereichen deutlich und nähern sich dem mittleren Urteil zum Idealbild an. Im Rahmen der dritten Messung verändern sich die mittleren Urteile zur Realität in den Bereichen nur geringfügig. Der Vergleich der Differenzen zwischen Ideal- und Realbild zeigt im Studienverlauf eine deutliche Abnahme in allen Entwicklungsbereichen.

Ergebnisse zum Vergleich zwischen je zwei Messzeitpunkten in den Bereichen werden in Tabelle 7-14 dargelegt, um damit Veränderungen in Intensitätsklasse 3 im Studienverlauf zu erfassen. Verglichen werden hierbei die bereichsspezifischen Differenzen zwischen Ideal- und Realbild pro Messzeitpunkt. Die Tabelle enthält neben deskriptiven Statistiken auch das Ergebnis der teststatistischen Vergleiche der Veränderungen der Ideal-Realbild-Differenzen in den Entwicklungsbereichen von Intensitätsklasse 3 im Verlauf der Untersuchung.

Tabelle 7-14: Vergleich der Ideal-Realbild-Differenzen in den Bereichen an Schulen in Intensitätsklasse 3 zu den verschiedenen Messzeitpunkten (n = 41)

		Intensitätsklasse 3		
Bereich	**Statistik**	**DIFFM1 – DIFFM2**	**DIFFM1 – DIFFM3**	**DIFFM2 – DIFFM3**
Organisation	MW	0,43	0,61	0,18
	SD	0,51	0,63	0,59
	Min	-0,89	-0,67	-1,00
	Max	2,00	2,22	1,33
	p-Wert	< 0,001	< 0,001	0,068
Personal	MW	0,31	0,44	0,13
	SD	0,54	0,43	0,56
	Min	-0,81	-0,38	-1,38
	Max	1,81	1,50	1,19
	p-Wert	0,001	< 0,001	0,127
Unterricht	MW	0,41	0,48	0,07
	SD	0,53	0,59	0,63
	Min	-0,75	-0,42	-1,08
	Max	1,75	2,00	1,33
	p-Wert	< 0,001	< 0,001	0,562
Selbstbild	MW	0,14	0,19	0,05
	SD	0,51	0,46	0,48
	Min	-1,00	-0,50	-0,83
	Max	1,17	1,67	1,00
	p-Wert	0,094	0,015	0,527

Legende: Siehe Legende und Anmerkungen zu Tabelle 7-10.

Die in Tabelle 7-14 für die beiden Schulen in Intensitätsklasse 3 dargelegten Ergebnisse verdeutlichen, dass sich die Wahrnehmungen der Lehrkräfte (Ideal-Realbild-Differenzen) in den Entwicklungsbereichen Organisation, Personal und Unterricht zwischen Messzeitpunkt 2 und Anfangsbefragung ($p < 0{,}001$, $p = 0{,}001$ beziehungsweise $p < 0{,}005$) sowie zwischen Messung 3 und Anfangsbefragung statistisch auffällig unterscheiden ($p < 0{,}001$, $p < 0{,}001$ beziehungsweise $p < 0{,}001$). Im Bereich Selbstbild können zwischen Messzeitpunkt 2 und Anfangsbefragung tendenzielle ($p = 0{,}094$) sowie zwischen Messung 3 und Anfangsbefragung statistisch auffällige Wahrnehmungsunterschiede aufgezeigt werden ($p = 0{,}015$).

7.2.3 Untersuchung des Zusammenhangs zwischen Wahrnehmungsänderung und Wahrnehmungsformen der Lehrkräfte

7.2.3.1 Bestimmung des Faktors „Lehrkraft"

Wie in Kapitel 4.4.2.3 dargelegt, werden zur Untersuchung der Frage, ob sich die an allen Messungen teilnehmenden Lehrkräfte bezüglich ihrer Wahrnehmungen bei der Eingangsmessung in verschiedene Typen unterscheiden lassen, Clusteranalysen durchgeführt. Diese Analysen erfolgen getrennt für die Beurteilungen der idealen und der realen Schule im Hinblick auf Schulqualität in den vier Bereichen innerer Entwicklung. Auf der Basis der Ergebnisse einer Lösung mit zwei Clustern erfolgt eine Schichtung der Wahrnehmungen in stärker positive („hoch") oder weniger positive („niedrig") Einschätzungen. Aus den dichotomen Urteilen für das Ideal- und das Realbild werden dann vier bivariate Lehrkrafttypen aus Einschätzung (hoch versus niedrig) und Schulqualität (ideal versus real) definiert. Diese Typisierungen bilden den Faktor „Lehrkraft".

Die Ergebnisse der Clusteranalysen der Mittelwerte der Skalen zur realen und idealen Schule für die 113 Lehrkräfte, die an allen drei Messungen teilnahmen, werden in Tabelle 7-15 vorgestellt.

Tabelle 7-15: Ergebnisse der Clusteranalysen der Mittelwerte der Skalen zur realen und idealen Schule (n = 113)

		Cluster	
Bereiche	**Statistik**	**1**	**2**
Organisation_REAL	MW	3,33	4,01
Personal_REAL	MW	3,02	3,67
Unterricht_REAL	MW	3,05	3,53
Selbstbild_REAL	MW	3,47	3,98
Organisation_IDEAL	MW	4,68	4,11
Personal_IDEAL	MW	4,75	4,04
Unterricht_IDEAL	MW	4,81	4,19
Selbstbild_IDEAL	MW	4,64	4,06

Legende: MW: arithmetischer Mittelwert;
Anmerkungen: Die im Fragebogen verwendete Ratingskala reichte von „1 = stimme nicht zu" bis „5 = stimme voll zu".

Mittels der Analyseergebnisse ist es möglich, Mittelwerte für eine hohe und niedrige Wahrnehmung der Merkmale der realen Schule (MW >= 3,5 und MW < 3,5) sowie für eine hohe und niedrige Wahrnehmung der Merkmale einer idealen Schule (MW >= 4,5 und MW < 4,5) zu definieren. Über diese Mittelwerte, welche die Skalen zur realen und idealen Schule zusammenfassen, können wiederum die vier in Kapitel 3.1.3.3 formulierten Grundformen der Lehrkraftwahrnehmung abgebildet werden:

Lehrkräfte, die sowohl ihre reale Schule als auch die ideale Schule niedrig einschätzen (MW < 3,5 und MW < 4,5), werden unter **Wahrnehmungsform 1** rubriziert. **Wahrnehmungsform 2** bilden Lehrkräfte, welche sowohl ihre reale als auch die ideale Schule hoch einschätzen (MW >= 3,5 und MW >= 4,5). Diejenigen Lehrkräfte, welche die Realität an ihrer Schule niedrig und die ideale Schule hoch einschätzen (MW < 3,5 und MW >= 4,5), werden unter **Wahrnehmungsform 3** erfasst. **Wahrnehmungsform 4** beinhaltet Lehrkräfte, welche ihre Schule hoch und die ideale Schule niedrig einschätzen (MW >= 3,5 und MW < 4,5).

Auf der Grundlage dieser Definitionen ist es möglich, die in Tabelle 7-16 dargelegte Quantifizierung der Wahrnehmungsformen der 113 Lehrkräfte nach der ersten Messung vorzunehmen.

Tabelle 7-16: Häufigkeit der verschiedenen Wahrnehmungsformen der Lehrkräfte bei der Ausgangsbefragung (n = 113)

Wahrnehmungsform	Häufigkeit	Prozent
Wahrnehmungsform 1	34	30,1
Wahrnehmungsform 2	35	31,0
Wahrnehmungsform 3	23	20,4
Wahrnehmungsform 4	21	18,6

Die Häufigkeiten verdeutlichen, dass zu Beginn der Untersuchung die Wahrnehmungsformen 1 und 2 mit 30,1 % und 31,0 % Anteil an der Gesamtzahl der Lehrkräfte in etwa gleich groß waren. Die Wahrnehmungsformen 3 und 4 waren mit 20,4 % und 18,6 % ebenfalls annähernd gleich groß.

7.2.3.2 *Häufigkeit der verschiedenen Wahrnehmungsformen der Lehrkräfte an den Untersuchungsschulen bei der Anfangsbefragung*

In Tabelle 7-17 wird die Verteilung der vier Wahrnehmungsformen der Lehrkräfte an den Schulen zu Beginn der Untersuchung dargestellt.

Tabelle 7-17: Häufigkeit der verschiedenen Wahrnehmungsformen der Lehrkräfte an den Untersuchungsschulen bei der Ausgangsbefragung (n = 113)

Schule	Intensität	Häufigkeit	Wahrnehmungsform 1		Wahrnehmungsform 2		Wahrnehmungsform 3		Wahrnehmungsform 4	
			n	Prozent	n	Prozent	n	Prozent	n	Prozent
Schule 1	Klasse 1	19	10	52,6	1	5,3	5	26,3	3	15,8
Schule 2	Klasse 3	18	5	27,8	5	27,8	6	33,3	2	11,1
Schule 3	Klasse 1	17	7	41,2	5	29,4	2	11,8	3	17,6
Schule 4	Klasse 2	19	3	15,8	12	63,1	1	5,3	3	15,8
Schule 5	Klasse 3	23	3	13,0	10	43,5	6	26,1	4	17,4
Schule 6	Klasse 2	17	6	35,3	2	11,8	3	17,6	6	35,3

Beim Vergleich der Verteilung der Wahrnehmungstypen an den Schulen zu Beginn der Untersuchung zeigt sich ein Zusammenhang zwischen den Wahrnehmungsformen der Lehrkräfte und der Intensität, mit der Maßnahmen innerer Entwicklung an den Schulen umgesetzt wurden:

An Schule 1 und Schule 3, an denen Maßnahmen mit geringer Intensität durchgeführt wurden, befanden sich im Vergleich zu den weiteren Untersuchungsschulen zu Beginn der Messung die meisten Lehrkräfte mit Wahrnehmungsform 1 (52,6 % beziehungsweise 41,2 %). Anscheinend fällt es Lehrkräften, welche zu Beginn der Studie die Merkmale realer und idealer Schule niedrig einschätzten, schwer, sich in innere Entwicklungsprozesse einzubringen. An den anderen Schulen war diese Wahrnehmungsform weniger stark repräsentiert. Dass an Schule 4 trotz eines niedrigen Anteils für Wahrnehmungsform 1 innere Entwicklungsmaßnahmen nur mit Intensität 2 durchgeführt wurden, könnte damit zusammenhängen, dass hier von Beginn an die

Aussagen zur realen Schule sehr hoch eingeschätzt wurden. Diese Vermutung wird durch den sehr hohen Anteil an Lehrkräften mit Wahrnehmungsform 2, die sich durch eine hohe Wahrnehmung der schulischen Realität auszeichnet, belegt. Viele Lehrkräfte dieser Schule beteiligten sich schon vor Beginn der Untersuchung an inneren Entwicklungsmaßnahmen. Eine weitere deutliche Intensivierung der inneren Entwicklung scheint unter diesen Voraussetzungen nur sehr schwer möglich zu sein.

Weitere Analysen des Faktors „Lehrkraft" in Bezug auf die Messungen und die vier Entwicklungsbereiche erfolgen auf Basis der Stufung dieses Einflussfaktors in vier Wahrnehmungsformen. Dabei werden für jede Wahrnehmungsform (1, 2, 3 und 4) zunächst Vergleiche sowohl auf Basis der Mittelwerte zwischen den Skalen zur idealen und realen Schule (IDEAL1, IDEAL2, IDEAL3, REAL1, REAL2 und REAL3) als auch auf Grundlage der Ideal-Realbild-Differenzen (DIFF1, DIFF2 und DIFF3), die zu den drei Messzeitpunkten erhoben wurden, durchgeführt.

Für die Untersuchung des Zusammenhangs zwischen Wahrnehmungsänderung und Bereichen innerer Entwicklung (Organisation, Personal, Unterricht, Selbstbild) in den vier Wahrnehmungsformen (1, 2, 3 und 4) werden anschließend die Differenzen (DIFF1, DIFF2 und DIFF3) der Mittelwerte zwischen den Skalen zur idealen und realen Schule (IDEAL1, IDEAL2, IDEAL3, REAL1, REAL2 und REAL3) bereichsspezifisch erfasst.

7.2.3.3 Wahrnehmungsform 1

In Tabelle 7-18 werden für Wahrnehmungsform 1 deskriptive Informationen zum Ideal- und Realbild sowie zur Differenz zwischen Ideal– und Realbild für alle drei Messzeitpunkte berichtet. Die Differenzen beschreiben die Abweichung der tatsächlich wahrgenommenen von der als ideal vorgestellten Schule.

Tabelle 7-18: Originalurteile von Lehrkräften mit Wahrnehmungsform 1 zur idealen und realen Schule im Studienverlauf (n = 34)

	Wahrnehmungsform 1								
	Messung 1			Messung 2			Messung 3		
Statistik	IDEAL1	REAL1	DIFF1	IDEAL2	REAL2	DIFF2	IDEAL3	REAL3	DIFF3
MW	4,09	3,15	0,94	4,29	3,37	0,92	4,29	3,45	0,84
SD	0,24	0,25	0,35	0,34	0,45	0,53	0,43	0,41	0,45
Min	3,44	2,61	0,02	3,76	2,15	0,23	3,26	2,72	0,03
Max	4,48	3,49	1,73	4,94	4,14	2,55	5,00	4,41	1,90

Legende: MW: arithmetischer Mittelwert; SD: Standardabweichung; Min, Max: niedrigstes bzw. höchstes Rating; DIFF: Differenz IDEAL – REAL für die drei Messzeitpunkte (1, 2, 3);

Anmerkungen: Die im Fragebogen verwendete Ratingskala reichte von „1 = stimme nicht zu“ bis „5 = stimme voll zu“. Eine Differenz von DIFFx = 0 zeigt an, dass sich Ideal- und Realbild nicht unterscheiden. Eine positive Differenz gibt an, dass das Idealbild positiver beschrieben wird als das Realbild.

Die mittleren Urteile zum Idealbild liegen bei der ersten Messung etwas über der Skalenkategorie „4 = stimme eher zu“. Im Rahmen der zweiten Messung steigt der Mittelwert zum Ideal an und bleibt bei der dritten Erhebung unverändert.

Die tatsächlich eingeschätzte Schule liegt als das Realbild vor Beginn der in den einzelnen Schulen eingeleiteten Maßnahmen um einen Scorepunkt unterhalb des Idealbildes etwas über der Skalenkategorie „3 = teils – teils“. Bei den folgenden Erhebungen steigen die Mittelwerte des Realbildes an und nähern sich dem mittleren Urteil zum Idealbild an. Das zeigt sich auch in einer leichten Abnahme der Differenzen zwischen Ideal- und Realbild.

In Tabelle 7-19 werden Ergebnisse zum Vergleich zwischen je zwei Messzeitpunkten berichtet, um damit Veränderungen im Studienverlauf zu erfassen. Verglichen werden die Differenzen zwischen Ideal- und Realbild pro Messzeitpunkt. Die Tabelle enthält neben deskriptiven Statistiken auch das Ergebnis der teststatistischen Vergleiche der Veränderungen der Ideal-Realbild-Differenzen im Verlauf der Untersuchung.

Tabelle 7-19: Vergleich der Ideal-Realbild-Differenzen von Lehrkräften mit Wahrnehmungsform 1 zu den verschiedenen Messzeitpunkten (n = 34)

Wahrnehmungsform 1			
Statistik	**DIFFM1 – DIFFM2**	**DIFFM1 – DIFFM3**	**DIFFM2 – DIFFM3**
MW	0,02	0,10	0,08
SD	0,43	0,39	0,48
Min	-1,19	-0,82	-0,67
Max	0,75	0,83	2,02
p-Wert	0,427	0,084	0,590

Legende: MW: arithmetischer Mittelwert; SD: Standardabweichung; Min, Max: niedrigstes bzw. höchstes Rating; DIFFM: Differenz der mittleren Differenzen von Ideal- und Realbild zwischen je zwei der drei Messzeitpunkte (1, 2, 3);

Anmerkungen: Die im Fragebogen verwendete Ratingskala reichte von „1 = stimme nicht zu" bis „5 = stimme voll zu".
Ein positiver MW in den Spalten besagt, dass die im Titel zuerst genannte Differenz größer ist als die zweite.
Eine negative Differenz bei Min zeigt an, dass bei einzelnen Lehrkräften die Ideal-Realbild-Differenz zwischen zwei Messzeitpunkten zugenommen hat, während hohe positive Differenzen bei Max eine deutliche Abnahme der Divergenz zwischen Ideal- und Realbild beschreiben.
Der p-Wert ist assoziiert mit dem Wilcoxon-U-Test für abhängige Stichproben.

Tabelle 7-19 zeigt, dass alle drei mittleren Differenzen positiv sind. Das bedeutet, dass sich die Ideal-Realbild-Differenzen im Beobachtungsverlauf aneinander angenähert haben. Die größte Differenz lässt sich zwischen der Ausgangs- (Messung 1) und der Abschlussmessung (Messung 3) beobachten.

Die Ergebnisse der teststatistischen Vergleiche der Veränderungen der Ideal-Realbild-Differenzen im Studienverlauf zeigen für Wahrnehmungsform 1, dass sich nach einem Jahr und damit zwei Feedback-Runden die als Ideal-Realbild-Differenzen erfassten Wahrnehmungen der Lehrkräfte zwischen der Abschlussmessung und der Ausgangsbefragung nur tendenziell veränderten (p = 0,084).

Zwischen der zweiten Messung und der Ausgangsmessung sowie zwischen der Abschlussmessung und der zweiten Erhebung lassen sich keine Unterschiede in den Wahrnehmungen von Lehrkräften, welche reale und ideale Schule niedrig einschätzen, belegen (p = 0,427 beziehungsweise p = 0,590).

In Tabelle 7-20 werden deskriptive Informationen zum Ideal- und Realbild sowie zur Differenz zwischen Ideal– und Realbild für alle drei Messzeitpunkte in den einzelnen Entwicklungsbereichen für Lehrkräfte mit Wahrnehmungsform 1 dargestellt. Die Differenzen beschreiben die Abweichung der tatsächlich wahrgenommenen von der als ideal vorgestellten Schule.

Tabelle 7-20: Originalurteile von Lehrkräften mit Wahrnehmungsform 1 zur idealen und realen Schule in den Bereichen im Studienverlauf (n = 34)

Wahrnehmungsform 1										
		Messung 1			Messung 2			Messung 3		
Bereich	**Statistik**	IDEAL1	REAL1	DIFF1	IDEAL2	REAL2	DIFF2	IDEAL3	REAL3	DIFF3
Organisation	MW	4,13	3,32	0,81	4,25	3,47	0,78	4,23	3,56	0,67
	SD	0,34	0,35	0,49	0,43	0,49	0,59	0,47	0,57	0,61
	Min	3,56	2,56	-0,22	3,56	2,00	-0,33	3,00	2,56	-1,22
	Max	4,67	4,11	1,67	5,00	4,33	2,56	5,00	4,89	1,56
Personal	MW	4,09	3,00	1,09	4,29	3,24	1,05	4,30	3,30	1,00
	SD	0,31	0,37	0,46	0,40	0,55	0,65	0,46	0,49	0,55
	Min	3,38	2,13	0,00	3,56	1,75	0,25	3,13	2,13	-0,19
	Max	4,75	3,69	2,25	5,00	4,13	3,06	5,00	4,38	2,56
Unterricht	MW	4,22	2,96	1,26	4,39	3,28	1,11	4,46	3,40	1,06
	SD	0,32	0,34	0,49	0,36	0,59	0,66	0,42	0,48	0,50
	Min	3,67	2,08	0,08	3,83	1,83	0,08	3,42	2,42	0,00
	Max	5,00	3,83	2,67	5,00	4,75	2,75	5,00	4,58	2,17
Selbstbild	MW	3,93	3,33	0,60	4,23	3,51	0,72	4,15	3,54	0,61
	SD	0,36	0,48	0,48	0,40	0,50	0,56	0,50	0,54	0,56
	Min	3,17	2,17	-0,17	3,67	2,50	0,00	3,33	2,67	-0,17
	Max	4,33	4,50	1,83	5,00	5,00	2,17	5,00	4,67	2,33

Legende: MW: arithmetischer Mittelwert; SD: Standardabweichung; Min, Max: niedrigstes bzw. höchstes Rating; DIFF: Differenz IDEAL – REAL für die drei Messzeitpunkte (1, 2, 3);

Anmerkungen: Die im Fragebogen verwendete Ratingskala reichte von „1 = stimme nicht zu“ bis „5 = stimme voll zu“. Eine Differenz von DIFFx = 0 zeigt an, dass sich Ideal- und Realbild nicht unterscheiden. Eine positive Differenz gibt an, dass das Idealbild positiver beschrieben wird als das Realbild.

Die mittleren Urteile zum Idealbild liegen für Wahrnehmungsform 1 in den drei Entwicklungsbereichen Organisation, Personal und Unterricht zum ersten Messzeitpunkt leicht über der Skalenkategorie „4 = stimme eher zu“ und steigen im Verlauf der beiden weiteren Messungen leicht an. Im Bereich Selbstbild liegt der Mittelwert zu Beginn der

Untersuchung knapp unter der Kategorie 4. Im Rahmen der beiden weiteren Erhebungen befindet sich der Wert etwas über dieser Kategorie.

Die tatsächlich eingeschätzte Schule liegt als das Realbild vor Beginn der eingeleiteten Maßnahmen in den Bereichen Organisation, Personal und Selbstbild unterhalb des Idealbildes zwischen den Skalenkategorien „3 = teils – teils" und „4 = stimme eher zu". Der Mittelwert für den realen Unterrichtsbereich befindet sich knapp unter der dritten Kategorie. Es fällt auf, dass die Bereiche Personal und Unterricht von den Lehrkräften mit Wahrnehmungsform 1 niedriger eingeschätzt werden als die Bereiche Organisation und Selbstbild. Im Rahmen der zweiten und dritten Messung nehmen die mittleren Urteile in allen Bereichen zu. In den Entwicklungsbereichen Personal und Unterricht steigen die Werte stärker an als in den zwei anderen Bereichen. Die Differenzen zwischen Ideal- und Realbild verringern sich in den Bereichen Organisation, Personal und Unterricht von Messung zu Messung leicht.

In Tabelle 7-21 werden Ergebnisse zum Vergleich zwischen je zwei Messzeitpunkten in den Bereichen dargelegt, um damit Veränderungen im Studienverlauf zu erfassen. Verglichen werden die bereichsspezifischen Differenzen zwischen Ideal- und Realbild pro Messzeitpunkt. Die Tabelle enthält neben deskriptiven Statistiken auch das Ergebnis der teststatistischen Vergleiche der Veränderungen der Ideal-Realbild-Differenzen in den Entwicklungsbereichen für Wahrnehmungsform 1 im Studienverlauf.

Tabelle 7-21: Vergleich der Ideal-Realbild-Differenzen von Lehrkräften mit Wahrnehmungsform 1 in den Bereichen zu den verschiedenen Messzeitpunkten (n = 34)

		Wahrnehmungsform 1		
Bereich	**Statistik**	**DIFFM1 – DIFFM2**	**DIFFM1 – DIFFM3**	**DIFFM2 – DIFFM3**
Organisation	MW	0,03	0,14	0,11
	SD	0,63	0,61	0,68
	Min	-1,67	-1,33	-1,00
	Max	1,67	1,44	2,78
	p-Wert	0,724	0,290	0,541
Personal	MW	0,04	0,09	0,05
	SD	0,56	0,43	0,70
	Min	-1,69	-0,81	-1,00
	Max	0,75	1,19	2,88
	p-Wert	0,263	0,352	0,808
Unterricht	MW	0,15	0,20	0,05
	SD	0,52	0,39	0,56
	Min	-0,92	-0,50	-0,92
	Max	1,00	1,08	1,42
	p-Wert	0,102	0,005	0,750
Selbstbild	MW	-0,12	-0,01	0,11
	SD	0,59	0,64	0,47
	Min	-2,17	-2,00	-0,83
	Max	0,83	1,00	1,33
	p-Wert	0,384	0,631	0,259

Legende: MW: arithmetischer Mittelwert; SD: Standardabweichung; Min, Max: niedrigstes bzw. höchstes Rating; DIFFM: Differenz der mittleren Differenzen von Ideal- und Realbild zwischen je zwei der drei Messzeitpunkte (1, 2, 3);

Anmerkungen: Die im Fragebogen verwendete Ratingskala reichte von „1 = stimme nicht zu“ bis „5 = stimme voll zu“.
Ein positiver MW in den Spalten besagt, dass die im Titel zuerst genannte Differenz größer ist als die zweite.
Eine negative Differenz bei Min zeigt an, dass bei einzelnen Lehrkräften die Ideal-Realbild-Differenz zwischen zwei Messzeitpunkten zugenommen hat, während hohe positive Differenzen bei Max eine deutliche Abnahme der Divergenz zwischen Ideal- und Realbild beschreiben.
Der p-Wert ist assoziiert mit dem Wilcoxon-U-Test für abhängige Stichproben.

Die in Tabelle 7-21 dargelegten Ergebnisse für Wahrnehmungsform 1 zeigen, dass sich die Wahrnehmungen (Real-Idealbild-Differenzen) der betreffenden Lehrkräfte nur im Entwicklungsbereich Unterricht zwischen Abschlussmessung und Ausgangsbefragung veränderten und statistisch auffällig unterscheiden (p = 0,005).

7.2.3.4 *Wahrnehmungsform 2*

Tabelle 7-22 enthält deskriptive Informationen zum Ideal- und Realbild sowie zur Differenz zwischen Ideal– und Realbild für alle drei Messzeitpunkte für Wahrnehmungsform 2. Die Differenzen beschreiben die Abweichung der realen von der idealen Schule.

Tabelle 7-22: Originalurteile von Lehrkräften mit Wahrnehmungsform 2 zur idealen und realen Schule im Studienverlauf (n = 35)

Wahrnehmungsform 2									
	Messung 1			Messung 2			Messung 3		
Statistik	IDEAL1	REAL1	DIFF1	IDEAL2	REAL2	DIFF2	IDEAL3	REAL3	DIFF3
MW	4,77	3,85	0,92	4,65	3,95	0,70	4,68	3,96	0,72
SD	0,17	0,28	0,31	0,35	0,44	0,43	0,27	0,38	0,31
Min	4,50	3,50	0,22	3,68	2,69	0,07	3,97	2,82	0,19
Max	5,00	4,46	1,45	5,00	4,73	1,70	5,00	4,69	1,46

Legende: Siehe Legende und Anmerkungen zu Tabelle 7-18.

Die mittleren Urteile zum Idealbild sind über alle drei Messzeitpunkte hinweg stabil und liegen zwischen den Skalenkategorien „4 = stimme eher zu“ und „5 = stimme voll zu“.

Die tatsächlich wahrgenommene Schule liegt als das Realbild vor Beginn der Schulentwicklungsmaßnahmen etwas unter der Skalenkategorie „4 = stimme eher zu“. Im Rahmen der zweiten Messung steigt der Mittelwert des Realbildes an und bleibt bei der Abschlussmessung stabil. Die Differenz zwischen Ideal- und Realbild nimmt bei Messung 2 ab.

In Tabelle 7-23 werden Resultate zum Vergleich zwischen je zwei Messzeitpunkten dargelegt, um damit Veränderungen im Studienverlauf zu erfassen. Verglichen werden die Differenzen zwischen Ideal- und Realbild pro Messzeitpunkt. Neben deskriptiven Statistiken enthält die Tabelle auch das Ergebnis der teststatistischen Vergleiche der Veränderungen der Ideal-Realbild-Differenzen im Verlauf der Untersuchung.

Tabelle 7-23: Vergleich der Ideal-Realbild-Differenzen von Lehrkräften mit Wahrnehmungsform 2 zu den verschiedenen Messzeitpunkten (n = 35)

	Wahrnehmungsform 2		
Statistik	**DIFFM1 – DIFFM2**	**DIFFM1 – DIFFM3**	**DIFFM2 – DIFFM3**
MW	0,22	0,20	-0,02
SD	0,50	0,41	0,41
Min	-1,22	-0,63	-1,06
Max	1,14	0,95	0,84
p-Wert	0,010	0,007	0,806

Legende: Siehe Legende und Anmerkungen zu Tabelle 7-19.

In Tabelle 7-23 wird deutlich, dass beim Vergleich von Messung 1 und 2 sowie von Messung 1 und 3 die mittleren Differenzen positiv sind. Das bedeutet, dass sich hier die Ideal-Realbild-Differenzen im Beobachtungsverlauf aneinander angenähert haben.

Die Ergebnisse der teststatistischen Vergleiche der Veränderungen der Ideal-Realbild-Differenzen im Studienverlauf zeigen für Wahrnehmungsform 2, dass sich bereits nach einem halben Jahr und damit einer Feedback-Runde die als Ideal-Realbild-Differenzen erfassten Wahrnehmungen der Lehrkräfte zwischen der zweiten Messung und der Ausgangsbefragung veränderten und statistisch auffällig unterscheiden ($p = 0{,}010$). Zwischen der Abschlussmessung und der Ausgangsbefragung lassen sich noch deutlichere Änderungen und statistisch auffällige Unterschiede in den Wahrnehmungen belegen ($p = 0{,}007$).

Zwischen der Abschlussmessung und der zweiten Erhebung lassen sich keine Unterschiede in den Wahrnehmungen von Lehrkräften, welche reale und ideale Schule hoch einschätzen, aufzeigen ($p = 0{,}806$).

Deskriptive Informationen zum Ideal- und Realbild sowie zur Differenz zwischen Ideal– und Realbild für alle drei Messzeitpunkte in den einzelnen Entwicklungsbereichen werden für Lehrkräfte mit Wahrnehmungsform 2 in Tabelle 7-24 dargestellt. Die Differenzen beschreiben die Abweichung der tatsächlich eingeschätzten von der als ideal vorgestellten Schule.

Tabelle 7-24: Originalurteile von Lehrkräften mit Wahrnehmungsform 2 zur idealen und realen Schule in den Bereichen im Studienverlauf (n = 35)

Wahrnehmungsform 2										
		Messung 1			**Messung 2**			**Messung 3**		
Bereich	**Statistik**	IDEAL1	REAL1	DIFF1	IDEAL2	REAL2	DIFF2	IDEAL3	REAL3	DIFF3
Organisation	MW	4,69	4,01	0,68	4,59	4,04	0,55	4,62	4,08	0,54
	SD	0,29	0,43	0,51	0,40	0,55	0,56	0,40	0,48	0,44
	Min	3,89	3,11	-0,44	3,56	2,67	-0,44	3,78	2,89	-0,22
	Max	5,00	4,78	1,67	5,00	4,89	1,89	5,00	5,00	1,56
Personal	MW	4,80	3,72	1,08	4,68	3,85	0,83	4,66	3,82	0,84
	SD	0,23	0,39	0,44	0,39	0,51	0,55	0,31	0,42	0,41
	Min	4,19	2,94	0,25	3,50	2,44	-0,25	4,00	2,81	0,06
	Max	5,00	4,44	2,06	5,00	4,56	2,00	5,00	4,75	1,88
Unterricht	MW	4,84	3,58	1,26	4,73	3,78	0,95	4,72	3,80	0,92
	SD	0,24	0,48	0,52	0,36	0,54	0,59	0,34	0,52	0,52
	Min	4,17	2,67	0,33	3,83	2,17	-0,08	3,92	2,42	-0,08
	Max	5,00	4,50	2,25	5,00	4,67	2,25	5,00	4,92	2,08
Selbstbild	MW	4,76	4,10	0,66	4,60	4,12	0,48	4,72	4,13	0,59
	SD	0,23	0,32	0,32	0,40	0,43	0,35	0,31	0,43	0,30
	Min	4,17	3,50	0,00	3,67	3,50	-0,17	4,00	3,00	0,00
	Max	5,00	4,83	1,17	5,00	5,00	1,17	5,00	4,83	1,17

Legende: Siehe Legende und Anmerkungen zu Tabelle 7-20.

Im Rahmen der Ausgangsmessung liegen die mittleren Urteile zum Idealbild für Wahrnehmungsform 2 zwischen den Skalenkategorien „4 = stimme eher zu“ und „5 = stimme voll zu“. Bei Messung 2 werden alle vier Bereiche niedriger eingeschätzt. Die mittleren Urteile bleiben bei der Abschlussmessung in den Bereichen Organisation, Personal und Unterricht stabil. Im vierten Bereich zum Selbstbild erreichen die Urteile wieder das Ausgangsniveau.

Die wahrgenommene reale Schule liegt als das Realbild vor Beginn der Entwicklungsmaßnahmen in den Bereichen Personal und Unterricht zwischen den Skalenkategorien „3 = teils – teils“ und „4 = stimme eher zu“. Die Mittelwerte für reale Organisation und reales Selbstbild befinden sich knapp über der Kategorie 4. Es fällt auf, dass wie bei Wahrnehmungsform 1 die Bereiche Personal und Unterricht von den Lehrkräften mit Wahrnehmungsform 2 niedriger eingeschätzt werden als die Bereiche

Organisation und Selbstbild. Im Rahmen der zweiten Messung nehmen die mittleren Urteile vor allem in den Bereichen Personal und Unterricht zu und bleiben bei Messung 3 stabil. Die Differenzen zwischen Ideal- und Realbild verringern sich in allen vier Bereichen zwischen Ausgangsmessung und zweiter Erhebung.

Die Ergebnisse zum Vergleich zwischen je zwei Messzeitpunkten in den Bereichen werden in Tabelle 7-25 dargelegt, um damit Veränderungen im Studienverlauf zu erfassen. Hierbei werden die bereichsspezifischen Differenzen zwischen Ideal- und Realbild pro Messzeitpunkt verglichen. Die Tabelle enthält neben deskriptiven Statistiken auch das Ergebnis der teststatistischen Vergleiche der Veränderungen der Ideal-Realbild-Differenzen in den Entwicklungsbereichen für Wahrnehmungsform 2 im Verlauf der Untersuchung.

Tabelle 7-25: Vergleich der Ideal-Realbild-Differenzen von Lehrkräften mit Wahrnehmungsform 2 in den Bereichen zu den verschiedenen Messzeitpunkten (n = 35)

		Wahrnehmungsform 2		
Bereich	**Statistik**	**DIFFM1 – DIFFM2**	**DIFFM1 – DIFFM3**	**DIFFM2 – DIFFM3**
Organisation	MW	0,13	0,14	0,01
	SD	0,65	0,58	0,62
	Min	-1,78	-0,78	-1,56
	Max	1,67	1,22	1,22
	p-Wert	0,193	0,169	0,900
Personal	MW	0,25	0,24	-0,01
	SD	0,65	0,49	0,55
	Min	-1,38	-1,00	-1,44
	Max	1,81	1,44	1,13
	p-Wert	0,021	0,005	0,957
Unterricht	MW	0,31	0,34	0,03
	SD	0,65	0,70	0,59
	Min	-1,67	-1,00	-1,08
	Max	1,75	2,00	1,25
	p-Wert	0,003	0,006	0,829
Selbstbild	MW	0,18	0,07	-0,11
	SD	0,48	0,36	0,39
	Min	-0,83	-0,50	-0,83
	Max	1,17	0,83	0,67
	p-Wert	0,032	0,284	0,149

Legende: Siehe Legende und Anmerkungen zu Tabelle 7-21.

Die in Tabelle 7-25 visualisierten Ergebnisse für Wahrnehmungsform 2 verdeutlichen, dass sich die Wahrnehmungen (Real-Idealbild-Differenzen) der betreffenden Lehrkräfte in den Bereichen Personal, Unterricht und Selbstbild zwischen dem Messzeitpunkt 2 und der Ausgangsmessung statistisch unterscheiden ($p = 0{,}021$, $p = 0{,}003$ beziehungsweise $p = 0{,}032$). Zwischen Messung 3 und Ausgangsmessung können in den Bereichen Personal und Unterricht statistisch auffällige Unterschiede belegt werden ($p = 0{,}005$ beziehungsweise $p = 0{,}006$).

7.2.3.5 *Wahrnehmungsform 3*

In Tabelle 7-26 werden für Wahrnehmungsform 3 deskriptive Informationen zum Ideal- und Realbild sowie zur Differenz zwischen Ideal– und Realbild für alle drei Messzeitpunkte dargestellt. Die Differenzen beschreiben die Abweichung der tatsächlich eingeschätzten von der als ideal vorgestellten Schule.

Tabelle 7-26: Originalurteile von Lehrkräften mit Wahrnehmungsform 3 zur idealen und realen Schule im Studienverlauf (n = 23)

Wahrnehmungsform 3									
	Messung 1			Messung 2			Messung 3		
Statistik	IDEAL1	REAL1	DIFF1	IDEAL2	REAL2	DIFF2	IDEAL3	REAL3	DIFF3
MW	4,75	3,29	1,46	4,75	3,59	1,16	4,62	3,63	0,99
SD	0,15	0,14	0,20	0,25	0,32	0,35	0,38	0,32	0,48
Min	4,54	2,99	1,09	4,15	2,96	0,48	3,71	3,09	0,17
Max	5,00	3,49	1,84	5,00	4,20	1,71	5,00	4,24	1,91

Legende: Siehe Legende und Anmerkungen zu Tabelle 7-18.

Die mittleren Urteile zum Idealbild sind für Wahrnehmungsform 3 über alle drei Messzeitpunkte hinweg weitgehend stabil und liegen zwischen den Skalenkategorien „4 = stimme eher zu" und „5 = stimme voll zu".

Die tatsächlich wahrgenommene Schule liegt als das Realbild vor Beginn der Schulentwicklungsmaßnahmen etwas über der Skalenkategorie „3 = teils – teils". Im Rahmen der zweiten Messung steigt der Mittelwert des Realbildes deutlich an. Die Differenz zwischen Ideal- und Realbild nimmt von Messung zu Messung ab.

Tabelle 7-27 enthält Resultate zum Vergleich zwischen je zwei Messzeitpunkten, um damit Veränderungen im Studienverlauf zu erfassen. Verglichen werden hierbei die Differenzen zwischen Ideal- und Realbild pro Messzeitpunkt. Neben deskriptiven Statistiken enthält die Tabelle auch das Ergebnis der teststatistischen Vergleiche der Veränderungen der Ideal-Realbild-Differenzen im Studienverlauf.

Tabelle 7-27: Vergleich der Ideal-Realbild-Differenzen von Lehrkräften mit Wahrnehmungsform 3 zu den verschiedenen Messzeitpunkten (n = 23)

	Wahrnehmungsform 3		
Statistik	DIFFM1 – DIFFM2	DIFFM1 – DIFFM3	DIFFM2 – DIFFM3
MW	0,30	0,47	0,17
SD	0,32	0,39	0,36
Min	-0,23	-0,24	-1,09
Max	0,85	1,12	0,76
p-Wert	0,001	< 0,001	0,004

Legende: Siehe Legende und Anmerkungen zu Tabelle 7-19.

Die Resultate in Tabelle 7-27 verdeutlichen, dass beim Vergleich der Messungen die mittleren Differenzen positiv sind. Dies bedeutet, dass sich hier die Ideal-Realbild-Differenzen im Untersuchungsverlauf aneinander angenähert haben.

Die Ergebnisse der teststatistischen Vergleiche der Veränderungen der Ideal-Realbild-Differenzen im Verlauf der Studie zeigen für Wahrnehmungsform 3, dass sich bereits nach einem halben Jahr und damit einer Feedback-Runde die als Ideal-Realbild-Differenzen erfassten Wahrnehmungen der Lehrkräfte zwischen der zweiten Messung und der Ausgangsbefragung veränderten und statistisch unterscheiden ($p = 0{,}001$). Zwischen der Abschlussmessung und der Ausgangsbefragung sowie zwischen Abschlusserhebung und Messung 2 lassen sich ebenfalls Änderungen und statistisch auffällige Unterschiede in den Wahrnehmungen von Lehrkräften mit niedriger Wahrnehmung der realen Schule und hoher Wahrnehmung der idealen Schule belegen ($p < 0{,}001$ beziehungsweise $p = 0{,}004$).

In Tabelle 7-24 werden deskriptive Informationen zum Ideal- und Realbild sowie zur Differenz zwischen Ideal– und Realbild für alle drei Messzeitpunkte in den einzelnen Entwicklungsbereichen dargestellt. Die Differenzen beschreiben die Abweichung der tatsächlich eingeschätzten von der als ideal vorgestellten Schule bei Lehrkräften mit Wahrnehmungsform 3.

Tabelle 7-28: Originalurteile von Lehrkräften mit Wahrnehmungsform 3 zur idealen und realen Schule in den Bereichen im Studienverlauf (n = 23)

Wahrnehmungsform 3										
		Messung 1			Messung 2			Messung 3		
Bereich	**Statistik**	IDEAL1	REAL1	DIFF1	IDEAL2	REAL2	DIFF2	IDEAL3	REAL3	DIFF3
Organisation	MW	4,79	3,36	1,43	4,71	3,74	0,97	4,60	3,80	0,80
	SD	0,26	0,35	0,42	0,33	0,54	0,55	0,49	0,54	0,76
	Min	4,00	2,44	0,78	3,89	2,89	-0,22	3,67	2,56	-0,56
	Max	5,00	4,00	2,33	5,00	4,78	2,11	5,00	4,67	2,33
Personal	MW	4,74	3,04	1,70	4,74	3,32	1,42	4,60	3,33	1,27
	SD	0,25	0,30	0,40	0,28	0,43	0,46	0,42	0,40	0,58
	Min	4,19	2,50	1,13	4,06	2,69	0,38	3,63	2,69	0,00
	Max	5,00	3,63	2,50	5,00	4,44	2,19	5,00	4,00	2,31
Unterricht	MW	4,88	3,15	1,73	4,83	3,45	1,38	4,69	3,46	1,23
	SD	0,15	0,41	0,39	0,22	0,46	0,46	0,40	0,45	0,55
	Min	4,58	2,50	1,08	4,25	2,25	0,50	3,75	2,75	0,25
	Max	5,00	3,92	2,50	5,00	4,25	2,42	5,00	4,33	2,25
Selbstbild	MW	4,59	3,64	0,95	4,72	3,86	0,86	4,57	3,90	0,67
	SD	0,38	0,50	0,38	0,27	0,49	0,52	0,45	0,45	0,51
	Min	3,67	2,83	0,17	4,17	2,83	0,00	3,17	3,17	-0,17
	Max	5,00	4,67	1,50	5,00	4,67	2,00	5,00	4,83	1,83

Legende: Siehe Legende und Anmerkungen zu Tabelle 7-20.

Die mittleren Urteile zum Idealbild für Wahrnehmungsform 3 liegen zwischen den Skalenkategorien „4 = stimme eher zu“ und „5 = stimme voll zu“. Sie nehmen in den Bereichen Organisation, Personal und Unterricht zwischen Ausgangs- und Abschlussmessung ab.

Die tatsächlich wahrgenommene Schule liegt als das Realbild vor Beginn der Entwicklungsmaßnahmen in den Bereichen zwischen den Skalenkategorien „3 = teils - teils“ und „4 = stimme eher zu“. Die Mittelwerte für reales Personal und realen Unterricht befinden sich knapp über Kategorie 3. Es fällt auf, dass wie bei den Wahrnehmungsformen 1 und 2 auch bei der dritten Form die Bereiche Personal und Unterricht niedriger eingeschätzt werden als die Bereiche Organisation und Selbstbild. Im Rahmen der zweiten Messung nehmen die mittleren Urteile in allen vier Entwicklungsbereichen deutlich zu und bleiben bei Messung 3 stabil. Die Differenzen zwischen Ideal- und Realbild verringern sich in allen vier Bereichen im Verlauf der Studie.

Die Resultate zum Vergleich zwischen je zwei Messzeitpunkten in den Bereichen werden in Tabelle 7-29 dargelegt, um damit Veränderungen im Verlauf der Untersuchung zu erfassen. Hierbei werden die bereichsspezifischen Differenzen zwischen Ideal- und Realbild pro Messzeitpunkt verglichen. Neben deskriptiven Statistiken enthält die Tabelle auch das Ergebnis der teststatistischen Vergleiche der Veränderungen der Ideal-Realbild-Differenzen in den Entwicklungsbereichen für Wahrnehmungsform 3 im Studienverlauf.

Tabelle 7-29: Vergleich der Ideal-Realbild-Differenzen von Lehrkräften mit Wahrnehmungsform 3 in den Bereichen zu den verschiedenen Messzeitpunkten (n = 23)

Wahrnehmungsform 3				
Bereich	**Statistik**	**DIFFM1 – DIFFM2**	**DIFFM1 – DIFFM3**	**DIFFM2 – DIFFM3**
Organisation	MW	0,46	0,63	0,17
	SD	0,57	0,72	0,59
	Min	-0,22	-0,78	-1,11
	Max	2,00	2,22	1,11
	p-Wert	0,001	0,001	0,157
Personal	MW	0,28	0,43	0,15
	SD	0,57	O,51	0,53
	Min	-0,50	-0,44	-1,75
	Max	1,94	1,50	1,19
	p-Wert	0,036	0,001	0,021
Unterricht	MW	0,35	0,50	0,15
	SD	0,45	0,53	0,54
	Min	-0,58	-0,25	-0,92
	Max	1,50	2,00	1,33
	p-Wert	0,002	< 0,001	0,211
Selbstbild	MW	0,09	0,28	0,19
	SD	0,45	0,46	0,48
	Min	-0,67	-0,83	-0,83
	Max	1,00	1,67	1,00
	p-Wert	0,393	0,003	0,064

Legende: Siehe Legende und Anmerkungen zu Tabelle 7-21.

Die in Tabelle 7-29 dargelegten Resultate für Wahrnehmungsform 3 verdeutlichen, dass sich die Wahrnehmungen der betreffenden Lehrkräfte (Real-Idealbild-Differenzen) in den Bereichen Organisation, Personal und Unterricht zwischen dem Messzeitpunkt 2 und der Ausgangsmessung ($p = 0{,}001$, $p = 0{,}036$ beziehungsweise $p = 0{,}002$) statistisch auffällig unterscheiden. Zwischen Messung 3 und Ausgangsmessung können in allen vier Bereichen statistisch auffällige Unterschiede belegt werden ($p = 0,001$, $p = 0,001$, $p < 0,001$ beziehungsweise $p = 0,003$). Beim Vergleich von Abschlussmessung und Messung 2 lassen sich die Wahrnehmungen der Lehrkräfte im Entwicklungsbereich Personal unterscheiden ($p = 0,021$). Im Bereich Selbstbild können die Wahrnehmungen tendenziell unterschieden werden ($p = 0,064$).

7.2.3.6 Wahrnehmungsform 4

In Tabelle 7-30 werden für Wahrnehmungsform 4 deskriptive Informationen zum Ideal- und Realbild sowie zur Differenz zwischen Ideal– und Realbild für alle drei Messzeitpunkte berichtet. Die Differenzen beschreiben die Abweichung der tatsächlich wahrgenommenen von der als ideal vorgestellten Schule.

Tabelle 7-30: Originalurteile von Lehrkräften mit Wahrnehmungsform 4 zur idealen und realen Schule im Studienverlauf (n = 21)

	Wahrnehmungsform 4								
	Messung 1			Messung 2			Messung 3		
Statistik	IDEAL1	REAL1	DIFF1	IDEAL2	REAL2	DIFF2	IDEAL3	REAL3	DIFF3
MW	4,26	3,69	0,57	4,37	3,87	0,50	4,21	3,75	0,46
SD	0,23	0,17	0,24	0,36	0,33	0,30	0,35	0,27	0,24
Min	3,67	3,53	-0,01	3,72	3,19	-0,08	3,09	2,99	0,10
Max	4,48	4,13	0,90	4,89	4,59	0,98	4,67	4,30	1,10

Legende: Siehe Legende und Anmerkungen zu Tabelle 7-18.

Die mittleren Urteile zum Idealbild liegen im Rahmen der ersten Messung etwas über der Skalenkategorie „4 = stimme eher zu“. Bei der folgenden Messung steigen die Urteile leicht an und fallen bei der Abschlussmessung wieder auf das Anfangsniveau zurück.

Die tatsächlich eingeschätzte Schule liegt als das Realbild vor Beginn der in den einzelnen Schulen eingeleiteten Maßnahmen um einen halben Scorepunkt unterhalb des Idealbildes. Wie bei den mittleren Urteilen zum Idealbild steigen bei der folgenden zweiten Messung die Urteile zum Realbild leicht an und fallen bei der abschließenden Erhebung wieder auf das Anfangsniveau zurück. Die Differenz zwischen Ideal- und Realbild verringert sich von Messung zu Messung leicht.

In Tabelle 7-31 werden Ergebnisse zum Vergleich zwischen je zwei Messzeitpunkten vorgestellt, um damit Veränderungen im Studienverlauf zu erfassen. Verglichen werden die Differenzen zwischen Ideal- und Realbild pro Messzeitpunkt. Die Tabelle enthält neben deskriptiven Statistiken auch das Ergebnis der teststatistischen Vergleiche der Veränderungen der Ideal-Realbild-Differenzen im Verlauf der Untersuchung.

Tabelle 7-31: Vergleich der Ideal-Realbild-Differenzen von Lehrkräften mit Wahrnehmungsform 4 zu den verschiedenen Messzeitpunkten (n = 21)

	Wahrnehmungsform 4		
Statistik	**DIFFM1 – DIFFM2**	**DIFFM1 – DIFFM3**	**DIFFM2 – DIFFM3**
MW	0,07	0,11	0,04
SD	0,34	0,33	0,35
Min	-0,55	-0,55	-1,01
Max	0,73	0,55	0,55
p-Wert	0,566	0,114	0,217

Legende: Siehe Legende und Anmerkungen zu Tabelle 7-19.

Tabelle 7-31 verdeutlicht, dass alle drei mittleren Differenzen positiv sind. Das bedeutet, dass sich die Ideal-Realbild-Differenzen im Beobachtungsverlauf aneinander leicht angenähert haben.

Die Ergebnisse der teststatistischen Vergleiche der Veränderungen der Ideal-Realbild-Differenzen im Studienverlauf zeigen für Wahrnehmungsform 4 jedoch, dass sich die als Ideal-Realbild-Differenzen erfassten Wahrnehmungen der Lehrkräfte mit hoher Wahrnehmung der realen Schule und niedriger Wahrnehmung der idealen Schule im Studienverlauf nicht veränderten ($p = 0,566$, $p = 0,114$ beziehungsweise $p = 0,217$).

In Tabelle 7-32 werden deskriptive Informationen zum Ideal- und Realbild sowie zur Differenz zwischen Ideal– und Realbild für alle drei Messungen in den einzelnen

Entwicklungsbereichen für Lehrkräfte mit Wahrnehmungsform 4 dargestellt. Die Differenzen beschreiben die Abweichung der tatsächlich eingeschätzten von der als ideal vorgestellten Schule.

Tabelle 7-32: Originalurteile von Lehrkräften mit Wahrnehmungsform 4 zur idealen und realen Schule in den Bereichen im Studienverlauf (n = 21)

Wahrnehmungsform 4										
		Messung 1			Messung 2			Messung 3		
Bereich	Statistik	IDEAL1	REAL1	DIFF1	IDEAL2	REAL2	DIFF2	IDEAL3	REAL3	DIFF3
Organisation	MW	4,19	3,98	0,21	4,30	4,10	0,20	4,13	3,94	0,19
	SD	0,36	0,30	0,51	0,48	0,48	0,40	0,48	0,36	0,30
	Min	3,44	3,44	-0,56	3,44	2,89	-0,56	2,89	3,00	-0,44
	Max	4,89	4,67	1,44	5,00	5,00	0,78	5,00	4,44	0,67
Personal	MW	4,19	3,56	0,63	4,34	3,79	0,55	4,20	3,66	0,54
	SD	0,40	0,28	0,40	0,41	0,37	0,38	0,38	0,32	0,32
	Min	3,31	3,06	-0,13	3,69	3,13	-0,25	3,06	3,06	-0,06
	Max	4,75	4,06	1,31	5,00	4,69	1,13	5,00	4,44	1,13
Unterricht	MW	4,30	3,46	0,84	4,42	3,81	0,61	4,26	3,63	0,63
	SD	0,38	0,34	0,34	0,41	0,46	0,42	0,38	0,39	0,45
	Min	3,08	2,83	0,25	3,75	3,00	-0,50	3,08	2,92	-0,33
	Max	4,75	4,08	1,33	5,00	4,67	1,17	4,92	4,50	1,67
Selbstbild	MW	4,38	3,78	0,60	4,43	3,78	0,65	4,23	3,75	0,48
	SD	0,36	0,40	0,40	0,41	0,40	0,35	0,41	0,37	0,33
	Min	3,50	3,17	0,00	3,67	3,17	0,00	3,33	3,00	0,00
	Max	4,83	4,50	1,50	5,00	4,50	1,17	4,83	4,50	1,17

Legende: Siehe Legende und Anmerkungen zu Tabelle 7-20.

Die mittleren Urteile zum Idealbild in den vier Entwicklungsbereichen liegen im Rahmen der ersten Messung etwas über der Skalenkategorie „4 = stimme eher zu". Bei der folgenden Messung steigen die Urteile leicht an und fallen bei der Abschlussmessung wieder auf das Anfangsniveau zurück.

Die tatsächlich eingeschätzte Schule liegt als das Realbild vor Beginn der eingeleiteten Maßnahmen in den Bereichen unterhalb des Idealbildes zwischen den Skalenkategorien „3 = teils – teils" und „4 = stimme eher zu". Im Rahmen der zweiten Messung nehmen die mittleren Urteile in den Bereichen Organisation, Personal und Unterricht zu. Bei der letzten Erhebung nehmen alle realen Mittelwerte wieder ab. Die Differenzen zwischen

Ideal- und Realbild verringern sich in den vier Entwicklungsbereichen Personal beim Vergleich von Ausgangs- und Abschlussmessung.

In Tabelle 7-33 werden Ergebnisse zum Vergleich zwischen je zwei Messzeitpunkten in den Bereichen dargelegt, um damit Veränderungen im Studienverlauf zu erfassen. Verglichen werden die bereichsspezifischen Differenzen zwischen Ideal- und Realbild pro Messung. Die Tabelle enthält neben deskriptiven Statistiken auch das Ergebnis der teststatistischen Vergleiche der Veränderungen der Ideal-Realbild-Differenzen in den Entwicklungsbereichen für Wahrnehmungsform 4 im Studienverlauf.

Tabelle 7-33: Vergleich der Ideal-Realbild-Differenzen von Lehrkräften mit Wahrnehmungsform 4 in den Bereichen zu den verschiedenen Messzeitpunkten (n = 21)

		Wahrnehmungsform 4		
Bereich	**Statistik**	**DIFFM1 – DIFFM2**	**DIFFM1 – DIFFM3**	**DIFFM2 – DIFFM3**
Organisation	MW	0,01	0,02	0,01
	SD	0,69	0,70	0,49
	Min	-1,33	-1,22	-0,89
	Max	2,00	1,33	1,22
	p-Wert	1,000	0,852	0,855
Personal	MW	0,08	0,09	0,01
	SD	0,41	0,49	0,48
	Min	-0,81	-1,06	-1,25
	Max	0,69	0,69	1,06
	p-Wert	0,393	0,321	0,395
Unterricht	MW	0,23	0,21	-0,02
	SD	0,54	0,46	0,58
	Min	-0,58	-0,75	-1,75
	Max	1,75	1,08	1,42
	p-Wert	0,116	0,064	0,925
Selbstbild	MW	-0,05	0,12	0,17
	SD	0,46	0,45	0,37
	Min	-1,00	-0,67	-0,67
	Max	0,83	0,83	1,00
	p-Wert	0,745	0,219	0,037

Legende: Siehe Legende und Anmerkungen zu Tabelle 7-21.

Die in Tabelle 7-33 dargelegten Ergebnisse für Wahrnehmungsform 4 zeigen, dass sich die Wahrnehmungen der betreffenden Lehrkräfte (Real-Idealbild-Differenzen) nur im Entwicklungsbereich Selbstbild zwischen Abschlussmessung und zweiter Befragung veränderten und statistisch unterscheiden (p = 0,037). Im Bereich Unterricht können die Wahrnehmungen beim Vergleich von Abschluss- und Ausgangsmessung tendenziell unterschieden werden (p = 0,064).

7.2.3.7 Veränderung der Häufigkeit der Wahrnehmungsformen im Verlauf der Untersuchung

In Abbildung 7-9 wird die Veränderung der absoluten Häufigkeit der vier Wahrnehmungsformen der Lehrkräfte im Studienverlauf dargestellt.[1]

Abbildung 7-11: Veränderung der Häufigkeit der Wahrnehmungsformen im Verlauf der Untersuchung (n = 113)

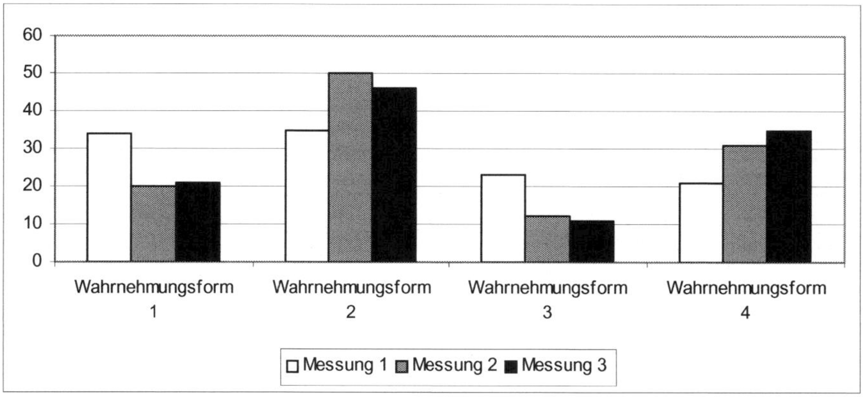

1 Die Ausprägung der Wahrnehmungsformen in ihrer absoluten Häufigkeit zu den drei Messzeitpunkten findet sich im Einzelnen im Anhang unter Punkt 5.

Der Vergleich der Formen zwischen Ausgangs- und Abschlussmessung zeigt, dass die Zahl der Lehrkräfte mit Wahrnehmungsform 1, das heißt mit niedriger Einschätzung von idealer und realer Schule, abnimmt. Das gilt ebenso für Lehrkräfte mit Wahrnehmungsform 3, das heißt mit hohem Ideal- und niedrigem Realbild. Die Anzahl der Lehrkräfte mit Wahrnehmungsform 2, das heißt einer hohen Einschätzung von idealer und realer Schule, nimmt hingegen zu. Ebenso steigt die Zahl der Lehrkräfte mit Wahrnehmungsform 4, das heißt mit niedrigem Ideal- und hohem Realbild.

Dies bedeutet, dass an den Untersuchungsschulen die Zahl der Lehrkräfte mit einer hohen Wahrnehmung der realen Schule im Verlauf der Untersuchung zunahm. Gleichzeitig nahm die Anzahl an Lehrkräften mit einer niedrigen Realitätswahrnehmung ab.

7.2.4 Zusammenfassung

Die Antworten auf die sekundären Fragen, die den zweiten Teil der Zielstellung der explorativen Untersuchung umschreiben, werden auf Basis der vorgelegten Analysen zusammenfassend dargestellt.

7.2.4.1 Fragen zu den Bereichen

Mit den Fragen sollte geklärt werden, ob und wie sich im Verlauf der Untersuchung die Wahrnehmungen der Lehrkräfte in Bezug auf die Entwicklungsbereiche verändern. Anhand der teststatistischen Vergleiche im Rahmen des Wilcoxon-U-Tests für abhängige Stichproben konnten Veränderungen belegt werden.

Beim Vergleich der Wahrnehmungen, die bei erster und zweiter sowie erster und dritter Messung erhoben wurden, konnten Unterschiede in den Bereichen Organisations-, Personal- und Unterrichtsentwicklung belegt werden. Im Bereich Selbstbild zeigten sich nur beim Vergleich der Wahrnehmungen bei Messung 1 und 3 Veränderungen. Diese Ergebnisse werden von der in Kapitel 5 beschriebenen Beobachtung, dass die Lehrkräfte der Untersuchungsschulen diesem Bereich bei Diskussion, Planung und Umsetzung von Maßnahmen innerer Entwicklung keine Beachtung schenkten, belegt.

7.2.4.2 Fragen zu den Maßnahmen

Nach der Berechnung des Faktors „Maßnahme“ konnte den Schulen auf Basis der dort im Verlauf der Untersuchung geleisteten Maßnahmen eine von drei Intensitätsklassen zugewiesen werden. Dadurch war es möglich, der Frage nachzugehen, ob die Wahrnehmungsänderungen der Lehrkräfte an den nach Intensitätsklassen eingeteilten Schulen bezüglich der Messzeitpunkte und Entwicklungsbereiche unterschiedlich sind. Mittels der teststatistischen Vergleiche im Rahmen des Wilcoxon-U-Tests für abhängige Stichproben konnten solche Unterschiede aufgezeigt werden.

Während sich bei Lehrkräften an den beiden Schulen in Intensitätsklasse 1 die Wahrnehmungen über die Messungen hinweg nicht veränderten, konnten für die je zwei Schulen in Intensitätsklasse 2 und 3 Unterschiede beim Vergleich der Erhebungsergebnisse zu den Messzeitpunkten belegt werden. Dieser Befund deutet darauf hin, dass sich die Wahrnehmungen erst ab einer angemessenen Maßnahmenintensität, das heißt ab Klasse 2, verändern.

Bezüglich der Bereiche innerer Entwicklung wurden ebenfalls Unterschiede zwischen den Intensitätsklassen nachgewiesen. Während sich bei den Lehrkräften an den Schulen mit Intensitätsklasse 1 die Einschätzungen im Untersuchungsverlauf nur tendenziell im Bereich Unterricht veränderten, konnten für die Lehrkräfte an den beiden Schulen in Klasse 2 Unterschiede im Bereich Personal und Unterricht sowie tendenzielle Unterschiede im Bereich Selbstbild nachgewiesen werden. Für die beiden Schulen in Intensitätsklasse 3 konnten nach einem Jahr Wahrnehmungsänderungen in allen Entwicklungsbereichen festgestellt werden.

Die Ergebnisse deuten darauf hin, dass sich die Wahrnehmungen der Lehrkräfte den Intensitätsklassen entsprechend in den Entwicklungsbereichen veränderten. Je intensiver an den Untersuchungsschulen Maßnahmen innerer Entwicklung umgesetzt wurden, desto stärker veränderten sich anscheinend die Wahrnehmungen der betreffenden Lehrkräfte.[2]

7.2.4.3 Fragen zu den Lehrkräften

Im Zusammenhang mit den Lehrkräften der Untersuchungsschulen, die sich an allen Erhebungen beteiligten, sollte zunächst geklärt werden, ob sich Unterschiede in ihrer Ideal-Realbild-Divergenz bei der Ausgangsmessung zeigen. Mittels einer Clusteranalyse konnten Unterschiede zwischen den Lehrkräften festgestellt und vier verschiedene Wahrnehmungsformen identifiziert werden. Diese Formen ermöglichten die Stufung des Einflussfaktors „Lehrkraft".

Nach dieser Definition war zu klären, ob die Wahrnehmungsänderungen zwischen den vier Lehrkrafttypen bezüglich den Messungen und Schulentwicklungsbereichen unterschiedlich sind. Mit Hilfe der teststatistischen Vergleiche im Rahmen des Wilcoxon-U-Tests für abhängige Stichproben konnten Unterschiede belegt werden.

Während sich bei Lehrkräften mit Wahrnehmungsform 4, das heißt mit niedrigem Ideal- und hohem Realbild, die Einschätzungen über die Messungen hinweg nicht veränderten, konnten für Wahrnehmungsform 1, das heißt einer niedrigen Ideal- und Realeinschätzung, zumindest tendenzielle Unterschiede beim Vergleich der Erhebungsergebnisse von Ausgangs- und Abschlussmessung belegt werden. Für die Wahrnehmungsformen 2, das heißt einer hohen Ideal- und Realeinschätzung, und 3, das heißt einer hohen Ideal- und niedrigen Realeinschätzung, wurden beim Vergleich der Ergebnisse Wahrnehmungsunterschiede nachgewiesen.

---

2 Über die Auswahl der Untersuchungsschulen wurden wesentliche organisatorischen Formen der Hauptschule in Bayern erfasst. Die Wahl sollte dazu dienen, mögliche Unterschiede innerhalb der Schulart zu erklären. Die Intensität der durchgeführten Maßnahmen und die damit in Verbindung gebrachten Wahrnehmungsänderungen der Lehrkräfte lassen jedoch keine zuverlässigen Aussagen hinsichtlich der Bedeutung der jeweiligen Hauptschulform für eine wahrnehmungsorientierte Schulentwicklung zu. Sowohl die beiden Schulen mit Intensität 3 als auch die beiden mit Intensität 1 waren Hauptschulen (drei Hauptschulen und eine Teilhauptschule II). Den beiden Volksschulen konnte Intensität 2 zugewiesen werden.

Hinsichtlich der Bereiche innerer Entwicklung konnten ebenfalls Unterschiede zwischen den Wahrnehmungsformen nachgewiesen werden. Während sich bei Lehrkräften mit Wahrnehmungsform 1 die Einschätzungen nach einem Jahr im Bereich Unterricht veränderten, konnten für Lehrkräfte mit Wahrnehmungsform 4 in diesem Bereich tendenzielle Unterschiede belegt werden. Bei Wahrnehmungsform 4 ergaben sich darüber hinaus beim Vergleich der Ergebnisse von zweiter und dritter Messung noch Unterschiede im Bereich Selbstbild. Für Wahrnehmungsform 2 konnten nach einem Jahr Entwicklungsarbeit Veränderungen bezüglich Personal- und Unterrichtsentwicklung festgestellt werden. Im Bereich Selbstbild ergaben sich nach einem halben Jahr Unterschiede. Die Einschätzungen von Lehrkräften mit Wahrnehmungsform 3 veränderten sich nach einem Jahr innerer Entwicklung in allen vier Bereichen. Auffällig ist, dass sich bei allen Wahrnehmungsformen vor allem im Bereich Unterricht Veränderungen ergaben. Diese Beobachtung legt die Vermutung nahe, dass Lehrkräfte den Bereich Unterricht als zentralen Entwicklungsbereich wahrnehmen.

Eine Beschreibung der definierten Wahrnehmungsformen auf Basis der bei Messung 2 und 3 erhobenen Daten zeigte, dass nach einem Jahr innerer Entwicklungsarbeit die Anzahl der Lehrkräfte mit Wahrnehmungsform 1 und 3 abnahm und die Zahl der Lehrkräfte mit Wahrnehmungsform 2 und 4 zunahm. Dies bedeutet, das die Anzahl der Lehrkräfte mit einer hohen Wahrnehmung der realen Schule im Verlauf der Untersuchung anstieg.

7.3 Kontrollgruppe

An der als Kontrollgruppe fungierenden Schule beteiligten sich nur fünf Lehrkräfte an allen drei Messungen. In Kapitel 5.6 wurde bereits darauf hingewiesen, dass sich nach der Anfangsmessung die Zahl der teilnehmenden Lehrkräfte deutlich verringerte. Dies lag vermutlich an der Tatsache, dass sich durch die Befragungen für das Kollegium der Kontrollgruppe kein direkter Nutzen im Sinne einer gezielten Weiterentwicklung der Schule ergab. Die Lehrkräfte verloren damit das Interesse an den weiteren Erhebungen. Die Befragungsergebnisse, die an dieser Schule erhoben wurden, können aufgrund der niedrigen Teilnahmequote nur deskriptiv dargestellt werden.

Abbildung 7-12: Mittelwerte der idealen und realen Schule sowie der Ideal-Realbild-Differenzen im Studienverlauf bei der Kontrollgruppe (n = 5)

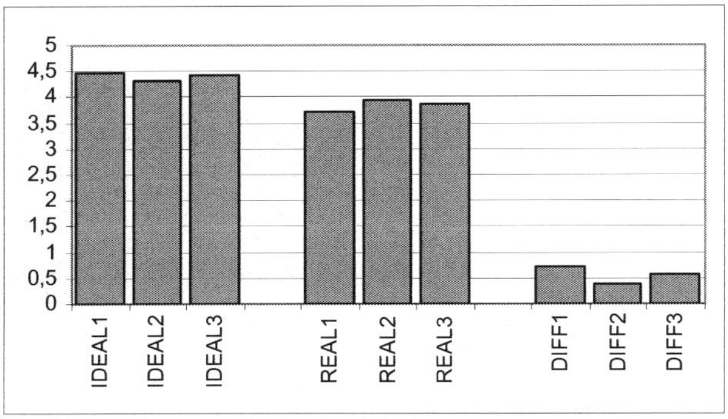

Legende: IDEAL: arithmetischer Gesamtmittelwert der Skalen zur idealen Schule für die drei Messzeitpunkte (1, 2, 3); REAL: arithmetischer Gesamtmittelwert der Skalen zur realen Schule zu den verschiedenen Messzeitpunkten (1, 2, 3); DIFF: Differenz IDEAL – REAL für die drei Messzeitpunkte (1, 2, 3);

Anmerkungen: Die im Fragebogen verwendete Ratingskala reichte von „1 = stimme nicht zu“ bis „5 = stimme voll zu“. Eine Differenz von DIFF = 0 zeigt an, dass sich Ideal- und Realbild nicht unterscheiden. Eine positive Differenz gibt an, dass das Idealbild positiver beschrieben wird als das Realbild.

Die Evaluation der Untersuchungshypothese auf Basis des Gesamtscores in Kapitel 7.1.1 zeigte, dass an den Untersuchungsschulen die mittleren Urteile zum Idealbild über alle drei Messzeitpunkte hinweg stabil blieben und in der Mitte des Intervalls zwischen den Skalenkategorien „4 = stimme eher zu“ und „5 = stimme voll zu“ lagen. Bei der Kontrollgruppe lagen die mittleren Urteile zur idealen Schule zwischen den gleichen Skalenkategorien. Sie blieben jedoch nicht stabil, sondern nahmen bei der zweiten Messung ab und stiegen im Rahmen der Abschlussmessung wieder an.

Während an den Untersuchungsschulen die tatsächlich eingeschätzte Schule als das Realbild vor Beginn der eingeleiteten Maßnahmen in der Mitte des Intervalls zwischen den Skalenkategorien „3 = teils – teils“ und „4 = stimme eher zu“ lag, wurde die Realität bei der Kontrollgruppe bei einem Mittelwert von 3,73 eingestuft. An den Untersuchungsschulen stiegen bei den folgenden Erhebungen die Mittelwerte des Realbildes an und näherten sich dem mittleren Urteil zum Idealbild an. Bei der Kontrollgruppe nahmen die Mittelwerte des Realbildes bei der zweiten Erhebung zu und sanken bei der Abschlussmessung wieder ab. Im Gegensatz zu den abnehmenden Differenzen zwischen Ideal- und Realbild des Gesamtscores der Untersuchungsschulen war bei der Kontrollgruppe zunächst eine Abnahme und anschließend eine Zunahme zu beobachten.

Die Ergebnisse der Untersuchungsschulen deuten darauf hin, dass sich eine kontinuierliche Veränderung von Wahrnehmungen im Sinne einer Annäherung der Realitäts- an die Idealeinschätzung in Verbindung mit der angemessenen Einleitung und Durchführung von Entwicklungsmaßnahmen erreichen lässt. Bleibt eine derartige wahrnehmungsorientierte, praktische Entwicklungsarbeit aus, so scheinen sich die Einschätzungen von Lehrkräften nicht im Sinne einer fortschreitenden Verbesserung des Realitätsbildes zu verändern.

7.4 Zusammenfassung

Die Prüfergebnisse ermöglichen eine Diskussion der untersuchungsleitenden Veränderungshypothese:

Wenn Lehrkräfte innere Schulentwicklung auf der Basis ihrer Wahrnehmungen betreiben, dann werden sich ihre Wahrnehmungen verändern.

Die Ergebnisse zeigen, dass sich die zu drei Messezeitpunkten erhobenen Wahrnehmungen der Lehrkräfte an den Untersuchungsschulen veränderten. Zusätzlich kann anhand der Resultate die Annahme eines kausalen Zusammenhangs zwischen Wahrnehmungsänderung und durchgeführten Maßnahmen gestützt werden.

Da sich die nach Intensitätsklassen gruppierten Schulen in den Wahrnehmungsveränderungen unterschieden, ergibt sich eine Validierung des Zusammenhangs zwischen Wahrnehmungsänderung und innerer Schulentwicklung. Die in Kapitel 3.2.1 formulierte Validierungshypothese kann bestätigt werden:

Je intensiver Schulen Maßnahmen der inneren Schulentwicklung durchführen, desto stärker sind Wahrnehmungsänderungen (Real-Idealbild-Differenzen) der beteiligten Lehrkräfte. Das impliziert, dass in Schulen, die relevante Maßnahmen der inneren Schulentwicklung weniger intensiv und/oder weniger relevante Maßnahmen innerer Schulentwicklung durchführen, Wahrnehmungsänderungen weniger ausgeprägt sind.

Die Größe der Veränderungen erscheint auf den ersten Blick minimal. Werden die Änderungen jedoch auf die initial bestehende Differenz von 0,97 bezogen, dann bedeutet eine im Rahmen der Abschlussmessung festgestellte Verringerung auf 0,76 eine Abnahme von immerhin 21,6 %. In diesem Zusammenhang ist darauf hinzuweisen, dass eine völlige Übereinstimmung auf maximalem Niveau (Idealbild – Realbild = 0, wobei beide einen Score von 4,5 oder sogar 5 hätten) illusorisch wäre. Bei einer derartigen Übereinstimmung ließe sich nur schwer eine Motivation für Änderungsprozesse finden.

Im Blick auf die Veränderungshypothese kann aufgrund dieser Untersuchungsergebnisse die Nullhypothese (H_0) verworfen werden, da sich die Differenz zwischen Real- und Idealbild in Laufe der Zeit verringerte. Gleichzeitig stellt „das komplementäre Verhältnis von H_0 und H_1" sicher, „dass bei einer Zurückweisung der H_0 ‚automatisch' auf die Gültigkeit der H_1 geschlossen werden kann" (BORTZ & DÖRING, 2002, S. 29). Die Alternativhypothese H_1, besagt, dass sich in Folge der ergriffenen Maßnahmen die Differenz zwischen Real- und Idealbild verringert. Weiterhin wurde die Alternativhypothese als Trendhypothese formuliert. Dabei wurde nicht ausgeschlossen, dass sich die deutlichsten Veränderungen zwischen erster und zweiter Messung ergeben werden. Zwischen Messung 2 und 3 musste kein Unterschied mehr bestehen. Die Alternativhypothese kann aufgrund der deskriptiven und teststatistischen Ergebnisse angenommen werden:

H_1: Differenz Messung 1 > Differenz Messung 2 > Differenz Messung 3

Die Ergebnisse der Erprobung einer wahrnehmungsorientierten Schulentwicklung an den Untersuchungsschulen und die Resultate der deskriptiven und analytischen Beurteilung der

Untersuchungsdaten sprechen dafür, dass sich über die Wahrnehmung von Schulqualitätsmerkmalen durch Lehrkräfte innere Schulentwicklungsprozesse *anzeigen*[3], *anstoßen* und *evaluieren* lassen.

Die Analysen zur Beantwortung der sekundären Fragestellungen ermöglichten die Prüfung des gesamten Untersuchungsmodells.

Hierbei konnten Wahrnehmungsunterschiede der Lehrkräfte zwischen den Messzeitpunkten und zwischen den Entwicklungsbereichen belegt werden. Im Hinblick auf die Intensität der Entwicklungsmaßnahmen wurde deutlich, dass sich Intensitätsklasse 1 und 2 zwar quantitativ in erwarteter Richtung unterscheiden, diese Unterschiede aber statistisch nicht abgesichert werden konnten. Eine angemessene Maßnahmenintensität scheint notwendig zu sein, um eine Veränderung der Wahrnehmungen der Lehrkräfte zu bewirken. Bezüglich der Wahrnehmung der einzelnen Entwicklungsbereiche konnten in den Intensitätsklassen ebenfalls Unterschiede aufgezeigt werden. Auch die Lehrerwahrnehmungstypen unterschieden sich beim Vergleich der Messungen und der einzelnen Entwicklungsbereiche.

Die in Kapitel 3.1.2 für das Untersuchungsmodell formulierten Annahmen zum Zusammenwirken der Faktoren und Prozessvariablen im Rahmen einer wahrnehmungsorientierten Schulentwicklung konnten damit im Rahmen der explorativen Untersuchung belegt werden.

---

3 Wie in Kapitel 5 aufgezeigt wurde, boten Wahrnehmungsunterschiede in den Bereichen innerer Schulentwicklung Ansatzpunkte für die kollegiale Diskussion notwendiger Entwicklungsschritte. Die Wahrnehmungen *indizierten* damit innere Schulentwicklungsprozesse.

8 Diskussion der Relevanz der Ergebnisse

Die praktischen Erfahrungen und empirischen Ergebnisse, die im Rahmen der Erprobung und Evaluation einer wahrnehmungsorientierten Schulentwicklung an sechs nordbayerischen Schulen gewonnen werden konnten, sollen abschließend bezüglich ihrer Relevanz für die Zielsetzung der Untersuchung, für Theorie und Forschung, für die Einzelschule sowie für das bayerische Schulwesen diskutiert werden.

8.1 Relevanz für die Zielsetzung der Untersuchung

Im Rahmen der vorliegenden Studie sollte untersucht werden, *ob* und *wie* über die Wahrnehmung von Schulqualitätsmerkmalen durch Lehrkräfte innere Schulentwicklungsprozesse *indiziert, initiiert* und *evaluiert* werden können.

Die Beschreibung des Untersuchungsverlaufs in Kapitel 5 machte deutlich, dass es tatsächlich möglich ist, über die Wahrnehmung von Merkmalen idealer und realer Schule adäquate innere Entwicklungsprozesse *anzuzeigen* und *anzustoßen*. Gleichzeitig zeigte sich, *wie* Lehrkräfte an den einzelnen Schulen auf Basis der kollegialen Wahrnehmungen bedarfsgerechte Maßnahmen *indizieren* und *initiieren* können. Mittels deskriptiver Verfahren wurde den Schulen im Rahmen der Survey-Feedback-Methode eine erste *Evaluation* der Wirkung der eingeleiteten Schulentwicklungsmaßnahmen geboten.

Mit Hilfe der deskriptiven Ergebnisse sowie der Analysen zur Klärung der primären Fragestellung konnten die Beobachtungen, die während der Erprobung gesammelt wurden, in Kapitel 6 *evaluiert* werden. Auch diese Resultate wiesen darauf hin, dass über die Wahrnehmung von idealer und realer Schulqualität durch Lehrkräfte innere Entwicklung *angezeigt*, *angestoßen* und *beurteilt* werden kann. Auf Basis der Analysen zur Klärung der sekundären Fragestellungen war es möglich, differenzierte Antworten auf die Frage nach dem *Wie* zu formulieren.

Die Ergebnisse der vorliegenden Arbeit konnten durch Resultate belegt werden, die im Rahmen von weiteren Evaluationen einer wahrnehmungsorientierten Schulentwicklung gewonnen wurden:

Die Untersuchungen wurden von WEBER (2002) an Schule 2, PEETZ (2001) an Schule 4, LIPPERT (2002) an Schule 5 sowie HILTL (2002) an Schule 6 auf Basis der Wahrnehmungen von Schülern durchgeführt.[1] Die Jugendlichen der Hauptschulen, deren Wahrnehmungen über einen Fragebogen mit geschlossenen und offenen Fragestellungen erfasst wurden, registrierten die an ihrer Schule durchgeführten inneren Entwicklungsmaßnahmen vor allem in Bezug auf die Arbeit ihrer Klassenleitungen.

An Schule 2, der ein hoher Intensitätsgrad innerer Entwicklung beigemessen werden konnte, ließen sich „Zusammenhänge zwischen den positiven Veränderungen im Schülerempfinden und dem Engagement (der Lehrkräfte) für die Schulentwicklung erkennen“ (WEBER, 2002, S. 122). Auch an Schule 5, die ebenfalls mit dem hohen Intensitätsgrad klassifiziert werden konnte, zeigte sich, dass „sich das Schülerbefinden im Laufe des Schuljahres verbessert“ (LIPPERT, 2002, S. 94) hatte. Derartig eindeutig konnte die Entwicklungsarbeit an den Schulen 4 und 6 nicht belegt werden. Zumindest zeigte sich an diesen Schulen, an denen mit angemessener Intensität Entwicklungsarbeit geleistet wurde, dass unter den Klassenleitungen „diejenigen Lehrkräfte die beste Schülerbeurteilung (erhielten), die ihre volle Zustimmung“ (PEETZ, 2001, S. 77) zur inneren Entwicklung gaben „und sich aktiv an der Umsetzung der Schulentwicklungsmaßnahmen“ (HILTL, 2002, S. 79) beteiligten. Die Schüler dieser Lehrkräfte nahmen „Verbesserungen seit Beginn des Schuljahres“ (S. 79) wahr. Die Wahrnehmungen der Schüler belegten die im Rahmen der explorativen Untersuchung dargelegten Intensitäten innerer Entwicklung an diesen Schulen.[2] Damit deutet sich an,

---

1 Die Verfasserinnen führten die Untersuchungen im Rahmen ihrer schriftlichen Hausarbeit zur Zulassung für die erste Staatsprüfung für das Lehramt an Grund- bzw. Hauptschulen in Bayern durch. Die Arbeiten wurden vom Autor mitbetreut.

2 An den beiden Schulen, an denen im Verlauf der Erprobung nur mit geringer Intensität Schulentwicklungsmaßnahmen umgesetzt wurden, fanden keine Schülerbefragungen statt. Für diese Schulen konnten keine schriftlichen Hausarbeiten vergeben werden. Vermutlich hätten sich hier bei den Schülern nur minimale oder gar keine Wahrnehmungsänderungen nachweisen lassen.

dass wahrnehmungsorientierte Schulentwicklung der spezifischen Intensität entsprechend bei den Schülerinnen und Schülern als Adressaten und Mitgestalter innerer Schulentwicklung „ankommt“ und zu positiven Veränderungen führen kann.

Weitere Belege für die Gültigkeit der Ergebnisse der explorativen Untersuchung einer wahrnehmungsorientierten Schulentwicklung stellten viele Aussagen von beteiligten Lehrkräften, die vom Autor nach Beendigung der schulpraktischen Erprobung anhand eines Interviewleitfadens befragt wurden, dar.[3] Viele Antworten der interviewten Lehrkräfte ließen sich mit der Intensität der an ihrer Schule durchgeführten Entwicklungsmaßnahmen in Verbindung bringen. Dies gilt besonders für die Antworten auf die zweite Frage:

„Wie schätzen Sie den bisherigen Verlauf innerer Entwicklung an ihrer Schule ein?“

Schule 1, Intensität 1, Lehrkraft 4:
„Das ist noch zu wenig. Vielleicht bin ich auch zu idealistisch. Ich habe eigentlich gedacht, dass etwas mehr Teamarbeit entsteht aufgrund des Wochenendes. Das ist aber nicht gekommen. Ich habe auch gedacht, dass mehr bereit sind, weiter ihre Kraft einzubringen. Es ist bei den paar wenigen geblieben, die bisher schon gearbeitet haben. Das tut mir eigentlich weh.“

Schule 3, Intensität 1, Lehrkraft 2:
„Es hat gewisse Verzögerungen gegeben und mal Pausen in der Fortentwicklung, was innere Schulentwicklung angeht. Aber ich denke, wir haben leichte Kontinuität dahin, dass wir unsere Schule langsam weiterentwickeln, gemeinsame Ziele langsam entwickeln. Es ist ein langsamer Prozess, aber ich kann ihn, denke ich, erkennen.“

---

3 An jeder Untersuchungsschule stellten sich zwei bis vier Lehrkräfte freiwillig dem auf Basis eines Leitfadens durchgeführten Interview.

Schule 4, Intensität 2, Lehrkraft 2:
„Es geht kontinuierlich. Ich sehe keinen neuen Abschnitt. Es läuft schon immer weiter und ist verbesserungswürdig und –fähig."

Schule 6, Intensität 2, Lehrkraft 2:
„Bis jetzt kann ich erst Spuren innerer Entwicklung erkennen."

Schule 2, Intensität 3, Lehrkraft 3:
„Der Verlauf war gewaltig, auch durch unseren neuen Chef natürlich. Dass etwas läuft, das merkt jeder, das spürt man auch überall, und selbst an den Kindern merkt man es."

Schule 5, Intensität 3, Lehrkraft 2:
„Heftig, ich denke, wir haben eine Schule, die unwahrscheinlich viele engagierte Kräfte immer schon hatte und die jetzt durch diese Entwicklung einfach sehr aktiv wird. Ich glaube, dass das mit dieser Geschwindigkeit nicht weitergehen kann."

Die dargelegten Untersuchungsergebnisse wiesen darauf hin, *dass* über die Wahrnehmung von Schulqualitätsmerkmalen durch Lehrkräfte innere Schulentwicklungsprozesse *indiziert*, *initiiert* und *evaluiert* werden können. Gleichzeitig wurde deutlich, *wie* dies geschehen kann.

8.2 Relevanz für Theorie und Forschung

Die explorative Ausrichtung der vorliegenden Untersuchung wurde in Kapitel 1.2 mit der Bedeutung einer Hypothesen- und Theoriegenerierung im Zusammenhang mit der Erforschung von Schulentwicklung und der Erfassung individueller Wahrnehmung begründet. Mit der Bestätigung der untersuchungsleitenden Hypothese konnte die Annahme eines kausalen Zusammenhangs zwischen Wahrnehmungsänderung und durchgeführten Maßnahmen gestützt werden.

Die Ergebnisse der explorativen Untersuchung verdeutlichten weiterhin, wie die aus der Schulqualitätsforschung abgeleiteten Merkmale einer guten Schule über Wahrnehmungen für innere Schulentwicklung fruchtbar gemacht werden können. Über das Aufgreifen aller relevanten Merkmale guter Schule als Ziele innerer Entwicklung im Rahmen des Untersuchungsmodells konnten inhaltliche Einseitigkeiten, wie sie in Kapitel 2.2 für die bereits bestehenden Schulentwicklungskonzeptionen konstatiert wurden, vermieden werden. Über die Wahrnehmung einer idealen und der eigenen realen Schule mittels eines standardisierten Fragebogeninstruments konnten Lehrkräfte sowohl ihre persönlichen als auch die kollegialen Bedürfnisse erkennen und für eine wirklich aus dem Inneren der Schule kommende Entwicklung nutzen.

Der Untersuchungsverlauf machte deutlich, dass die Kollegien relevante schulspezifische Maßnahmen auf der Basis individueller Wahrnehmungen gemeinsam erkannten, initiierten und umsetzten. Vielleicht gelang es im Rahmen der Erprobung und Erforschung von wahrnehmungsorientierter Entwicklung tatsächlich, die von KRAPP und RYAN (2002) postulierten menschlichen Bedürfnisse „nach Kompetenzerfahrung", „sozialer Eingebundenheit" und „Autonomie" (S. 72) aufzugreifen und damit „Motivation, Interesse und Wohlbefinden" (S. 71) zu erreichen. Diese Bedürfnisse konnten an der Schule, die als Kontrollgruppe fungierte, nicht erfüllt werden. Dies dürfte auch die für eine empirische Analyse nicht ausreichende Teilnahme des Kollegiums sowie die Wahrnehmungsresultate der fünf Lehrkräfte, die an allen Erhebungen teilnahmen, erklären.

Dass an den Untersuchungsschulen Maßnahmen in unterschiedlicher Intensität umgesetzt wurden, machte deutlich, wie spezifisch die Einzelschulen aufgrund ihrer Situation vor Ort agieren. Damit zeigte sich auch, dass sich Einzelschulen als komplexe Systeme auf differenzierte Art und Weise selbst regulieren können.

Die mit dem Fragebogen in der Eingangsdiagnose gewonnenen Wahrnehmungen sollten durch den Einsatz des empirisch geprüften Verfahrens der Survey-Feedback-Methode (ROSENSTIEL, 1995) für die innere Entwicklung an der einzelnen Hauptschule fruchtbar gemacht werden. Dieses Verfahren bot den für eine bedarfsgerechte innere Schulentwicklung passenden flexiblen Rahmen. Unflexible formale Strukturen und inhaltliche Vorgaben wie sie im Design von „Pädagogischer Schulentwicklung" (KLIPPERT, 2000c) und „Kollegialer Beratung und Supervision" (SCHLEE, 1998) vorgesehen sind, konnten auf diese Weise vermieden werden.

Ein Abbau methodischer Defizite wurde auch durch die Erforschung des Prozesscharakters innerer Schulentwicklung über den Einsatz von Wiederholungsmessungen erreicht. Die Erhebungsergebnisse wurden analysiert und mit den tatsächlichen Maßnahmen innerer Schulentwicklung an den einzelnen Hauptschulen verglichen. Der Vergleich konnte durch die nachträgliche Quantifizierung der realen Schulentwicklungsmaßnahmen im Rahmen des Schulentwicklungsexpertenkonsenses ermöglicht und anschließend empirisch abgesichert werden. Auf diese Weise war es möglich, eine auf den Ergebnissen der Schulqualitätsforschung begründete wahrnehmungsorientierte Schulentwicklung unter Verwendung quantitativer Methodik zu evaluieren. Die erhobenen Daten konnten mittels quantitativer Verfahren ausgewertet und zur Hypothesenprüfung verwendet werden. Somit wurde über eine Verknüpfung von Theorie und Praxis (COMBE & REH, 2000) ein Beitrag zur quantitativen Erforschung innerer Schulentwicklung und zur grundlegenden Theoriebildung geleistet.

Im Vergleich zur fehlenden empirischen Überprüfung von Ergebnissen der „Kollegialen Beratung und Supervision" (SCHLEE, 1998) sowie der eingeschränkten qualitativen Evaluation des „Institutionellen Schulentwicklungs-Prozesses" (DALIN, ROLFF & BUCHEN, 1995) und der „Pädagogischen Schulentwicklung" (KLIPPERT, 2000c) konnte die Wirksamkeit sowie die Übertragbarkeit der Forschungsergebnisse, die im Rahmen der quantitativen Untersuchung von wahrnehmungsorientierter Schulentwicklung gewonnen wurden, empirisch fundiert abgesichert werden.

Die Resultate der Erprobung und Evaluation einer Schulentwicklung, die auf der Wahrnehmung von Schulqualität basiert, könnten Grundlage für weitere Forschungsarbeiten sein. Zunächst könnten die Expertenurteile bezüglich inhaltsspezifischer und übergreifender Maßnahmen zukünftig dazu dienen, entwicklungsbereiten Schulen die Bedeutung einzelner Maßnahmen transparent zu machen. Weiterhin sollte auf eine vertiefte Verbindung von Schulqualitäts- und Schulentwicklungsforschung mit Wahrnehmungspsychologie geachtet werden. Die Impulse der Selbstbestimmungstheorie und der pädagogisch-psychologischen Interessentheorie (KRAPP & RYAN, 2002) könnten zur Klärung der Bedeutung interpersonaler, kollegialer Vorgänge für die innere Entwicklung an der Einzelschule weiter untersucht werden. Derartige Forschungsaktivitäten würden weitere Elemente für die noch zu formulierende Theorie innerer Schulentwicklung erbringen.

Darüber hinaus sollte auf Grundlage der dargelegten Ergebnisse der explorativen Untersuchung auf eine verstärkte Einbeziehung der Schüler und Eltern geachtet werden. Über ein für diese Personengruppen zu entwickelndes standardisiertes Instrumentarium könnte die empirische Eingangsdiagnose auf Basis der Wahrnehmungen aller an Schule beteiligten Personengruppen erfolgen. Das Fundament für eine erfolgreiche innere Entwicklung würde auf diese Weise an Tragfähigkeit gewinnen. Auch die Evaluation innerer Schulentwicklung würde durch das Einbeziehen all dieser Wahrnehmungen besser fundiert. Über eine computer- und internetgestützte Eingabe und Auswertung von Erhebungsdaten könnte der hiefür nötige höhere Arbeitsaufwand eventuell kompensiert werden.

Eine derartige Einbeziehung aller an Schule beteiligten Personengruppen würde vom Untersuchungsmodell zum Gesamtmodell einer wahrnehmungsorientierten Schulentwicklung führen. Das in Kapitel 3.1.1 beschriebene Gesamtmodell müsste dann noch weiter differenziert werden.

Beispielsweise könnte der Einflussfaktor „Lehrkraft“ in seiner Bedeutung für die *Indizierung* und *Initiierung* innerer Entwicklung weiter untersucht werden. Hierbei sollte vertieft der Frage nachgegangen werden, ob es tatsächlich bestimmte kollegiale Konstellationen hinsichtlich dieses Faktors gibt, die einen behutsameren oder energischeren Start in eine wahrnehmungsorientierte Schulentwicklung erfordern.

Das Gesamtmodell könnte auch dadurch erweitert werden, indem der Faktor „Maßnahme“ über einen längeren Zeitraum beobachtet und über einen weiteren Expertenkonsensus beurteilt wird. Dadurch wäre es möglich, die Wirkungen bestimmter Schulentwicklungsprojekte noch genauer zu analysieren und innere Entwicklung zu optimieren. Erweiterungen könnten sich auch durch die wissenschaftliche Analyse anderer Faktoren, wie beispielsweise „Alter“, „Geschlecht“ und „Berufsjahre“ der Lehrkräfte, ergeben.

Auf der Basis der Untersuchungsergebnisse stellt sich für die Schulentwicklungsforschung auch die Aufgabe, die Möglichkeiten einer wahrnehmungsorientierten Entwicklung an anderen bayerischen Schularten und in Schulen anderer Bundesländer empirisch zu erkunden. Zwischenzeitlich wurde die Konzeption an 38 staatlichen wie privaten Schulen verschiedener Schularten in Bayern umgesetzt. Eine empirische Auswertung der Daten konnte bislang nicht geleistet werden.[4]

Um wahrnehmungsorientierte Schulentwicklung umfassend umsetzen zu können, bedarf es weiterer Kooperationen zwischen entwicklungsbereiten Schulen und außerschulischen Experten aus der Wissenschaft. Die Survey-Feedback-Methode, die sich als formaler Rahmen der Untersuchung bewährte, sollte auch für diese weitere Zusammenarbeit von Theorie und Praxis genutzt werden. Die Methode bietet die Gewähr, dass beide Seiten parallel zu relevanten Ergebnissen kommen können. Eine derartige Forschung, die den Schulen dabei hilft, die tatsächliche Bedarfslage vor Ort zu erkennen, liefe nicht Gefahr, die Theorie auf Kosten der Praxis voranzutreiben. Auf diese Weise könnten Forschung und Schule gemeinsam Erkenntnisse zur Verbesserung innerer Entwicklung gewinnen. Vielleicht werden sich zukünftig im Rahmen solcher Kooperationen längsschnittartige Studien ergeben, mittels derer innere Schulentwicklung genauer in ihren Möglichkeiten und Grenzen durchleuchtet werden könnte. Die Wissenschaft sollte jedoch auch hier darauf achten, dass empirische Standards weder über- noch unterschritten werden:

Ein Überschreiten wäre dann gegeben, wenn auf Basis von quantitativ gewonnen Daten Normen für die Entwicklung der Einzelschule abgeleitet würden. Solche Normen könnten die Einzigartigkeit der Schule vor Ort negieren und die Motivation der Beteiligten zur Veränderung gefährden. Das Unterschreiten empirischer Standards wäre dann gegeben, wenn sich die Schulentwicklungsforschung in Zukunft weiterhin primär auf qualitative Untersuchungs- und Analyseverfahren stützen würde.

Durch eine mit der Praxis verschränkte Forschung, die auf den Ergebnissen der Schulqualitäts- und Schulentwicklungsforschung aufbaut und die Möglichkeiten

---

4 Eine Aufzählung der Schularten, die sich mit Hilfe des Autors im Auftrag des Instituts für Lehrerfortbildung am Religionspädagogischen Zentrum der Evangelisch-Lutherischen Kirche in Bayern auf den Weg einer wahrnehmungsorientierten Schulentwicklung begaben, findet sich im Anhang unter Punkt 6. Weiterhin konnte durch die Anpassung des Konzepts eine wahrnehmungsorientierte Entwicklung in zwei Institutionen von evangelischer und katholischer Kirche in Bayern initiiert werden.

empirischer Methodik nutzt, sollte es gelingen, dass Schule und Wissenschaft gemeinsam die Möglichkeiten einer dauerhaften und nachhaltigen inneren Schulentwicklung erkennen und umsetzen können.

8.3 Relevanz für die Einzelschule

Die im Rahmen der explorativen Untersuchung erzielten Resultate könnten als Impulse vor allem für bayerische Grund- und Hauptschulen fruchtbar gemacht werden. Es ist darüber hinaus vorstellbar, dass auch Einzelschulen anderer bayerischer Schularten und Schulen in den anderen Bundesländern von einer Schulentwicklung unter Berücksichtigung der Wahrnehmungen von Lehrkräften profitieren können.[5]

Ein erster wesentlicher Anstoß von wahrnehmungsorientierter Schulentwicklung für die Einzelschule ist darin zu sehen, dass tatsächlich durch das Einschätzen von Aussagen zur Qualität von Schule subjektive Wahrnehmungen für die Lehrkraft bewusst und für das Kollegium transparent gemacht werden könnten. Durch die Auseinandersetzung mit den Merkmalen einer guten Schule wären Lehrkräfte in der Lage, sich hinsichtlich der Situation an der eigenen Schule zu sensibilisieren.

Eine anonyme Erfassung der Wahrnehmungen aller Lehrkräfte auf Grundlage der individuellen Einschätzung von Qualitätsmerkmalen sowie eine daran anknüpfende kollegiale Diskussion der aufbereiteten Wahrnehmungen böte eine wichtige Grundlage für ein empirisch abgesichertes *Indizieren* von Handlungsfeldern innerer Schulentwicklung. Das Kollegium der Einzelschule könnte im Rahmen des Konzepts einer wahrnehmungsorientierten Schulentwicklung über eine solche Eingangsdiagnose die eigene Bedarfslage erkennen.

---

5 Im Rahmen der 39. Jahrestagung der UNESCO-PROJEKT-SCHULEN IN DEUTSCHLAND (2004), die vom 19. bis 22. September 2004 in Frankfurt/Main stattfand, wurde eine Anpassung des Konzepts für die Bedürfnisse dieser Schulen verschiedener Schularten vereinbart. Derzeit arbeitet der Autor mit einem Team, das sich aus dem Bundeskoordinator sowie einzelnen Länderkoordinatoren zusammensetzt, an der Adaption.

Während der Erprobungsphase konnte beobachtet werden, dass die Lehrerinnen und Lehrer der Untersuchungsschulen die Diskussion ihrer schulinternen Bedürfnisse mit großem Engagement führten. Die empirischen Ergebnisse der explorativen Untersuchung belegten, dass danach in allen Untersuchungsschulen innere Schulentwicklungsprozesse auf der Basis der kollegialen Wahrnehmungen *initiiert* wurden.

Für die Einzelschule würde ein derartiges *Indizieren* und *Initiieren* innerer Schulentwicklung auf Basis der Wahrnehmungen der Lehrkräfte zunächst bedeuten, dass das standardisierte Erhebungsinstrument fachgerecht angewendet und die Erhebungsdaten von neutraler Seite eingegeben und aufbereitet werden müssen.[6]

Weiterhin müsste die einzelne Schule, die eine wahrnehmungsorientierte Schulentwicklung durchführen möchte, eine fundiert ausgebildete und mit der entsprechenden Schulart vertraute Person als externen Experten mit der Moderation beauftragen.[7]

Die Erfahrungen an den Untersuchungsschulen, die auf Grundlage der Rückmeldung der kollegialen Wahrnehmungsdaten sowie mit Hilfe von umsichtiger Moderation spezifische Handlungsfelder *erkannten* und entsprechende Maßnahmen *initiierten*, zeigten, dass neben der Kompetenz der Lehrkräfte auch eine bedarfsgerechte, regional angebotene Palette von Themen und Referenten für schulhausinterne Fortbildungsmaßnahmen nötig ist.

Nach einer längeren Phase der Umsetzung kollegial getragener und gemeinsam mit Schülern, Eltern und außerschulischen Experten umgesetzter Schulentwicklungsmaßnahmen bewährte sich im Rahmen wahrnehmungsorientierter Schulentwicklung die erneute Erfassung und kollegiale Diskussion der Wahrnehmungen zum *Evaluieren* innerer Entwicklungsarbeit.

---

6 Den 38 weiteren Schulen, die sich ebenfalls auf den Weg einer wahrnehmungsorientierten Entwicklung begeben haben, ermöglicht das Institut für Lehrerfortbildung am Religionspädagogischen Zentrum der Evangelisch-Lutherischen Kirche in Bayern die Eingabe, Analyse und Aufbewahrung der Wahrnehmungsdaten.

7 Die 38 Schulen wählten ihre Moderatoren überwiegend in Kooperation mit der Freien Arbeitsgemeinschaft Moderatoren Schulentwicklung aus.

Die signifikanten Veränderungen der Wahrnehmungen der Lehrkräfte, die sich über die Quantifizierung der an den Schulen durchgeführten Maßnahmen im Rahmen des Expertenkonsensus erklären ließen, deuteten auf die positiven Wirkungen einer wahrnehmungsorientierten Schulentwicklung hin. Die Kollegien einzelner Schulen könnten auf diese Weise aus den Ergebnissen von Wiederholungsmessungen ihre tatsächlichen Fortschritte ablesen.

Dass sich schon nach kurzer Zeit in den Wahrnehmungen der Lehrkräfte der Untersuchungsschulen signifikante Veränderungen im Sinne einer Reduzierung der Divergenz in der Einschätzung von Ideal und Wirklichkeit zeigten, machte weiterhin deutlich, dass in der Umsetzung der Konzeption einer wahrnehmungsorientierten Schulentwicklung eine hohe Motivationskraft für innerschulische Veränderungsprozesse steckte. Die Maßnahmen, welche die Lehrkräfte der Untersuchungsschulen einleiteten, entsprachen den spezifischen Bedürfnissen und wurden tatsächlich von innen heraus eingeleitet und gemeinsam mit Schülern, Eltern und externen Experten umgesetzt.

Erst auf Basis der über kollegiale Wahrnehmungen ermittelten tatsächlichen Bedürfnisse entschieden sich vier der sechs Untersuchungsschulen für ein Methodentraining nach KLIPPERT (2000b) und setzten dieses unter Anleitung von Experten des Pädagogischen Instituts der Stadt Nürnberg um. KLIPPERTs Vorschläge zur methodischen Weiterentwicklung des Unterrichts mussten nicht von außen an die Kollegien herangetragen werden. Vielmehr ergab sich das Interesse an den Trainingsmaßnahmen durch die aus den Wahrnehmungen der Lehrkräfte abgeleiteten tatsächlichen Bedürfnisse. Die praktischen Erfahrungen und empirischen Ergebnisse, die im Rahmen von wahrnehmungsorientierter Schulentwicklung gesammelt wurden, machten deutlich, wie Schulentwicklung zu einem Reformprojekt werden kann, das tatsächlich aus dem Inneren der Einzelschule kommt und von den beteiligten Personengruppen getragen wird.

Über die Erfassung der Wahrnehmungen von Schülern und deren Eltern sollten zukünftig in einem ergänzenden Schritt die Bedürfnisse dieser wichtigen Personengruppen mit denen der Lehrkräfte verglichen, verbunden und durch gemeinsames Engagement umgesetzt werden.

Damit sich die positiven Auswirkungen einer wahrnehmungsorientierten inneren Entwicklung an der Einzelschule einstellen können, sollte der innere Entwicklungsprozess von Anfang an von der jeweiligen Schulleitung befürwortet und im weiteren Verlauf maßgeblich unterstützt werden. Für die Leitungen der Untersuchungsschulen bedeutete dies, dass sie verstärkt Verantwortung an die Qualitätszirkel delegierten, sich mit hohem Engagement in die Steuergruppenarbeit einbrachten und Ressourcen zur Umsetzung der Planungen der Qualitätszirkel zur Verfügung stellten.

8.4 Relevanz für das bayerische Schulwesen

Die Erfahrungen mit wahrnehmungsorientierter Schulentwicklung machten deutlich, dass flankierende äußere Unterstützungsmaßnahmen wichtig sind, damit Schulleitung und Kollegium gemeinsam mit Schülern und Eltern dauerhaft Schritte innerer Entwicklung gehen können. Obwohl im Rahmen von wahrnehmungsorientierter Entwicklung verdeutlicht werden konnte, dass an bayerischen Grund- und Hauptschulen eine innere Schulreform im Rahmen der staatlich vorgegebenen institutionellen Rahmenbedingungen möglich ist, müssten äußere von kommunaler und staatlicher Seite getragene Unterstützungssysteme aufgebaut werden. Nur über eine differenzierte Verschränkung von inneren und äußeren Bemühungen könnte eine permanente, nachhaltige Schulentwicklung erreicht werden.

Neben strukturellen und materiellen Maßnahmen, wie die vermehrte Zuweisung von Verfügungsstunden für kollegiale Entwicklungsarbeit und die Schaffung von eigenverantwortlich zu verwaltenden Budgets für schulhausinterne Fortbildungsmaßnahmen, wären auch inhaltlich-organisatorische Veränderungen, die beispielsweise den Lehrkräften mehr Freiheiten im Umgang mit Lehrplanvorgaben oder den Kollegien eine Mitentscheidung bei der Zuweisung neuer Lehrkräfte einräumen, notwendig.

Das BAYERISCHE STAATSMINISTERIUM FÜR UNTERRICHT UND KULTUS (2002) beabsichtigte, mit dem Versuch „Modus 21 – Schule in Verantwortung“ an ausgewählten Schulen aller Schularten, diesen Forderungen nachzukommen. Gleichzeitig wurde in den vergangenen Jahren in Bayern versucht, über die Durchführung von Regionalkongressen sowie über die jährliche Vergabe eines Innovationspreises die positiven Ergebnisse innerer Entwicklung an ausgewählten Schulen öffentlich darzustellen. Mit der Ernennung von Schulentwicklungsbeauftragten in den Schulabteilungen der Regierungsbezirke wurde ein erster wichtiger Schritt zur Institutionalisierung von Schulentwicklung in dieser Ebene des Schulwesens unternommen. Die Etablierung einer hauptamtlich und regional agierenden Schulentwicklungsberatung sollte als eine weitere notwendige Maßnahme im Rahmen einer institutionalisierten äußeren Flankierung von innerer Reform möglichst bald realisiert werden.

Während der Erprobung von wahrnehmungsorientierter Schulentwicklung wurde weiterhin deutlich, dass Leitungen, die sich für innere Entwicklung engagieren, dauerhaft von einem Teil ihrer Verwaltungs- und Unterrichtsaufgaben entlastet werden müssen. Nur über eine derartige Entlastung wäre die Schulleitung in der Lage, als innerer Motor der Entwicklung der Einzelschule zu fungieren. Darüber hinaus sollten Schulleitungspersonen zukünftig noch gezielter auf diesen Kernbereich ihres Handelns vorbereitet sowie dauerhaft und professionell im Rahmen von Fortbildungen begleitet werden.

Die praktischen Erfahrungen, die sich aus der Erprobung von wahrnehmungsorientierter Entwicklung ergaben, zeigten weiterhin, dass für die Weiterentwicklung der Einzelschule ein regionales Kooperations- und Unterstützungsnetz für innere Schulentwicklung zur Verfügung stehen sollte. Zur Umsetzung der über wahrnehmungsorientierte Schulentwicklung *indizierten* und *initiierten* Maßnahmen kooperierten einzelne Untersuchungsschulen miteinander im Bereich des sozialen Lernens und der Schulentwicklungsmoderation. Darüber hinaus griffen alle sechs Schulen auf ein nordbayerisches Unterstützungsnetz zur Gewinnung kompetenter Referenten im Rahmen schulhausinterner Lehrerfortbildung zurück. Das Netzwerk wurde inzwischen ausgebaut und vom REGIOSERVICE SCHULINNOVATION MITTELFRANKEN (2002) publiziert.

Diese Erfahrungen zeigten, dass für innere Entwicklung neben überregionalen Fortbildungseinrichtungen auch regionale Netzwerke zur kompetenten Unterstützung einer bedarfsgerechten inneren Schulentwicklung und deren Nachhaltigkeit notwendig wären. Die Schaffung und Betreuung solcher Netze sollte ebenso wie die Begleitung von Schulen, die sich auf den Weg einer inneren Entwicklung machen, fundiert ausgebildetem

Fachpersonal übertragen werden. Die Aus- und Fortbildung derartiger Kräfte wäre von überregional agierenden Aus- und Fortbildungsinstituten zu leisten.

In diesem Zusammenhang sollte auch die zukünftige Rolle der Schulaufsicht in Bayern geklärt werden. Sowohl für Schulaufsichtskräfte als auch für Direktorien von Realschulen, beruflichen Schulen und Gymnasien müsste der Zusammenhang von Beurteilung und Beratung im Hinblick auf innere Schulentwicklung geklärt werden. Hierbei sollte vor allem bedacht werden, wie sich die Einzelbeurteilung von Lehrkräften mit der Beratung und Beurteilung von Einzelschulen miteinander vereinbaren lassen.

Die Bedeutung einer fundierten externen Beratung, die von Beurteilungsfunktionen getrennt ist, offenbarte sich im Rahmen der Erprobung von wahrnehmungsorientierter Schulentwicklung deutlich:

Die Untersuchungsschulen profitierten stark von den im Auftrag des BAYERISCHEN STAATSMINISTERIUMS FÜR UNTERRICHT, KULTUS, WISSENSCHAFT UND KUNST (1998) an der AKADEMIE FÜR LEHRERFORTBILDUNG UND PERSONALFÜHRUNG DILLINGEN ausgebildeten Moderatoren. Wie bereits in Kapitel 5.4 erwähnt, wurden auch die Leitungen zweier Untersuchungsschulen an der Akademie in Schulentwicklungsmoderation ausgebildet und begleiteten die Entwicklung an drei anderen Projektschulen als externe Experten. Die erfreulichen Resultate, die im Rahmen einer wahrnehmungsorientierten Entwicklung an den Schulen festgestellt werden konnten, waren auch auf die umsichtige und kompetente Moderationstätigkeit dieser Experten zurückzuführen. Dieses positive Wirken wurde sicherlich auch dadurch ermöglicht, dass alle Moderatoren und alle von den Schulen als Experten hinzugezogenen Personen nicht für die Beurteilung der Lehrkräfte an den Untersuchungsschulen zuständig waren.

Die Auswirkungen dieser Kooperationen zwischen Schulen und Moderatoren sollten die Verantwortlichen in Schulpolitik und Schulverwaltung motivieren, zukünftig noch stärker auf ein flächendeckendes Moderationsangebot sowie ein Zusammenführen von entwicklungsbereiten Schulen mit kompetenter Moderation zu achten.

Hierbei könnten in Bayern auch die Kirchen beider Konfessionen eine wichtige Rolle übernehmen. Nicht zuletzt aufgrund der positiven Erfahrungen, die an einer der

Untersuchungsschulen mit dem Projekt „Schulpastoral an Hauptschulen", einem „Erprobungsversuch in den sieben bayerischen (Erz-)Diözesen" (KATHOLISCHES SCHULKOMMISSARIAT IN BAYERN, 2002), gemacht werden konnten, wurde ab Herbst 2003 in ökumenischer Kooperation zwischen evangelischer und katholischer Kirche mit der Ausbildung von Moderatoren einer wahrnehmungs- und wertorientierten Schulentwicklung im RELIGIONSPÄDAGOGISCHEN ZENTRUM DER EVANGELISCH-LUTHERISCHEN KIRCHE IN BAYERN begonnen.

Im Rahmen einer vierteiligen Lehrgangsreihe wurden hier interessierte Religionslehrkräfte an Grund- und Hauptschulen zunächst dazu befähigt, gemeinsam mit staatlich ausgebildeten Moderatoren interessierte Kollegien bei der Umsetzung einer wahrnehmungsorientierten Schulentwicklung als „Moderations-Tandem" zu unterstützen. Weiterhin sollten diese Tandems Schulen bei der Formulierung von wertorientierten Leitbildern unterstützen. Während der Erprobung von wahrnehmungsorientierter Schulentwicklung zeigte sich, dass eine fundierte externe Unterstützung speziell bei der Leitbildentwicklung notwendig ist. Diese Wertorientierung sollte in weiteren Fortbildungsmaßnahmen vor allem auf der Basis eines empirisch evaluierten Gewaltpräventionsprogramms nach KLEBER (2003) sowie durch ein verstärktes interkulturelles Lernen nach einer Konzeption von SPANHEL (2002) erweitert werden.

Dass die Zeit drängt, zeigte sich darin, dass sich nach dem Ende der Erprobungsphase 38 weitere Schulen verschiedener Schularten mit wahrnehmungsorientierter Schulentwicklung befassten. Diese Schulen bedürften dringend einer dauerhaften, staatlich institutionalisierten Begleitung ihrer innerer Entwicklung, damit die Motivation der Anfangsphase für eine nachhaltige Reform genutzt werden könnte.

In diesem Zusammenhang ist zu fordern, dass Theorie und Praxis innerer Schulentwicklung zentraler Aus-, Fort- und Weiterbildungsthemenbereich während der verschiedenen Phasen der Lehrerbildung werden.

Eine derartige von Weitsicht geprägte äußere Gestaltung schulischer Rahmenbedingungen wäre notwendig, damit die Schule vor Ort eine innere, bedarfsgerechte Entwicklung einleiten und dauerhaft mit positiven Auswirkungen fortführen könnte.

Ob mit der 2003 in Bayern eingerichteten QUALITÄTSAGENTUR (2004) ein Beitrag zur Erfüllung dieser Forderung geleistet werden kann, ist kritisch zu hinterfragen. Im Auftrag der Agentur, die zur Einführung und Evaluation von Bildungsstandards am Bayerischen Staatsinstitut für Schulqualität und Bildungsforschung angesiedelt wurde, sollen Evaluationsteams ab 2005 alle Schulen in Bayern extern evaluieren. In einer bis dahin andauernden Pilotphase soll ein Vorgehensprogramm erprobt werden:

In ausgewählten Bezirken sollen Teams, die sich aus drei bis vier Personen aus dem schulischen sowie zwei Personen aus dem außerschulischen Bereich zusammensetzen, einzelne Schulen jeweils über mehrere Tage hinweg evaluieren. Der Ergebnisbericht wird der betreffenden Schule übermittelt und an die Qualitätsagentur weitergeleitet. Auf Basis des Berichts trifft die Schulaufsicht mit der Schule Vereinbarungen zur inneren Entwicklung. Die einzelne Schule soll hinsichtlich des Erreichens der Vereinbarungen erneut evaluiert werden.

Wie dieses aufwendige Verfahren auf alle Schulen in Bayern ausgedehnt werden kann und welche konkreten Hilfen die Schulen für ihre interne Entwicklungsarbeit erhalten sollen, ist bislang nicht geklärt. Ungeklärt ist derzeit auch, inwieweit die eingesetzten Erhebungsinstrumente wissenschaftlichen Gütekriterien genügen, wie ein Missbrauch der Daten für ein Ranking der Schulen ausgeschlossen werden kann, auf welche Weise interne mit externer Evaluation verbunden wird und nach welchen Konzepten die Arbeit externer Evaluationsteams mit dem internen Wirken von Schulentwicklungsmoderatoren verknüpft werden soll. Falls diese Fragen keine einvernehmliche Klärung erfahren, droht, wie die historischen Erfahrungen mit äußerer Schulreform zeigen, ein niedriger Wirkungsgrad dieser Qualitäts- und Schulentwicklung von außen.

Angesichts zunehmender gesellschaftlicher Anforderungen, die an das bayerische Schulwesen gerichtet werden, muss über eine sinnvolle Verknüpfung innerer und äußerer Reformbemühungen ein Scheitern von Qualitätsentwicklung verhindert werden.

Nicht zuletzt durch den massiven Wegfall von fünften und sechsten Jahrgangsstufen an Hauptschulen aufgrund der Einführung der sechsstufigen Realschule wäre für die bayerische Hauptschule eine durchdachte Qualitätsentwicklung wichtiger denn je. Die vorliegende Untersuchung hat gezeigt, welche positiven Entwicklungen in dieser Schulart möglich sind. Diese Chancen sollten durch die Stärkung einer inneren Schulentwicklung unter Berücksichtigung der Wahrnehmung von Schulqualität durch Lehrkräfte genutzt werden. Viele der Lehrkräfte, die am Ende der Erprobung dieser Form innerer Entwicklung befragt wurden, fassten ihre positiven Reformerfahrungen eindrücklich zusammen:

„Wie schätzen Sie den bisherigen Verlauf innerer Entwicklung an ihrer Schule ein?“

Schule 1, Lehrkraft 3:
„Ich bin zwar erst ein Jahr da, aber ich habe schon das Gefühl, es hat sich schon verbessert, also gegenüber dem Anfang.“

„Wie beurteilen Sie den Nutzen innerer Entwicklung für Ihre Schülerinnen und Schüler?“

Schule 2, Lehrkraft 1:
„Ich denke, die Schülerinnen und Schüler haben eine ganze Menge davon, weil die Ziele doch vereinheitlicht, Erziehungsmethoden, Unterrichtsstile, Leistungsanforderungen und so weiter besprochen werden können. Dadurch wird für die Schüler das alles durchschaubarer, und sie können sich in der Schule auch einfach mehr wohl fühlen.“

„Wie würden Sie Ihren Einsatz für innere Entwicklung an Ihrer Schule beschreiben?“

Schule 2, Lehrkraft 2:
„Ich arbeite mit, bin in der Koordinierungsgruppe mit dabei. Wir greifen Themen auf. Man hört, was andere Kollegen sagen, diskutiert mit ihnen in diesem Themenbereich. Hier sehe ich jetzt meine Aufgabe.“

„Wie schätzen Sie den bisherigen Verlauf innerer Entwicklung an ihrer Schule ein?“

Schule 3, Lehrkraft 3:
„Das ist sehr positiv für meine Begriffe, denn da laufen ja einige Projekte (...). Da läuft schon einiges. Das ist ein Anfang und das muss immer wieder weitergehen.“

„Wie stehen Sie zur Idee der inneren Schulentwicklung?“

Schule 4, Lehrkraft 3:
„Grundsätzlich positiv, denn die Schule muss sich weiterentwickeln. Wir haben hier Defizite. Das wissen wir ja alle. Wir suchen ein neues Profil, und da ist wichtig, dass die Schule sich kontinuierlich modern weiterentwickelt.“

„Wie beurteilen Sie den Nutzen innerer Entwicklung für Ihre Schülerinnen und Schüler?“

Schule 4, Lehrkraft 3:
„Wir geben ja das, was wir neu erlernt haben, an die Schüler weiter, und dadurch wird der Unterricht teilweise interessanter, moderner, einfach mehr motivierend.“

„Wie stehen Sie zur Kooperation Ihrer Schule mit der Universität?“

Schule 5, Lehrkraft 2:
„Das finde ich eine gute Geschichte. Ein Experte oder ein neutraler Beobachter kann Emotionen herausnehmen und Sachen beleuchten, die man so im Klüngel selber nicht mehr beurteilen kann.“

„Wie beurteilen Sie die Unterstützung innerer Entwicklung durch Ihre Schülerinnen und Schüler?“

Schule 5, Lehrkraft 2:

„Da kann ich sagen, dass in dem Moment, in dem der Unterricht und das Schulleben mehr auf die Selbstständigkeit und die Beteiligung der Schüler aufbauen, die Jugendlichen tatsächlich Schritte vorwärts gehen. Das kommt irgendwann auch im Unterrichtsalltag oder im normalen Unterrichtsgeschehen zum Tragen.“

„Wie stehen Sie zur Idee der inneren Schulentwicklung?“

Schule 5, Lehrkraft 3:

„Ich stehe ihr positiv gegenüber, weil ich nach 33 Dienstjahren gemerkt habe, dass man vor allem, wenn man sich immer mehr in seinen Bereich zurückzieht, irgendwo nicht mehr weiter kann. Die Schulentwicklung hat mir selber geholfen, dass ich wieder aus meiner Ecke herauskomme. Ich habe auch wieder wesentlich positivere Kontakte zu den Schülern, und durch die Projekte bin ich wieder gefordert, und es geht mir wieder besser.“

„Wie beurteilen Sie die Unterstützung innerer Entwicklung durch Ihre Schülerinnen und Schüler?“

Schule 5, Lehrkraft 3:

„Manchmal sind sie nicht zu bremsen. Ich kann nur sagen, ich habe Schüler gehabt, die sind beim Bau unseres Schülercafés bis nachts um 12.00 Uhr noch da gewesen und in der Früh' um 7.00 Uhr schon wieder draußen vor der Schulhaustür gestanden, weil sie gewusst haben, jetzt kommt ein Handwerker und ich bin auch da. Das ist ein deutlicher Beweis. Sie fühlen sich ernst genommen, voll akzeptiert, und sie können sich von Seiten zeigen, die man sonst so nicht sieht. Es ist einfach nur positiv.“

„Wie stehen Sie zur Idee der inneren Schulentwicklung?“

Schule 6, Lehrkraft 2:

„Der stehe ich sehr positiv gegenüber und ich unterstütze sie, wenn möglich.“

Literaturverzeichnis

Ackermann, H. & Wissinger, J. (Hrsg.). (1998). *Schulqualität managen. Von der Verwaltung der Schule zur Entwicklung von Schulqualität.* Neuwied: Luchterhand.

Akademie für Lehrerfortbildung und Personalführung Dillingen (2002). *Schulentwicklungsprozesse anstoßen, moderieren, begleiten. Akademiebericht Nr. 367.* Dillingen: Akademie für Lehrerfortbildung und Personalführung.

Altrichter, H., Schley, W. & Schratz, M. (Hrsg.). (1998). *Handbuch zur Schulentwicklung.* Innsbruck/Wien: Studien Verlag.

Apel, H. J. (1995). *Theorie der Schule. Historische und systematische Grundlinien.* Donauwörth: Auer.

Atteslander, P. (2000). *Methoden der empirischen Sozialforschung* (9. Aufl.). Berlin/New York: de Gruyter.

Aurin, K. (Hrsg.). (1991). *Gute Schulen – worauf beruht ihre Wirksamkeit?* (2. Aufl.). Bad Heilbrunn/Obb.: Klinkhardt.

Bargel, T. (1992). Gesellschaftliche Zukunftsszenarien und die Qualität von Schule. In U. Steffens & T. Bargel (Hrsg.), *Schulentwicklung im Umbruch. Analysen und Perspektiven für die zukünftige inhaltliche Gestaltung von Schule. Beiträge aus dem Arbeitskreis „Qualität von Schule". Heft 6* (S. 23-34). Wiesbaden: Hessisches Institut für Bildungsplanung und Schulentwicklung.

Bargel, T. (1996). Ergebnisse und Konsequenzen empirischer Forschungen zur Schulqualität und Schulstruktur. In W. Melzer & U. Sandfuchs (Hrsg.), *Schulreform in der Mitte der 90er Jahre. Strukturwandel und Debatten um die Entwicklung des Schulsystems in Ost- und Westdeutschland* (S. 47-65). Opladen: Leske und Budrich.

Bastian, J. (Hrsg.). (1998). *Pädagogische Schulentwicklung, Schulprogramm und Evaluation.* Hamburg: Bergmann und Helbig.

Bastian, J. & Combe, A. (1998). Pädagogische Schulentwicklung. *Pädagogik, 50* (11), S. 6-9.

Bastian, J., Czarnetzki, M., Molesch, M. & Reh, S. (2000). Schulprogrammarbeit und Strukturierung von Schulentwicklungsprozessen. In E. Arnold, J. Bastian, A. Combe, S. Reh & C. Schelle (Hrsg.), *Schulentwicklung und Wandel der pädagogischen Arbeit. Arbeitssituation, Belastung und Professionalisierung von Lehrerinnen und Lehrern in Schulentwicklungsprozessen* (S. 101-142). Hamburg: Bergmann und Helbig.

Bastian; J. & Rolff, H.-G. (2002). *Abschlussevaluation des Projektes "Schule & Co.".* [Online]. http://www.schule-und-co.de/dyn/bin/2417-2424-1-abschlussevaluation_lang_druckfassung.pdf (01.12.2003).

Bauer, K.-O. & Kanders, M. (2000). Unterrichtsentwicklung und professionelles Selbst der Lehrerinnen und Lehrer. In H.-G. Rolff, W. Bos, K. Klemm, H. Pfeiffer & R. Schulz-Zander (Hrsg.), *Jahrbuch der Schulentwicklung. Daten, Beispiele und Perspektiven. Band 11* (S. 297-325). Weinheim/München: Juventa.

Baumert, J. & Lehmann, R. (1997). *TIMSS – Mathematisch-naturwissenschaftlicher Unterricht im internationalen Vergleich. Deskriptive Befunde.* Opladen: Leske und Budrich.

Bayerisches Staatsministerium für Unterricht, Kultus, Wissenschaft und Kunst (1996). *Lehrerfortbildung in Bayern. 8. September 1996 bis 31. Januar 1997. Band 51.* Donauwörth: Auer.

Bayerisches Staatsministerium für Unterricht, Kultus, Wissenschaft und Kunst (1998). *Lehrerfortbildung in Bayern. 7. September 1998 bis 31. Januar 1999. Band 55.* Bad Wörishofen: Holzmann Druck.

Bayerisches Staatsministerium für Unterricht und Kultus (2000). *Schulinnovation 2000. Ein Kongress des Bayerischen Staatsministeriums für Unterricht und Kultus. Schulen auf dem Weg.* Augsburg: Rudolf-Diesel-Gymnasium.

Bayerisches Staatsministerium für Unterricht und Kultus (2002). *Schulversuch „Modus 21 – Schule in Verantwortung. Bekanntmachung des Bayerischen Staatsministeriums für Unterricht und Kultus vom 3. September 2002 Nr. III/2-S4640-6/64155.* München: Bayerisches Staatsministerium für Unterricht und Kultus.

Benner, D. (1995). *Studien zur Didaktik und Schultheorie. Pädagogik als Wissenschaft, Handlungstheorie und Reformpraxis. Band 3.* Weinheim/München: Juventa.

Bessoth, R. (1996). Das Organisations-Klima-Instrument (OKI-SCH, Version 8.3): Ein Werkzeug zur Messung und Analyse von Klima und Kultur von Schulen. In: R. Bessoth (Hrsg.), *Schulleitung. Ein Lernsystem. Band 3.* (Lerneinheit 34.24). Neuwied: Luchterhand.

Bönsch, M. (2000). *Praxishandbuch Gute Schule.* Hohengehren: Schneider.

Böttcher, W. & Philipp, E. (Hrsg.). (2000). *Mit Schülern Unterricht und Schule entwickeln. Vermittlungsmethoden und Unterrichtsthemen für die Sekundarstufe I.* Weinheim/Basel: Beltz.

Bohnsack, F. (1989). Pädagogische Strukturen einer guten Schule heute. In: K.-J. Tillmann (Hrsg.), *Was ist eine gute Schule?* (S. 47-62). Hamburg: Bergmann und Helbig.

Bortz, J. & Döring, N. (2002). *Forschungsmethoden und Evaluation für Human- und Sozialwissenschaftler* (3. Aufl.). Berlin/Heidelberg/New York: Springer.

Büeler, X. (2000). Schulentwicklung – Praxis und Wissenschaft? *journal für schulentwicklung, 4* (4), S. 17-31.

Buchen, H., Horster, L. & Rolff, H.-G. (Hrsg.). (1998). *Unterricht und Schulentwicklung.* Stuttgart: Raabe.

Buhren, C. G., Killus, D. & Müller, S. (1998). Selbstevaluation von Schule – und wie Lehrerinnen und Lehrer sie sehen. In H.-G. Rolff, K.-O. Bauer, K. Klemm & H. Pfeiffer (Hrsg.), *Jahrbuch der Schulentwicklung. Daten, Beispiele und Perspektiven. Band 10* (S. 235-269).Weinheim/München: Juventa.

Buhren, C. G., Killus, D. & Müller, S. (1998). *Wege und Methoden der Selbstevaluation. Ein praktischer Leitfaden für Schulen.* Dortmund: Institut für Schulentwicklungsforschung.

Buhren, C. G., Killus, D. , Kirchhoff, D. & Müller, S. (1999). *Qualitätsindikatoren für Schule und Unterricht. Ein Arbeitsbuch für Kollegien und Schulleitungen.* Dortmund: Institut für Schulentwicklungsforschung.

Buhren, C. G. & Rolff, H.-G. (Hrsg.). (1996). *Fallstudien zur Schulentwicklung. Zum Verhältnis innerer Schulentwicklung und externer Beratung.* Weinheim/München: Juventa.

Bund-Länder-Kommission für Bildungsplanung (1973). *Bildungsgesamtplan. Band I und II.* Stuttgart: Klett.

Burkard, C. (1998). *Schulentwicklung durch Evaluation? Handlungsmöglichkeiten der Schulaufsicht bei der Qualitätsentwicklung und –sicherung von Schule.* Frankfurt/M.: Lang.

Combe, A. (1997). Lehrerarbeit heute. Vorbericht aus der Untersuchung „Lehrerbelastungen und Schulentwicklung". In A. Combe & T. Riecke-Baulecke (Hrsg.), *Aufbruch in neue Zeiten. Schulreform durch Veränderung der Lehrerarbeitszeiten?* (S. 9-18). Weinheim/Basel: Beltz.

Combe, A., Leue-Schack & Pingel, K. (2000). Unterrichtsentwicklung. In E. Arnold, J. Bastian, A. Combe, S. Reh & C. Schelle, *Schulentwicklung und Wandel der pädagogischen Arbeit. Arbeitssituation, Belastung und Professionalisierung von Lehrerinnen und Lehrern in Schulentwicklungsprozessen* (S. 35-78). Hamburg: Bergmann und Helbig.

Combe, A. & Reh, S. (2000). Zur Neubestimmung der Schulforschung im Zuge der Schulentwicklungsforschung und zum methodischen Vorgehen unserer Untersuchung. In E. Arnold, J. Bastian, A. Combe, S. Reh & C. Schelle, *Schulentwicklung und Wandel der pädagogischen Arbeit. Arbeitssituation, Belastung und Professionalisierung von Lehrerinnen und Lehrern in Schulentwicklungsprozessen* (S. 23-34). Hamburg: Bergmann und Helbig.

Dahlkey, N. C. & Helmer, O. (1963). An experimental application of the delphi method to the use of experts. *Management Science, 9* , S. 458-467.

Dalin, P. (1999). *Theorie und Praxis der Schulentwicklung.* Neuwied/Kriftel: Luchterhand.

Dalin, P., Rolff, H.-G. & Buchen, H. (1990). *Institutionelles Schulentwicklungs-Programm. Eine neue Perspektive für Schulleiter, Kollegium und Schulaufsicht.* Soest: Soester Verlagskontor.

Dalin, P., Rolff, H.-G. & Buchen, H. (1995). *Institutioneller Schulentwicklungs-Prozess. Ein Handbuch* (2. Aufl.). Bönen/Westf.: Verlag für Schule und Weiterbildung.

Dalin, P. & Rust V. (1983). *Can schools learn?* Windsor, Berks: Nfer-Nelson.

Diederich, J. & Tenorth, H.-E. (1997). *Theorie der Schule. Ein Studienbuch zu Geschichte, Funktionen und Gestaltung.* Berlin: Cornelsen Scriptor.

Ditton, H. (2002a). Lehrkräfte und Unterricht aus Schülersicht. Ergebnisse einer Untersuchung im Fach Mathematik. *Zeitschrift für Pädagogik, 48* (2), S. 262-286.

Ditton, H. (2002b). *QuaSSU – Qualitätssicherung in Schule und Unterricht.* [Online]. http://quassu.net (05.02.2003).

Dröge, J. (1999). *Gemeinsam im Team. Konzepte und Verfahren zur Teamentwicklung. Schulleiter-Handbuch. Band 91.* München: Oldenbourg.

Dubs, R. (2000). Unterrichtsentwicklung im Rahmen der Schulentwicklung. Die Bedeutung der Curriculum-, der Unterrichts- sowie der Lehr-Lern-Theorie als Bezugstheorien. *Journal für Schulentwicklung, 4* (4), S. 60-71.

Eikenbusch, G. (1998). *Praxishandbuch Schulentwicklung.* Berlin: Cornelsen Scriptor.

Fend, H. (1977). *Schulklima: Soziale Einflussprozesse in der Schule.* Weinheim/Basel: Beltz.

Fend, H. (1986a). „Gute Schulen – schlechte Schulen“. Die einzelne Schule als pädagogische Handlungseinheit. *Die Deutsche Schule, 78* (3). S. 275-293.

Fend, H. (1986b). Was ist eine gute Schule? *Westermanns Pädagogische Beiträge, 38* (7/8), S. 8-12.

Fend, H. (1998). *Qualität im Bildungswesen. Schulforschung zu Systembedingungen, Schulprofilen und Lehrerleistung*. Weinheim/München: Juventa.

Foerster, H. v. (1992). Entdecken oder Erfinden. Wie lässt sich Verstehen verstehen? In Veröffentlichungen der Carl-Friedrich-von-Siemens-Stiftung, *Einführung in den Konstruktivismus. Serie Piper. Band 1165* (S. 41-88). München/Zürich: Piper.

Freie Arbeitsgemeinschaft Moderatoren Schulentwicklung (2004). *Freie Arbeitsgemeinschaft Moderatoren Schulentwicklung e. V.*. [Online]. http://www.famos-bayern.de (28.04.2004).

Fried, L. (2002). *Pädagogisches Professionswissen und Schulentwicklung. Eine systemtheoretische Einführung in Grundkategorien der Schultheorie.* Weinheim/München: Juventa.

Fürstenau, P. (1969). Neuere Entwicklungen der Bürokratieforschung und das Schulwesen. Ein organisationssoziologischer Beitrag. In Pädagogisches Zentrum, *Veröffentlichungen. Reihe B: Diskussionsbeiträge. Bd. 10. Zur Theorie der Schule* (S. 47-66). Weinheim/Basel: Beltz.

Glasersfeld, E. v. (1992). Konstruktion der Wirklichkeit und des Begriffs der Objektivität. In Veröffentlichungen der Carl-Friedrich-von-Siemens-Stiftung, *Einführung in den Konstruktivismus. Serie Piper. Band 1165* (S. 9-39). München/Zürich: Piper.

Gödde, U. & Schirmer, U. (1996). Schulentwicklung an der Grundschule Oberneuland in Bremen. In C. G. Buhren & H.-G. Rolff (Hrsg.), *Fallstudien zur Schulentwicklung. Zum Verhältnis innerer Schulentwicklung und externer Beratung* (S. 65-88). Weinheim/München: Juventa.

Grunder, H.-U. (1999) Der Zusammenhang von Schulforschung, Schulentwicklung und Lehrer/innenbildung. *Pädagogisches Forum. 27/12* (4), S. 331-335.

Grundmann, G. & Kötters, K. (2001). Schülerpartizipation als Dimension von Schulklima und Schulentwicklung. In H. Merkens & H. Weishaupt (Hrsg.), *Schulforschung und Schulentwicklung. Aktuelle Forschungsbeiträge* (S. 163-192). Erfurt: Universität Erfurt.

Haenisch, H. (1987). Was ist eine „gute“ Schule? Empirische Forschungsergebnisse und Anregungen für die Schulpraxis. In U. Steffens & T. Bargel (Hrsg.), *Erkundungen zur Wirksamkeit und Qualität von Schule.* (S. 41-54). Wiesbaden: Hessisches Institut für Bildungsplanung und Schulentwicklung.

Haenisch, H. & Kindervater, C. (1999). *Evaluation der Qualität von Schule und Unterricht. EU–Pilotprojekt zur Selbstevaluation: Ergebnisse der deutschen Projektschulen.* Soest: Landesinstitut für Schule und Weiterbildung.

Hameyer, U. (1998). *Schulprogramm. Stationen seiner Entwicklung und Evaluation. Impulse-Reihe. Band 1.* Kronshagen: Körner.

Hansen, H., Lotz, M. & Schelle, C. (2000). Teamentwicklung im Kontext von Schulentwicklung. In E. Arnold, J. Bastian, A. Combe, S. Reh & C. Schelle, *Schulentwicklung und Wandel der pädagogischen Arbeit. Arbeitssituation, Belastung und Professionalisierung von Lehrerinnen und Lehrern in Schulentwicklungsprozessen* (S. 79-99). Hamburg: Bergmann und Helbig.

Herrmann, J. & Höfer, C. (1999). *Evaluation in der Schule – Unterrichtsevaluation. Berichte und Materialien aus der Praxis.* Gütersloh: Bertelsmann Stiftung.

Hiltl, D. (2002). *Evaluation von Schulentwicklung durch Schüler an einer Volksschule in Nordbayern.* Nürnberg: Lehrstuhl für Schulpädagogik der Friedrich-Alexander-Universität Erlangen-Nürnberg.

Hiltl, D., Lippert, D., Peetz, D., Sacher, W., Weber, I. & Wild, K. (2001). *Schülerfragebogen zur Evaluation einer wahrnehmungsorientierten Schulentwicklung.* Nürnberg: Lehrstuhl für Schulpädagogik der Friedrich-Alexander-Universität Erlangen-Nürnberg.

Holtappels, H. G. (1995). Schulkultur und Innovationen - Ansätze, Trends und Perspektiven der Schulentwicklung. In H. G. Holtappels (Hrsg.), *Entwicklung von Schulkultur. Ansätze und Wege schulischer Erneuerung.* (S. 6-36). Neuwied/Kriftel/Berlin: Luchterhand.

Holtappels, H. G. & Leffelsend, S. (2003). *Entwicklung überfachlicher Kompetenzen durch Schülertrainings und Unterrichtsentwicklung. Ergebnisse einer Schülerbefragung als Teil der Abschlussevaluation des Projektes „Schule & Co.“.* [Online]. http://www.schule-und-co.de/dyn/bin/2441-2444-1-sch_lerbefragung_ifs _abschlussbericht.pdf (01.12.2003).

Hoppe, C. & Weisker, K. (2002). *Zum Professionalisierungsprozess der Schulleiterinnen und Schulleiter im Projekt „Schule & Co.“.* [Online]. http://www.schule-und-co.de/dyn/bin/1441-2440-1-bericht_endfassung.pdf (01.12.2003).

Horster, L. & Rolff, H.-G. (2001). *Unterrichtsentwicklung. Grundlagen, Praxis, Steuerungsprozesse.* Weinheim/Basel: Beltz.

Huber, F. (2001). *Schule gestalten. Ergebnisse der empirischen Erhebungen zum Schulversuch. Ein Beitrag zur Analyse innerer Schulentwicklung.* Donauwörth: Auer.

Huber, S. & Hameyer, U. (2000). Schulentwicklung in deutschsprachigen Ländern. Zum Stand des Forschungswissens. *journal für schulentwicklung, 4* (4), S. 78-96.

Institut für Schulentwicklungsforschung (Hrsg.). (1996). *IFS-Schulbarometer. Ein mehrperspektivisches Instrument zur Erfassung von Schulwirklichkeit* (Beiträge zur Bildungsforschung und Schulentwicklung 1). Dortmund: Institut für Schulentwicklungsforschung.

journal für schulentwicklung. (1997). Innsbruck/Wien/München: Studien Verlag.

Jürgens, E. & Koch, B. (2001). *Beratungsbedarf für Schulentwicklung aus der Sicht der Schulleitung. Eine empirische Studie zum Beratungsbedarf an Schulen in Zusammenhang mit der Erstellung und Umsetzung eines Schulprogramms. Oldenburger Vor-Drucke 438.* Oldenburg: Universität Oldenburg.

Kanders, M. (2000). *Das Bild der Schule aus der Sicht von Schülern und Lehrern II.* Dortmund: Institut für Schulentwicklungsforschung.

Katholisches Schulkommissariat in Bayern (2002). *Schulpastoral an Hauptschulen. Dokumentation und Ergebnisse des Erprobungsversuchs 1998/99 – 2000/01.* München: Katholisches Schulkommisariat in Bayern.

Kempfert, G. & Rolff, H.-G. (1999). *Pädagogische Qualitätsentwicklung. Ein Arbeitsbuch für Schule und Unterricht.* Weinheim/Basel: Beltz.

Keller, G. (1997). *Wir entwickeln unsere Schule weiter. Ein Praxisleitfaden für die Innere Schulentwicklung.* Donauwörth: Auer.

Klafki, W. (1998). *Kriterien einer guten Schule.* [Online]. http://archiv.ub.uni-marburg.de/sonst/1998/0003/k07.html (08.01.2003).

Klafki, W. (2002). *Schultheorie, Schulforschung und Schulentwicklung im politisch-gesellschaftlichen Kontext. Ausgewählte Studien.* Weinheim/Basel: Beltz.

Kleber, H. (2003). *Reale Gewalt - Mediale Gewalt. Förderung der Konfliktlösungsfähigkeit von Schülern im Rahmen der moralischen Erziehung.* Herbolzheim: Centaurus Verlag.

Klein, G. (1997). *Schulen brauchen Beratung. Kollegiumsorientierte Innovationsberatung als Beitrag zur Schulentwicklung. Grundlagen – Ansätze – Perspektiven.* Marquartstein: PimS.

Klement, A. (2000). Gymnasien auf dem Weg zur Lernenden Organisation. Eine empirische Untersuchung. In A. Schreyögg (Hrsg.), *Supervision und Coaching für die Schulentwicklung.* (S. 245-268). Bonn: Deutscher Psychologen Verlag.

Klippert, H. (1997). Schule entwickeln – Unterricht neu gestalten. Plädoyer für ein konzertiertes Innovationsmanagement. *Pädagogik, 49* (2), S. 12-17.

Klippert, H. (1998). *Planspiele. Spielvorlagen zum sozialen, politischen und methodischen Lernen in Gruppen. 10 komplette Planspiele* (2. Aufl.). Weinheim/Basel: Beltz.

Klippert, H. (2000a). *Kommunikations-Training. Übungsbausteine für den Unterricht* (7. Aufl.). Weinheim/Basel: Beltz.

Klippert, H. (2000b). *Methoden-Training. Übungsbausteine für den Unterricht* (11. Aufl.). Weinheim/Basel: Beltz.

Klippert, H. (2000c). *Pädagogische Schulentwicklung. Planungs- und Arbeitshilfen zur Förderung einer neuen Lernkultur.* Weinheim/Basel: Beltz.

Klippert, H. (2000d). *Teamentwicklung im Klassenraum. Übungsbausteine für den Unterricht* (4. Aufl.). Weinheim/Basel: Beltz.

Klippert, H. (2002, Mai). *Anregungen zur Evaluation des PSE-Programms.* Netzwerktagung des Pädagogischen Instituts der Stadt Nürnberg, Nürnberg.

Korinek, W. (2000). *Schulprofil im Wandel. Ein Lern- und Arbeitsbuch pädagogisch-systemischer Schulentwicklung für Neugierige, Betroffene und Entdecker.* Bad Heilbrunn/Obb.: Klinkhardt.

Krapp, A. & Ryan, R. M. (2002). Selbstwirksamkeit und Lernmotivation. Eine kritische Betrachtung der Theorie von Bandura aus der Sicht der Selbstbestimmungstheorie und der pädagogisch-psychologischen Interessentheorie. *Zeitschrift für Pädagogik, 44* (Beiheft), S. 54-82.

Kuper, H. (2001). Schulinterne Koordination und Schulleitung im Kontext von Schulentwicklung. In H. Merkens & H. Weishaupt (Hrsg.), *Schulforschung und Schulentwicklung. Aktuelle Forschungsbeiträge* (S. 67-84). Erfurt: Universität Erfurt.

Lippert, D. (2002). *Evaluation von Schulentwicklung durch Schüler an einer Hauptschule in Nordbayern.* Nürnberg: Lehrstuhl für Schulpädagogik der Friedrich-Alexander-Universität Erlangen-Nürnberg.

Lohre, W. (Hrsg.) & Klippert, H. (1999). *Auf dem Weg zu einer neuen Lernkultur. Pädagogische Schulentwicklung in den Regionen Herford und Leverkusen.* Gütersloh: Verlag Bertelsmann Stiftung.

Melzer, W. & Stenke, D. (1996). Schulentwicklung und Schulforschung in den ostdeutschen Bundesländern. In H.-G. Rolff, K.-O. Bauer, K. Klemm & H. Pfeiffer (Hrsg.), *Jahrbuch der Schulentwicklung. Daten, Beispiele und Perspektiven. Band 9* (S. 307-337).Weinheim/München: Juventa.

Metze, E. & Spies, W. (1999). *Praxisbezogene Schulprofile. Schulleiter-Handbuch. Band 90.* München: Oldenbourg.

Meyer, H. (1997). *Schulpädagogik. Band II. Für Fortgeschrittene.* Berlin: Cornelsen Scriptor.

Meyer, H. (1999). *Leitfaden zur Schul(programm)-entwicklung. Oldenburger Vor-Drucke 390.* Oldenburg: Universität Oldenburg.

Müller, S. (1996). *Schulentwicklung und Schülerpartizipation.* Neuwied/Kriftel/Berlin: Luchterhand.

Mutzeck, W. (1996). *Kooperative Beratung. Grundlagen und Methoden der Beratung und Supervision im Berufsalltag.* Weinheim: Deutscher Studien Verlag.

Oelkers, J. (2000). *Schulreform und Schulkritik* (2. Aufl.). Würzburg: Ergon.

Pädagogisches Institut der Stadt Nürnberg (Produzent). (2001). *„Eine Region lernt – Schulen verantwortlich gestalten". Schulinnovationskongress Mittelfranken. März 2001* (CD-ROM). Feucht: Copp – Schülerfirma der Hauptschule Feucht.

Peetz, D. (2001). *Evaluation von Schulentwicklung durch Schüler an einer Volksschule in Nordbayern.* Nürnberg : Lehrstuhl für Schulpädagogik der Friedrich-Alexander-Universität Erlangen-Nürnberg.

Philipp, E. (1987). *Organisationsentwicklung als Schulerneuerung. Theorie, Methode und empirische Beispiele des Befragungs-Feedbacks.* Dortmund: Institut für Schulentwicklungsforschung.

Philipp, E. (1992). *Gute Schule verwirklichen. Ein Arbeitsbuch mit Methoden, Übungen und Beispielen der Organisationsentwicklung.* Weinheim/Basel: Beltz.

Philipp, E. (1996). *Teamentwicklung in der Schule. Konzepte und Methoden.* Weinheim/Basel: Beltz.

Philipp, E. & Rolff, H.-G. (1999). *Schulprogramme und Leitbilder entwickeln. Ein Arbeitsbuch* (3. Aufl.). Weinheim/Basel: Beltz.

Purkey, S. C. & Smith, M. S. (1983). Wirksame Schulen – Ein Überblick über die Ergebnisse der Schulwirkungsforschung in den Vereinigten Staaten. In K. Aurin (Hrsg.). (1991), *Gute Schulen – worauf beruht ihre Wirksamkeit?* (2. Aufl.) (S. 13-45). Bad Heilbrunn, Obb.: Klinkhardt.

Qualitätsagentur (2004). *Staatsinstitut für Schulqualität und Bildungsforschung – München.* [Online]. http://www.isb.bayern.de/qa (18.10.2004).

Regioservice Schulinnovation Mittelfranken (Hrsg.). (2002). *Gelbe Seiten. Angebote für Schulen zur Schulentwicklung in Mittelfranken.* Nürnberg: Pädagogisches Institut.

Risse, E. (Hrsg.). (1998). *Schulprogramm. Entwicklung und Evaluation.* Neuwied: Luchterhand.

Robinsohn, S. B. (1967). *Bildungsreform als Revision des Curriculums* (5. Aufl.). Neuwied/Berlin: Luchterhand.

Rolff, H.-G. (1990). Wie gut sind gute Schulen? Kritische Analysen zu einem Modethema. In H.-G. Rolff, K.-O. Bauer, K. Klemm & H. Pfeiffer (Hrsg.), *Jahrbuch der Schulentwicklung. Daten, Beispiele und Perspektiven. Band 10* (S. 243-261).Weinheim/München: Juventa.

Rolff, H.-G. (1995). *Wandel durch Selbstorganisation. Theoretische Grundlagen und praktische Hinweise für eine bessere Schule* (2. Aufl.). Weinheim/München: Juventa.

Rolff, H.-G. (1996). Interne Schulentwicklung mit externer Unterstützung. Ein Fallbeispiel aus der Praxis des Institutionellen Schulentwicklungs-Prozesses. In C. G. Buhren & H.-G. Rolff (Hrsg.), *Fallstudien zur Schulentwicklung. Zum Verhältnis innerer Schulentwicklung und externer Beratung* (S. 9-36). Weinheim/München: Juventa.

Rolff, H.-G. (1998). Entwicklung von Einzelschulen: Viel Praxis, wenig Theorie und kaum Forschung – Ein Versuch, Schulentwicklung zu systematisieren. In H.-G. Rolff, K.-O. Bauer, K. Klemm & H. Pfeiffer (Hrsg.), *Jahrbuch der Schulentwicklung. Daten, Beispiele und Perspektiven. Band 10* (S. 295-326).Weinheim/München: Juventa.

Rolff, H.-G. (1999). Schulentwicklung in der Auseinandersetzung. *Pädagogik, 51* (4), S. 37-40.

Rolff, H.-G. (2001). *Schulentwicklung konkret: Steuergruppe, Bestandsaufnahme, Evaluation.* Velber: Kallmeyersche Verlagsbuchhandlung.

Rolff, H.-G., Buhren, C. G., Lindau-Bank, D. & Müller, S. (1998). *Manual Schulentwicklung. Handlungskonzept zur pädagogischen Schulentwicklungsberatung (SchuB)*. Weinheim/Basel: Beltz.

Rolff, H.-G. & Daschner, P. (2001). Personalmanagement. *journal für schulentwicklung, 3* (5), S. 4-6.

Rolff, H.-G. & Tillmann K.-J. (1988). Schulentwicklungsforschung: Theoretischer Rahmen und Forschungsperspektive. In H.-G. Rolff, *Ansätze zu einer Theorie der Schulentwicklung. IFS-Werkheft 28* (S. 90-123). Dortmund: Institut für Schulentwicklungsforschung.

Rosenstiel, L. v. (1995). *Organisationspsychologie*. (8. Aufl.). Berlin/Köln: Springer.

Rutter, M., Maughan, B., Mortimore, P. & Ouston, J. (1980). *Fünfzehntausend Stunden. Schulen und ihre Wirkung auf die Kinder*. Weinheim/Basel: Beltz.

Sacher, W. & Wild, K. (2000). *SERIS und das Konzept der wahrnehmungszentrierten Schulentwicklung.* Nürnberg: Lehrstuhl für Schulpädagogik der Friedrich-Alexander-Universität Erlangen-Nürnberg.

Sacher, W. & Wild, K. (2001). *Eingangsdiagnose und Veränderungsmessung in Schulentwicklungsprozessen.* Nürnberg: Lehrstuhl für Schulpädagogik der Friedrich-Alexander-Universität Erlangen-Nürnberg.

Schießl, O., Huber, F. & Hruza-Mayer, A. (1999). *Schule gestalten. Wege pädagogischer Schulentwicklung in Bayern.* Donauwörth: Auer.

Schlee, J. (1998). *Kollegiale Beratung und Supervision in Unterstützungs- und Selbsthilfegruppen.* Hagen: FernUniversität – Gesamthochschule.

Schley, W. (1991). Organisationsentwicklung an Schulen: Das Hamburger Modell – Oder: Organisationsentwicklung als Pragmatik menschlicher Kooperation. In U. Greber, J. Maybaum, B. Priebe & H. Wenzel (Hrsg.), *Auf dem Weg zur „Guten Schule": Schulinterne Lehrerfortbildung. Bestandsaufnahme, Konzepte, Perspektiven* (S. 111-155). Weinheim/Basel: Beltz.

Schley, W. (1998). Change Management: Schule als lernende Organisation. In H. Altrichter, W. Schley & M. Schratz (Hrsg.), *Handbuch zur Schulentwicklung* (S. 13-53). Innsbruck/Wien: Studien Verlag.

Schnaitmann, G. W. (1999). Grundlagen der Schulentwicklung und ein Beispiel der empirischen Erforschung – Ein Problemaufriss. *Empirische Pädagogik, 13* (3), S. 189-206.

Schönig, W. (1999). *Schulentwicklung beraten. Das Modell einer mehrdimensionalen Organisationsberatung der einzelnen Schule.* Habilitationsschrift, Universität Jena.

Schreyögg, A. (Hrsg.). (2000). *Supervision und Coaching für die Schulentwicklung.* Bonn: Deutscher Psychologen Verlag.

Siebert, H. (1999). *Pädagogischer Konstruktivismus. Eine Bilanz der Konstruktivismusdiskussion für die Bildungspraxis.* Neuwied/Kriftel: Luchterhand.

Spanhel, D. (2000). Professionalität des Philologen. Lehrerbild, Lehrerprofessionalität und Schulwirklichkeit heute. In Bayerischer Philologenverband, *Lehrerbildung – Gymnasium 2000. Bildungskongress* (S. 78-99). München: Kriechbaumer.

Spanhel, D. & Hüber, H.-G. (1995): *Lehrersein heute – berufliche Belastungen und Wege zu deren Bewältigung.* Bad Heilbrunn: Klinkhardt.

Specht, W. (1994). Die vier Fallstudien im Kontext der Debatte um die Qualität von Schulen. In H. Altrichter, E. Radnitzky & W. Specht, *Innenansichten guter Schulen. Portraits von Schulen in Entwicklung* (S. 18-42). Wien: Bundesministerium für Unterricht und Kunst.

Sprenger, R. K. (2002). *Das Prinzip Selbstverantwortung. Wege zur Motivation* (11. Aufl.). Frankfurt/M.: Campus.

SPSS für Windows [Computer Software]. (1999). Chicago: SPSS Inc. (Version 10.0).

Staatsinstitut für Schulpädagogik und Bildungsforschung München (1995). *Lehrerfragebogen. Schulversuch „Schule gestalten"* München: Staatsinstitut für Schulpädagogik und Bildungsforschung.

Staatsinstitut für Schulpädagogik und Bildungsforschung München (Produzent). (2000). *Schulinnovation. Ein Kongress des bayerischen Staatsministerium für Unterricht und Kultus* (CD-ROM). Augsburg: Rudolf-Diesel-Gymnasium.

Steffens, U. (1995). Schulqualität und Schulkultur – Bilanz und Perspektiven der Verbesserung von Schule. In H. G. Holtappels (Hrsg.), *Entwicklung von Schulkultur. Ansätze und Wege schulischer Erneuerung.* (S. 37-50). Neuwied/Kriftel/Berlin: Luchterhand.

Steffens, U. & Bargel, T. (1987). Einleitung: "Qualität von Schule" – Ein neuer Ansatz der Schulentwicklung. In U. Steffens & T. Bargel (Hrsg.), *Erkundungen zur Wirksamkeit und Qualität von Schule* (S. 1-20). Wiesbaden: Hessisches Institut für Bildungsplanung und Schulentwicklung.

Steffens, U. & Bargel, T. (1993). *Erkundungen zur Qualität von Schule.* Neuwied/Kriftel/Berlin: Luchterhand.

Tenorth, H. E. (1993). Reformtypen und Reformprozesse in der Bildungsgeschichte nach 1945. In P. Döbrich & G. Rutz (Hrsg.), *Schulreformen zwischen Anspruch und Wirklichkeit* (S. 10-24). Frankfurt/M.: Gesellschaft zur Förderung Pädagogischer Forschung.

Tillmann, K.-J. (Hrsg.). (1989). *Was ist eine gute Schule?.* Hamburg: Bergmann und Helbig.

Tillmann, K.-J., Bussigel, M., Philipp, E. & Rösner, E. (1979). *Kooperative Gesamtschule – Modell und Realität. Eine Analyse schulischer Innovationsprozesse.* Weinheim/Basel: Beltz.

Unesco-Projekt-Schulen in Deutschland (2004). *39. Jahrestagung der Unesco-Projekt-Schulen in Frankfurt/Main.* [Online]. http://www.ups-schulen.de (18.10.2004).

Warnken, G. (1998). *Entwicklung von Schulprogrammen – ein Weg zur selbstbewussten Schule. Oldenburger Vor-Drucke.* Oldenburg: Universität Oldenburg.

Warnken, G. (2001). *Theorien zur Schulentwicklung – eine Landschaftsskizze.* Oldenburg: Didaktisches Zentrum.

Weber, I. (2002). *Evaluation von Schulentwicklung durch Schüler an einer Hauptschule in Nordbayern.* Nürnberg: Lehrstuhl für Schulpädagogik der Friedrich-Alexander-Universität Erlangen-Nürnberg.

Wellhöfer, P. R. (1997). *Grundstudium Sozialwissenschaftliche Methoden und Arbeitsweisen. Eine Einführung für Sozialwissenschaftler und Sozialarbeiter/-pädagogen* (2.Aufl.). Stuttgart: Ferdinand Enke Verlag.

Wiater, W. (2002). *Theorie der Schule. Prüfungswissen – Basiswissen Schulpädagogik.* Donauwörth: Auer

Wiechmann, J. (1994). *Die pädagogische Selbsterneuerung von Schulen. Eine Untersuchung der Schulentwicklung in einer Region.* Kiel: Institut für die Pädagogik der Naturwissenschaften an der Universität Kiel.

Winkel, R. (1989). Was macht eine Schule zu (k)einer guten Schule? In: K.-J. Tillmann (Hrsg.), *Was ist eine gute Schule?* (S. 26-31). Hamburg: Bergmann und Helbig.

Winkel, R. (1997). *Theorie und Praxis der Schule. Oder: Schulreform konkret – im Haus des Lebens und Lernens.* Hohengehren: Schneider.

Zimbardo, P. G. (1995). *Psychologie.* (6. Aufl.). Berlin/Heidelberg/New York: Springer.

Inhaltsverzeichnis des Anhangs

Abbildungs- und Tabellenverzeichnis des Anhangs

1 „Skalen zur Einschätzung realer und idealer Schule (SERIS)“ nach WILD und SACHER (2000)

1.1 Skalen des Fragebogens

1.1.1 Ideale und reale Organisation

1.1.1.1 Skala 1: Ideale Organisation

Tabelle 1-1: Skala 1: Ideale Organisation ($\alpha = 0{,}8497$)

ZIELMERKMAL	ITEM	QUELLE	NR.
Leitung der Schule (P)	Die Leitung einer Schule, die ich mir wünsche, regt zu Initiativen an.	RBLM	43
Leitung der Schule (P)	Die Leitung einer Schule nach meinen Vorstellungen legt Wert auf eine Weiterentwicklung der Schule.	RBLM	44
Unterrichtsbezogene Führung (P)	An der idealen Schule ist es üblich, dass der Bedarf an Innovation erfasst wird.	RBLM	41
Artikulation und Organisation des Curriculums (P)	Das Kollegium einer Schule, die ich mir wünsche, bemüht sich um ein eigenes Profil.	RBLM	40
Unterstützung und Mitarbeit der Eltern (P)	Den Lehrkräften, Schülern und Eltern einer Schule nach meinen Vorstellungen sind gemeinsame Ziele klar.	RBLM	38
Klare Ziele und hohe Erwartungen, die von allen geteilt werden (P);	Das Kollegium einer guten Schule überprüft regelmäßig, ob die gemeinsam gesetzten Ziele erreicht werden.		42
Konsens (F)	Wertekonflikte werden im Kollegium einer guten Schule aufgegriffen.	RBLM	39
Konsens (F)	Leitung und Kollegium einer idealen Schule erarbeiten die gemeinsamen Werte für das Zusammenleben in der Schule.	RBLM	45
Schulleiterverhalten (F)	Die Konferenzen werden an einer guten Schule zielgerichtet durchgeführt.	RBLM	46

Legende: ZIELMERKMAL: (R): Zielmerkmal guter Schule aus der Studie von RUTTER, MAUGHAN, MORTIMORE und OUSTON (1980); (P): Zielmerkmal guter Schule aus dem Bericht von PURKEY und SMITH (1991); (F): Zielmerkmal guter Schule aus der Studie von FEND (1986a, 1998);
ITEM: für den endgültigen Fragebogen übernommene Aussage zur Schulqualität;
QUELLE: RBLM: die betreffende Aussage wurde der Publikation von ROLFF, BUHREN, LINDAU-BANK und MÜLLER (1998) entnommen; ISB: die betreffende Aussage wurde dem Fragebogen des STAATSINSTITUTS FÜR SCHULPÄDAGOGIK UND BILDUNGSFORSCHUNG MÜNCHEN (1995) entnommen;
NR: Positionsnummer des jeweiligen Items im endgültigen Fragebogen;

1.1.1.2 Skala 2: Reale Organisation

Tabelle 1-2: Skala 2: Reale Organisation ($\alpha = 0{,}8909$)

ZIELMERKMAL	ITEM	QUELLE	NR.
Leitung der Schule (P)	Die Leitung meiner Schule regt zu Initiativen an.	RBLM	6
Leitung der Schule (P)	Die Leitung meiner Schule legt Wert auf eine Weiterentwicklung der Schule.	RBLM	7
Unterrichtsbezogene Führung (P)	An meiner Schule ist es üblich, dass der Bedarf an Innovation erfasst wird.	RBLM	4
Artikulation und Organisation des Curriculums (P)	Das Kollegium meiner Schule bemüht sich um ein eigenes Profil.	RBLM	3
Unterstützung und Mitarbeit der Eltern (P)	Den Lehrkräften, Schülern und Eltern meiner Schule sind gemeinsame Ziele klar.	RBLM	1
Klare Ziele und hohe Erwartungen, die von allen geteilt werden (P);	Das Kollegium meiner Schule überprüft regelmäßig, ob die gemeinsam gesetzten Ziele erreicht werden.		5
Konsens (F)	Wertekonflikte werden in meinem Kollegium aufgegriffen.	RBLM	2
Konsens (F)	Leitung und Kollegium meiner Schule erarbeiten die gemeinsamen Werte für das Zusammenleben in der Schule.	RBLM	8
Schulleiterverhalten (F)	Die Konferenzen werden an meiner Schule zielgerichtet durchgeführt.	RBLM	9

Legende: Siehe Legende und Anmerkungen zu Tabelle 1-1.

1.1.2 Ideale und reale Personen

1.1.2.1 Skala 3: Ideale Personen

Tabelle 1-3: Skala 3: Ideale Personen (α = 0,8923)

ZIELMERKMAL	ITEM	QUELLE	NR.
Lernbedingungen (R)	Die Anlage einer Schule nach meinen Vorstellungen verbreitet eine angenehme Atmosphäre.	ISB	47
Lernbedingungen (R)	Die Schüler einer idealen Schule gehen gerne in ihre Schule.	ISB	52
Stabilität des Kollegiums (P)	Um die Entwicklungsarbeit bemüht sich an einer guten Schule das Kollegium gemeinsam.	RBLM	53
Weiterbildung des Kollegiums (P)	An einer idealen Schule arbeiten die Lehrkräfte mit außerschulischen Experten zusammen.		56
Weiterbildung des Kollegiums (P)	An der Schule, die ich mir wünsche, findet interne Lehrerfortbildung statt.	RBLM	58
Weiterbildung des Kollegiums (P)	Die Lehrkräfte einer idealen Schule bemühen sich um die permanente Weiterentwicklung ihrer methodischen Kompetenz.		59
Weiterbildung des Kollegiums (P)	Die Lehrkräfte einer guten Schule bemühen sich um die permanente Weiterentwicklung ihrer erzieherischen Kompetenz.		60
Gemeinsame Planungen und kollegiale Beziehungen (P)	An einer idealen Schule arbeitet das Kollegium in unterrichtlichen Fragen zusammen.		54
Gemeinsame Planungen und kollegiale Beziehungen (P)	Das Kollegium an einer Schule nach meinen Vorstellungen ist neuen Ideen gegenüber aufgeschlossen.	RBLM	57
Gemeinsame Planungen und kollegiale Beziehungen (P)	Die Lehrkräfte einer guten Schule sind bereit, ihr Wissen im Rahmen von regionalen Fortbildungen weiterzugeben.		62
Zusammengehörigkeitsgefühl (P)	Lehrkräfte und Eltern arbeiten an einer Schule, die ich mir wünsche, zusammen.		55
Arbeitszufriedenheit (F)	An einer guten Schule werden Konflikte zwischen Lehrkräften geklärt.		49
Arbeitszufriedenheit (F)	Die Lehrkräfte einer Schule nach meinen Vorstellungen gehen gerne in ihre Schule.		51
Kollegialität (F)	Die Kommunikation ist unter den Lehrkräften einer idealen Schule offen.	RBLM	48
Lehrer-Schüler-Beziehungen (F)	An einer Schule, die ich mir wünsche, begegnen sich Lehrkräfte und Schüler mit Offenheit.	RBLM	50
Lehrer-Schüler-Beziehungen (F)	Die Lehrkräfte einer idealen Schule bemühen sich um die permanente Weiterentwicklung ihrer sozialen Kompetenz.		61

Legende: Siehe Legende und Anmerkungen zu Tabelle 1-1.

1.1.2.2 Skala 4: Reale Personen

Tabelle 1-4: Skala 4: Reale Personen
(α = 0,8987)

ZIELMERKMAL	ITEM	QUELLE	NR.
Lernbedingungen (R)	Die Anlage meiner Schule verbreitet eine angenehme Atmosphäre.	ISB	10
Lernbedingungen (R)	Die Schüler meiner Schule gehen gerne in ihre Schule.	ISB	15
Stabilität des Kollegiums (P)	Um die Entwicklungsarbeit bemüht sich an meiner Schule das Kollegium gemeinsam.	RBLM	16
Weiterbildung des Kollegiums (P)	An meiner Schule arbeiten die Lehrkräfte mit außerschulischen Experten zusammen.		19
Weiterbildung des Kollegiums (P)	An meiner Schule findet interne Lehrerfortbildung statt.	RBLM	21
Weiterbildung des Kollegiums (P)	Die Lehrkräfte meiner Schule bemühen sich um die permanente Weiterentwicklung ihrer methodischen Kompetenz.		22
Weiterbildung des Kollegiums (P)	Die Lehrkräfte meiner Schule bemühen sich um die permanente Weiterentwicklung ihrer erzieherischen Kompetenz.		23
Gemeinsame Planungen und kollegiale Beziehungen (P)	An meiner Schule arbeitet das Kollegium in unterrichtlichen Fragen zusammen.		17
Gemeinsame Planungen und kollegiale Beziehungen (P)	Das Kollegium an meiner Schule ist neuen Ideen gegenüber aufgeschlossen.	RBLM	20
Gemeinsame Planungen und kollegiale Beziehungen (P)	Die Lehrkräfte meiner Schule sind bereit, ihr Wissen im Rahmen von regionalen Fortbildungen weiterzugeben.		25
Zusammengehörigkeitsgefühl (P)	Lehrkräfte und Eltern arbeiten an meiner Schule zusammen.		18
Arbeitszufriedenheit (F)	An meiner Schule werden Konflikte zwischen Lehrkräften geklärt.		12
Arbeitszufriedenheit (F)	Die Lehrkräfte meiner Schule gehen gerne in ihre Schule.		14
Kollegialität (F)	Die Kommunikation ist unter den Lehrkräften meiner Schule offen.	RBLM	11
Lehrer-Schüler-Beziehungen (F)	An meiner Schule begegnen sich Lehrkräfte und Schüler mit Offenheit.	RBLM	13
Lehrer-Schüler-Beziehungen (F)	Die Lehrkräfte meiner Schule bemühen sich um die permanente Weiterentwicklung ihrer sozialen Kompetenz.		24

Legende: Siehe Legende und Anmerkungen zu Tabelle 1-1.

1.1.3 Idealer und realer Unterricht

1.1.3.1 Skala 5: Idealer Unterricht

Tabelle 1-5: Skala 5: Idealer Unterricht ($\alpha = 0,8855$)

ZIELMERKMAL	ITEM	QUELLE	NR.
Ausmaß der Leistungsorientierung (R)	An einer Schule nach meinen Vorstellungen wird Leistungsmessung mit Sorgfalt durchgeführt.	RBLM	66
Lehrerverhalten im Unterricht (R)	Die Lehrkräfte einer guten Schule nehmen regelmäßig eine kritische Bewertung ihrer Unterrichtsarbeit vor.		63
Lehrerverhalten im Unterricht (R)	An einer idealen Schule bemühen sich die Lehrkräfte, die individuellen Begabungen der Schüler zu fördern.	RBLM	64
Lehrerverhalten im Unterricht (R)	Die Lehrkräfte gestalten an der Schule, die ich mir wünsche, einen methodisch abwechslungsreichen Unterricht.	ISB	65
Verteilung von Belohnungen und Strafen (R)	Die Lehrkräfte einer guten Schule nehmen regelmäßig eine kritische Bewertung ihrer Erziehungsarbeit vor.		67
Übertragung von Verantwortlichkeit an Schüler (R)	Soziales Lernen wird an der Schule, die ich mir wünsche, sehr wichtig genommen.	RBLM	68
Übertragung von Verantwortlichkeit an Schüler (R)	Die Schüler an einer idealen Schule helfen sich gegenseitig.	RBLM	71
Schulweite Anerkennung fachunterrichtlicher Leistungserfolge (P)	An einer guten Schule finden Arbeiten von Schülern auch außerhalb der Schule Anerkennung.		74
Wirksam genutzte Unterrichtszeit (P)	Die Schüler werden an einer Schule nach meinen Vorstellungen zu selbständigem Lernen befähigt.	ISB	69
Wirksam genutzte Unterrichtszeit (P)	An einer Schule nach meinen Vorstellungen werden außerschulische Lernorte wahrgenommen.		72
Ordnung und Disziplin (P)	An einer guten Schule werden Konflikte zwischen Lehrkräften und Schülern geklärt.		70
Schulleben (F)	Die Schule, die ich mir wünsche, arbeitet mit außerschulischen Institutionen zusammen.		73

Legende: Siehe Legende und Anmerkungen zu Tabelle 1-1.

1.1.3.2 Skala 6: Realer Unterricht

Tabelle 1-6: Skala 6: Realer Unterricht ($\alpha = 0{,}8711$)

ZIELMERKMAL	ITEM	QUELLE	NR.
Ausmaß der Leistungsorientierung (R)	An meiner Schule wird Leistungsmessung mit Sorgfalt durchgeführt.	RBLM	29
Lehrerverhalten im Unterricht (R)	Die Lehrkräfte meiner Schule nehmen regelmäßig eine kritische Bewertung ihrer Unterrichtsarbeit vor.		26
Lehrerverhalten im Unterricht (R)	An meiner Schule bemühen sich die Lehrkräfte, die individuellen Begabungen der Schüler zu fördern.	RBLM	27
Lehrerverhalten im Unterricht (R)	Die Lehrkräfte gestalten an meiner Schule einen methodisch abwechslungsreichen Unterricht.	ISB	28
Verteilung von Belohnungen und Strafen (R)	Die Lehrkräfte meiner Schule nehmen regelmäßig eine kritische Bewertung ihrer Erziehungsarbeit vor.		30
Übertragung von Verantwortlichkeit an Schüler (R)	Soziales Lernen wird an meiner Schule sehr wichtig genommen.	RBLM	31
Übertragung von Verantwortlichkeit an Schüler (R)	Die Schüler an meiner Schule helfen sich gegenseitig.	RBLM	34
Schulweite Anerkennung fachunterrichtlicher Leistungserfolge (P)	An meiner Schule finden Arbeiten von Schülern auch außerhalb der Schule Anerkennung.		37
Wirksam genutzte Unterrichtszeit (P)	Die Schüler werden an meiner Schule zu selbständigem Lernen befähigt.	ISB	32
Wirksam genutzte Unterrichtszeit (P)	An meiner Schule werden außerschulische Lernorte wahrgenommen.		35
Ordnung und Disziplin (P)	An meiner Schule werden Konflikte zwischen Lehrkräften und Schülern geklärt.		33
Schulleben (F)	Meine Schule arbeitet mit außerschulischen Institutionen zusammen.		36

Legende: Siehe Legende und Anmerkungen zu Tabelle 1-1.

1.1.4 Reales Selbst und eigener Unterricht sowie ideales Selbst und idealer Unterricht

1.1.4.1 Skala 7: Reales Selbst und eigener Unterricht

Tabelle 1-7: Skala 7: Reales Selbst und eigener Unterricht (α = 0,6528)

ZIELMERKMAL	ITEM	QUELLE	NR.
Weiterbildung des Kollegiums (P)	Fortbildungsangebote nehme ich wahr.		77
Zusammengehörigkeitsgefühl (P)	Ich kooperiere mit den Eltern meiner Schüler.		76
Kollegialität (F)	Im Kollegium kann ich meine Gefühle offen zeigen.	RBLM	75
Lehrerverhalten im Unterricht (R)	Ich gestalte einen methodisch abwechslungsreichen Unterricht.	ISB	78
Wirksam genutzte Unterrichtszeit (P)	Ich bemühe mich im Rahmen des Unterrichtens um viele originale Begegnungen.		79
Schulleben (F)	Ich wirke an der Gestaltung der Schulkultur mit.		80

Legende: Siehe Legende und Anmerkungen zu Tabelle 1-1.

1.1.4.2 Skala 8: Ideales Selbst und idealer Unterricht

Tabelle 1-8: Skala 8: Ideales Selbst und idealer Unterricht (α = 0,8014)

ZIELMERKMAL	ITEM	QUELLE	NR.
Weiterbildung des Kollegiums (P)	Fortbildungsangebote nimmt die ideale Lehrkraft wahr.		83
Zusammengehörigkeitsgefühl (P)	Die ideale Lehrkraft kooperiert mit den Eltern ihrer Schüler.		82
Kollegialität (F)	Im Kollegium kann die ideale Lehrkraft ihre Gefühle offen zeigen.	RBLM	81
Lehrerverhalten im Unterricht (R)	Die ideale Lehrkraft gestaltet einen methodisch abwechslungsreichen Unterricht.	ISB	84
Wirksam genutzte Unterrichtszeit (P)	Die ideale Lehrkraft bemüht sich im Rahmen des Unterrichtens um viele originale Begegnungen.		85
Schulleben (F)	Die ideale Lehrkraft wirkt an der Gestaltung der Schulkultur mit.		86

Legende: Siehe Legende und Anmerkungen zu Tabelle 1-1.

1.2 Deckblatt des Fragebogens

Angaben zur Kodierung:

Schulname (Stempel):
Vier Kodierungszahlen, die Sie sich bitte merken:
Zwei Kodierungsbuchstaben, die Sie sich bitte merken:

2 Fragebogen zur Erhebung der tatsächlich durchgeführten Schulentwicklungsmaßnahmen

Steuergruppenfragebogen

Schule:____

Aktivitäten innerer Schulentwicklung nach der ersten Messung am ________ und vor der zweiten Messung am ________:

Qualitätszirkel ______________________________

Thema	Teilnehmer	Dauer

Qualitätszirkel ______________________________

Thema	Teilnehmer	Dauer

Qualitätszirkel________________________________

Thema	Teilnehmer	Dauer

Qualitätszirkel________________________________

Thema	Teilnehmer	Dauer

Steuergruppe

Thema	Teilnehmer	Dauer

Aktivitäten innerer Schulentwicklung nach der zweiten Messung am ________ und vor der dritten Messung am ________:

Qualitätszirkel________________________________

Thema	Teilnehmer	Dauer

Qualitätszirkel________________________________

Thema	Teilnehmer	Dauer

Qualitätszirkel________________________________

Thema	Teilnehmer	Dauer

Qualitätszirkel________________________________

Thema	Teilnehmer	Dauer

Steuergruppe

Thema	Teilnehmer	Dauer

VIELEN DANK FÜR IHRE MÜHE!

3 Leitbild einer Untersuchungsschule als Beispiel für kooperative Maßnahmen innerer Schulentwicklung

Leitbild von Schule 5

Wir sind eine freundliche und humorvolle Schule, in der ein von Achtung und Respekt getragenes Miteinander auf der Basis eines positiven Menschenbildes zu Hause ist und im Schulhaus auch äußerlich zum Ausdruck kommt.

Wir begreifen uns als eine Weggemeinschaft von SchülerInnen, LehrerInnen, Schulleitung und Eltern, die den Schulentwicklungsprozess gemeinsam gestaltet. Schulentwicklung bedeutet für uns u. a. die Vernetzung aller Einzelprojekte.

Die Elternarbeit soll weiter intensiviert werden!

Wir, alle an der Schule Tätigen, verstehen uns als ein Team. Teamkultur sehen wir als grundlegende Aufgabe zur Weiterentwicklung einer verantwortungsbewussten Lehr- und Erziehungsarbeit.

Unser Hauptziel ist es, SchülerInnen zu Eigenverantwortlichkeit zu erziehen. Dazu schaffen wir die notwendigen Rahmenbedingungen.

Auf der Basis einer breiten musischen und sozialen Förderung wollen wir Grundlagen für eine nachhaltige Leistungsmotivation und sinnvolle Lebensplanung schaffen.

Wir überdenken und erarbeiten gemeinsam Regeln und achten alle auf deren Einhaltung. Wichtige Ziele dabei sind ein möglichst störungsfreier Unterricht und die Vermeidung von Gewalt.

Wir bemühen uns, alle Aktivitäten von LehrerInnen, SchülerInnen und Schulleitung wahrzunehmen und suchen geeignete Wege zur Information und deren Austausch.

Wir sind uns bewusst, dass wir auf Unterstützung angewiesen sind. Deshalb ist uns eine Zusammenarbeit mit außerschulischen Einrichtungen (z. B. Jugendhilfestation) wichtig.

Wir entwickeln uns zu einer Lehrergemeinschaft, die selbstständig handelt und geeignete Konzepte für eine innovative Erziehungsarbeit und Unterrichtsgestaltung sowie für effektive Berufsvorbereitung erarbeitet.

4 Fragebögen zum Erzielen eines Expertenkonsensus

4.1 Instrument für die erste Befragungsrunde

Delphi-Studie

zur Gewichtung ausgewählter Maßnahmen innerer Schulentwicklung an Hauptschulen

Erste Erhebung

Sehr geehrte Schulentwicklungsexpertin, sehr geehrter Schulentwicklungsexperte,

die Delphi-Methode ist ein Verfahren, das in der pädagogischen Evaluationsforschung neuartig ist. In der vorliegenden Erhebung wird mit Hilfe dieser Methode Konsens unter Experten angestrebt. Ich freue mich, dass Sie sich bereit erklärt haben, den nachfolgenden Fragebogen auszufüllen. Nach der Auswertung der Befragungsergebnisse werde ich Ihnen alle Einzelurteile der an der Erhebung beteiligten Expertinnen und Experten anonym zurückmelden. Im Rahmen dieser Rückmeldung bitte ich Sie, dann Ihre Urteile vor dem Hintergrund der Urteile der anderen Experten zu überprüfen und gegebenenfalls zu modifizieren.

Anhand des vorliegenden Fragebogens wird der Versuch unternommen, auf der Basis des von DALIN, ROLFF und BUCHEN (1998) entwickelten „Institutionellen Schulentwicklungs-Prozesses" ausgewählte Schulentwicklungsmaßnahmen in ihrer jeweiligen Bedeutung für die Entwicklung der Einzelschule zu gewichten. Zusätzlich geht es um die Gewichtung einzelner konkreter Schulentwicklungsmaßnahmen, die sich im Rahmen eines Modellversuchs ergaben, der an sechs nordbayerischen Hauptschulen von Februar 2000 bis Februar 2001 durchgeführt wurde.

Stellen Sie sich vor, dass sich eine Hauptschule an Sie als Expertin/Experten mit der Frage wendet, welche Maßnahmen Sie mit welchem Gewicht empfehlen. Gehen Sie bei Ihrer Bewertung von einer fiktiven Durchschnittshauptschule aus.

Mit dem Ankreuzen einer Zahl von 1 bis 5 bestimmen Sie anschließend den Bedeutungsgrad der beschriebenen Maßnahmen für innere Schulentwicklung:

unwichtig | | | | | wichtig

1	2	3	4	5

Bitte beurteilen Sie danach, wie oft die beschriebene Maßnahme an der einzelnen Schule im Zeitraum eines Kalenderjahres stattfinden sollte, um dauerhafte Veränderungen zu erzeugen. Bitte geben Sie dabei auch an, wie viele Stunden die Durchführung der einzelnen Maßnahme jeweils dauern sollte.

Bitte schicken Sie mir den ausgefüllten Fragebogen in den nächsten Tagen zurück!

Mit bestem Dank für Ihre Mitarbeit verbleibe ich

Ihr

Klaus Wild

1. Schulentwicklungssitzung (Gesamtkonferenz/Pädagogischer Tag)

Beschreibung:

Das gesamte Kollegium einer Schule trifft sich im Schulgebäude zu einer Schulentwicklungssitzung. Thema einer solcher Sitzung kann die allgemeine Information über Schulentwicklung, die Information über einzelne Bereiche innerer Entwicklung, die Rückmeldung von Ergebnissen aus Qualitätszirkeln und Schulentwicklungswochenenden, die Planung von Schulentwicklungsmaßnahmen sowie die Evaluation von Schulentwicklungsmaßnahmen sein.

Beurteilung:

Wie wichtig ist diese Maßnahme?

unwichtig wichtig

1	2	3	4	5

Beurteilung:

Wie oft und in welchem Zeitrahmen sollte die beschriebene Maßnahme an der Schule im Zeitraum eines Kalenderjahres stattfinden, um dauerhafte Veränderungen zu erzeugen?

Häufigkeit im Rahmen eines Kalenderjahres: ______ Mal

Dauer einer einzelnen Durchführung: ______ Zeitstunden

2. Schulentwicklungswochenende

Beschreibung:

Mehr als die Hälfte eines Kollegiums beteiligt sich auf freiwilliger Basis an einem Schulentwicklungswochenende. Die Lehrkräfte befassen sich an einem Tagungsort außerhalb der eigenen Schule mit Themen wie der allgemeinen Information über Schulentwicklung, der Information über einzelne Bereiche innerer Entwicklung sowie der Planung und Evaluation von Schulentwicklungsmaßnahmen. Während eines solchen Wochenendes werden Beschlüsse zur Vorlage im Gesamtkollegium vorbereitet.

Beurteilung:

Wie wichtig ist diese Maßnahme?

unwichtig wichtig

1	2	3	4	5

Beurteilung:

Wie oft und in welchem Zeitrahmen sollte die beschriebene Maßnahme an der Schule im Zeitraum eines Kalenderjahres stattfinden, um dauerhafte Veränderungen zu erzeugen?

Häufigkeit im Rahmen eines Kalenderjahres: ______ Mal

Dauer einer einzelnen Durchführung: ______ Zeitstunden

3. Leitbild

Beschreibung:

Die Lehrkräfte und andere an Schule beteiligte Personen entwickeln gemeinsam ein Leitbild, in dem die wichtigsten Ziele der gemeinsamen Arbeit an der Schule fixiert sind. Dieses Leitbild kann auch darüber Auskunft geben, wann welches Ziel umgesetzt werden soll.

Beurteilung:

Wie wichtig ist diese Maßnahme?

unwichtig — wichtig

1	2	3	4	5

Beurteilung:

Wie oft und in welchem Zeitrahmen sollte die beschriebene Maßnahme an der Schule im Zeitraum eines Kalenderjahres stattfinden, um dauerhafte Veränderungen zu erzeugen?

Häufigkeit im Rahmen eines Kalenderjahres: ______ Mal

Dauer einer einzelnen Durchführung: ______ Zeitstunden

4. Qualitätszirkel (allgemein)

Beschreibung:

Die im Rahmen von Schulentwicklungssitzungen geplanten Maßnahmen werden durch Qualitätszirkel umgesetzt. Viele Lehrkräfte einer Schule arbeiten in einer dieser Arbeitsgemeinschaften mit. Schüler, Eltern und Experten können zur Planung, Umsetzung und Evaluation hinzugezogen werden. Das Gesamtkollegium wird regelmäßig über den Verlauf der Arbeit informiert. Wichtige Beschlüsse werden von der Steuergruppe und dem Gesamtkollegium getroffen.

Beurteilung:

Wie wichtig ist diese Maßnahme?

unwichtig — wichtig

1	2	3	4	5

Beurteilung:

Wie oft und in welchem Zeitrahmen sollte die beschriebene Maßnahme an der Schule im Zeitraum eines Kalenderjahres stattfinden, um dauerhafte Veränderungen zu erzeugen?

Häufigkeit im Rahmen eines Kalenderjahres: ______ Mal

Dauer einer einzelnen Durchführung: ______ Zeitstunden

5. Steuergruppe

Beschreibung:

Die Steuergruppe setzt sich zusammen aus der Schulleitung sowie den Leitern der Qualitätszirkel. Die Mitglieder der Steuergruppe diskutieren den aktuellen Stand des Gesamtprozesses innerer Schulentwicklung. Die Gruppe koordiniert die Arbeit der einzelnen Qualitätszirkel und informiert in regelmäßigen Abständen das Gesamtkollegium sowie Schüler und Eltern. Wesentliche Beschlüsse werden im Gesamtkollegium und im Schulforum getroffen.

Beurteilung:

Wie wichtig ist diese Maßnahme?

unwichtig — wichtig

1	2	3	4	5

Beurteilung:

Wie oft und in welchem Zeitrahmen sollte die beschriebene Maßnahme an der Schule im Zeitraum eines Kalenderjahres stattfinden, um dauerhafte Veränderungen zu erzeugen?

Häufigkeit im Rahmen eines Kalenderjahres: ______ Mal

Dauer einer einzelnen Durchführung: ______ Zeitstunden

6. Qualitätszirkel (spezifisch): Ziele und Evaluation

Beschreibung:

Die Lehrkräfte dieses spezifischen Zirkels befassen sich mit der Vorbereitung kollegialer Zieldiskussionen sowie Evaluationsmaßnahmen. Basierend auf dieser Vorarbeit kann das Gesamtkollegium leichter Ziele innerer Schulentwicklung formulieren. Gleichzeitig helfen die Lehrkräfte des Zirkels bei der Vorbereitung und Durchführung interner Evaluation von Schulentwicklung.

Beurteilung:

Wie wichtig ist diese Maßnahme?

unwichtig wichtig

1	2	3	4	5

Beurteilung:

Wie oft und in welchem Zeitrahmen sollte die beschriebene Maßnahme an der Schule im Zeitraum eines Kalenderjahres stattfinden, um dauerhafte Veränderungen zu erzeugen?

Häufigkeit im Rahmen eines Kalenderjahres: ______ Mal

Dauer einer einzelnen Durchführung: ______ Zeitstunden

7. Qualitätszirkel (spezifisch): Schulleitung und Kollegium

Beschreibung:

Die Lehrkräfte, die in diesem Zirkel arbeiten, befassen sich mit der Kooperation von Schulleitung und Kollegium. Themen wie Information, Transparenz, Kooperation, Arbeitsteilung und Klima werden in diesem Qualitätszirkel aufgegriffen.

Beurteilung:

Wie wichtig ist diese Maßnahme?

unwichtig | wichtig

1	2	3	4	5

Beurteilung:

Wie oft und in welchem Zeitrahmen sollte die beschriebene Maßnahme an der Schule im Zeitraum eines Kalenderjahres stattfinden, um dauerhafte Veränderungen zu erzeugen?

Häufigkeit im Rahmen eines Kalenderjahres: ______ Mal

Dauer einer einzelnen Durchführung: ______ Zeitstunden

8. Qualitätszirkel (spezifisch): Elternarbeit

Beschreibung:

Dieser Zirkel befasst sich mit der Verbesserung der Kooperation von Lehrkräften und Eltern. Beide Gruppen sprechen über die innere Entwicklung der Schule. Einzelne Schulentwicklungsmaßnahmen werden gemeinsam umgesetzt und in den Wirkungen beurteilt.

Beurteilung:

Wie wichtig ist diese Maßnahme?

unwichtig wichtig

1	2	3	4	5

Beurteilung:

Wie oft und in welchem Zeitrahmen sollte die beschriebene Maßnahme an der Schule im Zeitraum eines Kalenderjahres stattfinden, um dauerhafte Veränderungen zu erzeugen?

Häufigkeit im Rahmen eines Kalenderjahres: ______ Mal

Dauer einer einzelnen Durchführung: ______ Zeitstunden

9. Qualitätszirkel (spezifisch): Außenbeziehungen

Beschreibung:

Die Lehrkräfte dieses Zirkels befassen sich mit der Förderung der Kooperation mit außerschulischen Partnern. Partner wie die Kommune, die Wirtschaft, das Jugendamt, die Kirchen und die Vereine sind hierbei besonders wichtig. Kontakte zur lokalen Presse werden im Sinne der Öffentlichkeitsarbeit gepflegt.

Beurteilung:

Wie wichtig ist diese Maßnahme?

unwichtig — wichtig

1	2	3	4	5

Beurteilung:

Wie oft und in welchem Zeitrahmen sollte die beschriebene Maßnahme an der Schule im Zeitraum eines Kalenderjahres stattfinden, um dauerhafte Veränderungen zu erzeugen?

Häufigkeit im Rahmen eines Kalenderjahres: ______ Mal

Dauer einer einzelnen Durchführung: ______ Zeitstunden

10. Qualitätszirkel (spezifisch): Soziales Lernen

Beschreibung:

Die Lehrkräfte, die in diesem Zirkel arbeiten, befassen sich mit der Formulierung und Umsetzung von Regeln für das Zusammenleben in der Schule und im Unterricht. Wichtige Themen sind auch Gewaltprävention und Mediation. Schüler, Eltern und Experten wirken bei der Planung und Umsetzung mit.

Beurteilung:

Wie wichtig ist diese Maßnahme?

unwichtig — wichtig

1	2	3	4	5

Beurteilung:

Wie oft und in welchem Zeitrahmen sollte die beschriebene Maßnahme an der Schule im Zeitraum eines Kalenderjahres stattfinden, um dauerhafte Veränderungen zu erzeugen?

Häufigkeit im Rahmen eines Kalenderjahres: ______ Mal

Dauer einer einzelnen Durchführung: ______ Zeitstunden

11. Qualitätszirkel (spezifisch): Schulgebäude und Schulgelände

Die Lehrkräfte, die in diesem Zirkel arbeiten, befassen sich mit der Veränderung von Schulgebäude und Schulgelände. In die Planung und Umsetzung der Maßnahmen können Schüler, Eltern, Sachaufwandsträger und Experten einbezogen werden.

Beurteilung:

Wie wichtig ist diese Maßnahme?

unwichtig | | | | | wichtig

1	2	3	4	5

Beurteilung:

Wie oft und in welchem Zeitrahmen sollte die beschriebene Maßnahme an der Schule im Zeitraum eines Kalenderjahres stattfinden, um dauerhafte Veränderungen zu erzeugen?

Häufigkeit im Rahmen eines Kalenderjahres: ______ Mal

Dauer einer einzelnen Durchführung: ______ Zeitstunden

12. Qualitätszirkel (spezifisch): Unterrichtsentwicklung

Beschreibung:

Die Lehrkräfte, die in diesem Zirkel arbeiten, befassen sich mit Möglichkeiten der Verbesserung kollegialer Kooperation, der Veränderung und der Ausweitung des eigenen Methodenrepertoires, der Leistungsmessung sowie mit der Aufbereitung neuer Lehrinhalte. In der Planungs- und Umsetzungsphase können Experten hinzugezogen werden.

Beurteilung:

Wie wichtig ist diese Maßnahme?

unwichtig wichtig

1	2	3	4	5

Beurteilung:

Wie oft und in welchem Zeitrahmen sollte die beschriebene Maßnahme an der Schule im Zeitraum eines Kalenderjahres stattfinden, um dauerhafte Veränderungen zu erzeugen?

Häufigkeit im Rahmen eines Kalenderjahres: ______ Mal

Dauer einer einzelnen Durchführung: ______ Zeitstunden

13. Qualitätszirkel (spezifisch): Grundschule (an einer aus Grund- und Hauptschule bestehenden Volksschule)

Beschreibung:

Die Lehrkräfte, die sich in diesem Qualitätszirkel zusammengefunden haben, greifen Aufgaben aus den Bereichen innerer Schulentwicklung schulartbezogen auf. Dabei werden vor allem Themen aus der Unterrichtsentwicklung besprochen. Für die Planung und Umsetzung können Eltern und Experten hinzugezogen werden.

Beurteilung:

Wie wichtig ist diese Maßnahme?

unwichtig wichtig

1	2	3	4	5

Beurteilung:

Wie oft und in welchem Zeitrahmen sollte die beschriebene Maßnahme an der Schule im Zeitraum eines Kalenderjahres stattfinden, um dauerhafte Veränderungen zu erzeugen?

Häufigkeit im Rahmen eines Kalenderjahres: ______ Mal

Dauer einer einzelnen Durchführung: ______ Zeitstunden

4.2 Instrument für die zweite Befragungsrunde

Delphi-Studie

zur Gewichtung
ausgewählter Maßnahmen
innerer Schulentwicklung
an Hauptschulen

Zweite Erhebung

Sehr geehrte Schulentwicklungsexpertin, sehr geehrter Schulentwicklungsexperte,

ich möchte mich herzlich dafür bedanken, dass Sie an der ersten Erhebung im Rahmen der Delphi-Studie teilgenommen haben und die beschriebenen Maßnahmen innerer Schulentwicklung beurteilt haben. Bedanken möchte ich mich auch für die konstruktiven Hinweise zum Fragebogen, die ich in der Gesamtauswertung der Studie berücksichtigen werde.

Wie im Begleitschreiben zur ersten Erhebung angekündigt, melde ich Ihnen mit diesem Schreiben alle Einzelurteile der an der Erhebung beteiligten Expertinnen und Experten anonym zurück. Ich bitte Sie anlässlich dieser zweiten Delphi-Erhebung darum, Ihre Beurteilungen vor dem Hintergrund der Urteile der anderen Experten zu überprüfen und gegebenenfalls zu modifizieren.

Nach der erneuten Beschreibung der jeweiligen Maßnahme habe ich zunächst ihre Einschätzung angegeben. Anschließend folgen die Beurteilungen der anderen neun Expertinnen und Experten. Danach sollen Sie auf der Basis der Urteile der anderen Ihre Einschätzung aus der ersten Befragungsrunde wiederholen oder modifizieren.

Bitte schicken Sie mir den ausgefüllten Fragebogen möglichst schnell zurück! Die Ergebnisse der Gesamtauswertung teile ich Ihnen gerne auf Nachfrage mit.

Mit bestem Dank für Ihre Mitarbeit verbleibe ich

Ihr

Klaus Wild

1. Schulentwicklungssitzung (Gesamtkonferenz/Pädagogischer Tag)

Beschreibung:

Das gesamte Kollegium einer Schule trifft sich im Schulgebäude zu einer Schulentwicklungssitzung. Thema einer solcher Sitzung kann die allgemeine Information über Schulentwicklung, die Information über einzelne Bereiche innerer Entwicklung, die Rückmeldung von Ergebnissen aus Qualitätszirkeln und Schulentwicklungswochenenden, die Planung von Schulentwicklungsmaßnahmen sowie die Evaluation von Schulentwicklungsmaßnahmen sein.

Beurteilung:

Wie wichtig ist diese Maßnahme?

unwichtig wichtig

Ihre erste Beurteilung:

1	2	3	4	5

Die erste Beurteilung der anderen Expertinnen/Experten:

Ihre erneute Beurteilung:

1	2	3	4	5

Beurteilung:

Wie oft und in welchem Zeitrahmen sollte die beschriebene Maßnahme an der Schule im Zeitraum eines Kalenderjahres stattfinden, um dauerhafte Veränderungen zu erzeugen?

Häufigkeit im Rahmen eines Kalenderjahres:

- Ihre erste Beurteilung: ______ Mal

- Die erste Beurteilung der anderen Expertinnen/Experten:
  Experten: ______ Mal;
  Experten: ______ Mal;

- Ihre erneute Beurteilung: ______ Mal

Dauer einer einzelnen Durchführung:

- Ihre erste Beurteilung: ______ Zeitstunden

- Die erste Beurteilung der anderen Expertinnen/Experten:
  Experten: ______ Zeitstunden;
  Experten: ______ Zeitstunden;

- Ihre erneute Beurteilung: ______ Zeitstunden

2. Schulentwicklungswochenende

Beschreibung:

Mehr als die Hälfte eines Kollegiums beteiligt sich auf freiwilliger Basis an einem Schulentwicklungswochenende. Die Lehrkräfte befassen sich an einem Tagungsort außerhalb der eigenen Schule mit Themen wie der allgemeinen Information über Schulentwicklung, der Information über einzelne Bereiche innerer Entwicklung sowie der Planung und Evaluation von Schulentwicklungsmaßnahmen. Während eines solchen Wochenendes werden Beschlüsse zur Vorlage im Gesamtkollegium vorbereitet.

Beurteilung:

Wie wichtig ist diese Maßnahme?

unwichtig wichtig

Ihre erste Beurteilung:

1	2	3	4	5

Die erste Beurteilung der anderen Expertinnen/Experten:

Ihre erneute Beurteilung:

1	2	3	4	5

Beurteilung:

Wie oft und in welchem Zeitrahmen sollte die beschriebene Maßnahme an der Schule im Zeitraum eines Kalenderjahres stattfinden, um dauerhafte Veränderungen zu erzeugen?

Häufigkeit im Rahmen eines Kalenderjahres:

- Ihre erste Beurteilung: ______ Mal

- Die erste Beurteilung der anderen Expertinnen/Experten:
  Experten: ______ Mal;
  Experten: ______ Mal;

- Ihre erneute Beurteilung: ______ Mal

Dauer einer einzelnen Durchführung:

- Ihre erste Beurteilung: ______ Zeitstunden

- Die erste Beurteilung der anderen Expertinnen/Experten:
  Experten: ______ Zeitstunden;
  Experten: ______ Zeitstunden;

- Ihre erneute Beurteilung: ______ Zeitstunden

3. Leitbild

Beschreibung:

Die Lehrkräfte und andere an Schule beteiligte Personen entwickeln gemeinsam ein Leitbild, in dem die wichtigsten Ziele der gemeinsamen Arbeit an der Schule fixiert sind. Dieses Leitbild kann auch darüber Auskunft geben, wann welches Ziel umgesetzt werden soll.

Beurteilung:

Wie wichtig ist diese Maßnahme?

unwichtig wichtig

Ihre erste Beurteilung:

1	2	3	4	5

Die erste Beurteilung der anderen Expertinnen/Experten:

Ihre erneute Beurteilung:

1	2	3	4	5

Beurteilung:

Wie oft und in welchem Zeitrahmen sollte die beschriebene Maßnahme an der Schule im Zeitraum eines Kalenderjahres stattfinden, um dauerhafte Veränderungen zu erzeugen?

Häufigkeit im Rahmen eines Kalenderjahres:

- Ihre erste Beurteilung: ______ Mal

- Die erste Beurteilung der anderen Expertinnen/Experten:
  Experten: ______ Mal;
  Experten: ______ Mal;

- Ihre erneute Beurteilung: ______ Mal

Dauer einer einzelnen Durchführung:

- Ihre erste Beurteilung: ______ Zeitstunden

- Die erste Beurteilung der anderen Expertinnen/Experten:
  Experten: ______ Zeitstunden;
  Experten: ______ Zeitstunden;

- Ihre erneute Beurteilung: ______ Zeitstunden

4. Qualitätszirkel (allgemein)

Beschreibung:

Die im Rahmen von Schulentwicklungssitzungen geplanten Maßnahmen werden durch Qualitätszirkel umgesetzt. Viele Lehrkräfte einer Schule arbeiten in einer dieser Arbeitsgemeinschaften mit. Schüler, Eltern und Experten können zur Planung, Umsetzung und Evaluation hinzugezogen werden. Das Gesamtkollegium wird regelmäßig über den Verlauf der Arbeit informiert. Wichtige Beschlüsse werden von der Steuergruppe und dem Gesamtkollegium getroffen.

Beurteilung:

Wie wichtig ist diese Maßnahme?

unwichtig — wichtig

Ihre erste Beurteilung:

1	2	3	4	5

Die erste Beurteilung der anderen Expertinnen/Experten:

Ihre erneute Beurteilung:

1	2	3	4	5

Beurteilung:

Wie oft und in welchem Zeitrahmen sollte die beschriebene Maßnahme an der Schule im Zeitraum eines Kalenderjahres stattfinden, um dauerhafte Veränderungen zu erzeugen?

Häufigkeit im Rahmen eines Kalenderjahres:

- Ihre erste Beurteilung: ______ Mal

- Die erste Beurteilung der anderen Expertinnen/Experten:
  Experten: ______ Mal;
  Experten: ______ Mal;

- Ihre erneute Beurteilung: ______ Mal

Dauer einer einzelnen Durchführung:

- Ihre erste Beurteilung: ______ Zeitstunden

- Die erste Beurteilung der anderen Expertinnen/Experten:
  Experten: ______ Zeitstunden;
  Experten: ______ Zeitstunden;

- Ihre erneute Beurteilung: ______ Zeitstunden

5. Steuergruppe

Beschreibung:

Die Steuergruppe setzt sich zusammen aus der Schulleitung sowie den Leitern der Qualitätszirkel. Die Mitglieder der Steuergruppe diskutieren den aktuellen Stand des Gesamtprozesses innerer Schulentwicklung. Die Gruppe koordiniert die Arbeit der einzelnen Qualitätszirkel und informiert in regelmäßigen Abständen das Gesamtkollegium sowie Schüler und Eltern. Wesentliche Beschlüsse werden im Gesamtkollegium und im Schulforum getroffen.

Beurteilung:

Wie wichtig ist diese Maßnahme?

unwichtig — wichtig

Ihre erste Beurteilung:

1	2	3	4	5

Die erste Beurteilung der anderen Expertinnen/Experten:

Ihre erneute Beurteilung:

1	2	3	4	5

Beurteilung:

Wie oft und in welchem Zeitrahmen sollte die beschriebene Maßnahme an der Schule im Zeitraum eines Kalenderjahres stattfinden, um dauerhafte Veränderungen zu erzeugen?

Häufigkeit im Rahmen eines Kalenderjahres:

- Ihre erste Beurteilung: ______ Mal
- Die erste Beurteilung der anderen Expertinnen/Experten:
  Experten: ______ Mal;
  Experten: ______ Mal;
- Ihre erneute Beurteilung: ______ Mal

Dauer einer einzelnen Durchführung:

- Ihre erste Beurteilung: ______ Zeitstunden
- Die erste Beurteilung der anderen Expertinnen/Experten:
  Experten: ______ Zeitstunden;
  Experten: ______ Zeitstunden;
- Ihre erneute Beurteilung: ______ Zeitstunden

6. Qualitätszirkel (spezifisch): Ziele und Evaluation

Beschreibung:

Die Lehrkräfte dieses spezifischen Zirkels befassen sich mit der Vorbereitung kollegialer Zieldiskussionen sowie Evaluationsmaßnahmen. Basierend auf dieser Vorarbeit kann das Gesamtkollegium leichter Ziele innerer Schulentwicklung formulieren. Gleichzeitig helfen die Lehrkräfte des Zirkels bei der Vorbereitung und Durchführung interner Evaluation von Schulentwicklung.

Beurteilung:

Wie wichtig ist diese Maßnahme?

unwichtig wichtig

Ihre erste Beurteilung:

1	2	3	4	5

Die erste Beurteilung der anderen Expertinnen/Experten:

Ihre erneute Beurteilung:

1	2	3	4	5

Beurteilung:

Wie oft und in welchem Zeitrahmen sollte die beschriebene Maßnahme an der Schule im Zeitraum eines Kalenderjahres stattfinden, um dauerhafte Veränderungen zu erzeugen?

Häufigkeit im Rahmen eines Kalenderjahres:

- Ihre erste Beurteilung: ______ Mal

- Die erste Beurteilung der anderen Expertinnen/Experten:
  Experten: ______ Mal;
  Experten: ______ Mal;

- Ihre erneute Beurteilung: ______ Mal

Dauer einer einzelnen Durchführung:

- Ihre erste Beurteilung: ______ Zeitstunden

- Die erste Beurteilung der anderen Expertinnen/Experten:
  Experten: ______ Zeitstunden;
  Experten: ______ Zeitstunden;

- Ihre erneute Beurteilung: ______ Zeitstunden

7. Qualitätszirkel (spezifisch): Schulleitung und Kollegium

Beschreibung:

Die Lehrkräfte, die in diesem Zirkel arbeiten, befassen sich mit der Kooperation von Schulleitung und Kollegium. Themen wie Information, Transparenz, Kooperation, Arbeitsteilung und Klima werden in diesem Qualitätszirkel aufgegriffen.

Beurteilung:

Wie wichtig ist diese Maßnahme?

unwichtig wichtig

Ihre erste Beurteilung:

1	2	3	4	5

Die erste Beurteilung der anderen Expertinnen/Experten:

Ihre erneute Beurteilung:

1	2	3	4	5

Beurteilung:

Wie oft und in welchem Zeitrahmen sollte die beschriebene Maßnahme an der Schule im Zeitraum eines Kalenderjahres stattfinden, um dauerhafte Veränderungen zu erzeugen?

Häufigkeit im Rahmen eines Kalenderjahres:

- Ihre erste Beurteilung: ______ Mal

- Die erste Beurteilung der anderen Expertinnen/Experten:
  Experten: ______ Mal;
  Experten: ______ Mal;

- Ihre erneute Beurteilung: ______ Mal

Dauer einer einzelnen Durchführung:

- Ihre erste Beurteilung: ______ Zeitstunden

- Die erste Beurteilung der anderen Expertinnen/Experten:
  Experten: ______ Zeitstunden;
  Experten: ______ Zeitstunden;

- Ihre erneute Beurteilung: ______ Zeitstunden

8. Qualitätszirkel (spezifisch): Elternarbeit

Beschreibung:

Dieser Zirkel befasst sich mit der Verbesserung der Kooperation von Lehrkräften und Eltern. Beide Gruppen sprechen über die innere Entwicklung der Schule. Einzelne Schulentwicklungsmaßnahmen werden gemeinsam umgesetzt und in den Wirkungen beurteilt.

Beurteilung:

Wie wichtig ist diese Maßnahme?

unwichtig wichtig

Ihre erste Beurteilung:

1	2	3	4	5

Die erste Beurteilung der anderen Expertinnen/Experten:

Ihre erneute Beurteilung:

1	2	3	4	5

Beurteilung:

Wie oft und in welchem Zeitrahmen sollte die beschriebene Maßnahme an der Schule im Zeitraum eines Kalenderjahres stattfinden, um dauerhafte Veränderungen zu erzeugen?

Häufigkeit im Rahmen eines Kalenderjahres:

- Ihre erste Beurteilung: ______ Mal

- Die erste Beurteilung der anderen Expertinnen/Experten:
  Experten: ______ Mal;
  Experten: ______ Mal;

- Ihre erneute Beurteilung: ______ Mal

Dauer einer einzelnen Durchführung:

- Ihre erste Beurteilung: ______ Zeitstunden

- Die erste Beurteilung der anderen Expertinnen/Experten:
  Experten: ______ Zeitstunden;
  Experten: ______ Zeitstunden;

- Ihre erneute Beurteilung: ______ Zeitstunden

9. Qualitätszirkel (spezifisch): Außenbeziehungen

Beschreibung:

Die Lehrkräfte dieses Zirkels befassen sich mit der Förderung der Kooperation mit außerschulischen Partnern. Partner wie die Kommune, die Wirtschaft, das Jugendamt, die Kirchen und die Vereine sind hierbei besonders wichtig. Kontakte zur lokalen Presse im Sinne der Öffentlichkeitsarbeit werden gepflegt.

Beurteilung:

Wie wichtig ist diese Maßnahme?

unwichtig — wichtig

Ihre erste Beurteilung:

1	2	3	4	5

Die erste Beurteilung der anderen Expertinnen/Experten:

Ihre erneute Beurteilung:

1	2	3	4	5

Beurteilung:

Wie oft und in welchem Zeitrahmen sollte die beschriebene Maßnahme an der Schule im Zeitraum eines Kalenderjahres stattfinden, um dauerhafte Veränderungen zu erzeugen?

Häufigkeit im Rahmen eines Kalenderjahres:

- Ihre erste Beurteilung: ______ Mal

- Die erste Beurteilung der anderen Expertinnen/Experten:
  Experten: ______ Mal;
  Experten: ______ Mal;

- Ihre erneute Beurteilung: ______ Mal

Dauer einer einzelnen Durchführung:

- Ihre erste Beurteilung: ______ Zeitstunden

- Die erste Beurteilung der anderen Expertinnen/Experten:
  Experten: ______ Zeitstunden;
  Experten: ______ Zeitstunden;

- Ihre erneute Beurteilung: ______ Zeitstunden

10. Qualitätszirkel (spezifisch): Soziales Lernen

Beschreibung:

Die Lehrkräfte, die in diesem Zirkel arbeiten, befassen sich mit der Formulierung und Umsetzung von Regeln für das Zusammenleben in der Schule und im Unterricht. Wichtige Themen sind auch Gewaltprävention und Mediation. Schüler, Eltern und Experten wirken bei der Planung und Umsetzung mit.

Beurteilung:

Wie wichtig ist diese Maßnahme?

unwichtig wichtig

Ihre erste Beurteilung:

1	2	3	4	5

Die erste Beurteilung der anderen Expertinnen/Experten:

Ihre erneute Beurteilung:

1	2	3	4	5

Beurteilung:

Wie oft und in welchem Zeitrahmen sollte die beschriebene Maßnahme an der Schule im Zeitraum eines Kalenderjahres stattfinden, um dauerhafte Veränderungen zu erzeugen?

Häufigkeit im Rahmen eines Kalenderjahres:

- Ihre erste Beurteilung: ______ Mal

- Die erste Beurteilung der anderen Expertinnen/Experten:
  Experten: ______ Mal;
  Experten: ______ Mal;

- Ihre erneute Beurteilung: ______ Mal

Dauer einer einzelnen Durchführung:

- Ihre erste Beurteilung: ______ Zeitstunden

- Die erste Beurteilung der anderen Expertinnen/Experten:
  Experten: ______ Zeitstunden;
  Experten: ______ Zeitstunden;

- Ihre erneute Beurteilung: ______ Zeitstunden

11. Qualitätszirkel (spezifisch): Schulgebäude und Schulgelände

Die Lehrkräfte, die in diesem Zirkel arbeiten, befassen sich mit der Veränderung von Schulgebäude und Schulgelände. In die Planung und Umsetzung der Maßnahmen können Schüler, Eltern, Sachaufwandsträger und Experten einbezogen werden.

Beurteilung:

Wie wichtig ist diese Maßnahme?

unwichtig wichtig

Ihre erste Beurteilung:

1	2	3	4	5

Die erste Beurteilung der anderen Expertinnen/Experten:

Ihre erneute Beurteilung:

1	2	3	4	5

Beurteilung:

Wie oft und in welchem Zeitrahmen sollte die beschriebene Maßnahme an der Schule im Zeitraum eines Kalenderjahres stattfinden, um dauerhafte Veränderungen zu erzeugen?

Häufigkeit im Rahmen eines Kalenderjahres:

- Ihre erste Beurteilung: ______ Mal

- Die erste Beurteilung der anderen Expertinnen/Experten:
  Experten: ______ Mal;
  Experten: ______ Mal;

- Ihre erneute Beurteilung: ______ Mal

Dauer einer einzelnen Durchführung:

- Ihre erste Beurteilung: ______ Zeitstunden

- Die erste Beurteilung der anderen Expertinnen/Experten:
  Experten: ______ Zeitstunden;
  Experten: ______ Zeitstunden;

- Ihre erneute Beurteilung: ______ Zeitstunden

12. Qualitätszirkel (spezifisch): Unterrichtsentwicklung

Beschreibung:

Die Lehrkräfte, die in diesem Zirkel arbeiten, befassen sich mit Möglichkeiten der Verbesserung kollegialer Kooperation, der Veränderung und der Ausweitung des eigenen Methodenrepertoires, der Leistungsmessung sowie mit der Aufbereitung neuer Lehrinhalte. In der Planungs- und Umsetzungsphase können Experten hinzugezogen werden.

Beurteilung:

Wie wichtig ist diese Maßnahme?

unwichtig wichtig

Ihre erste Beurteilung:

1	2	3	4	5

Die erste Beurteilung der anderen Expertinnen/Experten:

Ihre erneute Beurteilung:

1	2	3	4	5

Beurteilung:

Wie oft und in welchem Zeitrahmen sollte die beschriebene Maßnahme an der Schule im Zeitraum eines Kalenderjahres stattfinden, um dauerhafte Veränderungen zu erzeugen?

Häufigkeit im Rahmen eines Kalenderjahres:

- Ihre erste Beurteilung: ______ Mal
- Die erste Beurteilung der anderen Expertinnen/Experten:
  Experten: ______ Mal;
  Experten: ______ Mal;
- Ihre erneute Beurteilung: ______ Mal

Dauer einer einzelnen Durchführung:

- Ihre erste Beurteilung: ______ Zeitstunden
- Die erste Beurteilung der anderen Expertinnen/Experten:
  Experten: ______ Zeitstunden;
  Experten: ______ Zeitstunden;
- Ihre erneute Beurteilung: ______ Zeitstunden

13. Qualitätszirkel (spezifisch): Grundschule
(an einer aus Grund- und Hauptschule bestehenden Volksschule)

Beschreibung:

Die Lehrkräfte, die sich in diesem Qualitätszirkel zusammengefunden haben, greifen Aufgaben aus den Bereichen innerer Schulentwicklung schulartbezogen auf. Dabei werden vor allem Themen aus der Unterrichtsentwicklung besprochen. Für die Planung und Umsetzung können Eltern und Experten hinzugezogen werden.

Beurteilung:

Wie wichtig ist diese Maßnahme?

unwichtig — wichtig

Ihre erste Beurteilung:

1	2	3	4	5

Die erste Beurteilung der anderen Expertinnen/Experten:

Ihre erneute Beurteilung:

1	2	3	4	5

Beurteilung:

Wie oft und in welchem Zeitrahmen sollte die beschriebene Maßnahme an der Schule im Zeitraum eines Kalenderjahres stattfinden, um dauerhafte Veränderungen zu erzeugen?

Häufigkeit im Rahmen eines Kalenderjahres:

- Ihre erste Beurteilung: ______ Mal

- Die erste Beurteilung der anderen Expertinnen/Experten:
  Experten: ______ Mal;
  Experten: ______ Mal;

- Ihre erneute Beurteilung: ______ Mal

Dauer einer einzelnen Durchführung:

- Ihre erste Beurteilung: ______ Zeitstunden

- Die erste Beurteilung der anderen Expertinnen/Experten:
  Experten: ______ Zeitstunden;
  Experten: ______ Zeitstunden;

- Ihre erneute Beurteilung: ______ Zeitstunden

5 Ausprägung der Wahrnehmungsformen zu den drei Messzeitpunkten

5.1 Wahrnehmungsformen der Lehrkräfte bei Messung 1

Abbildung 5-1: Wahrnehmungsformen der Lehrkräfte bei Messung 1

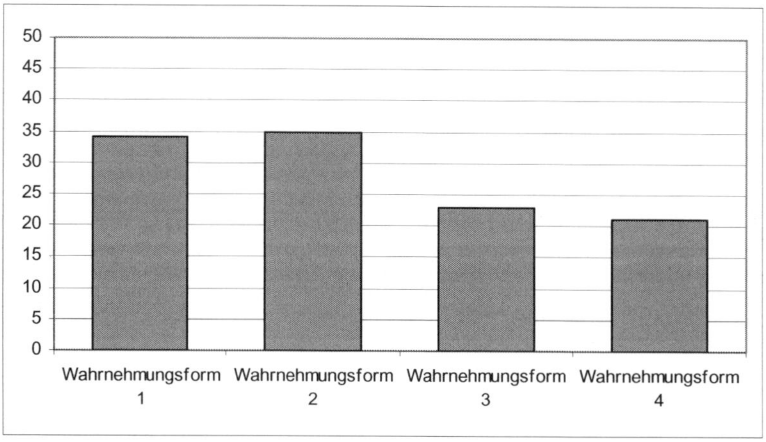

5.2 Wahrnehmungsformen der Lehrkräfte bei Messung 2

Abbildung 5-2: Wahrnehmungsformen der Lehrkräfte bei Messung 2

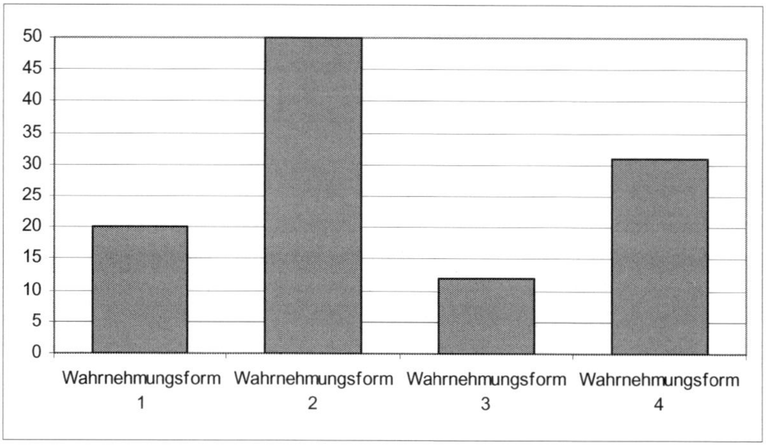

5.3 Wahrnehmungsformen der Lehrkräfte bei Messung 3

Abbildung 5-3: Wahrnehmungsformen der Lehrkräfte bei Messung 3

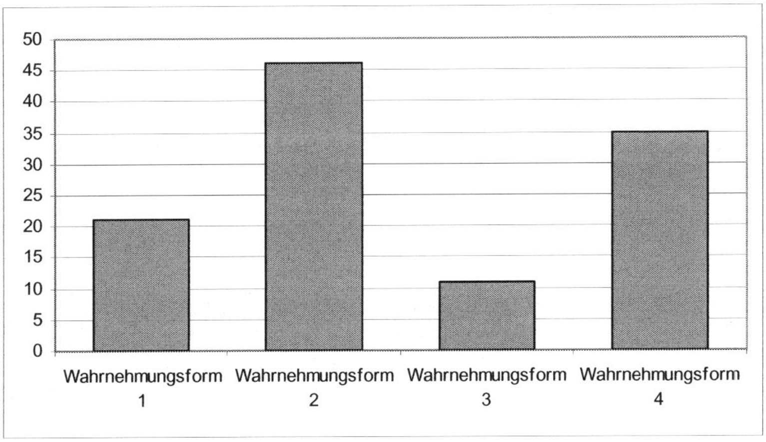

6 Wahrnehmungsorientierte Entwicklung umsetzende Schulen und sonstige Bildungseinrichtungen

Tabelle 6-1: Wahrnehmungsorientierte Entwicklung umsetzende Schulen und sonstige Bildungseinrichtungen (n = 40)

Schulart	Häufigkeit
Grundschule	9
Hauptschule	7
Volksschule	7
Gymnasium	3
Förderschule	2
Berufsschule	10
Kirchliche Bildungseinrichtung	2
Gesamt	**40**

Nach der Erprobung von wahrnehmungsorientierter Schulenwicklung machten sich mit Hilfe des Autors im Auftrag des Instituts für Lehrerfortbildung am Religionspädagogischen Zentrum der Evangelisch-Lutherischen Kirche in Bayern bislang 38 staatliche und private Schulen verschiedener Schularten auf den Weg einer inneren Entwicklung im Rahmen dieser Konzeption. Weiterhin konnte durch die Anpassung des Konzepts eine wahrnehmungsorientierte Entwicklung in zwei Institutionen der evangelischen und katholischen Kirche in Bayern initiiert werden.